问学：思勉青年学术集刊

問學

思勉青年学术集刊

第 1 辑

华东师范大学
思勉人文高等研究院　编

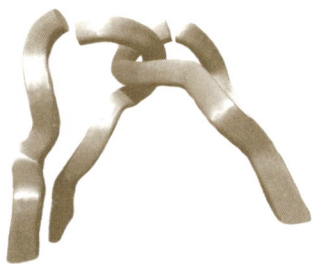

生活·讀書·新知　三联书店

图书在版编目（CIP）数据

问学：思勉青年学术集刊. 第 1 辑 ／华东师范大学思勉人文
高等研究院编. —北京：生活·读书·新知三联书店，
2015.7
ISBN 978 – 7 – 108 – 05359 – 6

Ⅰ．①问…　Ⅱ．①华…　Ⅲ．①人文科学 – 文集
Ⅳ．① C53

中国版本图书馆 CIP 数据核字（2015）第 118382 号

责任编辑　孙晓林
装帧设计　蔡立国
责任印制　徐　方
出版发行　生活·讀書·新知 三联书店
　　　　　（北京市东城区美术馆东街 22 号 100010）
网　　址　www.sdxjpc.com
经　　销　新华书店
制　　作　北京金舵手世纪图文设计有限公司
印　　刷　北京隆昌伟业印刷有限公司
版　　次　2015 年 7 月北京第 1 版
　　　　　2015 年 7 月北京第 1 次印刷
开　　本　720 毫米 ×1020 毫米　1/16　印张 21
字　　数　280 千字
印　　数　0,001-3,000 册
定　　价　52.00 元
（印装查询：01064002715；邮购查询：01084010542）

发刊词

学问的道路，起于问学。

2015年，学术刊物出现了一个新面孔，《问学——思勉青年学术集刊》在此与学界朋友见面。在当今学术刊物已汗牛充栋的环境中，再推新刊，最重要的原因是：我们这一小群抱持理想的学术青年，想为海内外的学术青年开辟一小片阳光与养分皆备的园地，当你们和我们共同的学问萌芽期，可在这片土壤上作思想的徜徉，以求学问的滋长。

本刊是由青年人来编、青年人来写，以文学、历史、哲学等人文领域为主的专业学术集刊，秉持"专业、创新、客观"的方向。"专业"是指文章须得持之有故、论之有据，展现出扎实的学术功力。"创新"要求文章能在现有的研究基础上展现新意，而不是刻意标新立异。"客观"则在强调评价标准的公正，不考虑作者的名气、职称或其学术资历与背景，且对于任何学派、任何取向的学术观点，不偏袒、不排斥。只要是符合以上条件的好文章，我们都乐于刊登。本刊完全以专业、严谨的审稿意见，作为稿件采用与否之标准，只有排除非专业的因素，才能凸显学术作品之尊严与价值。

我们广邀志同道合的学术青年共襄此举，在这一专属的平台上，释放出明亮的学术光芒；我们期盼本刊能充当学术青年之间沟通的桥梁，交相问学，彼此激励。我们致力的目标是，呼唤学术青年的热情，激发学术青年的潜力，厚植学术青年的实力。

学问的道路，或可起于《问学》……

华东师范大学思勉人文高等研究院
青年研究员团体

目 录

晚清民初"小说界革命"与
吕思勉文学活动考论

王　刚 *

内容提要："小说界革命"对于早年吕思勉影响颇深，本文对吕氏早年文学活动的个案考察，意在管窥近代学者在世风之下的文史互动及转换，从而加深对晚清民国以来的学风及学术之理解。本文认为：1. 吕思勉是"小说界革命"的最早响应者和实践者，喜好新小说，并进行创研是其早年精神生活的重要组成部分。2. 经考订，上海古籍出版社"吕思勉文集"中所收四部小说方面的著述中，有一部为伪作，并漏收一部署名为侠人的红学评论之作。3. 吕思勉在中国小说史上具有不可忽视的地位，这不仅归因于晚清时代的小说创作，更在于他对民初以来日渐成熟的小说理论进行了深入阐发，在跨越梁启超的同时，也使得完整的"小说学"得以成立。

关键词：吕思勉　"小说界革命"　晚清民初　文学活动

引言："小说界革命"影响下的吕思勉小说创作与研究

1902 年，梁启超在《新小说》创刊号上发表《论小说与群治之关系》一文，正式拉开了"小说界革命"的序幕，自此，"新小说"的创作及小说研究成为一时之风气。作为晚清民初的重要文学思潮，"小说界革命"的意义早已超乎文学

---

* 作者王刚（1971—　），江西师范大学历史文化与旅游学院副教授，主要研究方向为中国学术史、古代思想与文化。

之外，并影响着"五四"以后文学的走向。它狂飙突进般地震撼了士林，成为那个时代的文化强音，近代知识分子鲜有不受其影响者。作为史学大师的吕思勉早年亦被此风，在新小说的创作和研究中作出了不可忽视的贡献。然而在学界，近代小说研究虽然成果颇丰，对于吕氏的探讨却相对不足。[1] 近年来，随着对吕思勉研究的深入，尤其是上海古籍出版社"吕思勉文集"及《吕思勉先生年谱长编》的逐次推出，研究材料日渐丰富，为更细致的考察准备了条件。

对于史家吕思勉的文学活动进行研究，其意义何在呢？长期以来，在学术研究中由于学科界域之影响，除了一些明显横跨文史的大家，如王国维、梁启超等，文史两界皆有讨论。在一般的研究工作中，一些明显"定性"的学者身份化后，仅被关注于一端。具体说来，就本论题所及，史学研究者不关注史家的文学历程；反之，文学研究中缺乏对史家的文学活动考察，文学史成为了对文学家或文学工作者的研究。然而，仅就近代学术史来看，无论偏史还是偏文，文史大家往往难分轩轾，后世的学术研究在精密化的同时，也造成了文史之间的横隔。吕思勉就是一典型个案，由于吕氏在后世已被视为"纯粹的一代史家"，[2] 加之本人对于早年文学创作尤其是小说研究绝口不提，所以，作为"文学人"的吕思勉长期被漠视，至少此方形象不丰满立体，在研究上留有很大空地。有鉴于此，对吕思勉在晚清民初的小说创研进行考察，不仅可以丰富吕思勉研

1　对吕思勉的小说及文学研究，基本集中于对吕氏《小说丛话》的研讨，自 1980 年代中期开始，在黄霖、韩同文选注《中国历代小说论著选》（下）（江西人民出版社，1985 年，第 403 页）中，曾论及吕思勉的《小说丛话》，从人物与结构、虚与实、情与知、美与善四方面加以归纳。此后，黄霖在所著《中国文学批评史》（近代卷）（上海古籍出版社，1996 年）中有专门论述，后收载在王运熙、顾易生主编《中国文学批评史新编》（下册）（复旦大学出版社，2001 年）。然而，万学的《近代小说理论研究的丰碑：评吕思勉的〈小说丛话〉》（《临沂师专学报》1992 年第 1 期）与黄氏所论几乎一字不差，其中必有剽说者。此外，论及《小说丛话》的成果主要有关诗珮：《吕思勉〈小说丛话〉对太田善男〈文学概论〉的吸入》（《复旦学报》[社科版] 2008 年第 2 期）及韩进廉：《中国小说美学史》（河北大学出版社，2004 年）；罗书华：《中国小说学主流》（上海书店出版社，2007 年）；张为刚：《〈中华小说界〉研究》（华东师范大学 2010 年硕士论文）中的相关部分。近年来，邬国义师的《青年吕思勉与〈中国女侦探〉的创作》（上海大学历史系、上海大学古代文明中心主办"中国传统学术的近代转型"国际学术研讨会，2009 年 10 月，后载于陈勇、谢维扬主编：《中国传统学术的近代转型》，上海人民出版社，2011 年），则是对吕氏小说创作进行个案分析，具有开创性贡献；张耕华师的《〈中国女侦探〉的作者吕侠就是吕思勉》（《博览群书》2009 年第 1 期）则进一步坐实了吕思勉的小说创作者的身份。然而，就笔者所知，系统全面地论述吕氏文学及小说活动的成果，目前在学界尚付之阙如。

2　邬国义：《青年吕思勉与〈中国女侦探〉的创作》，《中国传统学术的近代转型》，第 499 页。

究的深度和广度，更可由此管窥近代学者在世风之下的文史互动及转换，从而加深对晚清民国以来的学风及学术之理解。

论及吕思勉的小说创作及研究，最基础性的工作是考订其作品。据目前最权威的本子《吕思勉诗文丛稿》[1]之《前言》，收入吕氏小说方面的著述共四部，其中署名悔学子的《未来教育史》刊于1905年的《绣像小说》；署名侠的《女侠客》刊于1905、1906年的《新新小说》；署名阳湖吕侠的《中国女侦探》1907年由商务印书馆初版；署名成之的《小说丛话》刊于1914年的《中华小说界》。

这四部作品中，《小说丛话》一直被学界公认为吕思勉小说理论的代表作，相关研究成果也最多；《中国女侦探》则在2009年后由邬国义师、张耕华师考订为吕氏之作，阳湖吕侠乃其笔名[2]；《未来教育史》所署笔名为吕氏早年所用[3]，且所叙述的江浦背景，与其早年生活相吻合，故而是吕氏之作应无疑问。[4]然而，《女侠客》被认定为吕氏作品，乃由"侠"之笔名推断而出，或许文集整理者以为，阳湖吕侠既已坐实为吕思勉之笔名，则"侠"可定为吕思勉矣。笔者以为此论不妥，理由在于：1. 晚清以来以"侠"为笔名者颇多，非专属吕氏所有。2.《女侠客》一文以青楼女子为歌颂对象，主角之行事风格颇有痞气，而且鼓吹"侠之狭义，即报复是也"[5]，吕氏一生难脱士大夫气，讲求温良敦厚，无论是处世意识还是文风都与之不符。3. 在《女侠客》短短的四回文字中，两次出现了"侠民曰"这样的评论文字，则此处之"侠"即是"侠民"矣。作为晚清小说界一名活跃分子，"侠民"的身份一直有所讨论，现在学界已基本确定为龚子英。[6]很显然，《女侠客》的作者不是吕思勉，而应该是"侠民"龚子英。

这样，四部作品中其实只有三部才是吕氏之作。误识的出现很大程度在于，在当时的小说创研中，用笔名为一时之风，而成名后的吕氏对于早年的文学活

1　上海古籍出版社，2011年。
2　可参看邬国义：《青年吕思勉与〈中国女侦探〉的创作》；张耕华：《〈中国女侦探〉的作者吕侠就是吕思勉》。
3　关于悔学子的笔名，可参见李永圻、张耕华编撰：《吕思勉先生年谱长编》，上海古籍出版社，2012年，第45、81、104页。
4　以上由张耕华师告知。另，张师透露，他曾有意对此文作详尽考订，因无暇而未竟。
5　《吕思勉诗文丛稿》，第136页。
6　参见郭浩帆：《〈新新小说〉主编者新探》，《出版史料》2004年第2期；杜慧敏：《"侠民"小议》，《现代中文学刊》2010年第4期。

动又不愿提及，这就为我们锁定作者和作品增加了难度。然而，可断言的是，随着研究的深入，吕氏早年文学尤其是小说方面的著述会不断被发现，而绝不限于以上三部著述。

就笔者的视野所及，在吕氏的作品中，现在至少还可增加署名"侠人"的文字。"侠人"为"小说界革命"初期的文学研究者，其最为著名的成果是1904年左右发表在《新小说》之《小说丛话》栏目中的理论文字，尤其是对《红楼梦》的研究影响深远。而研治小说史者皆知，《小说丛话》为梁启超所主持，是近代第一个小说理论专栏，在中国小说研究史中占有重要的地位。有学者说："在《小说丛话》中，最引人注目的是侠人对《红楼梦》的评价。"[1]更有学者进一步指出：

> 侠人对《红楼梦》的观点在近一个世纪来实际上伴随着红学研究的过程。只要翻检一下从那以后至五六十年代以来的评红论著不难发现，其中不少从方法到某些观点都有着它影响的痕迹，有的专家甚至原封不动地引用其中的话语（却未注明出处）。[2]

总之，作为晚清民初第一批新小说研究者，侠人在中国小说史上具有重要的地位。现经过仔细考察，我们认定，侠人其实就是吕思勉，关于此点，将在下节详尽考订。

至此，我们可以断定的是，在现有的材料和研究基础上，在小说领域，吕思勉的作品除了以上三部之外，至少还有一部署名侠人的著述，依旧维系着四部的原规模。这四部作品的创作时间从1904年至1914年，横跨十年，与晚清民初的"小说界革命"在时间上相始终，而且我们可以看到，侠人（也即吕思勉）作为近代第一批小说理论研究者，文字发表于梁启超所主持的《新小说》，其时距1902年"小说界革命"仅仅两年，他绝对可算是"小说界革命"的最早响应者和实践者，加之吕氏其他作品所透现的梁启超气息。从某种程度上来说，吕氏作品就是"小说界革命"影响下的产物。

然而，从一定意义上来看，吕氏作品既被"小说界革命"所催生，更由时

1　韩进廉：《中国小说美学史》，第 423 页。
2　章继光：《一项不应淡忘的红学研究成果：谈 20 世纪初侠人对〈红楼梦〉的评论》，《中国文学研究》2001 年第 4 期，第 38 页。

代风尚所引致。如果我们将吕氏的个人经历与"小说界革命"重叠至近代的历史环境下，可以发现如下的事实：无论是"小说界革命"还是吕氏个人的文学观念及思想意识，其生发起点应推至甲午战争时代。对于"小说界革命"的起点问题，国外汉学家有过这样的评述：

> 对中国现代小说诞生更具决定意义的，与其说是在梁氏宣言发表的那一年，更不如说是1895年，也就是恰值奇耻大辱的《马关条约》之后，随之出现的第一波创作浪潮可视作"小说界革命"的前奏。[1]

而对生于1884年的吕思勉来说，甲午也是具有决定性的时代。正是从那时起，年仅十余岁的吕思勉开始了对于新学的了解，也即所谓讲求经世致用的"经济之学"，此时可以说是其思想意识及知识结构的分水岭时期。一般学界所了解的吕思勉为史学大师，对传统文学亦有较深造诣，然而，他在早年一度最孜孜以求的却是这种"经济之学"，吕氏曾回忆说："甲午战时，予始知读报，其后则甚好《时务报》，故予此时之所向往者，实为昔日所谓经济之学"，"我的性质是喜欢走这一路的。"[2]

质言之，这一路的知识学问，其目标乃在于启蒙与救亡，虽然从后世的眼光看来，其中不乏粗率甚至幼稚之处，但在那时，却是士风所向。所谓经世致用也好，"经济之学"也罢，其实质是吸纳新知识、新理念，作出切合时代的知识拯救。而"小说界革命"正与这一路数相契合，作为文学改良的一部分，与梁氏所提出的"诗界革命"、"文界革命"相互鼓荡，承担起了开发"民智"的任务。尤为重要的是，在时势推引之下，"小说革命"俨然成为了中心地带，根本原因在于，其内在的通俗性满足了启蒙的基本需要，夏晓虹指出：

> 虽然梁氏并列地提出了"诗界革命"、"文界革命"与"小说界革命"三大主张，但与诗文相比，小说的"浅而易解"、"乐而多趣"，"易入人"、"易感人"，"有不可思议之力支配人道"，并且接受面最广，优势明显，这使得小说最有资格充当启蒙与救亡的最佳利器。在此意义上，梁启超才肯定小说为最高等级的文学，或曰："小说为国民之

---

1 韩南（Patrick Hanan）著，许俟译：《中国近代小说大兴起》，上海教育出版社，2004年，第9页。
2 《吕思勉论学丛稿》，上海古籍出版社，2006年，第742、570页。

魂。""小说界革命"于是也成为晚清文学改良的中心。

由此，随着甲午以来国势日蹙，"小说界革命"日渐成为了"文学救国"的核心。故而，"在《论小说与群治之关系》一文中，梁启超对'文学救国'的思想作了最集中、充分的论述。"[1] 要之，小说已不再是消遣之物，而一跃成为了承载时代使命的文体。在这样的风潮之下，甲午以来报刊风行，而这些报刊又多载小说，晚清小说之兴盛由此开启。

在此风影响下，早年的吕思勉广泛阅读各种报刊，小说革命及新小说的影响日渐进入思想意识的深处。据吕思勉的女儿回忆，吕氏曾"广读新书"，[2] 而这些新书中多为报刊，尤其在青年时代，它们成为吕氏重要的知识来源。在1920年代，吕氏曾作《三十年来之出版界（一八九四——一九二三）》，对于旧报刊可谓了然于胸，他还说："甲午战时，予始知读报，其后则甚好《时务报》"，"粗知问学，实由梁（启超）先生（《时务报》）牗之。"[3] 尤其是《时务报》可说深刻影响了少年时代的吕思勉，就本论题而言，值得我们注意的一个现象是，吕氏对新小说的了解应从此开始。[4] 在晚清时代吕氏所作的《中国女侦探》中，有一个细节描写："座间各纵谈诸种新小说以为快。"[5] 与其是小说人物的生活情景，莫若说是吕氏当时生活的投影。质言之，在"小说界革命"影响下，喜好新小说，并进行创研成为了早年吕思勉精神生活的重要组成部分。

吕侠与侠人：吕思勉笔名问题

吕思勉在进行小说创作时，曾用过与"侠"有关的笔名，由于一直隐而不言，这一情况在近年才被发现。笔者以此为突破口，钩稽出一些新的事实，并

1　夏晓虹：《阅读梁启超》，北京：生活·读书·新知三联书店，2006年，第132—133、164页。
2　吕翼仁：《回忆我的父亲吕思勉先生》，《历史教学问题》1998年第2期，第44页。
3　《吕思勉论学丛稿》，上海古籍出版社，2006年，第742、201页。
4　吕思勉在《三十年来之出版界（一八九四——一九二三）》（《吕思勉论学丛稿》，第286页）中说："译小说最早者，当推《时务报》，所译《华生包探案》及《长生术》等，皆附载报中。自后日报杂志，亦多附有小说。"
5　《吕思勉诗文丛稿》，第147页。

希望由此探寻出其背后的意义，以求得对吕氏文学活动及"小说界革命"的深入理解。

前已言及，吕思勉在1907年出版的《中国女侦探》中，署名为阳湖吕侠，此点经考订后已为定谳。阳湖乃吕氏籍贯，在此可略去不谈，吕氏所突出者乃是"吕侠"或"侠"，由此，笔者通过进一步考察，发现晚清时代在《小说丛话》上发表评论的"侠人"其实就是吕思勉。

关于《小说丛话》，前面已经有所讨论，它是梁启超主持下的小说理论专栏，阿英说："当时有《小说丛话》，亦始自《新小说》，应用当时的理论，以评述旧小说之作，时有新颖理解。"[1]而丛话，顾名思义，由各种言论连缀而成，长短、主题不必一律，与有系统、成逻辑的单篇论述有所不同。它在1903—1904年的《新小说》上连载，后集为一帙，于1906年由"新小说社"刊行单行本。《小说丛话》的基本资料，现收载于阿英编《晚清文学丛钞·小说戏曲研究卷》（中华书局，1960年），黄霖、陈同文编《中国历代小说论著选》（下册）；陈平原、夏晓虹编《二十世纪中国小说理论资料》第1卷亦大部分收载，但侠人文字稍有删节。据梁启超的识语，《小说丛话》为"谈话体之文学"，由不同作者"东鳞西爪"拼合而来，质言之，是多人的小说笔谈汇集。[2]

《小说丛话》的作者分为两类：一是梁启超身边的朋友，即梁氏所提到的"平子、蜕庵、璩斋、慧庵、均历、曼殊"，他们与梁氏"相与纵论小说，各述其所心得之微言大义"；二是外界投稿者，也即梁氏所称的"海内有同嗜者，东鳞西爪，时以相诒"，他们来历不清，侠人显然属于后者。[3]也正因为如此，长期以来，侠人到底为谁，学界难有定论，阿英曾说：

> 侠人不知为谁，为《红楼梦》作一长辩，辩其非淫书，实为一极有价值之社会小说、政治小说、伦理小说、哲学小说、道德小说，并作事实之引申，其结论是：《红楼梦》一书，实系"以大哲学家之眼识，摧陷廓清旧道德"，攻击"旧社会"及黑暗政治之作，以曹雪芹与龚定庵

1　阿英：《晚清小说史》，人民文学出版社，1980年，第3页。
2　陈平原、夏晓虹编：《二十世纪中国小说理论资料》第1卷，北京大学出版社，1989年，第65页。
3　同上。

并论，称为"近百年来两大思想家"。[1]

以上材料虽还未能揭示侠人的真实身份，但有两点却很清楚：一、他不是梁启超身边的朋友，很可能在当时只是初出茅庐的人物；二、崇拜龚自珍。这两点皆符合当时吕思勉的状态。"小说界革命"初起时，吕思勉还是个二十来岁的年轻人，在那个时候一度酷爱文学，诗文方面受两人影响最深，一为龚自珍，一为梁启超。据他本人的《日记》：

> 予是时（二十岁左右）思想极驳杂，为文喜学龚定庵（自珍），又读梁任公先生之文，慕效之。诗文皆喜用新名，史朗人姑丈尝谓予曰："君之诗文，非龚则东。"[2]

梁启超和龚自珍对吕氏的影响不仅在文学上，更在思想上。晚清时代，吕氏笃信康梁理论，曾表示："影响实最深，虽父师不逮也"；[3]而对于龚氏，则誉之为晚清时代"最大的思想家"。[4]当然，在晚清时代崇拜或者深受龚、梁思想影响的年轻人不在少数，我们不能由此推断侠人就是吕思勉，只可说由此缩小考订范围而已。

而在此基础上，再进一步缩小范围，则可关注以侠为笔名者，这其中最值得辨析的是侠民。侠人与侠民皆为晚清小说的创研者，一字相差，且语义相通，他们会是一人吗？答案是否定的。由前可知，侠民实为龚子英，龚氏为秀才出身，同时又身处买办家庭，所以他通晓外语，并且翻译过《法兰西革命歌琴谱》。[5]然而，《小说丛话》中的侠人却自陈："余不通西文，未能读西人所著小说，仅据一二译出之本读之。"[6]由此，则侠民绝非侠人矣。而反观吕氏，"于外文，仅能和文汉读"[7]，尤为重要的是，孙楷第《中国通俗小说书目》卷7著录有吕侠人编"《惨女界》二卷三十回"，为光绪三十四年（1908）商务印书馆本，孙氏提出："吕侠不知是否吕侠人？"此外，还有论者指出："作者为常州晚清民国间人。"则吕侠之"侠"与侠人或可相通。在学界，对于吕侠人是否为吕侠或吕思

1　阿英：《小说闲谈四种》，上海古籍出版社，1985年，第40页。
2　李永圻：《吕思勉先生编年事辑》，上海书店出版社，1992年，第31页。
3　吕思勉：《自述》，《吕思勉论学丛稿》，第745页。
4　吕思勉：《中国政治思想史十讲》，氏著：《吕思勉遗文集》（下），华东师范大学出版社，1997年，第85页。
5　参见杜慧敏：《"侠民"小议》，《现代中文学刊》2010年第4期。
6　陈平原、夏晓虹编：《二十世纪中国小说理论资料》第1卷，第75—76页。
7　吕思勉：《自述》，《吕思勉论学丛稿》，第741—742页。

勉，颇有争议。邬国义师审慎地表示："尚待进一步研究"；而张耕华师则说："孙楷第《中国通俗小说书目》所记《惨女界》一书作者的吕侠人似乎不像是吕思勉，目前也没有发现吕先生曾用过吕侠人的笔名。"[1] 笔者未曾查到《惨女界》原书，不敢妄下定论，但吕侠人既是晚清民初常州人，此点又一次吻合吕思勉的身份，加以侠之笔名与吕氏相通，吕侠人是吕侠，也即是吕思勉的可能性是很大的。

当然，以上种种还不足以坐实这一猜想。但如果结合十年后吕氏发表的《小说丛话》，再旁及其他证据，侠人就是吕思勉的说法，则应该可以成立了。

吕思勉是一位文史大家，但笔者注意到一个奇怪的问题，他在1914年发表的《小说丛话》与梁氏所主持的理论栏目重名。这一栏目在小说界早已深入人心，如此命名，难道没有其他深意吗？更何况，吕氏之《小说丛话》为长篇论文，中间有着连贯的逻辑系统，根本就不是一种"东鳞西爪"式的言论辑要，这种写法与丛话体例毫不相符，作为学养深厚的吕思勉，不会不知道这一点，这种有意的"误用"可谓颇不寻常。[2] 更有意思的是，他在文中还以三分之一多的篇幅来讨论《红楼梦》问题，对于文字洗练的吕思勉来说，这是少有的特例，此外，耐人寻味之处是，吕氏在文中宣称：

> 以前评《红楼梦》者甚多，予认为无一能解《红楼梦》者，而又自信为深知《红楼梦》之人，故借论小说所撰之人物为代表主义，一诠释之。[3]

吕思勉为世人所了解的是他在历史学方面的贡献，文学成就长期以来为人所忽视，而红学方面的论述，大概除了此篇长文，似乎找不到其他成果，在此前提下，能豪迈地说出：学界"无一能解《红楼梦》者，而又自信为深知《红楼梦》之人"，岂不大有曲折？须知，吕氏是一严谨的史家，为人笃实，欺世与自吹不符合其个性。

然而，这些疑窦如果结合侠人问题则能迎刃而解。易言之，只要吕思勉是侠

1　邬国义：《青年吕思勉与〈中国女侦探〉的创作》，《中国传统学术的近代转型》，第492页；张耕华、李永圻：《〈中国女侦探〉的作者吕侠就是吕思勉》，《博览群书》2009年第1期。

2　在梁启超之后，吕思勉之前，也有作《小说丛话》者，如侗生、梦生（参见陈平原、夏晓虹编：《二十世纪中国小说理论资料》第1卷），但他们也是零散之文，符合丛话之体例，非为有逻辑、一以贯之的长篇大论。

3　《吕思勉诗文丛稿》，第245页。

人，则一切疑点不仅不成问题，而且合情合理。用丛话之体例，看似不合规范，然而吕氏的小说研究正是从梁氏的《小说丛话》开始起步，当他在创作一部颇有总结性的论述，甚至可说是小说研究的收山之作时，用自己初入小说研究之门时的篇名，则不仅颇具纪念意义，实质上更是一种提示性的暗喻。大讲红楼，"自信为深知《红楼梦》之人"亦是如此，当年的侠人对于红楼早已论述在先，得到学界推重，此时吕氏的任何红学"大言"皆不为过，算不得大言不惭。

此外，当我们翻检侠人的言论时，发现它们与吕思勉在晚清以来的活动及语言习惯有许多相应处。下面分别说明之：

一、从个人活动及独特性上来看。侠人在《小说丛话》中对中国小说大加赞美，认为不输于西洋小说，然而，其不足处在于侦探小说方面，他说："唯侦探一门，为西洋小说家专长。"[1] 而在几年后吕氏的《中国女侦探》中有这样的句子："中国小说之美，不让西人，且有过之。独侦探小说一种，殆让西人以独步。"[2] 二者之间在意旨上一脉相承。从一定意义上来说，《中国女侦探》就是侠人理论的实践。又如，侠人认为"文学之性，宜于凌虚"，而"科学小说"以"征实"为特点，他接着阐释道："如《镜花缘》、《荡寇志》之备载异闻，《西游记》之暗证医理，亦不可为非科学小说。"到了1914年的《小说丛话》中，观点已有所变化，将上述小说归入了"杂文学"与"纯文学"的讨论，而不是所谓的"科学小说"，但在例证中依然延续着当年的知识结构，吕氏这样说道："如《镜花缘》之广搜旧闻，如《西游记》之暗谭医理，似可谓之杂文学的小说矣。"[3] 所谓《镜花缘》，尤其是《西游记》的评价，实乃一人之语气，十年间观点虽有变化，然措辞及细部知识结构间却透现出内在的高度契合。尤为重要的是，言及"《西游记》暗证医理"，在当时实为吕氏之创见。此前，言《西游记》为丹道一类之书，与五行相符等等，时或有之，然而，所谓医理之论的得出，颇为少见。而且得此论者必既精文史，又通医学。在当时的文史界中，此种人极少，吕思勉即预此选。少为人知的是，晚清民初以来，吕思勉与国医名家谢利恒等过从

1　陈平原、夏晓虹编：《二十世纪中国小说理论资料》第 1 卷，第 76 页。

2　《吕思勉诗文丛稿》，第 147 页。

3　陈平原、夏晓虹编：《二十世纪中国小说理论资料》第 1 卷，第 77 页；《吕思勉诗文丛稿》，第 222 页。

甚密，经常询以医事，他虽谦虚地表示："读古医书，时或下问。"[1]但他却协助编纂过《中国医学词典》，并撰写过《医籍知津》一书，胡道静为此评价道："先生读过的古典医籍之多，钻研之深，是罕有伦比的。"[2]既然通医且精文史者，除了吕氏而外难有二选，则不正说明侠人与吕思勉为一人吗？

二、侠人的很多观点在1914年的《小说丛话》中得以继承和引申。如侠人说：

> 今观《红楼梦》开宗明义第一折曲，曰："开辟鸿濛，谁为情种？都只为风月情浓。"其后又曰："擅风情，秉月貌，便是败家的根本。"曰"情种"，曰"败家的根本"，凡道德学一切锁禁事之代表也。曰"风月情浓"，曰"擅风情，秉月貌"，人性之代表也。[3]

以情性、人性来解读《红楼》，此点在吕氏的《小说丛话》中得到继承，而且对第一折曲进行解说之后，不仅阐释道："曰'风月情浓'之'情'字，人心之代表也。"而且对"人之性"与小说之关系深为致意。[4]比较两篇文章的思想及文字，颇疑为一人手笔。又如，侠人说："不知资著者大智大慧，大悲大慈之眼观之，直无一人而不可怜，无一事而不可叹，悲天悯人而已，何褒贬之有焉。"这种"同情"的态度在吕氏《小说丛话》中也很强烈，且风格极为一致，而且吕氏强调说："无悲天悯人之衷，决不能做《红楼梦》。"[5]论点、语调如出一辙。

三、侠人文中的一些习惯用语与吕思勉的行文习惯相合。如侠人说："孔子曰：'我欲托之空言，不如见之行事之深切著明也。'吾谓此言实为小说道破其特别优胜之处也。"而在吕氏的《小说丛话》中，则这么说："孔子曰：'我欲托之空言，不如见之行事之深切著明也。'斯言也，可为小说作一佳赞。"[6]二者的说话语气、用词习惯基本一致。又如，侠人说：

> 呜呼！戴绿眼镜者，所见物一切皆绿，戴黄眼镜者，所见物一切皆

1　吕思勉：《谢利恒先生传》，《吕思勉诗文丛稿》，第 27 页。
2　胡道静：《吕诚之先生〈医籍知津〉稿本题记》，载于吕思勉《中国文化思想史九种》，上海古籍出版社，2009 年，第 69 页。
3　陈平原、夏晓虹编：《二十世纪中国小说理论资料》第 1 卷，第 75 页。
4　吕思勉：《小说丛话》，《吕思勉诗文丛稿》，第 230—231、222 页。
5　陈平原、夏晓虹编：《二十世纪中国小说理论资料》第 1 卷，第 74 页；《吕思勉诗文丛稿》，第 251 页。
6　陈平原、夏晓虹编：《二十世纪中国小说理论资料》第 1 卷，第 77 页；《吕思勉诗文丛稿》，第 247 页。

黄，一切物果绿乎哉？果黄乎哉？《红楼梦》非淫书，读者适自成其为淫人而已。[1]

所谓黄眼镜、绿眼镜之喻本来自于梁启超[2]，而作为深受梁氏影响之人，吕思勉特别喜欢套用这句话，如在《三国史话》中，吕氏这样说道：

> 历史上的事实，所传的，总不过一个外形，有时连外形都靠不住，全靠我们根据事理去推测他、考证他、解释他。观点一误，就如戴黄眼镜的，看一切物皆黄，戴绿眼镜的，看一切物皆绿了。[3]

总之，侠人的观点、文字风格与吕思勉颇为一致，且能与其作侦探小说、通医理等活动相印证，须知侠人在《小说丛话》中所留下的文字总共才三千字不到，在如此短的篇幅内，竟能有如此多的相类处，实令人惊诧。加之前面所论及的各种因素，综合考量，我们完全有理由相信，侠人就是吕思勉。

吕思勉以侠为笔名，乃晚清民初的风尚所在，在当时的知识分子阶层中，作侠士、讲侠风蔚为潮流。龚鹏程说："（好侠）应视为一种剧烈变迁社会中，知识分子常见的性格。"[4]可以说晚清以来剧烈的社会转型，造就了知识人在精神寻觅中的苦痛与迷茫，同时也促使他们常以"侠"来破世风，发忧愤。然而对于"侠"的理解各个不同，吕氏所谓的"侠"非鼓吹单纯暴力，作为一介书生，儒雅和温良是他的底线，作为向往大同之世的年轻人，好儒更是他那一时期的思想特征。[5]他虽推崇强健尚武，但更反感"蛮横不讲理，而专恃武力"，[6]对于当时的社会风气及暴力，更是痛斥道："其时之社会，混乱已极。粗猛者为暴民间，几同肆掠。"[7]所以，吕氏之"侠"从一定意义上说，是非暴力的，乃在于对社会的责任及豪杰之气，它建构在传统儒家意识之上，即所谓"儒侠"。这在当时非吕氏一人之选，乃是知识界的重要风尚，章太炎曾作《儒侠》，鼓吹道："世有大儒，固举侠士而并包之。"[8]在晚清民初，吕氏是很在意这种儒侠之气的。

1　陈平原、夏晓虹编：《二十世纪中国小说理论资料》第1卷，第75页。
2　参见梁启超：《惟心》，《饮冰室合集》专集之二，中华书局，1988年，第45页。
3　《吕著史地通俗读物四种》，上海古籍出版社，2010年，第100页。
4　龚鹏程：《侠的精神文化史论》，山东画报出版社，2008年，第183页。
5　关于此点可参看吕氏的《自述》，载于《吕思勉论学丛稿》。
6　吕思勉：《小说丛话》，《吕思勉诗文丛稿》，第225页。
7　吕思勉：《三十年来之出版界（一八九四——一九二三）》，《吕思勉论学丛稿》，第286页。
8　陈平原编校：中国现代学术经典《章太炎卷》，河北教育出版社，1996年，第223页。

在他眼中，尤其在存亡继绝时代，传承文化之真儒就是这样的侠士，他曾在一篇文章中这样说道：

> 每当蜩螗沸羹，学绝道丧之际，而命世之儒出焉。此亦不必证诸远，观于顾、王、黄、李诸大儒，笃生于明季可知也。英雄造时势，时势亦造英雄，吾不禁于今日之学术界有厚望焉矣。[1]

而这一风尚，如要再追其晚清的直接源头，则可溯于龚自珍，他的任侠作风，他的侠气与柔情之合体，直接影响了晚清士人，龚鹏程说：

> 龚氏影响当时知识分子最大的，并不在字句方面，而是他那种合儒、侠、佛、艳为一的生命态度，英雄美人之思、侠骨柔情之感，才是令这些儒侠们神销谷醉、低回不已的所在。[2]

总之，晚清时代直接源自于龚自珍的侠风意识在知识层中得以鼓荡，也在小说创作者中得以风行。作为龚氏崇拜者，在小说创作之际以"侠"为笔名，不仅是那个时代的风尚所致，也与吕氏内在的知识认同、年轻激情相关联，它们成为了吕氏所推崇的文化符号。

跨越梁启超与小说本体之确立
——晚清民初小说"深入期"中的吕思勉

按照一般通识，"五四"是中国现代文学史的开端。然而，随着研究的深入，越来越多的学者认识到，如果没有晚清以来的积累，就不会有"五四"的跃进，这一点在小说发展中尤为突出。王德威为此写下了《被压抑的现代性：没有晚清，何来五四？》一文，提示大家注意此一时段的"现代"意义，并且正确地指出："重审现代中国文学的来龙去脉，我们应重识晚清时期的重要，及其先于甚或超过五四的开创性。"[3]可以说，在近现代文学研究中，关注和审视晚

1　吕思勉：《论国人读书力减退之原因》，《吕思勉诗文丛稿》，第 527 页。
2　龚鹏程：《侠的精神文化史论》，第 198 页。
3　王德威：《想象中国的方法：历史·小说·叙事》，北京：生活·读书·新知三联书店，1998 年，第 3 页。

清民初以来的文学发展，尤其是小说的创研进程，已成为关键性的课题。

晚清民初小说之兴衰，反映的是整个时代的脉动，从一定意义上来说，其成也时代，败也时代，而身处其间的作者或学人，或被时代所局限和裹挟；或左冲右突，谋求跨越之途。就论题所及，吕思勉属于后者，也正因为如此，虽然吕氏所从事的文学活动并不算多，但其成就和路径，理所当然地应该得到后人的尊重和珍视。更为重要的是，通过此一个案的考察，有助于我们在具体的历史情境中，更深入地体认当时的时代和文学。

针对晚清民初以来的文学及小说发展，杨义曾这样评述道：

> 我国近代自甲午海战、戊戌维新到五四运动的二十余年中，小说理论和文学思潮递涨急变，开历史上前所未有的局面。近代小说观的崛起、深入、蜕变和逆转，为时代发展所决定，又与近代启蒙主义的盛衰沉浮息息相关。

在上述分析的基础上，他将五四前二十年的小说发展分为三期，梁启超、严复代表"崛起期"，"以启蒙主义给小说理论带来新的气象，较为强调'善'与'俗'"；林纾、黄人等代表"深入期"，在纠正梁启超偏失之中，转为强调"真"与"美"；鸳鸯蝴蝶派等则代表了"蜕变和逆转期"，"真、善、美在他们的手中变质，成为苍白和卑庸的东西，他们强调'趣'和'利'。"[1]

吕思勉的小说创研无疑属于"深入期"的风格。如果再进一步突破时间顺序，可以发现，当梁启超在"崛起期"引领风尚之时，吕氏一方面受其影响进行创研，另一方面，已开始对其纠偏，其中最典型的就是其以侠人之名参与的小说讨论，在这场讨论中，回应与纠偏共存。杨义指出："对于梁启超小说理论上的偏颇，其友朋之辈在《新小说》的《小说丛话》栏，作了枝枝节节补充和修正。"侠人等"皆对'水浒'、'红楼'时有好评，这是与梁启超相抵牾的"。[2]不仅如此，侠人之论已经涉及小说本质问题，诚如有学者所指出的："阐明了小说与社会何者为本的根本问题，从理论上纠正了梁启超的错误观点。"[3]而这为以后小说学的理论建构奠定了基石。可以说，正是这一工作的展开，拉开了吕氏

1　杨义：《中国现代小说史》第 1 卷，人民文学出版社，1986 年，第 17—18 页。
2　同上书，第 6 页。
3　方正耀：《中国古典小说理论史》（修订版），华东师范大学出版社，2005 年，第 269 页。

既受惠于梁启超，更超越梁启超的小说创研过程。而随着时间的推移，到了民国初年，小说发展进入了杨氏所言的"蜕变和逆转期"，吕思勉依旧坚持着"深入期"的风格。他曾批评当时的小说界"至民国二、三年以后，乃鄙陋一无足观，且恶劣无所不至"。[1]厌恶可谓深矣，然而，恰恰是在民国三年（1904），他最重要的小说理论著述《小说丛话》发表，在文中殷殷期盼道："知小说为文学上最高等之制作，且为辅世长民之利器。文人学士皆将殚精竭虑而为之，自兹以往，良小说或日出不穷，恶小说将居于天然淘汰之列乎？予日望之矣。"[2]在这一时段发出此论，从一定意义上可以说，吕氏是在面临小说的美与善变质的状态下，力图坚持"深入期"的价值理念，具体说来，对于小说之"蜕变和逆转"感到忧虑，希望恶小说终归淘汰，而良小说能大行其道，而所谓的"良小说"，正是在跨越梁启超基础上，体现真和美的制作。

总之，吕思勉进入晚清民初的小说界深受梁启超的影响，然而，他成就的获得又恰恰是跨越梁启超的结果。质言之，吕氏的这种跨越及在"深入期"中的贡献，最重要的乃是对小说本体的重视和确立，并在此基础上，力图实现小说功用与本质的结合；本土与域外理念的融汇，以及启蒙与"纯文学的小说"的协调。而这些问题及理念的提出，无疑深化了小说"深入期"的理论，在中国小说史上拥有不可忽视的价值。下面具体论之：

（1）小说本体问题

历史地来看，跨越梁启超，应该是晚清以来小说创研的必然路径。梁氏的"小说界革命"虽贡献卓著，但缺陷也是巨大的，其中最主要的，就是对于小说的认识多从功用论着眼，小说最本质的问题——小说之本体及性质略而不谈，李欧梵指出："在《论小说与群治之关系》等重要文章中，他（梁启超）提出的观点都与小说本身的形式问题无关，而直接关注小说的影响力，所谓'熏'、'浸'、'提'、'刺'等。"[3]这样的取向使得小说的创研仅有工具理性，缺乏深入的本质性思考，小说的定位在学理上暗昧不清，独立价值难以得到伸张，久而久之，小说

1　吕思勉：《三十年来之出版界（一八九四——一九二三）》，《吕思勉论学丛稿》，第286页。
2　《吕思勉诗文丛稿》，第253页。
3　李欧梵：《晚清文化、文学与现代性》，《李欧梵自选集》，上海教育出版社，2002年，第273页。

的异化在所难免。从一定意义上来说，梁启超之"小说"可能具备了政治、社会、历史及时代等各要素，它是政治，是其他的一切，却唯独可能不是"小说"。所以，在"深入期"中，淡化小说之功用，深入挖掘小说的内在本性成为一个重要任务。1907年黄人的《小说林》发刊词成为了先驱的声音，诚如有学者所指出的，黄人"一针见血地指出了小说界革命夸大了小说的社会功能。可见，无论是《小说林》，还是本篇发刊词，它们的一个初衷便是要让小说回到小说"。[1]

然而，"让小说回到小说"不能仅停留于一种姿态或浅层实践，如何从学理上加以系统的证明，成为了势所必然。1914年吕思勉的《小说丛话》初步完成了这一任务，成为系统思考小说本体或本质的奠基之作。在此文中，吕氏首先论及"小说之势力"及基本特点，当然，如果仅停留于此，还是梁氏遗风，但吕氏由效果论入手，笔锋一转，立刻进入了小说本体性的讨论中。他说：

> 小说势力之盛大，既如此矣。其与社会之关系果若何？近今论之者多，吾以为亦皆枝节之谈，而非根本之论也。欲知小说与社会之关系，必先审小说之性质。明于小说之性质，然后其所谓与社会之关系，乃真为小说之所独，而非小说与他种文学之所同。[2]

此段阐述，核心问题在于探求小说的"根本之论"，而这种根本之论不在于"小说与社会之关系"具体若何，而在于小说的独特本性是什么，只有将这一问题澄清，才不至于混淆小说与其他文学体裁之界限。也只有将这一问题解决，才可能纲举目张，由内而外地把握小说与社会的关系，否则一切都是枝蔓。吕氏这一认识无疑是对梁启超小说"功用论"的推进和跨越，呈现出向内切入的路径走向。事实上，吕氏在后面的论述中，就是围绕着这一根本问题而层层展开，当然关于这一问题的阐释，在稍早于吕氏的管达如《说小说》中已有论及，但远不及吕氏深入系统，考虑到管氏是吕思勉的至交，二人在晚清时代更是唱和不断，我们甚至有理由相信，管氏的著述中应该有吕思勉参与及讨论的成分，但不管怎么说，到吕思勉时，对小说本体性已接近完整和初步成熟，故而陈平原指出："到了管达如的《说小说》、吕思勉（成之）的《小说丛话》，已经明

1　罗书华：《中国小说学主流》，第316页。
2　《吕思勉诗文丛稿》，第211页。

显借鉴西方小说理论，试图系统阐明小说的基本性质和具体特征，建立完整的'小说学'了。"[1]

（2）本土与域外理念的融汇

从一定意义上来说，近代以来学术理论的创获，都是西潮冲击之下的产物。"新小说"以至于小说学的成立，也是如此。由于传统小说"现代性"严重不足，时至晚清，已无法适应时代的要求，这也成为梁启超"小说界革命"的内在缘由。质言之，因为不足，才有革命的必要。从这个角度来说，"小说界革命"的理论动力来自于域外，它的到来与吸纳，又势必形成对传统的冲击及回应。故而有学者指出："'小说界革命'的主要动力是域外小说的输入，以及由此引发的中西小说的融合和小说观念的变革。"[2]于是，从晚清以来，西方小说理念如何与传统相结合，成为了中国小说发展的重要主题，小说学的创立更是直接建立在这两大理念结合与融汇的基础之上。我们或许可以这么说，从特定意义上来看，小说学的建立，其成功与否就在于传统与新理的契合度，二者不可偏废。如果没有西方理论方法的介入，小说园地就没有新的种子，结不出现代性的果实；反之，如果只有西方因素，没有传统的积淀与之结合，则是自弃土壤，再好的种子也无法生根发芽。

就此点来说，作为小说理论先驱的梁启超是颇有缺陷的，其掀起的"小说界革命"在理论上最大的问题，就是将新旧对立，甚至完全否定了整个旧小说的价值，从而过于决绝和武断。罗书华说："小说界革命，不仅是指以小说来进行革命，同时也是指以新小说革旧小说的命。"[3]毫无疑问，以这种"革命"的态度来看待和发展小说，不仅毫无积累可言，甚至是自去根基，要在这样的理念下建立小说学势无可能。所以梁氏的主张在当时没有被知识层完全接受，甚至在他所主持的《小说丛话》中，他的友朋们在这方面都有着许多不同的声音。杨义说：

> 传统文学发展到晚清，梁启超提倡政治小说，骂《红楼梦》、《水

1　陈平原：《小说史：理论与实践》，北京大学出版社，1993年，第230页。
2　韩进廉：《中国小说美学史》，第402页。
3　罗书华：《中国小说学主流》，第288页。

浒》是"诲淫诲盗",这实际上就是要制造一次中国小说的断裂,但这一断裂在当时并没有完成。[1]

这种断裂之所以没有完成,在很大程度上就在于梁氏的决绝态度不为世人所完全认可。易言之,在新小说的创研中,很多人皆主张从传统中挖掘资源。吕思勉不仅为其中一分子,更重要的是,在吸纳西方理论方法中,吕氏一直立足于从本土阐发现代意义。他曾经说:"中国小说之美,不让西人,且有过之。"[2]所以,我们可以注意到的是,吕思勉虽然深受梁氏"小说界革命"的影响,但他似乎从没有用过"革命"这个词,甚至"新小说"一词也只在早期有限使用,这种取向,毫无疑问与他尊重和挖掘传统大有关系。

然而,从一定意义上来说,现代学科的建构要得以成立,不能光凭传统,而必须依托西方的学术体系,从这个角度来看,吕氏在小说学的建构中就不能没有西学的深度参与。如对《小说丛话》进行细致考察,可以发现,里面的西学成分可谓比比皆是。我们完全可以说,吕氏在西学的吸纳和运用上,较之同时代的学人更为突出,已经具备了现代理论的自觉意识。而最突出的表现乃在于,吕氏对当时最新的域外理论加以融汇吸纳,据关诗珮的研究,吕思勉的《小说丛话》深受日本学者太田善男的《文学概论》影响,而太田氏的这本著作1906年才在日本出版,在当时可谓学界新著。当然,作为外语水平有限的吕氏要快捷准确地吸纳域外的最新理论素养,必然要付出更多的艰辛。除了译本要大量涉猎,更需通过友朋随时了解新的外来理论。如,关诗珮在研究中一直不解的一个问题是,吕思勉何以接触到《文学概论》。她说:

> 吕思勉从来没有在自己的日记和自传提到《小说丛话》,对于他曾经参考太田善男的《文学概论》,文学史上就更讳莫如深。的确,直到今天,我们没法确定吕思勉通过什么渠道接触到《文学概论》。据现时的材料看来,太田善男的《文学概论》并没有被翻译成汉语。[3]

我们的答案是通过友朋得以接触,而这师友就是黄人。据有关研究,通日

---

1 杨义:《中国现代文学流派》,人民出版社,1998年,第16页。
2 《吕思勉诗文丛稿》,第147页。
3 关诗珮:《吕思勉〈小说丛话〉对太田善男〈文学概论〉的吸纳》,《复旦学报》(社科版)2008年第2期,第21页。

文的黄人在文学研究中深受太田善男的影响，[1]黄人长期担任东吴大学国学教习，而吕氏曾在1907年赴东吴任教，其间二人多有诗文相酬，[2]同为小说研究者，吕氏从黄人处获得对太田理论的了解和吸纳乃是顺理成章之事。总之，既注意并吸纳西方理论是吕氏的一大优点，同时将这些理论方法化入中国的小说传统及实践中，更是其小说学得以成立的关键，故而，有学者在分析《小说丛话》的成功及特点时，特别指出："（吕文）以大量的古代小说作品为参照系，将西方理论引入了中国小说的分析中。"[3]

（3）启蒙与"纯文学的小说"问题

前已论及，吕思勉重视对小说本体的研究，从文学本质论出发，他指出，小说是"美的制作"，拥有"美术之性质"。[4]在超越梁启超的同时，开始进入了"纯文学"领域的探研。具体说来，吕氏将"除了美的方面而外，又有特殊之目的"的小说，称之为"杂文学的小说"；反之，除了美的要求，"别无目的者"的小说，则称之为"纯文学的小说"。二者的分水岭在于，"纯文学的小说，专感人以情；杂文学的小说，则兼诉之知一方面。"他还指出，"中国旧时之小说，大抵为纯文学之小说。"值得注意的是，吕氏这样的判断，事实上宣告了梁氏所鼓吹的"新小说"虽"知"有余，但在"美的方面"则有着重大的缺陷，不具有"纯文学之小说"的资格，而梁氏所抨击的"旧小说"反倒因为其"供人娱乐为目的"，具有了纯文学的地位。[5]

众所周知，梁氏的"新小说"乃为"新民"而来，即所谓启蒙，其目标正在于"知"。此种路径所具有的正面意义毋庸置疑，但一个很大的问题是，它一旦走向深入，很容易将文学本有的"美"给摒弃，这样的作品久而久之就会失去美感，成为鼓噪的说教。吕思勉评价道："支离灭裂，干燥无味，毫无文学上

1　见汤哲声、涂晓马编著：《黄人评传·作品选》，中国文史出版社，1998年，第17页。

2　参看邬国义：《青年吕思勉与〈中国女侦探〉的创作》，《中国传统学术的近代转型》，第490—492页。

3　许建平：《小说丛话》之《论文简介》，氏编：《二十世纪中国文学史论文精粹·小说戏曲卷》，河北教育出版社，2000年，第9页。

4　吕思勉：《小说丛话》，《吕思勉诗文丛稿》，第212页。

5　同上书，第222页。

之价值，非唯不美，恶又甚焉。"最终会让人提不起兴趣，"为睡魔所缠扰也"。而没有美感，不吸引人的原因在哪呢？吕思勉认为，在于没有顾及人性的基本要求，所谓"好恶拂人之性而已矣"。[1]很显然，吕思勉的立场是，文学是建立在人性之上的主"情"之作，如果不顾及人类情感要求，任何"知"或者启蒙的功效不仅荡然无存，甚至将适得其反。换言之，小说创作必须以情为主，不能先存说教之心。

但是，这是不是表示小说要放弃一切启蒙及社会功能呢？不是的。吕思勉认为，文学要顺应自身特性，遵循本有规律，启蒙或者说教必须服从于此。所以，他主张，"必于情的方面之中，行智的方面之教育"，如此，才能达其目标，所以，纯文学的小说看似没有目标，其效果反胜不是纯文学的说教之言。在具体的实践中，创作者务必要排除一切干扰，不必有意去鼓吹价值取向，而应以纯小说为旨归，但是，作者本身的意识势必会带入小说创作中，只要作小说者"理想高尚"就能达到"善与美的相一致"。换言之，"善"人作"美"文，就一定会成功，高尚作品一定出自高尚之人，所谓"无悲天悯人之衷，决不能作《红楼梦》；无愤世嫉俗之心，决不能作《水浒传》"，这是"作小说的根本条件"。[2]这一论述，对作者、作品之分际及性质，分析得极为深入，呈现出圆熟、辩证的特点。质言之，吕氏所论，其要义在于，小说是一种美的结晶，此种创作必须符合植根于人性之上的美学原则。就小说或文学本性来说，启蒙或者善的原则，为第二要义，必须附之于情感之上，否则必产生反效果。而一个作者只要具备高尚理想，作品一定会反映出善的追求，而不必也不能事先设定教辞。

吕氏在"纯文学"方面的论述并非自造，作为"二十世纪以降中国文学研究的基础性概念"[3]，在晚清民初，吕氏之前已有学者在讨论与运用这一概念，其中最为著名的是王国维。所以，在这一讨论中，我们也可以看到一些王氏的影子，故而有学者说："作者受到王国维的人生哲学及所宣扬的《红楼梦》旨在'描写人生之苦痛与其解脱之道'等影响，……代表了近代资产阶级小说理

1　吕思勉：《小说丛话》，《吕思勉诗文丛稿》，第 222 页。
2　同上书，第 223、251 页。
3　李贵生：《纯驳互见：王国维与中国纯文学观的开展》，《中国文哲研究集刊》第 34 期，2009 年 3 月，第 169 页。

论的发展水平。"[1] 然而，事实的另一面是，王国维固然有功于纯文学，但当下学界的论述中也有着过度阐释之嫌，其文学观念实际上在当时还"未够纯粹"[2]，纯文学的最先讨论者并非只此一家。就本论题来看，吕思勉的纯文学观念在当时博采众家，固然化入王氏之论，但他最主要的影响者应是黄人。杨义指出，黄人"把真和美的原则引进小说领域，是和梁启超持异，而和王国维相呼应的"。[3]而王氏一则其研究重点不在小说；二则其学术追求总的来说是所谓的纯粹学术，对启蒙是不以措意的。与王氏不同，黄人不仅是晚清小说界的重要人物，与吕氏亦有私交，加之他既追求文学及小说的美学品质，鼓吹"文学而不美，犹无灵魂之肉体"。同时也承认小说的启蒙功能，认为"小说之影响于社会固矣"。[4]很显然，黄、吕立场是一致的，所以，就吕思勉纯文学的接受来看，与其说来自于王氏，不如说来自于黄人。当然，吕氏对这一概念亦有自己的创造与发挥，其最大贡献在于，在小说学的视野下，第一次系统全面地论述了"纯文学的小说"其性质及价值，对纯文学界域下的小说真、善、美问题进行了深入的讨论，这些都是中国小说史上具有开创性的成果。

结　论

本课题的研究建立在两大认识基础之上：一是学术与时代密不可分；二是学者的多面性。毫无疑问，学者与学术不可能外在于时代，所谓"知人论世"是学术史研究的关键所在。基于此点，考察"小说界革命"时代的吕思勉如何受着时代思潮的拉动，通过个案研究展现出微观个体与宏观社会之间的互动，将有助于我们深刻地体察时代特性与学术性格；而探研史学大师的"文学人"一面，既有助于从学者的非主流侧面窥其全貌，更可突破文史界域的横隔及"定性"。有鉴于此，笔者以吕思勉青年时代的文学及小说活动为突破口，将

1　王运熙、顾易生：《中国文学批评史新编》下册，第 560—566 页。
2　李贵生：《纯驳互见：王国维与中国纯文学观的开展》，《中国文哲研究集刊》第 34 期，第 199 页。
3　杨义：《中国现代小说史》第 1 卷，第 8—9 页。
4　黄人：《小说小话》，汤哲声、涂晓马编著：《黄人评传·作品选》，第 72、83 页。

晚清民初"小说界革命"与吕思勉文学活动考论　　21

其放置晚清民初"小说界革命"的学术背景下，作一全面的专题性考察。此一研究不仅意在提升吕思勉研究的深度和广度，更希望由此管窥近代学者在世风之下的文史互动及转换，从而加深对晚清民国以来的学风及学术之理解。

笔者以为，"甲午"之后，吕思勉从少年时代始，直至青年时期，受时势之引领，关注经世之学，与鼓吹启蒙和"文学救国"的"小说界革命"日益合辙，从而迈开了小说创研之路。作为"小说界革命"的最早实践与响应者，吕思勉在中国小说史上占据了独特的地位。为了厘清吕氏的小说活动，笔者为此进行了若干专题考订，发现现今留存的吕氏小说著述至少有四部，其中可刨去一部误植为吕氏的"侠民"龚子英的作品，而增添一部侠人的作品。笔者还考订出，侠人乃是吕思勉早期笔名，并且认为，吕氏在小说创作之际以"侠"为笔名，不仅是那个时代的风尚所致，也与吕氏内在的知识认同、年轻激情相关联，它们是吕氏所推崇的文化符号。在此基础上，笔者进一步论述和阐发了吕思勉在中国小说史上的贡献，认为其地位之不可忽视，不仅在于晚清时代的小说创作，更在于他在民国初年以来日渐成熟的小说理论阐发，从而使得完整的"小说学"得以成立。吕氏的研究既反映了晚清民初小说研究的最高水平，也使其成为小说"深入期"的重要人物，而这种贡献中最重要的，乃是对小说本体的重视和确立，并在此基础上，力图实现小说功用与本质的结合；本土与域外理念的融汇，以及启蒙与"纯文学的小说"的协调。这些问题及理念的提出，都是在跨越梁启超的基础上所取得，它们深化了小说"深入期"的理论，在中国小说史上拥有不可忽视的价值。

值得指出的是，笔者的研究不单纯在于通过文史界域的突破，勾勒出一代史家在文学思潮中的活动，从而展现出一个不一样的吕思勉，更希望在这样的具体研究中，将学者从"单面性"的考察中拉升出来，延展到为人所忽视的界域，从而在立体、丰富的审视中，连接起断裂的历史碎片，在新的学术思考中获得更全面的认识。

（此文在修订过程中，得到张耕华师的悉心指导与资料馈赠，谨致谢忱。）

东海西海，心理攸同？

——以叶嘉莹说词为例

张耀宗 *

内容提要：常州词派是"五四"新文化运动之后，唯一还活跃在现代学术舞台上的古典诗学遗产。当常州词派进入到现代的时候，它背后所强调的文学与历史、政治以及伦理之间的关系与受西方观念影响的去政治化的现代意识形态必然发生矛盾。我们需要去寻找那些隐藏的矛盾并且解释它们。同时，常州词派在现代学术环境中能够让它的继承者们坚持的原因，不仅在于它形成了对于词体的新认识，而且在于它赋予了一个现代主体与历史的关系。在现代学术对文学的政治性和历史性进行批判的语境里，他们从常州词派那里发现了它的价值。叶嘉莹就是这段学术历史中的一个值得分析研究的个案。

关键词：叶嘉莹　王国维　《人间词话》　常州词派

作为 1940 年代辅仁大学的毕业生，叶嘉莹对中国古典诗词的知识积累很大一部分来自于她的老师顾随的引导以及她对新文化运动之后最著名的词学著作《人间词话》的研习。在她的身上记录着 20 世纪新学术面对中西文化问题时的某一种完整的思路。这条思路从现代中国一直延宕到现在，就是希望在传统派和西化派之间走出一条既能认同中国文化传统之精髓又能吸取西方优秀文化的

* 作者张耀宗，1981 年生，清华大学国学研究院博士后，研究方向为晚清民国的文学与历史。本文系中国博士后科学基金第 55 批面上资助项目"晚清民国时期常州词派理论研究"（项目号：2014M550693）的阶段性成果之一。

学术和文化观念的路线。在叶嘉莹的晚年，她重新开始了与中国传统的词学理论最重要的代表——常州词派的积极对话，并且对常州词派的比兴寄托说有了"了解之同情"。如果说并不存在一个本来的既得的传统，而传统都是我们在具体的语境当中不断建构起来的，也是在我们和过去的对话中形成的，那么这中间的复杂性就值得我们重新探知。现在在我们似乎不能草率武断地认为与传统已经不可对话，或者倔强地认为我们与传统之间可以直接地对话，而是应该重新对我们所熟悉的"传统"本身提问，是什么样的历史、政治以及理论资源让一些东西被归纳进传统而另一些东西则被排除在了传统之外。如果我们将叶嘉莹这个词学上的变化过程不断地往后推进一个历史的场景里，在这个场景之中的叶嘉莹会向我们讲述更多的东西。

　　叶嘉莹 1960 年代末在哈佛燕京学社图书馆里面完成了成名之作《王国维及其文学批评》以后，作为对于王国维的认同的逻辑上的必然，她写了一篇批评中国传统词学理论最重要的代表常州词派的文章。但是，在 1980 年代和缪钺合作《灵谿词说》之后，她开始系统地重新思考自己的词学见解，也就是在这个时候她又一次走近了常州词派。这一次她对常州词派的词学理论有了新的理解。在分析周邦彦以及他之后的南宋慢词的时候，王国维《人间词话》中批评南宋词的立场显然失去了效用，不可作为分析的依凭。在叶嘉莹看来，王国维是用读五代北宋那些直接感发的令词的方法来读这一类慢词，当然是不能发觉它们的好处，于是，她提出了一个"赋化之词"的分类。同时，也正是在阅读这一类慢词的时候，是她在理论和文本上离常州词派最近的机会之一。在读周邦彦以及他之后的慢词的时候，叶嘉莹大量地征引了常州词派的论述和评点，表示了欣赏、赞同。不过她所提出的"赋化之词"真的能够解释清楚周邦彦之后的慢词的好处吗？常州词派的理论家周济在评柳永的《雨霖铃》（寒蝉凄切）时候说："清真词多从耆卿夺胎，思力沉挚处，往往出蓝。"按照叶嘉莹的理解，周邦彦的词是因为一种所谓的赋体写作方式来写词而造成了一种思力上的出色。这里所谓的"思力沉挚"是指一种铺叙的写法上的变化？为了详细地讨论其中的原委，我们就先从常州词派最为推举的"千古词宗"周邦彦的一首代表作《兰陵王》分析起。

　　　　柳阴直，烟里丝丝弄碧。隋堤上、曾见几番，拂水飘绵送行色。登临望故国，谁识京华倦客。长亭路，年去岁来，应折柔条过千尺。　　闲寻旧踪迹，又酒趁哀弦，灯照离席。梨花榆火催寒食。愁一箭风快，半篙波暖，回头迢递便数驿，望人在天北。　　凄恻，恨堆积。渐别浦萦回，津堠岑寂，斜阳冉冉春无极。念月榭携手，露桥闻笛。沉思前事，似梦里，泪暗滴。

对于词的第一部分，叶嘉莹认为："此词之开端数句，表面虽似乎仅为对柳之物态的铺陈叙写，并无直接感发之力，然而一加思索，便可以体会出其意味之无穷。"[1] 而第二部分则上启第一部分的送别之情，下启第三部分的别后之情。[2] 虽然叶嘉莹似乎非常赞同周济、陈廷焯对于周邦彦的评点，对于词的言外之意有所体悟，但正是他们在言外之意的理解上的分歧，让我们看出了叶嘉莹与常州词派貌合神离之处。在叶嘉莹看来这首词的好处在于用一种赋笔或者说铺陈描摹的曲折笔法来写离别之情和宦场沉浮的感喟，让人感觉到一种言外之意，意蕴深厚的美感。在常州词派的陈廷焯看来是因为周邦彦写自己的淹留之故"欲露不露"而只写淹留之苦、淹留之感所以让人觉得兴味无穷，非常深厚。同样觉得兴味无穷，那么这两者有何不一样的地方呢？

　　我们将目光放置在叶嘉莹对于《兰陵王》结尾的理解上。对于这首词的最后一句："沉思前事，似梦里，泪暗滴"，叶嘉莹认为这句话的儿女私情与这首词的第一段所寄予的宦场沉浮的感喟并不合拍，她以柳永的《八声甘州》为例，认为这是"婉约词人的一般特色"。她曾经在分析"长亭路，年去岁来，应折柔条过千尺"这句词的时候，引用过陈廷焯的一则词话："美成词极其感慨，而无处不郁，令人不能遽窥其旨"，对陈廷焯的评点叶嘉莹是引为知音的："这话不失为对周词的吟味有得之言。"这则词话曾被她在对周邦彦词的分析中大幅引用过两次。可是就在这一则词话里面，陈廷焯对《兰陵王》的结尾明确地大为褒奖："遥遥挽合，妙在才欲说破，便自咽住，其味正自无穷。"是什么造成了叶嘉莹对于陈廷焯这句极为重要的评点的"视而不见"而得出一个和陈廷焯完全相反的结论呢？我们可以再读一遍被叶嘉莹所称赞的这一则《白雨斋词话》：

1　叶嘉莹：《唐宋词名家论稿》，北京大学出版社，2008 年，第 167 页。
2　同上书，第 168 页。

美成词极其感慨，而无处不郁，令人不能遽窥其旨。如《兰陵王》[柳]云"登临望故国，谁识京华倦客"二语，是一篇之主。上有"隋堤上、曾见几番，拂水飘绵送行色"之句，暗伏倦客之根，是其法密处。故下接云："长亭路，年去岁来，应折柔条过千尺。"久客淹留之感，和盘托出。他手至此，以下便直抒愤懑矣，美成则不然。"闲寻旧踪迹"二叠，无一语不吞吐。只就眼前景物，约略点缀，更不写淹留之故，却无处非淹留之苦。直至收笔云："沉思前事，似梦里，泪暗滴。"遥遥挽合，妙在才欲说破，便自咽住，其味正自无穷。

问题就在于这个"旨"字。叶嘉莹以为"长亭路，年去岁来，应折柔条过千尺"或者整首词里面所隐藏的"旨"就是"年年岁岁无尽无休的送行离别，也就是无尽无休的宦海沉浮"。而陈廷焯说得非常清楚，这句词是写"久客淹留之感"，用陈洵的话来说，就是这句词的上一句和下一句都是为"'京华倦客'四字出力"。（《海绡说词》）陈廷焯所说的"不能遽窥其旨"，其实就是"若隐若现，欲露不露，反复缠绵，终不许一语道破"的意思，这正是清真词的妙处所在。在陈廷焯看来这个"旨"本来就是"欲露不露"，正因为这样才使得整篇词显得沉郁、兴味无穷。就这首词来说"旨"就是"淹留之故"，但究竟是什么，作者始终不明说，这就造成了一种反复缠绵的兴味，处处都似乎有了一种吞吐之致。一直到词的结尾，似乎刚要直接说出"淹留之故"却又收住，从而造成了一种"其味正自无穷"的审美感受。只有理解了这个"旨"才能够真正把握和理解这首词内在的结构和深厚味道所在。

叶嘉莹理解的"旨"和陈廷焯的"旨"显然不一样。在陈廷焯这里"旨"也就是比兴寄托，他认为这首词是有寄托的，但是周邦彦表现得"欲露不露"，所以难以猜测究竟，这是造成这一首词缠绵悱恻的根源。可是叶嘉莹显然觉得这个"旨""不能遽窥"的原因不在于周邦彦有什么特别的事情或者寄托欲露不露，而是周邦彦的一种赋体的写作方式的特色，读词的人只需要以一种思索去体会它的言外之意就可以体会到周邦彦的"旨"，这个"旨"不是寄托而是一种情感，一种在铺陈描摹中隐晦表达出的宦海沉浮之感喟。既然有了这样的认识，叶嘉莹就只能通过语言形式的分析来建立《兰陵王》和词体的幽微要眇的审美特质之间的关系，所以她解读起来就颇为顺畅，她轻易地从这首词的第一句就一下子把握住了整首词的意蕴，基本上每一句词都指向对于宦海沉浮的感喟。在结构上无非是从写别前之情到写别后之情，一直到词的结尾"念月榭携手，露桥闻笛。沉思前事，似梦里，泪暗滴"，叶嘉莹才发现按照她的解释文本出现了断裂。她感觉到"结尾数句的写情之语，似不免过于直叙，缺少了冯、李、晏、欧诸家词写情时之意象环生的感发之力"。即便她又接着说如果用思索去探求的话，最后这几句词"极为沉痛深挚"，这种解释其实说得已经是非常勉强和随意了，说明她不懂这个"旨"的真正意思。

就在同一则词话里面，陈廷焯说道："大抵美成词一篇皆有一篇之旨，寻得其旨，不难迎刃而解。否则病其繁碎重复，何足以知清真也。"叶嘉莹恰恰就犯了陈廷焯所批评的毛病。叶嘉莹在评论周邦彦的词之后，还推荐了俞平伯所写的一篇旧文《辨旧说周邦彦〈兰陵王〉词的一些曲解》（1961年）。阅读完俞平伯的文字，我们惊讶地发现在那篇文章里面，俞平伯说："他（陈亦峰）就不得不承认自己看不懂，所谓'不能遽窥其旨'。这里可见他有了根本的误会，否则不会看不懂。……其实写了这么一大篇的歌词，始终'不写'、'不说破'，从文学的技巧上恐怕也是不容易办到的。"[1] 和陈廷焯如此相异的词学见解能够被叶嘉莹同时接纳，结合我们上面的分析，就不值得奇怪了。

分析到这里，我们可以回答一开始的疑问了：叶嘉莹觉得赋体这种写作手法是造成周邦彦《兰陵王》幽深要眇的原因，而陈廷焯认为，比兴寄托才是产生这首词兴味无穷的原因，既然源头不一，那么对于"兴味无穷"、"幽微要眇"的内涵当然也就貌合神离，以致在整首词的内在结构和情韵的理解上都最终南辕北辙。不过任务到这里还远远没有结束，我们需要溯源追本，追问究竟是什么让叶嘉莹轻易地修改了这个"旨"的意思，还让她感觉到自己对常州词派评点南宋词的理解好像是知音见赏一般。这样想来，她与常州词派的关系就不能不引起我们进一步分析的兴趣。叶嘉莹对于常州词派的重视源于她要去探寻诗与词这两个文类的区别究竟在哪儿？她对于诗与词的区别曾经在不同场合多次提到，下面是她比较典型的一段论述：

　　中国的诗之妙处，外国要从语言学，从外表、从技巧、从手法来分

1　俞平伯：《辨旧说周邦彦〈兰陵王〉词的一些曲解》，《文学评论》1961年第1期。

析；而中国是讲兴发感动的，只说这个人，如杜甫是忠爱缠绵。但是忠
爱缠绵不代表他的诗好，中国真正的好诗是要有忠爱缠绵的内涵，并能
用语言把忠爱缠绵的内涵恰如其分地表现出来。所以中国诗一定注重的
是兴发感动，这是毫无疑问的。而且不管哪一派的诗家，不管是严沧浪
的兴趣、王渔洋的神韵，主要重视的都是诗歌本身兴发感动的作用，所
以诗人的本质是重要的，你有了好的东西如何表现。而词不是诗人言志
的，不能够用读诗的方法来欣赏和评述词。所以当词一出现，这些诗人
文士就感到困惑了，不知道什么样的作品才是好词。[1]

她认为诗歌是言志抒情，注重兴发感动的；而词则主要是一种幽微要眇的，引
人生言外之想的审美特质。她关于诗词之别的想法在张惠言那里都找到了回应，
这也是她对张惠言的《词选》有了重新理解的重要缘由。在《对常州词派张惠
言与周济二家词学的现代反思》（1996 年）中，她对自己 1970 年代初的一篇文
章《常州词派比兴寄托之说的新检讨》进行了补充："张氏说词的许多误谬和拘
限，可以说乃是完全由于受到传统文论比兴寄托之说的限制的缘故，至于他所
提出的'意内言外'之说，则既掌握了词之美感的一种特殊品质，而他所提出
的'兴于微言'之说，则也显示了他对于词之语言符号之作用的一种敏锐的感
受和掌握的能力。"[2] 叶嘉莹在这里对张惠言的观点所作出的评论，应该说放弃了
张惠言最核心的概念"比兴"说。也就是说相隔近二十年，叶嘉莹的看法有一
个根本的一致性就是对张惠言的比兴寄托大为不满。我们还可以从她对常州词
派另一位理论家周济常被称引的一段词话的分析中看出她对否定比兴寄托说的
坚持。周济在《介存斋论词杂著》里面说："感慨所寄，不过盛衰：或绸缪未
雨，或太息厝薪，或已溺己饥，或独清独醒，随其人之性情、学问、境地，莫
不有由衷之言。"[3] 叶嘉莹认为："周氏此一则词说所提出的虽是寄托之内容的问
题……却无一不是属于贤人君子幽约怨悱的感情心态，而这其实也就正涉及了
词在美感方面的一种特殊的品质。"[4] 在这里，她非常明确地将词的幽约要眇的审

1　叶嘉莹：《清词在〈花间〉两宋词之轨迹上的演化》，《南京大学学报》（哲社版）2009 年第 2 期，
　　第 105 页。
2　叶嘉莹：《词学新诠》，北京大学出版社，2008 年，第 140 页。
3　参见《清人选评词集三种》，尹志腾校点，济南：齐鲁书社，1988 年，第 192 页。
4　叶嘉莹：《词学新诠》，第 143 页。

美特质定位在"贤人君子幽约怨悱"的感情心态上而不是在寄托的内容上。就在同一本词话里面，周济还提出了"有寄托"与"无寄托"的说法："初学词求有寄托。有寄托，则表里相宣，斐然成章。既成格调，求无寄托，无寄托则指事类情，仁者见仁，智者见智。"[1]她明白虽然周济的"无寄托"说似乎"补救"了张惠言《词选》里面以寄托之内容来说词的比附方式，但是这个"无寄托"还是来自于"有寄托"，这未免让叶嘉莹觉得十分遗憾。如果我们把叶嘉莹对于周济的批评从正面来理解的话，叶嘉莹倒是在一个相反的方向上把握住了常州词派的最根本的理论纲领——比兴寄托说。可惜，叶嘉莹是在和这个纲领分道扬镳的时候发现它的。其实，早在《论词学中之困惑与〈花间〉词之女性叙写及其影响》（1991年）这一篇长文里面，叶嘉莹就对张惠言之后常州词派里面最为重要的两位理论家周济和陈廷焯提出了认同和不满，这段长言对于探明叶嘉莹和常州词派的关系极为重要，所以我引用如下：

> 周、陈二氏之说，当然不失为对小词之富含感发作用与多层意蕴之特质的一种体会有得之言。至于他们所犯的错误，则就其明显之原因言之，乃是因为他们都受了张惠言的比兴寄托之说的影响，因此遂将读者所引发的偶然之联想，强指成了作者有心之托喻。而如果就其根本的内在之原因言之，则实在乃由于他们对小词中之女性叙写所可能造成的双性人格之作用未能有清楚的认知。[2]

读完上面一段话我们就比较清楚，她对常州词派的认同在于，她认为常州词派的理论家们都体会到词体的一种幽微要眇，言外之意的审美特质，但是那些理论家们错误地将比兴寄托作为这种审美特质的源泉。既然如此，那么叶嘉莹必须重新来解释清楚究竟是什么才是产生了词体这种幽微要眇的美感的源头。同时又是什么样的自信心和理论立场让她对常州词派理论家能够既认同又批评？这两个问题有着同一个答案。她通过对于西方女性主义著述的研读，以"近世倚声填词之祖"《花间集》为例认为，词和诗相比具有独特的幽微要眇、引人生言外之想的原因在于：第一，《花间集》里面的女性形象是无家庭伦理身份的

1　参见《清人选评词集三种》，第193页。
2　叶嘉莹：《词学新诠》，第93—94页。

"本无托喻之心，而极富象喻之潜能的女性形象"；第二，词的女性化语言，所谓"诗庄词媚"；第三，《花间词》包含有"由男性作者使用女性形象与女性语言来创作所形成的一种特殊的品质"。[1]这样，作为词体之祖的《花间集》所具有的雌雄同体（androgyny）的性质一直从《花间集》为代表的歌辞之词、苏轼为代表的"诗化之词"影响到周邦彦为代表的"赋化之词"，正如她自己所言，后两种词"虽然不再完全保有《花间》词之女性与双性的特质……却都各自发展出了一种虽不假借女性与双性，却仍具含了与《花间》词之深微幽隐富含言外意蕴之特质相近的、另一种双重性质之特美"。[2]叶嘉莹由此"成功"地重新阐释了常州词派的理论核心——比兴寄托说，并且倒置了常州词派内部的理论上的逻辑关联。在常州词派看来，是一首词本身所内含的比兴寄托带来了一首词的低回要眇。她却倒置过来认为："张惠言所提出的兴于微言，以相感动之说，就正表示张氏的比兴寄托之说，原是由微言之兴发感动而产生的。"[3]比兴寄托由产生词体审美特质的原因，变成了叶嘉莹所阐释的词体审美特质来源的结果。就是在这里，她和常州词派发生了一个最为关键性的分叉。她将为这次对于常州词派的理论改写做出很多支离破碎的弥补工作。

从上述叶嘉莹的观点来看，张惠言、周济、陈廷焯等这些常州词派的理论大家们虽然体会到了非常关键的词体的审美特质，可没有弄清楚源头所在，既然常州词派的词话是传统词学里面最重要的评词来源，那么他们根据"比兴寄托"所写的一系列词话还有价值吗？叶嘉莹认为是可以的，如果说在"歌辞之词"和"诗化之词"里用比兴寄托的方式来说词作者的有心寄托是大谬不然的，那么在"赋化之词"有心寄托的一部分词里面常州词派终于得到了救赎。用她的话来说就是，"张惠言的比兴寄托之说特别适用于第三类赋化之词之有心安排托意的一些作品"。也就是说，在"赋化之词"里面，叶嘉莹终于和常州词派站在了一起，全面地认同了常州词派的价值，不管是对于词体的认知还是比兴寄托的说词方式。传统词学里面的最有价值的一部分看起来好像在一位现代学人

1　对这三点的详细阐述可以参见《词学新诠》，第 67—86 页。叶嘉莹多次在文章里面反复阐述自己的这个思路，和这里的阐述基本相同，其不同之处也仅在于阐述上的繁简之别。

2　叶嘉莹：《词学新诠》，第 100 页。

3　同上书，第 139 页。

的学术工作里得到了继承。

叶嘉莹大致认为在两方面常州词派的理论特别有价值，第一，对词体的一种幽微要眇的审美特质的体会。第二，是对于词与世变之间的关系的阐述。在《论词之美感特质之形成及反思与世变之关系》里面写道："常州词派之后继及其影响之深远，并非是一些偶然的机缘，而是与清中叶以后以至晚清之世变，有着密切之关系。……周氏之说（即周济的"诗有史，词亦有史"）实在可以说是对词之特质的一种深有体会之言。"[1]对于后一点叶嘉莹极为重视，她对于世变与词的历史发展关系可以说完全受到常州词派的理论启发，她写了多篇从"词史"说来分析晚清史词、汪精卫词、陈曾寿词的文章。不过，基于我们上面分析周邦彦的代表作《兰陵王》的经验，我们还是怀疑叶嘉莹是真的明白常州词派的本意了吗？为了打消这个疑问，我们还是从她解读的一首周邦彦《渡江云》（晴岚低楚甸）开始看起。这篇解读的文章收入在被叶嘉莹自己认为"我所出版过的各种论词之作中论说最具系统、探讨也最为深入的"《唐宋词名家论稿》一书中。在一开始她就旗帜鲜明地对俞平伯父亲俞陛云的《唐宋词选释》里面的解读非常不满，认为"未能得其真义"。俞陛云认为这首词"善写客愁"，叶嘉莹则采罗忼烈的说法，"当是入都途中水路过荆南作"，认为这首词是有寄托的，上半阕写的是政局的转变，而下半阕写的是新旧党争之多变。不过奇怪的是，为什么对于周邦彦词最有心得的周济、陈廷焯、朱祖谋、陈洵等诸位词家对于这首词都没有予以注意呢？难道是叶嘉莹自己发现了这首词的独特的艺术价值？叶嘉莹之所以将这首词当作周邦彦的一首代表作提出来，一个重要的原因是这首词确有寄托，其作用在于确证周邦彦词写作上的一种隐微曲折的赋体风格。但是我们看到周邦彦这首词虽有寄托但是整首词看起来显得词意浮露缺少深厚的兴味，不是周词当中的佳者，例如"愁宴阑、风翻旗尾，潮溅乌纱"一句即是如此，和常州词派推尊周邦彦的期待相距甚远，所以几乎所有常州词派的诸大家才都不会经意这首词。问题还是在于叶嘉莹她虽然读懂了这首词的寄托之意，认为不了解这首词的寄托之意有些地方就不可以理解，这些知识资源都是来源于常州词派，但是她没有明白不是凡有寄托的词都是好词，陈廷焯在

---

1   叶嘉莹：《词学新诠》，第212、215页。

《白雨斋词话自序》中就说："夫人心不能无所感，有感不能无所寄，寄托不厚，感人不深，厚而不郁，感其所感，不能感其所不感。"也就是说她没有明白为什么常州词派会讲"寄托"，是简单的指明作者的用意，是将词的释读当作一种简单的考证？寄托与文本的关系究竟是在比兴上还是一种写作修辞的变化上？说到这里，我们可以再联系上面对于周邦彦《兰陵王》的分析，叶嘉莹不承认那首词有寄托，但又认同陈廷焯的分析，所以带来了一系列的误会和歧义。那么，当她又主动认为王沂孙的词是最符合常州词派的比兴寄托说的，我们自然会怀疑这一正一反的背后会不会隐藏着同一个不变的观念？为了更加清楚地说明这个问题，我们继续看她对王沂孙著名的一首《天香》[龙涎香]（孤峤蟠烟）的解释：

> 孤峤蟠烟，层涛蜕月，骊宫夜采铅水。汛远槎风，梦深薇露，化作断魂心字。红瓷候火，还乍识、冰环玉指。一缕萦帘翠影，依稀海天云气。　　几回殢娇半醉，剪春灯、夜寒花碎。更好故溪飞雪，小窗深闭。荀令如今顿老，总忘却、尊前旧风味。谩惜馀薰，空篝素被。

和常州词派的庄棫、陈廷焯等人的看法相同，叶嘉莹认为这首词在字面之外隐含了易代之悲。对于这首词，庄棫、陈廷焯认为是因谢太后事而发，对此王国维已经证明这个考证不准确，经过夏承焘在《乐府补题考》里面的考证认为，《乐府补题》是因杨琏真伽发宋陵之事而作，庄棫、陈廷焯和夏承焘虽有不同然而他们都认为这首词是因事而发，不单单是宽泛的对于南宋覆亡的悲慨。叶嘉莹在阅读这首词的时候，已经非常明显表示对于夏承焘的考证的认同，但是她还是不愿意明确地说这首词的题旨就是因宋少帝赵昺崖山之事而发，而只愿意说这是写士大夫的亡国之恨。现代学者对于常州词派解读宋词的方法常有批评，认为其中常常有不合史实的地方。叶嘉莹对于此类论说当然早有所知，所以她在早年的《常州词派比兴寄托之说的新检讨》一文里面对此申说甚详，认为要言出有据，不可妄加比附。这看法单独看起来当然是极为正确的。但是在这里，夏承焘的考证明明已经得到了她的认同，她为什么还是动摇去寻找另外一种亡国之痛这样一个似乎更为宽泛的说法呢？在这里使她发生动摇的原因是什么？这充分说明原因不是在于词的本事能否得到考证的问题，这不过是一个追求"客观科学"的普遍主义的现代意识形态的幌子，一定另有他因造成了她另外的选择。在这里，陈廷焯的一段话值得认真对待："《词选》云：碧山咏物诸篇，并有君国之忧。自是确论。读碧山词者，不得不兼时势言之，亦是定理。或谓不宜附会穿凿，此特老生常谈，知其一不知其二。古人诗词有不容凿者，有必须考镜者，明眼人自能辨之。否则徒为大言欺人，彼方自谓超识，吾则笑其未解。"然而，在以清楚明白、科学客观为价值标准的现代意识形态之下，常州词派所追求的那种"沉郁"、"烟水迷离"的审美感受在现代学术里面就变得困难重重。

叶嘉莹或隐或显地流露了她在这里与常州词派的不同："以碧山之时代和身世，就其所用之词汇、典故以及作品中的意象，所可能引起的一些有关托意的联想而已。我们的这种解说方式，是完全以诗歌本身所具有之感发的力量为依据的，也就是说就诗歌本身所表现的感发之力而言，已足够提示我们，作者在写作时很可能更怀有一种表面之文字以外的感动，这种感动才是写寄托之词的一种基本要素。"[1]是什么让她那么觉得"已足够提示我们"？是一首词里面的词汇、典故和作品中的意象。那么这和她所理解的"寄托"有什么关系呢？这就涉及她对中国传统诗学一个核心范畴"比兴"的理解。叶嘉莹认为："比与兴二种写作方式，其所代表的原当是情意与形象之间的两种最基本的关系。比是先有一种情意然后以适当的物象来拟比，其意识之活动乃是由心及物的关系，而兴则是先对一种物象有所感受，然后引发起内心之情意，其意识之活动乃是由物及心的关系。前者之关系往往多带有思索之安排，后者之关系则往往多出于自然之感发。像这种情意与形象之间的关系，可以说是古今中外之所同然。"[2]她在这里将"比兴"当做两种不同的写作方式来看待，而其中的"比"在她看来是等同于常州词派的比兴寄托的，常州词派的"寄托"在这里被解释成"感动才是写寄托之词的一种基本要素"。然而，在常州词派的理论背景里面，比兴与寄托之间是互相依存的关系。正如詹安泰所说："有寄托之词，大抵体属比兴，而矢口直陈不与者，既无所假借，其盘郁于中者，举宣泄乎外，一望了然，固不关乎寄托者。"[3]为什么常州词派要逆推词的寄托所在，就是因为不如此则不能体会词的"比兴"。所以对于词之"本事"的发

1　叶嘉莹：《迦陵论词丛稿》，北京大学出版社，2008年，第193—194页。
2　叶嘉莹：《词学新诠》，第32页。
3　詹安泰：《詹安泰词学论集》，广东：汕头大学出版社，1997年，第224页。

明就不单单是一种历史的考证而是领会一首词的"烟水迷离"的妙处感受到兴味无穷必要的途径。在常州词派里面也就经常比兴寄托连用。

从上面的叶嘉莹与常州词派的对比中，我们可以发现在叶嘉莹这里，本来常州词派理论里面的寄托与比兴的关系也就是"意内而言外"的关系没有了，变成了直接的"情与物"的关系。物只是情的一个媒介，情与物的关系实际上是独立的。既然咏物词的"寄托"是一种情意，而这种情意在叶嘉莹看来是通过一种思索的方式表现出来的，所以只要弄懂了词汇、典故以及意象就可以联想起"情意"，也就可以把握一首词的"寄托"了。这样看来，上文提到的叶嘉莹的动摇就可以理解了：叶嘉莹既然没有觉得杨琏真伽发宋陵这个"本事"与词的文本本身所具有的一种"比兴"上的关系，那么她当然对夏承焘这条非常重要的考证表现的兴趣仅仅是一种表面的史学的认知，其作用仅仅是一种佐证，这种佐证的意义在于在物与情之间建立一种实证的联想关系。情与物的关系由常州词派的内在的比兴关系变成了一种联想的关系。所以我们看到的叶嘉莹的解说始终是一个"摆脱"文本的过程，一个不断联想到情感离文本而去的过程。叶嘉莹对于南宋的咏物词的"情与物"的关系有一个区分，这个区分对于我们理解她对"比兴寄托"的看法也很有帮助。她认为周邦彦的咏物词是"脱离诗化而真正达到词化的一位作者"，"为后来南宋词人咏物者开启了无数变化的法门"，[1]可是她没有详细解释过她所褒奖的周邦彦的咏物词，而是全部引用了常州词派对他的评论，但是她倒是说清楚了另一位南宋咏物词的大家姜夔词中"物与情"的关系："在姜氏词中之物，往往只是其一己观念中某些时、空交错之情事中的一种提醒和点染的媒介。"[2]她举了《疏影》（苔枝缀玉）为例，"昭君、胡沙、深宫等字样，遂更可以使读者生一层托喻之想，以为可以暗寓北宋之亡，徽、钦二帝被虏，诸后妃相从北去之感慨。……不过，姜氏还只不过是字面上有此点染暗示而已。"[3]这个解释看起来没有什么问题，也讲清楚了字面以外的意思。然而我们可以对比一下郑文焯对于这首词的解释："此盖伤二帝蒙尘，诸后妃相从北辕，沦落胡地，故以昭君托喻，发言哀断。"前者是由昭君等词汇想到了北宋之亡，而后者

1　叶嘉莹：《唐宋词名家论稿》，第286—287页。

2　同上书，第288页。

3　同上书，第291页。

则是先有"伤二帝蒙尘,诸后妃相从北辕,沦落胡地",再以"昭君"为托喻,这看起来是无关紧要的一正一反而已,但是在叶嘉莹这里显得非常重要,因为恰恰可以看出叶嘉莹对于"比兴寄托"的理解与常州词派的差异:前者显然是一种联想的关系,而后者则是"意内言外",点出了这首词的"比兴寄托"的手法。

在这里,还有一个问题值得讨论。叶嘉莹一再说到"联想",那么我们要问,这里的"联想"是不是自然生成的?显然是因为叶嘉莹预先受到了常州词派对于王沂孙词的解释的影响。可是,她在解释"比兴"的时候就已经去除了从文本内部来理解常州词派意义上的"比兴"的可能性,那么她只有借助于联想的方式来架构起常州词派这种解释的合理性。此时,她采取了一种"倒放电影"的方式来说王沂孙的咏物词,好像她从一开头就和常州词派站在了一起,本来这一切都应该是天衣无缝的,然而正是在她讨论的过程中露出了破绽。因为寄托由产生比兴的原因,在这里成了一种"联想"的结果。还可以举两个例子来说明她知道了常州词派的结论却用另外的方式来推导所带来的问题。第一个例子,我们重新回到上面引用的王沂孙那首词。其中有一句词:"荀令如今顿老,总忘却、尊前旧风味",叶嘉莹认为是:"一笔翻转,遂将前面所写的春夜剪灯之种种温馨美好之情事,蓦然全部扫空,使人顿生无限悲欢今昔之感,这正是王沂孙在以思索安排为主之铺陈中,仍能富于直接之感发之又一证明。"[1]而陈廷焯则认为这句词:"必有所兴。但不知其何所指。读者各以意会可也。"也就是说这句词不是简单的字面的感发,而是运用了比兴寄托的手法。此外,陈廷焯曾经将同在南宋末年的家国巨变之中的张炎和王沂孙比较,认为:"玉田词感伤时事,与碧山同一机轴,只是沉厚不及碧山。"如果果真如叶嘉莹所说"感动是寄托之词的一个基本要素",那么同在词里感伤时事的张炎和王沂孙怎么会有高下之分呢?显然这里叶嘉莹将寄托仅仅解释成"感动"或者一种情感是站不住脚的。

现在我们知道了叶嘉莹对于比兴寄托的理解,这也可以回答我们曾经在上文提到的叶嘉莹为什么会将常州词派的比兴寄托说的合理性牢牢地限定在南宋的咏物词上。因为只有在南宋的咏物词里面最能够找到她所理解的"比"的对应物,这也是她引用周济"咏物最争托意"(《宋四家词选序论》)这句话的原因

1　叶嘉莹:《唐宋词名家论稿》,第 297 页。

所在，倒不是说她真的理解了周济这句话的意思，因为周济说"最争托意"但是没有说只有咏物词才是有托意的。这样，她读不出本文一开始所引用的周邦彦《兰陵王》那首词的托意也是情理之中的事情。

我们转了一个很大的圈子，才回到叶嘉莹的词学理论的一个基柱上来，但是这一圈是很有必要的。它让我们看到了那么多破碎的矛盾，促使我们不得不重新来反思她的一些根本的论点。因为单独地看起来或者说抽象地看起来，她似乎的确可以给我们展现出一个关于文本诠释的乌托邦。然而就在文本的实践中，最美好的东西失去了它朦胧的一面，传统的理论中真正不可化约的地方开始显示出某种力量，而传统的真正力量就在于它总是在被我们以为获得它征服它的地方提出它的问题和抵抗。叶嘉莹认为"赋化之词"里面还有一个高下之分，例如王沂孙就不比周邦彦与吴文英。她说过这样一句话："词学中之比兴寄托之说，遂也从五代北宋之本无托意而可以引人生比附之想的情况，转入为一种纵有喻托之深意，而却以使人难于指说为美的情况了。"这是对周济的无寄托以及陈廷焯所说的"极虚极活，终不许一语道破"的认同。看起来她已经完全和常州词派站在了一起，不过通过上面的分析，我们不能不怀疑这只是一个理论的乌托邦。

我们上面的讨论还需要有一点补充。叶嘉莹对于"比兴"的阐释实际上就是为了融合常州词派和王国维的两种不同的词学理论。如果说常州词派的比兴寄托说对应的是她对于"比"的解释，那么王国维的"境界说"就正好对应着"兴"的解释。她将词分成歌辞之词、诗化之词和赋化之词，同样是为了调和常州词派和王国维之间的不同。然而王国维的"境界说"实际上与西方哲学家叔本华的"直观说"紧密相关，王国维曾经将中国的比兴概念对等于叔本华的"直观"。[1]叶嘉莹虽然没有像王国维那样站在叔本华的哲学立场上，非常彻底地将"直观"作为文学作品的最大优点，这使她避免了王国维那样的明显错误，不过这样的避免只能说是一种幸运，因为她并不清楚王国维那种错误的原因。所以王国维思考问题的基本结构还是牢牢地嵌在了叶嘉莹的思考之中。就在叶嘉莹将王国维的"境界说"与"兴"联系起来的时候，也将内含于这个概念中

1　参见罗钢：《本与末——王国维"境界说"与中国古代诗学传统关系的再思考》，《文史哲》2009年第1期，第20—21页。

的"直观"也留存了下来。所以，当她用"形象与情意"来调和王国维和常州词派的时候，促成王国维将"形象"、"情"、"景"作为自足独立概念来使用的背后那套西方知识资源开始暗暗地起作用了。除非能够有机会重新回到王国维的"本源"，否则仍然和王国维共享着最为本质的东西。其实不仅是叶嘉莹，很多阅读过王国维《人间词话》的浸淫在旧学之中的学者们都或多或少批判地继承了王国维的想法，例如黄濬说："静庵所举隔与不隔之义精，然须知不隔者，仅为毕篇之晶粹，即清真亦不能首首皆如'叶上初阳干宿雨'也。"[1]虽然他不会像王国维那样认同"不隔"的词是好词，但是他很欣赏这个分类方式。所以这里的问题已经不仅是对王国维的"不隔"的批评而是涉及当《人间词话》开始作为一种理论经典的合法性建立的时候，传统的诗词忽然出现了一类叫做"不隔"的作品，但是在过去的批评话语的框架里面这一类作品是自然而然被压抑的。这个分类不是中国传统本身的划分，而是来自于被隐藏的叔本华理论。所以，一旦将这个分类不知不觉地和中国传统诗学一起互用的时候，所隐含的矛盾和上面提到的"境界说"一样将会一触即发。类似的例子还有，胡适在《词选》里面说："这时代的词侧重咏物，又多用古典，他们没有情感，没有意境，却要作词，所以只好咏物。这种词等于文中的八股、诗中的试帖，这是一班词匠的笨把戏，算不得文学。"叶嘉莹认为是因为胡适提倡白话，不知道所咏之物的情事以及对于其中的典故没有耐心探究的缘故。但是在面对端木埰对王沂孙《齐天乐》[蝉]的解读的时候，叶嘉莹似乎又和胡适站到了一个立场上，认为胡适对于端木埰观点的评论："信口开河，白日见鬼"是可以说得通的。[2]是什么让他们殊途同归？一个最为简洁明了的解释就是，他们都对中国传统的比兴概念有了不同程度的陌生和摒弃。这可以看出一些现在被认为最为坚持传统的学者，是如何地在调和不同立场中不知不觉地面对着一个个没有觉察的分裂，这些没有觉察的分裂正是整个近代以来中国文化所处困境的写照。叶嘉莹的许多文章和讲稿让很多人走近了传统中国诗词，然而作为学术大众化现象的叶嘉莹和作为学术史脉络中的叶嘉莹的评价标准毕竟是不一样的，后者要严肃许多。

1　黄濬：《花随人圣庵摭忆》上册，北京：中华书局，2008 年，第 31 页。
2　叶嘉莹：《迦陵论词丛稿》，第 192 页。

文体建构与文化启蒙

——《随笔》（1979—2012）研究

罗雅琳 *

内容提要：《随笔》杂志于 1979 年创刊以来，一直希望通过对"随笔"文体言论潜力的发掘，完成表达民心民意、开拓言论空间、进行文化启蒙的任务。创刊早期，"随笔"文体的普及性和其书写"个人"内心的透视功能有效地鼓舞了更多的言论主体。在"新时期共识"的推动下，《随笔》呈现为一幅知识分子与普通大众共同为社会建言献策的想象性民主图景。而随着市场经济的推进，知识分子与普通大众的暂时联盟逐渐分化，《随笔》倡导的真实观从"写现实生活"向"写真实历史"发生转移，"随笔"文体的定位也从通俗文体转为高雅文体。《随笔》在 90 年代转型为人文知识分子杂志之后，尽管在揭示历史真相方面做出了巨大努力，但其书写方式和思想立场都存在着一定的可商榷之处，更面临着知识分子写作和大众接受之间难以弥合的鸿沟。然而，《随笔》的文化启蒙目标虽远未完成，却提供了抹不去的"忧郁"意识和"多重视野"，对当下社会既是警示，更提出了期待。

关键词：《随笔》 文体 文化启蒙

1979 年，邓小平在为第四届文代会所发表的祝词中指出，"我们要继续坚持毛泽东同志提出的文艺为最广大的人民群众、首先为工农兵服务的方向，坚持

---

* 作者罗雅琳，1992 年生，北京大学中文系硕士研究生在读，研究方向为中国当代文学。

百花齐放、推陈出新、洋为中用、古为今用的方针，在艺术创作上提倡不同形式和风格的自由发展，在艺术理论上提倡不同观点和学派的自由讨论。"[1] 在文艺"为人民服务"、"为四个现代化服务"的前提下，这一讲话重新激活了"百花齐放"、"百家争鸣"的文学想象。"文革文学"模式不再适用之后，知识者必须寻找一种新的写作方式来进行社会发言、介入公共生活。在此背景下，《随笔》于1979年6月应运而生。它由广东人民出版社以苏晨等人为首的几位老编辑创办，于1981年移交花城出版社。《随笔》从1979年6月到1982年11月是"以书代刊"的形式，为不定期出版物，前15期杂志称"第××集"，第16期到第23期杂志称"第××期"。1983年起，《随笔》开始交由邮局扩大发行，固定为双月刊。《随笔》自第4集开始由黄伟经主编，1992年黄伟经辞职，主编一职依次由杜渐坤、秦颖接任，现任主编为谢日新。本文在提到各期《随笔》时，为了尊重原貌且指称便利，将1983年以前的杂志表示为"第××集/第××期"，1983年以后的杂志表示为"××××年第××期"。

《随笔》以"随笔"文体为发声据点，希望通过发掘这一文体的潜力，完成表达民心民意、开拓言论空间、进行文化启蒙的任务。它在三十多年的办刊过程中，经历了从普及性文史读物到人文知识分子思想园地的变迁，其倡导的文体意义、作者—读者关系和话语方式等方面也随之发生了一系列变化。本文即是以《随笔》作为一个样本，以"随笔"文体为立足点，从中观察当代中国开拓言论空间和文化启蒙的艰难尝试。

一、"应运而生"的新文体

《随笔》在"新时期"初期的巨大影响，与其倡导的文体特色密不可分。"随笔"在中外文学史中有着悠久传统，在创刊之初的一系列讨论和实践中，《容斋随笔》式的古代知识笔记、晚明小品文、"五四"时期的随笔散文、泰戈

1　邓小平：《在中国文学艺术工作者第四次代表大会上的祝词》（1979年10月30日），《邓小平文选》第2卷，北京：人民出版社，1994年，第210页。

尔《哲理诗》式的短章警句、屠格涅夫散文诗等都成为《随笔》效仿的对象。它最终探索出一种具有特色的文体，这种文体被打上了时代的印记，也被知识者寄寓了诸多期待，正是一种所谓"应运而生、应运而长"[1]的"新随笔"。

创刊之初的《随笔》十分重视作者和读者的涉及广度。《随笔》第1集的开篇就特意声明，作者不止专家，而是"寄极大希望于最广大的社会主义劳动者这个最强有力的基石"。[2]早期《随笔》一再强调自己的特色是生动活泼、亲切平易、关切现实，并将"永葆青春"以贴近年轻群体作为其致力的目标。

这一目标在《随笔》中的贯彻，经历了应读者呼声、进行市场调查，到最后主动推进的一系列过程。首先是《随笔》第12集有华南师院中文系学生来信："我很喜欢《随笔》，并愿意更多像我这样的青年来读《随笔》，和《随笔》交个知心朋友，从中获益"[3]，同期亦载有"望其永远年青"[4]的中学教师来信。接着，《随笔》第15集刊登了《〈随笔〉，愿你展翅翱翔！——两次作者、读者座谈会上的谈话》。这两次座谈会是《随笔》编辑部分别邀请中山大学和广州市中学文史学科教师来为杂志提意见，主要探讨两大问题：如何讲真话和如何更加贴近现实。读者中山大学中文系讲师金钦俊说："《随笔》是一份老少咸宜的刊物，今后要打开局面，恐怕更多的要考虑面向青年，使刊物更有生气。今天光以50年代的知识性、趣味性作号召已经不够了，当今青年是思考的一代；思考的也不仅仅是青年人。经过十年浩劫，可以说全中国十亿人都在思考。要干预社会生活！……现在四平八稳的文章，青年人以至中年人都不喜欢读。"[5]第18期"玫瑰花一束"中也刊登了一些读者来信，读者们希望《随笔》不要办成《文史知识》之类的考古读物，要有战斗性、文艺性，还建议组织名人自传和治学之道等栏目，增加青年读者的兴趣，"现在的《随笔》在青年中威望不高"[6]。

应此诉求，在第22期的《编后》中，《随笔》明确提出希望杂志能"永葆

1　《开篇的话》，《随笔》1983年第1期。
2　"本刊编者"：《繁荣笔记文学》，《随笔》第1集，1979年6月。
3　华南师院中文系七八级读者方铎斌：《一点希望》，《随笔》第12集，1980年11月。
4　上海武夷路群联中学读者华严：《望其永远年青》，《随笔》第12集，1980年11月。
5　"本刊记者"：《〈随笔〉，愿你展翅翱翔！——两次作者、读者座谈会上的谈话》，《随笔》第15集，1981年4月。
6　广东读者罗康宁：《随笔》第18期，1981年9月。

青春"，并表示将有两个改进方向：一是读者对象上，"不仅应该是中老年知识分子的朋友，它也应该成为广大有文化素养、勤于思考、勇于探索的青年人的朋友"，二是内容上，"应更多地体现时代脉搏的跳动，文笔情调要不拘一格，不千篇一律，不板着面孔，努力达到生动活泼，清丽隽永，经久弥新"，以此避免"老化"[1]。此外，《随笔》还在第23期以"来信摘录"的方式表明自己从办刊宗旨到读者对象都和《文史知识》不同，"不是考古读物"[2]。

此种杂志定位所反映出的，与其说是以"为人民服务"为宗旨的共和国文艺传统，不如说是在"为人民服务"、"为四化服务"的旗号下，知识分子以文学变革为手段、"再造新人"启蒙梦想的暗涌。这种理想中的"新民"，首先必须是独立的"个人"。柄谷行人在《日本现代文学的起源》中提出一种"颠倒"的认知装置，比如在言文一致运动中，是首先发明出了一种新的主体，然后才强调文学要成为表现"内面"的透明手段[3]。早期的《随笔》中正能看出这样的"颠倒"。进入"新时期"后，此前集体性、阶级性的"人民"概念被一种新发明出的"个人"概念所取代，这样的"个人"是非集体、非阶级的，以内在的独立"自我"确立自身的主体性。与此相应，共和国前三十年文学（尤其是"文革"文学）被认为是矫情、虚假而"遮蔽内心"的，因而需要一种新的"言文一致"的文学来表现新的、真实的"个人"。小品散文自"五四"起一直被看作是对"个人情性"的书写，也就顺理成章地被选为"新时期"之"创造个人的工程"[4]中最便利的工具。而《随笔》所标榜的"永葆青春"，特别是将"有文化素养、勤于思考、勇于探索的青年人"视为目标读者，则像是一种柄谷行人式的"儿童之发现"，"所谓孩子不是实体性的存在，而是一个方法论上的概念"[5]，《随笔》在作为理想读者的"青年人"身上安插着对现实世界（属于老人的、丧失活力的）的不满和对未来世界（属于青年人的、具有创造性的）的期待："有文化素养"意味着摆脱愚

1　《编后》，《随笔》第22期，1982年7月。

2　中国国际广播台读者尹龙元来信，《随笔》第23期，1982年11月。

3　柄谷行人：《日本现代文学的起源》，赵京华译，北京：生活·读书·新知三联书店，2003年，第35—68页。

4　新时期"创造个人的工程"这一说法来自贺桂梅：《"新启蒙"知识档案：80年代中国文化研究》，北京大学出版社，2010年，第103页。柄谷行人也有类似说法："现代国家本身既是一个造就'人'的教育装置。"柄谷行人：《日本现代文学的起源》，第131页。

5　柄谷行人：《日本现代文学的起源》，第124页。

昧状态，"勤于思考"和"勇于探索"则意味着基于个人的独立思考和面向现实的创造精神。这一目标的设定，不仅是对邓小平在第四次文代会的祝词中提出文艺要"塑造四个现代化建设的创业者，表现他们那种有革命理想和科学态度、有高尚情操和创造能力、有宽阔眼界和求实精神的崭新面貌"[1]的呼应，更是在《实践是检验真理的唯一标准》等文章对"文革"的"封建主义"定性引导下，知识分子关于"五四"启蒙性记忆的复苏。

以这样一种"随笔"作为启蒙工具，除了书写"个人"内心和面向现实发言的便利之外，更在于"随笔"是一种平民文体。《随笔》1983年第1期约请了林林、端木蕻良、姜德明、吴泰昌、蓝翎五位作家谈随笔，端木蕻良提到鲁迅的随笔"常常是战斗的武器"[2]；姜德明回顾了20世纪30年代中期的"小品文热"和40年代的随笔刊物，尤其提到自己赞成周谷城"小品文是普及的文章"的观点，认为随笔在今天"是普及文化和教育的良好工具"[3]；吴泰昌则将文艺评论式的随笔溯源到梁启超"用通俗的方式"申说小说意义、评点小说的文章[4]。在文体史的追溯中，一个自晚清和"五四"发端、以启蒙为目标、以普及性为特色的随笔文体传统被建构出来，而《随笔》杂志则被视为和自视为"文革"后对这一传统的重新接续。

艾布拉姆斯解释"文体"（Style）为"散文和韵文中语言的表达方式——说话者或作者如何说话，不论他们说的是什么"，艾氏还引用了弗朗西斯—诺埃尔·托马斯和马克·特纳的进一步界定：文体还包括作者对"一系列关系所做的基本决定和假设：什么能够为人所知？什么能放入文字中？思想和语言是什么关系？作者在对谁说话，为什么？作者与读者间隐含的关系是什么？话语隐含的条件是什么？"[5]另外一个和Style近似的概念是Genre。鲁迅在《我怎么做起小说来》中提到自己被黎锦明称为Stylist，鲁迅是在文字风格的意义上使用Style，而黎锦明其实是将Style理解成了"体裁"，也即Genre[6]。在张丽华《现代中国"短篇小说"的兴起》中，作者引用了德国理论家Klaus Hempfer的文类理论，将"文类"（Genre）视为

1　同39页注1。
2　端木蕻良：《笔谈随笔》，《随笔》1983年第1期。
3　姜德明：《随笔零想》，《随笔》1983年第1期。
4　吴泰昌：《随笔与文艺评论》，《随笔》1983年第1期。
5　艾布拉姆斯：《文学术语词典》，吴松江等编译，北京大学出版社，2009年，第607页。
6　鲁迅：《我怎么做起小说来》，《鲁迅全集》第4卷，北京：人民文学出版社，1981年，第513页。

一种"文学交流的现实",也就是一种"在具体的历史过程中形成的对于作者与读者都有规范作用的某种话语属性",一种"作者与读者预设的交流规则"[1]。

　　而当代中国的"文体"概念,其实混杂了形式与风格两方面内容。如陈平原指出:"古代中国作为文章体式的'文体',与西学东渐后引进的探究语言表达力的'文体'(Style),二者之间名同实异,但又不无相通处。直到今天,中国学界谈论文体,仍很少仅局限于语言表达,而往往兼及文类。"[2]《随笔》呼唤的"随笔"文体,即是既指"Genre"又指"Style"。一方面,在内容和形式上,它需要"短小精悍、活泼清新"[3]、"尽量避免那些过深过僻的内容;谈问题和现实生活的节奏扣得更紧一些"[4],以达到普及、实用的目的;另一方面,在格调品性上,则要求摆脱说教,"没有帮气之残余,作者面孔不板着"[5],"有如几个老朋友坐在炉边的闲聊"[6]。这样的"随笔"文体,预设了一种平等的谈话姿态和"写真实"的交流规则,既期望能够调动全民的参与热情,更在其中寄寓了重塑"百花齐放、百家争鸣"式开放言论空间的想象。正因此,蓝翎会将《随笔》的出现评价为对"文革"之"左内障""反思的结果"[7],陈学昭、徐开垒也在关于随笔的笔谈文章中提倡"随笔应与三中全会后恢复党的优良传统,与改进文风、作风联系起来"[8]。这其中正可见知识分子的心声和对随笔文体意义的期待。

　　言论空间的开创和文化启蒙的推进需要更多言论主体的参与,而"随笔"作为一种平民文体的优势便展现出来。《随笔》1983年第3期推出的《改革的火花》征文评奖活动,也就显得顺潮流而动。征文号称继承茅盾《中国的一日》征文传统,希望"生活在神州大地、工作在各行各业。尤其是战斗在第一线的人们,运用随笔这一非常灵活的形式,把在开创'四化'新局面中自己感受最深的人和事,

---

1　张丽华:《现代中国"短篇小说"的兴起》,北京大学出版社,2011年,第4页。
2　余三定:《学者风范与学人本色——文艺理论家陈平原访谈》,《文艺报》2012年11月28日第2版。相关讨论又见张丽华《附录一:通向一种"参差对照"的史观——对钱锺书、周作人之争的再思考》中谈到的钱锺书和周作人关于文体标准的论争,《现代中国"短篇小说"的兴起》,第269—281页。
3　"本刊编者":《繁荣笔记文学》,《随笔》第1集,1979年6月。
4　"本刊编者":《改版的话》,《随笔》第13集,1980年12月。
5　《蒋星煜来信》,《随笔》第4集,1979年12月。
6　林真:《闲话随笔》,《随笔》第6集,1980年2月。
7　蓝翎:《愿随笔更繁荣》,《随笔》1983年第1期。
8　《开篇短语》,《随笔》1983年第3期。

录以应征"，征文启事还再次强调，"我们深信，佳作不仅产生于专门家，也往往产生在实际工作者的笔下"[1]的确是放低姿态，以欢迎更多平民写作者的加入。

这次征文的"应运而生、应运而长"性质是显而易见的。它得到了《光明日报》的支持，更引发了普通群众的极大热情，《随笔》1983 年第 5 期由普通工人所写的《献给"改革的火花"的花》，就明显体现出"人心思改"的时代风潮和群众的参与愿望："我知道，我的这'随笔'水平何等低下，《随笔》肯定不会刊登它。但不刊登我也要写它！因为这是我的一片真诚心意；因为这是我的权利和义务，因为这是《改革的火花》中的一束花！"作者还建议立即出版《改革》随笔文集，且应在《随笔》上刊登所有参加征文者的名字[2]。《随笔》1983 年第 6 期刊出云南服装厂工人来信《我心目中的〈随笔〉》，信中作者将《随笔》独树一帜的个性归纳为三个特点：1. 题材信手拈来，写身边事，打破写文章的"神秘感"，让普通读者也跃跃欲试；2. 内容如实道来，不拔高不造作，人物熟悉可信，使芸芸众生也能登堂入室，不同于以往标榜"群众创造历史"却远离群众的文艺作品；3. 文风上娓娓叙来、朴实无华，像是和作者谈心，比起那些总爱引经据典的大块文章更使人乐于接受。[3]而在下一期《随笔》中，"在题材上信手拈来，在内容上如实道来，在手法上娓娓叙来"这三点迅速被写入封底刊登的办刊宗旨[4]，这表明"随笔"的平民文体特色不仅使普通大众乐于参与，也是此时的知识分子所期待的。在 1983 年第 4 期的文章《因小即大》中，黄秋耘强调随笔给读者的心灵震撼恐怕远超其他文学样式，因此不能将随笔列为"低级"，这正是在以鼓舞群众的实用性为标准极力提高随笔的意义。《随笔》还先后开设了"笔记文学零谈"、"编读桥"等栏目，刊登编者、作者、读者之间的信件互动，也是意在促成一种共同参与的平等交流机制。

早期《随笔》中这种知识分子与普通大众、作者与读者之间的亲密和谐关系，成为后来人们唏嘘 80 年代文学黄金岁月不再时的一道难忘风景。蔡翔的研究指出，在中国革命所确立的"动员结构"中，"群众"被认为是参与实践

1　"《随笔》编辑部"：《举办〈改革的火花〉征文评奖活动告读者》，《随笔》1983 年第 3 期。

2　李方春：《献给"改革的火花"的花》，《随笔》1983 年第 5 期。

3　凤仙：《我心目中的〈随笔〉》，《随笔》1983 年第 6 期。

4　见《随笔》1984 年第 1 期封底。

的政治主体，而群众的主体意识和参与热情，既体现在政治运动上，也体现在知识生产上。[1] 这一动员结构在 80 年代延续下来。在参与写作随笔这一"知识生产"过程中，普通群众在现代化中想象性的主体地位得到承认，而由群众参与所带来的"启蒙进行中"气氛，也是知识分子所喜闻乐见的。于是，在走出"文革"、建设"四化"的整合性主题下，早期的《随笔》呈现为一幅人们不分职业、阶层一起为社会建言献策的想象性民主图景。同时，"当最重要的事是未来的'希望'和'前进的道路'时，历史就成了激发乐观主义精神而不是解释过去的工具"[2]。早年的《随笔》总洋溢着一种对未来的光明态度，即使写旧人旧事，也是要么讨论如何古为今用，如第 13 集中希望能延续"文革"前创作争鸣氛围的《温故·知新——"广州会议"怀旧有感》，第 17 集中写"反右"之前文化领导没有官架子的《破天荒的事》，等等；要么充满了枯木逢春、青松不老的比喻，如由时任主编黄伟经在第 9 集所写的《药老不老——黄药眠家串门记》和在第 17 集所写的《枯柏重青——忆社会学家陈达教授》，第 18 集中闻立鹏写画家在"文革"之后获得新生的《春风吹又生》，等等。民主建言图景所带来的对知识分子和普通大众的共同感召力，以及他们共同描绘的那个具体可感的现代化"乌托邦"，便是早期《随笔》的真正魅力所在，新"随笔"的时代意义也正在于此。

创办之初的《随笔》稿源非常充足，除了"改革的火花"征文带来踊跃的大众投稿外，施蛰存、黄药眠、冯亦代、端木蕻良、曹靖华、王西彦、姜德明、王先霈、高行健等作家学者也都对《随笔》极有兴趣，常常为之写稿。施蛰存的复出之作《乙夜偶谈》就是发表在《随笔》第 6 集上，高行健后来引发巨大轰动的《现代小说技巧初探》，最初也是应黄伟经之约，于《随笔》第 10 集开始连载。此时的《随笔》一方面准确呼应了"新时期"关于现代化的"发展共识"和主体解放、摆脱愚昧的"个人共识"[3]，另一方面又具有作为"我国三十年

---

1 见蔡翔：《革命 / 叙述：中国社会主义文学—文化想象（1949—1966）》，北京大学出版社，2010年，第 73—124 页。
2 舒衡哲：《中国启蒙运动——知识分子与五四遗产》，刘京建译，北京：新星出版社，2007年，第 299 页。
3 "发展共识"和"个人共识"构成"新时期共识"的说法，来自张颐武：《历史临界点的回溯——"读书"事件及其意义的再思考》，《山花》2007 年第 2 期。

来唯一的一本专门性笔记文学刊物"[1]的特色，因此市场反响十分热烈。有读者来信表示《随笔》到货即被抢购一空，甚至在自由市场上价格翻倍[2]，亦常有呼唤《随笔》再版最初几期、扩大发行、缩短出版周期的声音。因此，《随笔》在1983年从新华书店发行的丛刊改为由邮局扩大发行的正式期刊。但《随笔》在诞生之初便以"用文学语言写的笔记、札记、随笔"[3]作自我定位，就已显示出这一文体的潜在门槛，知识精英显然比普通大众能更好驾驭随笔的写作。而第15集刊登的座谈会记录中，不少人表示与前几集相比，近几集现实感不强、生活习气不浓、书卷气太重，便是随笔组稿中精英倾向的显现。稍后的"改革的火花"征文，似乎正是为矫正精英倾向、重走"青春"和"大众"路线的尝试，但编辑却提醒应征者要"更多注意一些本刊特点"[4]，则再度暴露出《随笔》在整合知识精英和普通大众两类群体的不同趣味时的力不从心。

早期《随笔》试图面向"最广大的社会主义劳动者"，这一读者群看似广泛却并不明确。改革的推进使"新时期共识"在80年代中后期开始产生裂痕，知识精英和普通大众的"蜜月期"只是昙花一现。《随笔》若要在竞争日益激烈的文化期刊市场中胜出，必须设定更为准确的目标读者。经济和政治形势的双重变迁使《随笔》逐渐转变为一份知识分子杂志，对"随笔"的文体定位也从普及性的文学工具转变为高雅文学形式。这便是本文第二部分将要讨论的内容。

二、"人文知识分子的园地"[5]

1986年起，中国很多期刊的销量都出现大幅度滑落。邵燕君的研究指出，导致困境的原因，除了多种媒介兴起、通俗文化泛滥、公费订刊减少，也与1984年起国务院在期刊出版业推行"独立核算、自负盈亏"的政策有

---

1 李汝伦：《随谈〈随笔〉》，《人民日报》1981年11月10日第8版。
2 湖南读者吴应林：《初读〈随笔〉的随笔》，《随笔》第7集，1980年4月。
3 "本刊编者"：《繁荣笔记文学》，《随笔》第1集，1979年6月。
4 "开篇短语"，《随笔》1983年第5期。
5 "《随笔》编辑部"：《启事》，《随笔》2005年第5期。

关¹。《随笔》也处于这一危机中。《随笔》1986 年第 3 期刊登了黄安思（黄文俞的笔名，时任广东省委宣传部副部长兼省出版局局长）写来的一封信，信中在赞扬《随笔》"路子正，格调高，言之有物"的同时，提到了《随笔》的亏本现象²。《随笔》在 1993 年和 1994 年连续涨价，而关于涨价的通知也写得十分悲怆："深知读者朋友大都是囊中羞涩的书生，不敢奢望你们都继续订阅，只想得到你们的理解、谅解"³，"众多报刊中 S 的稿费最低。刊物的盈利少，也没有找到企业家赞助……为了使刊物得以生存下去，也请亲爱的读者朋友们理解我们罢"⁴。而 1995 年的纸价飞涨，更使《随笔》的危机加剧。1995 年第 2 期刊登了时任《随笔》主编的杜渐坤与原中国作协党组书记唐达成的通信，信中杜渐坤也谈及期刊生存的艰难，并感谢唐达成带头不要稿费并试图帮忙解决经费⁵。《随笔》这一时期危机的最终解决，还是靠东莞市樟木头镇石新管理区党支部书记蔡伟友从《人民日报》获悉《花城》、《随笔》的窘境，决定 1995 年起由石新管理区每年无偿资助《花城》、《随笔》保持正常运转所缺费用⁶。

"新时期"以来发展速度过快的新闻出版业面临洗牌，《随笔》也需要重新寻找适宜的定位。在黄安思的信中，他就指出"《随笔》销路不广，但很稳定，这说明它拥有特定的读者群，其中多数是'忠实读者'"。《随笔》若要生存，就必须明确特色，稳定忠实读者。

前文已经提到，80 年代中后期起《随笔》已经无法有效地整合知识精英和普通大众的阅读趣味。面临抉择之时，《随笔》的编辑、作者群决定了其立场很容易就会向前者倾斜。《随笔》经常刊登的作家来信和一些回忆文章表明，第二任主编黄伟经与黄秋耘、王西彦、施蛰存、冰心、楼适夷、萧乾、牛汉、何满子、贾植芳等知识分子一直有着密切的私人来往，几乎是来

1　邵燕君：《倾斜的文学场——当代文学生产机制的市场化转型》，南京：江苏人民出版社，2003年，第27—29页。

2　黄安思：《随便谈谈的一封信》，《随笔》1986年第3期。

3　《敬告读者》，《随笔》1992年第5期。

4　《编者寄语》，《随笔》1993年第5期。

5　唐达成：《致杜渐坤》；杜渐坤：《致唐达成》，《随笔》1995年第2期。

6　陈志、卢昆：《东莞农民资助〈花城〉〈随笔〉》，《人民日报》1995年2月6日第4版。

稿必登[1]。《随笔》稿酬很低，许多作者都是友情写稿[2]。而在 1989 年之后《随笔》出现严重的"稿荒"，大多数稿件都是黄伟经通过私人关系约请作家朋友尤其是老作家朋友赐稿[3]，这就更加剧了《随笔》作者群向知识精英集团的集中。1995 年 11 月《随笔》在北京举办百期庆典，很多作者不论邀请与否都来参加座谈会，于光远、王蒙、邵燕祥、许觉民（洁泯）、徐刚、汪曾祺、唐达成、阎纲、吴祖光，甚至在医院中的冰心，都为《随笔》题词，因此《随笔》第五任主编谢日新在回忆中感动地说："这只有把刊物当成自己人才做得到。"[4] 从这些材料中，我们便能发现《随笔》带有一些"同人刊物"的色彩，这就决定了《随笔》在定位上会站在知识分子，尤其是经历过"文革"的老知识分子们这边。

布尔迪厄认为，"知识分子与被统治阶级的'感觉上的或真实的团结一致'是建立在相似的结构地位上，即某一时段中二者都处于权力场域中的被统治地位，而不是建立在对阶级压迫的共同经验，即习性的相同基础上。"[5] 因而这种联盟是脆弱的，将会随着二者文化资本和经济资本的变化而迅速解体。改革的推进对普通大众而言是经济发展的事实。而对于知识分子，特别是对作为早期《随笔》作者主力的"右派"知识分子和"胡风集团"成员们而言，历史的遗留问题依然困扰着他们。尤其是身边师友亲人的遭遇，更让他们无法心安理得地加入对"现代化"的颂歌之中。这时，"随笔"文体所代表的"真"，对知识分子而言，就不能只停留于以"个人"为基点书写"现实"。"真"还意味着历史的真实，关系到他们的生死和名誉，更关系到这十几年知识分子的年华空耗能否得到承认，而不是被建设"四化"的主旋律所轻易遮蔽和故意遗忘。

---

1 黄伟经的相关回忆文章如：《致公刘的祝福》，《博览群书》1996 年第 5 期；《冰心书简——兼记 1994 年秋探望冰心》，《新文学史料》2000 年第 1 期；《王西彦书简——兼忆与王西彦先生的交往》，《新文学史料》2002 年第 4 期；《一棵萎后重绿的老树——萧乾书简及忆与他的交往》，《新文学史料》2004 年第 2 期；《"工作着是幸福的"——楼适夷书柬兼记与他的交往》，《新文学史料》2005 年第 2 期；《施蛰存与〈随笔〉》，《新文学史料》2006 年第 4 期；《忆念施蛰存》，陈子善编：《夏日最后一朵玫瑰——记忆施蛰存》，上海书店出版社，2008 年。
2 谢日新：《〈《随笔》三十年精选〉序》，《随笔》2009 年第 5 期。
3 参见黄伟经：《忆念施蛰存》，陈子善编：《夏日最后一朵玫瑰——记忆施蛰存》。
4 谢日新：《〈《随笔》三十年精选〉序》，《随笔》2009 年第 5 期。
5 戴维·斯沃茨著：《文化与权力——布尔迪厄的社会学》，陶东风译，上海译文出版社，2006 年，第 267—268 页。

于是我们便发现《随笔》倡导的文体宗旨在悄悄发生变化。作为早期宗旨的"内容如实道来"中,"实"指的是"没有丝毫的矫揉与造作,也没有人为的拔高与虚构……他们就是芸芸众生所熟悉的芸芸众生,他们就是大头百姓所了解的大头百姓"[1],在这里,"如实"的意义被定为"写现实生活"。而到了后来,"实"之"历史真实"的一面渐渐得到强调。《随笔》1985 年第 1 期《开篇短语》中点出杨绛《老王》、荒芜《刽子手》、丁耶《流沙河二三事》等"反右"、"文革"的回忆文章"写人生际遇,状风云变幻,都是或多或少反映了时代生活、能给人以启发的上乘之作"[2]。"或多或少反映了时代生活"尚嫌半遮半掩,下一期的《开篇短语》就直白多了:"《"左"拾遗》,则是另一侧面的时代记录,有助于读者透视、剖析当年的一些'风尚'和痕迹。"[3]而到了 1987 年和 1988 年,这一以潜流状态存在的新真实观终于找到了巴金《随想录》作为浮出水面的合法证明。我们可以对比 1983 年和 1987 年两篇写《随想录》的文章中对"把心交给读者"的阐释:

> 随笔,就要写成那样子,一不摆架子,二不板面孔,拉三话四,絮絮叨叨,自有感人的力量。巴金的《随想录》,收入《巴金近作》里,就是那样的随笔,写得很好,很感人。那些记事,不是记流水账,而是写出感情来,用他自己的话说,他"把心交给读者"。他的书阅读起来,不但亲切有味,而且动人情。(1983 年)[4]

> 有一位朋友说,巴金的 5 集《随想录》,虽然只有一本以《真话集》命名,其实全部都可以用真话来概括。在我们这个世界上,最困难的事情莫过于说真话,因为它要求一个人对人对己的忠诚,绝不自欺欺人。巴金曾经说过,他写作是"把心交给读者",拿心与读者交换心。这种情形,到了《随想录》里的确真正做到了。(1987 年)[5]

可以发现,评价重点已经从"亲切感"和"人情味"转移到了"讲真话"和"写灵魂"。这一时期的其他文章,如袁鹰的《〈随想录〉的启示》(1988 年

1　凤仙:《我心目中的〈随笔〉》,《随笔》1983 年第 6 期。
2　"本刊编辑部":《开篇短语》,《随笔》1985 年第 1 期。
3　"本刊编辑部":《开篇短语》,《随笔》1985 年第 2 期。
4　朱彤:《随笔的亲切感——兼谈〈随想录〉》,《随笔》1983 年第 3 期。
5　王西彦:《真挚的心和为还债的书》,《随笔》1987 年第 3 期。

第 1 期）和《桃李不言，下自成蹊》（1988 年第 2 期），还有刘宗武《"把心交给读者"的文章》（1988 年第 4 期），也都标举巴金以一己心灵展现历史全面真相的精神。自此，《随笔》"写现实生活"的准则被"写真实历史"的准则所替换。《随笔》在两大写作准则之间的定位摇摆和总体倾向上向"写真实历史"准则的转移，最典型的表现便是"往事漫忆"类文章及其在不同受众中引起的反响。

《随笔》第 9 集开设了"革命回忆录"栏目，刊载的第一篇是饶华的《往事难忘》，文章开头交代，编辑本想请饶华写 40 年代他在桂林和革命同志的巧会，但到了饶华写作此文时，他的情感态度却发生了转变："对于那段经历，去年在昆明只作为有趣的往事对你说。而现在，由于李嘉人同志的过世，回忆起与他的那些交往，就觉黯然了。"[1] 前八集《随笔》写到历史时，大多持有总结历史经验以更好建设未来的写作态度。这是因为早期"知识笔记"的刊物定位使一切历史事件都成为中立性的"知识"，写作是为了"运用随笔这一形式和内涵都较宽泛的文学样式，给读者一些健康的知识，有益的启发和鼓舞，从而为提高我们民族的科学文化水平，实现祖国的四个现代化，贡献一份力量"[2]。因此，饶华的革命故事本可以写成以往日信念激发今日建设的鼓动文章，这应该也是编辑约稿的原意。但同志们在"文革"中的损耗却使曾经的革命激情变得失去意义，饶华作为这些已逝者的朋友，既无法将那份旧日激情原封不动地移植到当下，更无法对"革命回忆录"这样的题目产生认同感。于是他在结尾写道："你要我写的东西，就这样信手写出来，交卷了。能否算是'革命回忆录'？我看，作为'往事随笔'，要恰当些。"然后，从下一期《随笔》开始，"革命回忆录"栏目被"往事漫忆"栏目所取代，回忆的重心也渐渐偏向"文革"和"反右"历史。

"往事漫忆"的特色不限于这一栏目，而是逐渐在《随笔》中形成了一组风格（Style）相近的"往事漫忆"体文章，并在 1983—1986 年间蔚为大观。其中以丁耶"'牛棚'趣事"系列和"'左'拾遗"系列等、荒芜"伐木日记"系列、东方既白的"风雨琐记"系列和流沙河等人的作品最具有代表性。荒芜"伐木日记"系列写被放逐在东北原始森林中的"右派"们：《伐木日记》里高能物理

1　饶华：《往事难忘》，《随笔》第 9 集，1980 年 7 月。
2　"本刊编者"：《〈随笔〉的天地——〈随笔〉二集开篇》，《随笔》第 2 集，1979 年 7 月。

学研究生经过"反右"折磨后"两只眼睛看人呆呆的"，和"离开了实验室，什么也干不了"的无奈[1]；《大圣——伐木日记》中，前中科院助理研究员被下放到北大荒，唯一的女儿因无人照管而被卡车碾死，而他当女儿来收养的猴子"大圣"也被人暗害[2]；还有《小客》中"右派"吴大姐的孩子来探亲，却被狼群袭击而死，吴大姐变成"当代祥林嫂"的惨剧[3]。他的文章里少了"伤痕文学"式涕泪飘零的控诉，绝不夸饰渲染，而是采用一种节制、平实但有温度的语言"客观"记录，让历史的真实自行展现，不动声色却惊心动魄。

丁耶的文章中，则总能见到对"文革"话语既入乎其内又出乎其外的戏仿。如《"牛棚"趣事》中，他沿用造反派的语言，自称是被"孤立"的"牛鬼蛇神"、"阶级敌人"，而称批斗者为"广大革命群众"，可随着"清理革命队伍"的推进，"广大革命群众"只剩下"一小撮"，"阶级敌人"却越来越多，本该被"孤立"的"黑帮"们反而在"大专政室"里建立了革命友谊，也就是"化孤立为团结"了[4]。在戏仿中，"文革"文体的看似冠冕堂皇、实则荒谬虚假便一目了然。再比如丁耶的《九载铁窗寒》，讲的是S女士被当成政治犯入狱，却意外治好胃病并成为学者的颠倒故事[5]。他的《"牛棚"趣事续篇》、《"种子选手"》中也都写到了类似的人物遭际。但作者却并没有把它们写成"坏事变好事"的喜剧，而是引人深思："他应当在二十四岁那年就当副教授，可是他却推迟了二十年！还算快吗？！"[6]而本不是做学问材料的S女士都能成为学者，那些学术天才们在"运动"中的凋萎岂不是更令人叹惋？流沙河的《春暖鸟归》亦是如此。他针对"右派摘帽"后"重新参加工作"的说法，表示自己早在1950年就参加工作，"我做人一直做得好好的，应该重新做人的不是我"，可尽管有志于"青蛙不忘蝌蚪生涯"，但记忆却无可奈何地被冲淡，因此希望能通过自己在"反右"和"文革"中的日记保留前半生的灾难岁月[7]。丁耶和流沙河的"幽默"，

1　荒芜：《伐木日记》，《随笔》1983年第1期。
2　荒芜：《大圣——伐木日记》，《随笔》1983年第3期。
3　荒芜：《小客》，《随笔》1985年第5期。
4　丁耶：《"牛棚"趣事》，《随笔》1984年第1期。
5　丁耶：《九载铁窗寒》，《随笔》1986年第6期。
6　丁耶：《"种子选手"》，《随笔》1986年第1期。
7　流沙河：《春暖鸟归》，《随笔》1985年第5期。

都是看似糊涂实则心明眼亮，以一种老实得近乎笨拙的语言，一本正经地解释"运动"中那些复杂词汇和奇谈怪状。可正因了这样傻瓜式的寻根究底，一份非"革命"的日常逻辑才得以保留，而那些"文革"中的阶级斗争话语和"文革"后用以撇清历史的空话套话，便都暴露出虚假的一面。除此之外，这种"幽默"还来自历史本身的荒诞倒错，来自曾经铁定真理的反转，以及"文革"中知识分子们身不由己的颠沛命运。洪子诚先生曾这样评价当代文学中"幽默"的意义："幽默感来自于一个人的智力的优越，来自于了解自己的意义，但也来自于他对自己的局限性的认识。幽默的态度，实际上也是一种控制的、冷静的、审察的态度，是对描写对象在获得时间、心理距离之后的一种处理，也是情感深化的体现，是对幼稚的天真和伤感的矫治。……幽默之所以能通于深奥，正是因为其中闪耀着人类的伟大的爱。"[1] 能看出这种"幽默"而不是如"伤痕文学"般沉浸于对苦难的控诉和对"改正"的狂喜，正证明了《随笔》诸家们文章背后理性、成熟的洞察目光。

东方既白的"风雨琐记"系列着眼于十年"文革"期间的"心灵史"。他写下了自己的一系列心绪：被打成"牛鬼蛇神"后众人的欺辱、因儿女受牵连而产生的负疚，对不相识的女子在政治调查中被强行带走的无力叹息，还有对两位照顾自己的好婆婆的感恩；他还写了自己在无处容身之时通过阅读鲁迅而获得精神陪伴，并产生"我的身上的疮瘢，难道不正是在同一个战壕里的战友，从背后射来的黑箭吗"[2] 共鸣，还有他在干校巡逻的间隙偷看黄遵宪诗集打发寂寞，以及在黑夜庇护下的自由幻想……钱穆有名言："能追忆者，此始是吾生命之真。其在记忆之外者，足证其非吾生命之真。非有所好恶高下于其间，乃凭记忆而自认余之生命。读余此书者，亦可凭余所忆而认识此时代之一面。"[3] "文革"后主流意识形态构造的"噩梦醒来"、"冬天过去"、"翻开新一页"等修辞，都一笔抹消了共和国"运动"史中的创痛。而"风雨琐记"系列，则是东方既白以自己的"生命之真"保留了一份有血有肉的心灵记录。比起事件，他更关注情绪，而在往事不可避免地被时间磨损之后，这些情绪也许比"伤痕文学"

1　洪子诚：《作家姿态与自我意识》，北京大学出版社，2010年，第20—21页。
2　东方既白：《风雨琐记》，《随笔》1985年第6期。
3　钱穆：《八十忆双亲　师友杂忆》，北京：生活·读书·新知三联书店，2005年，第347—348页。

中那些声称铁板钉钉、黑白分明的事件更接近历史真实，也因此没有流于对主流意识形态的文学图解。在"风雨琐记"系列中，作者并没有将自己塑造成反抗暴力的英雄，而是承认自己欺世不恭、能瞒则瞒，他的情绪永远与火热的风暴错位，有时候甚至是帮助穷孩子偷菜的"精神胜利法"。这些在政治运动缝隙间的"消极反抗"，虽不一定发挥了多少真实的抵抗作用，却提出了一种知识者独自"创造意义"的可能。而在"革命的第二天"，"文革"结束的狂喜过后，这种政治之外的独立思考将成为知识分子新的安身之所。从这个意义上，90年代初政治气候变化后，《随笔》在1990年到1992年中涌现的大量读书故事，其源头正是东方既白的"风雨琐记"系列，这也是本章稍后将要讨论的。

这样的"往事漫忆"文体，其实近乎本雅明笔下的"讲故事"。它避免诠释、少心理分析，讲述自己道听途说的经验，力求融入听者并给出对当下实用的教诲[1]。而《随笔》早期所塑造的作者与读者间平等的交流关系，和并不深奥的写作语言，也有利于这种"讲故事"的氛围。然而"讲故事"之所以能发挥效用，是在于生活在共同体中的人们所具有的经验可交流性，也在于听者有兴趣深入聆听。显然并不是所有读者都符合这样的条件，我们便能发现知识分子和普通大众在对"往事漫忆"类文章的接受上产生了分歧。《随笔》1988年第3、4期开辟了"散文求索录"栏目，集中刊登了大批作者、读者来信。第3期"散文求索录"前的"编者按"指出目前关于散文发展前景的议论众说纷纭，"我们深信，广大散文爱好者在开放改革中的创作实践，将是检验这些理论的标准"，这其实是刊物调查民意、寻找恰当定位的一次尝试。这一期的"编者按"中还有这么一段话："我们也一直希望这本小刊物能够面对现实生活，多发一些出自肺腑之情的散文，以它更多些内涵厚实、思想深沉的篇章使读后难忘。"这段话尽管依然以"面对现实"开头，但"肺腑之情"、"内涵厚实、思想深沉"等词语，无疑证明《随笔》的编者们还是更倾向巴金《随想录》和"往事漫忆"式以一己心灵照见历史真实的文章。

这些来信中有赞同《随笔》保持时代良知、强化"文革"反思者，也有批

1　瓦尔特·本雅明：《讲故事的人——论尼古拉·列斯克夫》，汉娜·阿伦特编：《启迪：本雅明文选》，张旭东、王斑译，北京：生活·读书·新知三联书店，2008年，第95—118页。

评其"忆旧访古"过多，缺乏青年活力者，其中一些意见形成了强烈反差。读者"展凡"的来信中，开头便转述某位"读过大学的经理"的意见，认为"《随笔》大概是蒙受'劫难'的文人雅士写的、看的，对他们也许是一种'宣泄'，似不合时宜"。而来信人自己也认为，《随笔》上许多文章是"伤逝"余波，或者"丑陋"续篇，让人掩卷吁叹，无益于振兴社会。而且 1987 年第 6 期《随笔》，"竟无一篇、甚至一字一言为改革、开放立言。文学反映现实，又当如何理解？"最后希望作者们能将过去的劫难"埋在心底，转化为时代的激情"。[1] 而与此形成对照，一位陕西西安的离休干部张费武和湖南读者邓皓的来信则强烈表达了老人们对《随笔》"反映生活真实，敢说真话"[2]和"不粉饰、不矫揉造作。针砭时弊，直面人生，与生活的距离拉得很近"[3]的欣赏。

1988 年第 4 期《随笔》的"散文求索录"刊登了章明反驳上一期"展凡"来信的文章《可以"埋在心底"吗？》，针对展凡信中将作家们称为"文人雅士"，他认为中国当代的作家们在革命和"运动"中受尽磨难，至今依然在困苦中坚持写作，"把冷嘲热讽的矛头指向这样一些人，于心何忍呢？"此外，他还表示 1987 年第 6 期的《随笔》中"《情思肖像》、《盛世危言》、《城乡录相》、《八哥行吟》、《管窥小集》等等栏目都有大量直接间接'为改革、开放立言'的文章"，并以巴金"住了十载'牛棚'，我就有责任揭穿那一场惊心动魄的大骗局，不让子孙后代再遭灾难"的宣言为榜样。事实上，章明指为"直接间接"有助改革的那些文章，的确要么是如《忆田家英》、《一篇独特的人生大杂文》等般颂扬受难文人的气节品格，要么便是《盛世见微录》、《算不上游记的"游记"》、《论戒烟、兼论瘾与过瘾》等针砭时弊的杂文，与展凡所提出的"时代激情"确有差别。从这里就能明显看出，知识分子和普通读者对"随笔"文体的期待已经大有不同，而原有读者对《随笔》的态度也已发生分化。

反差意见的背后潜藏着对"真实"到底指"现实生活"还是"历史真实"的不同理解：对知识分子而言，50 年代遗留的文学传统中"写真实"天然联系着"干预生活"，只要"讲真话"，不论讲的是过去还是当下，都是在面向现实

1　读者展凡来信，《散文求索录》，《随笔》1988 年第 3 期。
2　陕西省山西市离休干部张费武来信，《散文求索录》，《随笔》1988 年第 3 期。
3　湖南省南县文化局读者邓皓来信，《散文求索录》，《随笔》1988 年第 3 期。

社会发言。这自然与普通大众的理解有所出入。更何况，市场经济之下知识分子和普通大众的不同境遇，也决定了他们所面对的并不是同一个"现实"。正如哈贝马斯引用豪泽尔的论述所分析的，文化市场的发展促使"知识分子"从渐渐掌握权力的市民教育阶层中分离出来，而不再成为其代言人："在没有文化的阶层和不再需要它的市民阶级之间，文化阶层感觉自己完完全全地孤立了。意识到这一点，我们所说的'知识分子'这一社会形象才从先前植根于市民阶级的文化阶层中诞生出来。"[1]与此稍有不同的是，中国的知识分子们并不是觉得"不再承担有任何社会使命"，而是他们的历史遭际、现实处境，以及从"五四"起"启蒙"就从未成功的记忆，使其再一次感受到与大众分离的孤独感，并在对"随笔"文体的共同理解下集结为一个"想象的共同体"。因此，对知识分子自身形象和历史的书写逐渐成为此时《随笔》的重心。

当然，这一转向也与 1989 年前后充满压力的办刊背景有关。黄伟经的回忆文章中曾提到，当时多种官方报刊刊登或转载对于《随笔》的批评文章，指责其"办成小部分人宣泄积愤、恣意攻击的'园地'"，"以说'真话'为由，大量发表不利于安定团结的文章"[2]，1989 年下半年《随笔》还经常收到上级关于"以后办得多一点亮色"的提醒[3]。政治气候的变化导致随笔写作题材范围变窄，看似政治无关的阅读史便被发掘出来，成为知识分子以隐微之笔表达心声的载体。

从 1990 年到黄伟经最后一年担任《随笔》主编的 1992 年，是《随笔》刊登读书故事的高潮。比如 1990 年第 2 期郭丽鸿的《一本书是一个回忆》，1990年第 3 期李公明的《人境斋书话》、绿原的《书累记》，1991 年第 2 期周树山的《书事琐记》，1991 年第 5 期吴澄的《厂甸买书记》，1992 年第 3 期林宿莽的《后悔药》、黄宗英的《书生馋书》，等等。柄谷行人认为，"风景"是由对"周围外部的东西没有关心的'内在的人'（inner man）"所发现的[4]。不能写外部社会，便只好转入内心，写读书经历和读书心情，并借之完成一种对社会时事的隐喻式写作，这便是此时《随笔》发现"读书的风景"的思路所在。当年如何因书而

1　哈贝马斯：《公共领域的结构转型》，曹卫东、王晓珏、刘北城、宋伟杰译，上海：学林出版社，1999 年，第 199—200 页。
2　黄伟经：《一棵萎后重绿的老树——萧乾书简及忆与他的交往》，《新文学史料》2004 年第 2 期。
3　黄伟经：《难忘对冰心的忆念》，《文史天地》2002 年第 8 期。
4　柄谷行人：《日本现代文学的起源》，第 15 页。

获罪、"运动"中偷读禁书的经历以及"文革"后为了买书而节衣缩食往往是这些读书故事的主题。而《随笔》1990年第1期特意重刊柯灵旧作《钱锺书创作浅尝》，将从80年代中期起舒展、郑朝宗等人在《随笔》大力推崇的"钱学"从"治疗愚昧"转向"在战火和运动中坚持研究"，也是这一写作潮流的显现。书在"运动"中的残损与人的颠沛互为写照；偷读禁书和以"红宝书"、像章交换文学经典的记忆，以及对历经运动浮沉之后唯有知识永恒的信念等，则象征了在野蛮和荒谬面前"有意义的"、"健康的"内心生活得以延续的可能。另外，这些随笔中频频提到书房的狭窄，则不仅是对知识分子窘迫处境的写实，更是以"一间自己的房间"式的寓言寄托了对独立思想空间的期待。其中更隐隐可见以书斋为基点抵抗外部世界的姿态——"藏书室是一个大本营，一个与众不同的堡垒，一座亘古无语的山岗，是读书人隐身与出没的青纱帐。"[1]从东方既白的"风雨琐记"系列到1990年左右的读书故事中我们能看出，一方面，阅读、思考和写作等精神活动被赋予了在政治与经济的缝隙间进行想象性抵抗的意义，知识分子将自己看成是以独立、理性、具有创造力的内心对抗政治风暴和在市场喧嚣中进行非异化劳动的孤独战士。另一方面，正如大本营、堡垒、山岗、青纱帐一类对书斋的比喻，曾经将普通大众与知识分子联结起来的"随笔"文体，也随之逐渐成了二者之间的分割线。

黄伟经在1992年第6期的《来者大可为——告别〈随笔〉》中，第一次明确表明《随笔》"面向知识分子和文学爱好者"。而尽管杜渐坤在接任主编的初期，一度力求通过设置"热点纵谈"等栏目和倡导"大散文"观念恢复刊物的大众色彩，《随笔》却还是渐渐变为一种知识分子的"高档"刊物。1995年第1期舒展的《随笔偶语》、1995年第3期忆明珠的《说小文章》、1995年第5期杜渐坤的《写在〈随笔〉百期》和1996年第1期、第2期《〈随笔〉档案库》中的相关文章都将《随笔》放在了非官方、不媚俗的高雅、严肃文学位置。《随笔》主动选择了这样的定位，一方面是在散文类杂志勃兴的环境下，通过维护文学品牌、强调严肃文学品格，以捍卫文化的"象征资本"，另一方面也是出于稳固忠实作者、读者群的考虑。至此，《随笔》完成了向"人文知识分子的园

---

1   李公明：《人境斋书话》，《随笔》1990年第3期。

地"的转型，并将其作为特色延续至今。随之而来的，是杂志话语方式的变革，以及知识分子以"随笔"为武器、在另一条"启蒙"道路上的实践和受阻。

三、未完成的启蒙

《随笔》第四任主编秦颖在《序〈随笔〉双年选》中，将"办刊启蒙"放在宗旨的第一位，其内涵则是"上个世纪头二十年开了头而未及完成的事，我们现在仍在做：市场经济、宪政、培育公民社会、扩大自由空间……留心观察，还会发现，'五四'以来启蒙的基本命题——自由、法治、理性、科学、民主等，和基本任务——灌输现代公民和现代国家的基本理念，仍有待普及和深入"[1]。转型为"人文知识分子的园地"的《随笔》，在新世纪以"启蒙"为旗号，其主要言说策略是从历史中发掘种种潜在的机遇，并希望能使之成为当下关于自由、民主、法制、公民社会和现代国家等的新的可能性，也即"上层建筑"实现"现代化"的可能性。而从实际写作情况来看，这一被打捞的对象，不仅是"上个世纪头二十年"，而是涉及中国的整个"革命世纪"。近年来《随笔》以历史影射现实的特色提供给我们另一种视野，即从历史写作的角度如何看待转型后的《随笔》文章。

安克斯密特认为对历史的叙述分为"记忆话语"和"史学话语"两种，前者是索引和转喻的，牵连起一切个人经验和不可预见的偶然因素，而后者是隐喻的，"按照已知的东西来表现奇特的东西"，直指事情的核心意义[2]。早年《随笔》的回忆文章，比如"往事漫忆"类，就大多属于"记忆话语"的范畴。这一传统在此后延续下来，并随着历史学科的发展，逐渐重视从口述史、私人记忆、民间记忆、底层书写等多个角度丰富历史。一方面，这是在历史禁区稍稍松动之后，当事人对厘清真相和在公众面前剖明心迹的迫切需求。这一点可参见罗伯特·达恩顿关于波兰史学形成一种"兰肯式的对历史事实的执著"的分

---

1 秦颖：《序〈随笔〉双年选》，《随笔》2007 年第 3 期。
2 F. R. 安克斯密特：《历史表现》，周建漳译，北京大学出版社，2011 年，第 182—186 页。

析——在真相的长期缺席后，公众普遍认为历史研究最应该做的事情是"返璞归真，提供镜鉴，塑造民心民气"[1]。另一方面，考虑到百姓对历史"灰色地带"的偏爱，这也未尝不是一种《随笔》用以召唤读者的策略。《随笔》2005 年第 2 期刊登的读者来信中，就有意见认为《随笔》"基本上是在收录旧闻，片面地迎合读者的探秘心态"[2]，这似可商榷，却也是读者接受的一种反映。

此时《随笔》中新兴的"史学话语"颇值得重视。其写作方式大致可归结为两种：一种是"考古学"，即对历史潜在机遇的挖掘；另一种是对历史事件的"纪念"。先看《随笔》的"考古学"，其对象包括"人"与"事"两方面。在"人"的一方面，一个广泛意义上的"自由主义"谱系被建构出来，主要指那些"独立之人格，自由之思想"者：如胡适、傅斯年、朱自清、费巩、张奚若、陈寅恪、梁思成、冰心、钱锺书、老舍等被一长串列为"自由知识分子"者；董作宾、梁思成、林徽因、金岳霖、丁声树、严耕望等抗战期间在川东李庄弦歌不辍的"忧道不忧贫"者；刘奇弟、和凤鸣等"右派的兄弟姐妹"们和众多湮没无闻的"右派小人物"、右派学生们；顾准、胡风、张中晓、贾植芳、束星北等共和国"运动"中的坚持思考者……在"事"的一方面，《随笔》着意于中国自近代以来的政治，尤其是"革命"主潮之外的那些制度"改革"行为：如清末民初的开国会、立宪法等宪政实验；孙中山、康有为、梁启超、章士钊、王造时、储安平、李烈钧、罗隆基、张君劢、吴经熊、章乃器、王芸生等人的宪政、民主和人权思想；还有延安时期的"三三制"民主政权建设、向最贫穷劳动者贷款等举措。

在这样的"考古"中，"自由主义"者们被书写为暴力历史的无辜受害者，而那些被考掘出的"改革"实验，一方面含蓄地提醒了目前的民主法制尚有待完善，另一方面也是试图寻找制度创新中那些"被压抑"的可能。二者的结合，则产生出一种用以呼吁政治改革的人道主义叙述模式。"对于改革政治的实际来说最重要的是，人道主义叙事暴露了因果关系和人类能动性的细节性特征：善举被再现为可能的、有效的，因而在道德上是绝对必要的。……人道主义叙事

---

1 罗伯特·达恩顿：《拉莫莱特之吻：有关文化史的思考》，萧知纬译，上海：华东师范大学出版社，2010 年，第 17—30 页。

2 湖北鄂州读者张赤军来信，《随笔》2005 年第 2 期。

与悲剧形成了鲜明的对照，它不仅描述具体的苦难，还提供了具体的社会行动的模式。"[1]但这样的叙述，却也存在着一定的缺陷。首先，不仅那些历史上的宪政实验、人权民主思想是否只是停留在"设想"层面的乌托邦尚有待考察，而且，即使真的曾经付诸实践，《随笔》中的文章也往往将其过分理想化，却无法找到在当下现实的有效切入点。正如贺桂梅在评价赵汀阳等人以"天下体系"批判全球化与资本主义进程时所指出的："天下"视野与特定的政治秩序相连，被实践的方式也无法离开那一时期的政治制度。尽管"它在抽空社会主义理论的'阶级'涵义的同时，尝试将古代儒家理想转化为一种新的批判资本主义秩序的思想资源。但是与此同时，'天下大同'的政治理想也就恰恰可能丧失其在现代世界被实践的具体路径"。[2]如秋风对《钦定宪法大纲》"少意识形态火气"的纯正共和精神的激赏[3]，以及对"梁启超派士人群"尤其是张君劢之融合宪政主义、儒家、社会主义为一体的社会规划的推崇[4]等，都存在着这样过分理想化而少实用性的问题。

这一叙述模式的更大问题在于，它很可能落入福柯所提醒的混淆"人道主义"与"启蒙"的误区。福柯在《什么是启蒙》中认为，启蒙是"一个事件"、"一组事件和复杂的历史过程"，"它处于欧洲社会发展中的特定时刻。因此，它包括社会转型的因素，政治体制的类型，知识的形式，实践和知识的合理化的方案，技术的变化"，是难以一言以蔽之的。而人道主义则是"一个主题或者更是一组超越时间、在欧洲社会的一些场合一直重复出现的主题；这些主题总是与价值判断连结在一起，在内容上，以及在它们一直保存的价值上明显地有巨大的变化。进而，它们一直作为分化的批判原则而起作用"，且常由于"过于柔软，过于纷杂，过于前后矛盾以致不能作为反思的轴心"[5]。《随笔》中的一些文章，正是因此而急于对历史事件作出价值判断，从而成为站在受害者角度对权

---

1 托马斯·拉科尔：《身体、细节和人道主义叙事》，林·亨特主编：《新文化史》，姜进译，上海：华东师范大学出版社，2011年，第167页。
2 贺桂梅：《"文化自觉"与"中国"叙述》，《天涯》2012年第1期。
3 秋风：《值得纪念的中国第一部宪法》，《随笔》2008年第5期。
4 秋风：《发现"梁启超派士人群"》，《随笔》2010年第2期；秋风：《看哪，这个奇怪的儒家——认识张君劢》，《随笔》2010年第3期。
5 米歇尔·福科：《什么是启蒙》，汪晖译，汪晖、陈燕谷主编：《文化与公共性》，北京：生活·读书·新知三联书店，1998年，第434—438页。

力阶层的情绪化批判，比如《随笔》2003 年第 1 期刊出的金平的《关于柯庆施几件事的真相——评〈"好学生"的最后十年〉》，文章以史实批评冯锡刚《"好学生"的最后十年》[1] 中关于柯庆施的诸多穿凿和臆断之处，就是其中一例。

在这种"人道主义"与"启蒙"的混淆之中，"启蒙"的立场被看作是"启蒙者"精神的显现和主动选择的结果。与此相应，写作者或写作对象的人格清白被提升到至关重要的位置。而此时《随笔》"记忆话语"中盛行的口述史、私人记忆、民间记忆、底层书写等形式，同样对写作者的勇气提出了强烈要求。但事实上，并非所有"运动"中走来的知识分子都能禁得起严格道德考察。近年《随笔》中的几次争论，便与道德文饰和道德追问之间的拉锯有关。第一次是在 1997—1998 年，针对舒芜刊登于《新文学史料》1997 年第 2 期的《〈回归"五四"〉序》，由章明《人寿几何》（《随笔》1997 年第 4 期）对舒芜不点名道姓的讽刺开始，到绿原《〈人寿几何〉补遗》（《随笔》1997 年第 6 期）、冀汸《"聪明人"的"聪明"——读〈回归"五四"后序〉》（《随笔》1998 年第 1 期）等几篇文章中对舒芜文过饰非行为的反击；第二次是在 2004 年，贾植芳在《晓风著〈虽九死其犹未悔——我的父亲胡风〉序》（《随笔》2004 年第 4 期）中批评贺敬之在胡风问题平反上的"一阔脸就变"，以及同年第 6 期刊登的贺敬之的致信说明和贾植芳致《随笔》主编杜渐坤的复信[2]；第三次是在 2007 年，葛剑雄在《忆旧之难——并谈一件往事》（《随笔》2007 年第 1 期）中引用柯灵原话批评黄裳在孤岛时期为汉奸杂志写稿的往事以及《随笔》2007 年第 2 期黄裳的回应文章《忆旧不难》。葛剑雄引用的柯灵原话为："我看了黄裳的文章，感到很奇怪，也很生气。他在文章中写得那么义正词严……孤岛时期汉奸办了一本杂志《古今》，受到大家抵制，相约不给它写文章。但黄裳是第一个给它写的，并且写了很多。前几年我在编孤岛文学资料时用了曲笔，我只说'有人'，但没有点名，这是不应该的。我现在告诉你，这个人就是黄裳。"从柯灵的话中可以读出这种对写作者操守的极度重视。

除了对"大节"的拷问，知识分子在面对专制时应该选择正面反抗还是

1　冯锡刚：《"好学生"的最后十年》，《随笔》2002 年第 4 期。
2　贺敬之、杜渐坤、贾植芳：《关于贾植芳〈晓风著《虽九死其犹未悔——我的父亲胡风》序〉一文的信函》，《随笔》2004 年第 6 期。

思想抵抗，以及如何解释知识分子在"文革"期间的自愿改造行为，也关系到"重建知识者'尊严'的需要"[1]，对以书写知识者形象和历史为主打作品的《随笔》而言，这是涉及其"象征资本"和发言资格的大事，因而也成为其讨论重心。对这些问题的解释，一方面成为对"文革"中语言异化的思考，如艾晓明《恐怖、癫狂和水晶般文字》（1998 年第 1 期）、筱敏《词的命运》（2000 年第 2 期）、王得后《奴隶语言和奴才语言》（2001 年第 3 期）、邵燕祥《奴隶的语言和公民的语言》（2001 年第 3 期）等文章。而另一方面则体现在"哈维尔还是昆德拉"的立场讨论上。祝勇在《也谈哈维尔和昆德拉（外一篇）》中认为，尽管哈维尔更有承担的勇气，但昆德拉以日常和琐碎"消解崇高"亦有其意义，中国知识分子喜欢昆德拉并不是"缺乏勇气"，而是人各有志，不可勉强。而在与其同时刊发的"外一篇"《你有权保持沉默——面对荒谬的一种态度》中，他批评"运动"话语中的荒谬逻辑构成了知识分子的圈套，使其被迫掉入自认有罪的陷阱中[2]。殷国明的《关于昆德拉》也做出了类似的解释："一些作家即便不能像昆德拉那样直面社会和自我的处境，至少也能像他作品中的人物一样以'笑忘'的方式重新肯定自我，用'迂回'的文学方式表达自己的理想和苦闷。"[3]

哈维尔直接对抗的勇气自然是值得钦佩的标杆，可昆德拉式思想层面的反讽、超脱和疏离，却更符合中国知识分子们的实际处境和举动。更重要的是，以昆德拉为标准，知识分子们更容易在历史中找到自己对专制"曾经反抗过"的证明，也更容易为自己当下或多或少看起来"不作为"的行为找到合法性。这样的"历史主义"做法有时候会显得"过于聪明"而无所凭依，于是，一种"书生"传统便逐渐被发掘出来[4]。

与"哈维尔还是昆德拉"相似的另一种讨论，则是"钱锺书还是顾准"。同样地，钱锺书的"躲进书斋"被认为和顾准的著文抗辩没有高下之分。"'躲进

---

1 贺桂梅：《世纪末的自我救赎之路——对 1998 年与"反右"相关书籍的文化分析》，戴锦华编：《书写文化英雄》，南京：江苏人民出版社，2000 年，第 68 页。
2 祝勇：《也谈哈维尔和昆德拉（外一篇）》，《随笔》2000 年第 6 期。
3 殷国明：《关于昆德拉》，《随笔》2000 年第 1 期。
4 参见王彬彬：《过于聪明的中国作家》，《文艺争鸣》1994 年第 6 期。另外，《过于聪明的中国作家》一文中批评的"要尽量说真话，但坚决不说假话"等观点，其实也是《随笔》关于"真话"的主张之一。

书斋'，固非圣人、斗士，但却是了不起的自由的尊严的行为，是存在的奇迹。它出诸良知、责任感，出于自然，只能如此，别无选择。"[1]这种解释为知识分子找到了一种可行的反抗形式和一处安身立命之所，也与中国古代的"学统"对接起来：不论外界如何变动，知识岗位都能为他们提供一个切实"干事业"、创造"意义"的位置，而无须在"道统"之"道"的变幻中迷失方向。这一点，其实是和"人文精神讨论"之后知识分子向学术寻求精神依托的倾向相一致的。[2]在《随笔》中，怀念贾植芳先生的《"人"字的写法》（张业松，《随笔》1997年第3期）和《先生之风山高水长——走近贾植芳》（孙正荃，《随笔》2002年第6期），还有怀念潘旭澜先生的《我的老师潘旭澜先生》（王彬彬，《随笔》2006年第5期）和《艰难的生存》（陈四益，《随笔》2007年第5期）等都是这样的例子。这些文章并不强调老一辈学者的著述、创作等"名山事业"如何丰硕惊人，而是着意于他们的知识人格和在政治运动中的定力——"作为一名知识分子，你是不是将自己的知识理想放在第一位，是否有着自己坚定的知识立场和强大的知识人格"[3]。而正由于这种坚持的不易，"学统"有了更多的意味。《我的老师潘旭澜先生》尤其强调以潘先生等人为代表的一个"老年知识分子"群体的"知识分子的人间情怀"，他们对启蒙使命的艰难担负与知识文化界那些"领头羊"和"过于聪明的人"形同水火；《艰难的生存》中亦惋惜政治运动造成学者们的年华空耗。老师对学生的气质影响和精神鞭策，恐怕比对儿女或朋友来得更多，这便是此时《随笔》中悼念文章与早期的不同之处：不仅是对逝者的怀念和基于人道主义叙事而产生的对压迫者的控诉，更表达出对师门精神的自觉传承和一种传承上的紧迫感——"我仍然找不到偷懒的理由"[4]。这其实正切中"启蒙"的深层含义——不依赖于他人灌输，而是个人内心自觉自愿的变化和主动参与的勇敢行动。

此外，《随笔》中的另一种"史学话语"——"纪念"，其重心也在于对知识分子"启蒙精神"的倡导。"五四"是纪念的重心。1999年第3、4期《随

1　伍立杨：《哈氏慧藻证实相》，《随笔》2004年第6期。
2　类似讨论可见许纪霖、陈思和、蔡翔、郜元宝：《人文精神寻思录之三——道统学统与正统》，《读书》1994年第5期。
3　张业松：《"人"字的写法》，《随笔》1997年第3期。
4　王彬彬：《我的老师潘旭澜先生》，《随笔》2006年第5期。

笔》连续刊登了一组李慎之、严秀、李锐、李普、袁鹰、邵燕祥、章明、于光远、刘斯翰等人参加的"'五四'笔谈",再一次重申启蒙、民主、科学等命题,并以"科学"为讨论核心。其中袁鹰的《重温世纪老人遗言》中再次提到冰心 1988 年写作的《无士则如何?》。冰心的文章针对当时领导人常说的"无工不富,无农不稳,无商不活,无兵不安",提出"无士则不兴"。领导人的五个"无……不……"其实体现出"现代化"的最初规划中并没有知识分子的位置,而这一组"'五四'笔谈"写作之时,正值"科教兴国"被列入基本国策,对知识分子价值的确认再一次激发他们的主体意识和参与变革的热情。绿原发表于"'五四'笔谈"之前的《二十一世纪随想》,也将"知识分子作为真正知识分子的自我定位"视为 20 世纪全民文化现代化的核心[2]。这一多少有些偏离事实的论断,正是时代热潮下知识分子主体意识复苏的体现。2009 年也刊发了不少纪念"五四"的文章:第 1 期的刘纳《"五四"与问责"五四"》,第 3 期的孙郁《革命的背后》、朱正《一弹指顷去来今——纪念"五四"九十周年》、傅国涌《回眸"五四"》等几篇文章都是针对当下指责"五四"导向"激进主义革命"甚至"文革"的意见,认为"五四"的核心是"古道照颜色"的"士"之传统[3],是"自由与宽厚理性"[4],是对专制主义文化传统的"破"和对民主、科学等普世价值的"立"[5]。这是对"五四"在"反帝反封建的革命运动"之外的另类定性,其表现出的是弃"革命五四"而扬"思想五四",并以后者作为知识分子的精神源泉。这样的倾向当然有其优点,"思想五四"之精神活动与现实关怀的两个层面,为转入书斋之后的中国知识分子提供了一个既能坚持独立的学术事业、又保持对现实介入姿态的依托之所。同时,这种与"科教兴国"时代主潮的结合,也是既保障了"五四"话语的现实有效性,又能在"思想讨论"之名的庇护下较为自由地探索历史、借古讽今。

　　与此相伴的,却是《随笔》中"讲故事的传统"之文体特色的丧失。《随笔》从 2000 年第 1 期起将大写英文的"ESSAY"和中文的"随笔"字样同置于

---

1 冰心:《无士则如何?》,重刊于《随笔》1999 年第 3 期。
2 绿原:《二十一世纪随想》,《随笔》1998 年第 3 期。
3 刘纳:《"五四"与问责"五四"》,《随笔》2009 年第 1 期。
4 孙郁:《革命的背后》,《随笔》2009 年第 3 期。
5 朱正:《一弹指顷去来今——纪念"五四"九十周年》,《随笔》2009 年第 3 期。

标题位置，其中便能看出这样的姿态。中国现代文学以来的"随笔"崇尚的是"独抒性灵、不拘格调"，注重个人情性的发挥；而西方的"Essay"，则更倾向于对内心思想、智力活动的展现。美国汉学家宇文所安曾自述对这两种文体的不同写作心得："现代中国散文强调作者的主观性和文体的随意性，而英语的essay则可以把文学、文学批评以及学术研究，几种被分开了的范畴，重新融合为一体。……作者面临的挑战是把思想纳入文学的形式，使二者合而为一。"[1]就《随笔》而言，则与其说是西方的Essay精神注入了中国现代"随笔"文体，倒不如说是作为古代主要学术文体的"随笔"、"笔记"伴随着"学统"的复苏而显影，西方的"Essay"不过是恰巧与这一倾向有所吻合，而杂志借以命名罢了——《随笔》的文体并没有蒙田、培根、兰姆等欧洲作家随笔中那种智性的欢悦和自在，而多了打上中国传统知识分子烙印的忧患气质、沧桑体悟。随着知识分子群体向学院的集中，新的随笔更加依赖于书本而非生活经验，"随笔"逐渐成为他们那些不能写入学术论文的零碎思考的表达园地，其中有些文章甚至就像是不带注脚的论文。而此时《随笔》中的作品也不再像早期那样直接从现实问题出发，而往往是先谈一种理论和一段历史，再以此来分析中国的当下社会和历史问题，或者出于"安全"的因素，表面上只考证历史，背后的春秋笔法则有待读者自己联想。比如潘旭澜先生的"太平杂说"系列[2]，吴思、王学泰、张鸣等人的中国古代史研究，唐小兵对阿伦特理论的发挥，陈为人对孟子、韩非子、商鞅诸家思想的当代阐释，严秀、蓝英年、雷颐关于苏联专制历史的随笔等，都是这样的例子。早期"轻松活泼"、"娓娓而谈"的氛围被严肃的学术探讨所替代，文章也越来越长。这固然更有理有据，却很有可能排斥了普通读者，而成为知识分子在布尔迪厄所谓高度专门化的"有限的文化生产场域"[3]的内部话语辩论，其批判性也可能随之消泯。

1　宇文所安：《追忆：中国古典文学中的往事再现》，郑学勤译，北京：生活·读书·新知三联书店，2004年，"三联版前言"，第1页。

2　王彬彬《我的老师潘旭澜先生》一文中提到潘先生写作"太平杂说"的现实指向："但他让心爱的吴敬梓靠后，也让《中国当代文学通论》靠边，先写起了'太平杂说'，这完全是因为对'太平军'的'杂说'更具有现实意义，更能表达他对现实的关怀，或者说，完全是出于一种'不忍人之心'。"《随笔》2006年第5期。

3　戴维·斯沃茨：《文化与权力——布尔迪厄的社会学》，第259页。

前文已经提及，《随笔》通过书写"右派"和"胡风分子"们的形象和历史，示范了一种知识者在政治动荡之外独自"创造意义"的可能。在80年代语境中形成的"文学/政治"二元对立式作用下，作为"人文知识分子的园地"的《随笔》的批判立场也由此诞生。1989年《随笔》刊登的一封读者来信中有这样的话："'官倒'们腰缠万贯，以权谋私者日进斗金，别看他们吃喝得脑满肠肥，可他们当中有谁读过《随笔》，这些灵魂既空虚又肮脏的家伙，到头来'多行不义必自毙'，被他们搞得乌烟瘴气的九百六十万平方公里的大地上毕竟有万千草野蚁民所拥爱的严肃刊物《随笔》、《读书》、《文汇》等劲草在顽强生长，正是这些劲草渗出的甘露滋润了我们的心田。"[1]这正体现出《随笔》的严肃文学性质被附加了社会批判的意义。而随着90年代以来"去政治化"进程的展开，一方面，文学以其"高雅性"成为中产阶级想象的点缀，另一方面，对于文学的纯审美性和研究的纯学术性的强调，与人文研究的职业化、学院化、体制化相伴而生。"当这种制度性空间形成时，文学/政治的二元结构就不复再有80年代的历史反抗性，而成为主流的专业主义话语的核心构成部分。"[2]《随笔》的转向正处于这一进程中，其高雅性和学术性不再像80年代那样自然构成社会和政治批判的基点，反而削弱了随笔文章介入社会的能力。2005年第3期"编读桥"所刊读者意见中，就可见许多对《随笔》不如早期"大众化"、"平民化"的批评：过分囿于"知识界话题"、话语方式"缺乏可读性"、似乎曲高和寡"不食人间烟火"[3]……2008年第2期的"编读桥"，则再一次出现了"太专业"、减少"单纯怀旧文章"和"请不要丢下我们这样一群普通读者"的呼声[4]。尽管《〈随笔〉双年选（2005—2006）》以"在地面步行，也在云端跳舞"[5]作为自己的宗旨，但也许这样的"步行"和"舞蹈"都只属于知识分子。如何在"思想启蒙"与"大众接受"之间建立起桥梁，《随笔》离"办刊启蒙"的实现还有很远的路要走。

1　读者管维霖来信，《随笔》1989年第2期。
2　贺桂梅：《人文学的想象力——当代中国思想文化与文学问题》，开封：河南大学出版社，2005年，第2—3页。
3　见浙江云和读者潘榕榕、四川成都读者张家禄、贵州安顺读者吴之俊等人来信，《问卷摘登并答谢读者》，《随笔》2005年第3期。
4　福州读者陈建荣来信，《随笔》2008年第2期。
5　见《随笔》2007年第5期封底所刊书讯。

四、结　语

从面向大众的"再造新民"到人文知识分子的思想抗争，从平等民主交流的尝试到记忆空间的探索，"随笔"这一文体的言论潜力被寄予了太多希望。而《随笔》杂志三十多年办刊之路的坎坷，也见证着中国语境下启蒙的尴尬与无奈。它常常在知识精英的趣味和大众普及的责任之间左支右绌，其面向社会发言的功能也在电视、微博等新兴媒体的竞争下遭受阻碍。这是否意味着"随笔"文体的言论潜力已经走到尽头？在众声喧哗之中，当下的知识者应该如何安放自己的位置、如何再度寻找一种有效的社会发言形式？这都是值得深思的问题。

"在深刻性问题上左右为难"[1]的《随笔》并不是特例，几乎与其同时诞生的《读书》也经历了杂志定位上的多次转向。在 1979 年至 1986 年的陈原、范用时期，《读书》在"读书无禁区"的旗帜下推进思想启蒙运动，十分重视在大众中的普及，范用后来说，其目标读者是"喜欢看书、不是做学问的普通人"[2]。而 1986—1996 年的沈昌文时期，为了摆脱全国范围内的期刊危机并在政治压力中生存下来，《读书》将可读性摆在第一位，"有了很明显的文人趣味和笔墨趣味"[3]。在汪晖主持《读书》的 1996—2007 年期间，《读书》的学术性增强，也招致了"圈子化"的批评，这最为集中地体现在 2000 年"长江读书奖"引发的巨大争论上。除了对学术腐败的批评之外，这场争论的火力主要集中在汪晖、黄平担任主编期间《读书》"变成了某一派别的'机关刊物'和同人刊物，脱离了80 年代建立起来的作为知识界'交流平台'和'公共刊物'的特点"[4]，并最终导致了汪晖从主编位置"下岗"。

人文杂志为了维护"象征资本"需要保持高雅格调，却可能被带入专业主义的误区。"启蒙"要讲究学理也要深入大众，还要避开政治的"高压线"，带着镣铐跳舞。于是，文化刊物的定位摆荡成了常态。《读书》和《随笔》在早期走过了类似的道路，但在 90 年代中期的期刊洗牌、市场细分中，《读书》形成

1　胡传吉：《期刊的危机与生机》，《南方都市报》2012 年 1 月 12 日 GB13 版。
2　高任飞：《范用：给普通人办〈读书〉》，《南方人物周刊》2007 年 7 月 21 日，第 18 页。
3　汪晖、钱理群、李泽厚、姚洋：《〈读书〉事件四人谈》中钱理群语，《南风窗》2005 年第 15 期。
4　贺桂梅：《人文学的想象力——当代中国思想文化与文学问题》，第 118 页。

了"高级的通俗学术刊物"[1]的特色，吸引了大量知识精英参与写作，并且逐渐固定化的学院体制又提供了稳定的作者和读者群。《随笔》却依然定位模糊，老作者的忆旧文章、文史掌故、书评书话、社会评论和生活散文都被纳入其中，导致刊物特色不明。在《读书》、《书屋》、《万象》、《书城》等一大批同类文化刊物对知识精英读者的瓜分中，《随笔》很难具有胜出优势。直到2005年，《随笔》编辑部刊登的《启事》中仍然有"然而市场无情。印刷成本逐年增加，早就入不敷出"[2]的语句，《随笔》的经营困境仍未摆脱。

　　然而，《随笔》杂志在当下的价值却是不容忽视的。它曾经以"永葆青春"为口号，近年来却被反复指认为"老年杂志"[3]。这种"老年"的风格，源自《随笔》及其作者群负载的历史重量和沉甸甸的情感意义。安克斯密特引用弗洛伊德的理论来分析犹太人对大屠杀的记忆：当我们失去所爱的人或深挚的理想时，会产生两种反应——"哀痛"和"忧郁"。"哀痛"强调的是"克服"，使痛苦的回忆释放出来，然后变得可以承受；而"忧郁"则将投入所爱对象的力比多拽回自身，郁积成永远的焦虑，使人意识到无可挽回的失败并引发"对自我道德上的不满"[4]。"运动"的亲历者们相继去世之后，正是这样的"老年"风格、"忧郁"意识让反思可能延续。同时，《随笔》对记忆旧痕的不断铭刻，还带来了萨义德所说的"多重视野"："大多数人主要知道一个文化、一个环境、一个家，流亡者至少知道两个：这个多重视野产生一种觉知：觉知同时并存的面向，而这种觉知——借用音乐的术语来说——是对位的（contrapuntal）……流亡是过着习以为常的秩序之外的生活。它是游牧的、去中心的（decentered）、对位的；但每当一习惯了这种生活，它撼动的力量就再度爆发出来。"[5]这样存在于正统、主流之外的多重视野，一方面标写出历史的难以平复之处，并警惕种种悲剧的重演和对真相的改写；另一方面，它更召唤出历史上的许诺、渴望和远景，以此提醒人们启蒙远未完成，而

1　汪晖、钱理群、李泽厚、姚洋：《〈读书〉事件四人谈》中李泽厚语，《南风窗》2005年第15期。
2　《随笔》编辑部：《启事》，《随笔》2005年第5期。
3　参见《随笔》2005年第3期《问卷摘登并答谢读者》和2005年第4期、2007年第6期、2008年第1期"编读桥"中的相关读者意见。
4　F. R. 安克斯密特：《历史表现》，第198—200页。
5　萨义德：《知识分子论》，单德兴译，北京：生活·读书·新知三联书店，2002年，"译者序"，第1页。

我们的现实，有着可以变得"更好"的另一种可能。在期刊纷纷向"青春时尚"转型之时，《随笔》的"老年性"显示出了独特的意义。

2010年的《随笔》选择珂勒惠支的素描作为封面，这是它第一次在封面上使用名家画作，而2011年它继续选用了珂勒惠支的版画。我们都记得鲁迅笔下的珂勒惠支：为一切"被侮辱和损害者"悲哀、抗议、斗争，"之所以于我们这样接近的，是在她那强有力的、无不包罗的母性。这漂泛于她的艺术之上，如一种善的征兆。这使我们希望离开人间。然而这也是对于更新和更好的'将来'的督促和信仰。"[1]这也正是《随笔》的精神所在。

1　鲁迅：《凯绥·珂勒惠支木刻〈牺牲〉说明》，《鲁迅全集》第八卷，第312页。

卫所裁撤与新县形成

——清代广东陆丰设治的卫所因素考察

王 涛[*]

内容提要：梳理相关史实可知，清代广东陆丰县的设置几乎与甲子所、捷胜所的裁撤同时进行，碣石卫虽在雍正七年已经裁撤，但设县之时该卫诸事务尚未处理完毕。此种背景下，新县的形成包含诸多卫所因素，如设县的缘由、仓储的建立、辖地的来源等。仔细分析碣石等卫所裁撤与新县形成过程，发现卫所与新行政区之间并不存在直接转化的明显对应关系，而是以卫所屯地和分割邻县疆土组成新的行政区。这种转化是清代卫所与政区关系研究中值得注意的一种形态，对此类卫所进行深入研究，有助于我们全面而深刻地认知清代卫所裁撤与政区形成之间错综复杂的关系。

关键词：清代 广东陆丰 卫所 政区

由于社会经济和政治军事等原因，明清卫所与州县关系先后经历了行政区的军事化和军事区的行政化两种截然相反的过程，其突出表现是明代废置部分州县设置卫所及明中后期以来部分卫所改置府厅州县行政区。由于卫所制度为明清时期所独有，故明清卫所与州县的相互转化亦是历代政区中所仅见，这是明清政治地理中值得关注的问题。

总体而言，学界对明清卫所研究，就时段来说，侧重于明代而对清代关注

* 作者王涛（1983—），安徽临泉人，江西省社会科学历史研究部助理研究员，主要从事明清史和历史政区地理研究。本文系国家社科基金青年项目《从卫所到州县——清代卫所裁撤与政区形成研究》（批准号：BCZS 021）阶段性成果之一。

较少；以研究方法论，从制度史的角度关注较多，而历史地理视角研究相对少。[1]
关于明清卫所与政区关系，前辈学者和时贤均有涉及。谭其骧先生指出都司卫所 "其初本与地方区划不相关。洪武初或罢废边境州县，即以州县之任责诸都司卫所；后复循此例，置都司卫所于未尝设州县之地，于是此种都司卫所遂兼理军民政，而成为地方区划矣"[2]。周振鹤先生则把明代的实土卫所归入 "军管型的特殊地方行政制度"[3]。受谭其骧、周振鹤先生启发，为区分不同类型的卫所，郭红在实土和非实土卫所概念的基础上，又提出了 "准实土卫所" 的新说[4]。顾诚不仅揭示了明代的疆土具有军事系统和民事系统两种管辖体制，而且注意到卫所与州县行政区之间的互动，指出这两种体制 "具有由行政系统改为军事系统或由军事系统改为行政系统的可转换性"[5]，同时，他亦对卫所在清代改制为行政区进行了初步研究[6]。日本学者真水康树在研究清代行政制度时也对明末清初实土卫所改置州县进行了初步探讨[7]。此外，一些学者在具体研究中涉及部分省区和个别卫所改制问题[8]。上述研究对认识清代卫所与政区的关系起到了很大推动作用。

1　卫所研究，以王毓铨的军屯研究、于志嘉的军户世袭制度及军役研究、顾诚的明代疆域管理体制和清代卫所变革研究、杨旸等的奴儿干都司和辽东都司研究、彭勇的班军研究、张金奎的军户研究、梁志胜的武官世袭制度研究为代表，这些研究多集中明代且集中在制度史的探索。进一步研究情况，可参邓庆平：《明清卫所制度研究述评》（《中国史研究动态》2008 年第 4 期）。

2　谭其骧：《释明代都司卫所制度》，原载《禹贡半月刊》第 3 卷第 10 期（1935 年 7 月），收入《长水集》上，北京：人民出版社，2011 年，第 159 页。

3　参见周振鹤：《中国地方行政制度史》，上海：上海人民出版社，2005 年，第 354—357 页。

4　郭红、于翠艳：《明代都司卫所制度与军管型政区》，《军事历史研究》2004 年第 4 期；周振鹤主编，郭红、靳润成著：《中国行政区划通史》明代卷，上海：复旦大学出版社，2007 年，第 259—263 页。

5　顾诚：《明帝国的疆土管理体制》，《历史研究》1989 年第 3 期。

6　顾诚：《卫所制度在清代的变革》，《北京师范大学学报》（社会科学版）1988 年第 2 期。

7　［日］真水康树：《明清地方行政制度研究：明两京十三布政使司与清十八省行政系统的整顿》，北京燕山出版社，1997 年，第 170–191 页。

8　如孟凡松《安福、永定二县的设置与清代州县行政管理体制在湘西北的确立》（《中国历史地理论丛》2008 年第 1 期）和《卫所沿革与明清时期澧州地区地方行政制度变迁——以九溪、永定二卫及其属所为中心》（《历史地理》第 23 辑，上海人民出版社，2008 年）论述了九溪、永定二卫及其属所的改制问题；邓庆平《卫所与州县——明清时期蔚州基层行政体系的变迁》（《中研院历史语言研究所集刊》，第 80 本第 2 分）考察了蔚州卫到蔚县的转化过程；李嘎《雍正十一年王士俊巡东与山东政区改革》（《历史地理》第 22 辑，上海：上海人民出版社，2007 年）一文则涉及大嵩卫改设海阳县的问题；于志嘉《犬牙相制——以明清时代的潼关卫为例》（《中研院历史语言研究所集刊》，第 80 本第 1 分）涉及潼关卫改制问题；韩昭庆《清初贵州政区的改制及影响（1644—1735年）》（《历史地理》第 23 辑，上海人民出版社，2008 年）、杨伟兵《清代前中期云贵地区政治地理与社会环境》（《复旦学报》[社会科学版]2008 年第 4 期）、孟凡松《略论清代贵州改卫归流》（《安顺学院学报》2011 年第 4 期）在研究相关论题时均注意到贵州卫所的改制问题。

不过，总体上说，对卫所裁撤与州县行政区形成过程的研究，还很薄弱，有待进一步加强。其突出的表现是，多数研究仅仅点出卫所改制为州县这一现象，对于改制过程和改制细节大多语焉不详，卫所研究的此种境况，很不利于进一步认识清代卫所与政区关系。

本文以清代广东陆丰县的设立为例，试图通过卫所裁撤与新政区形成史实的梳理，进而揭示该县形成中的卫所因素，由此呈现清代卫所与政区关系的一个面相，以期促进人们对卫所与政区关系的认知。之所以选择陆丰县作为个案，是因为有清一代广东、广西、浙江、福建四省 57 卫、123 所中，与政区形成有关者只有碣石一卫和甲子、捷胜二所，且此一卫二所，均与陆丰县的设置有关[1]。尽管该地在短暂的时间内也经历了卫所裁撤与新县设立这一过程，但此地的卫所与以往学界注意到的实土卫所直接转化为府厅州县和非实土卫所归并为州县均有很大不同，它既不是直接转化为行政区，也非归并为州县，而是以卫所屯地和分割邻县疆土组建成新的行政区，此亦是卫所与政区关系中的一种表现形态。

一、碣石等卫所裁撤史实辨析

明清两代，海丰均属于广东惠州府[2]，该地区的卫所设置于明代洪武年间，《明史·地理志》在叙述此地的卫所分布时言："又东南有碣石卫，东有甲子门守御千户所，俱洪武二十七年十月置。南有捷胜守御千户所，洪武二十八年二月置，初名捷径，三月更名。"[3] 因限于书写体例，《明史·地理志》未著录海丰守御千户所，当时碣石卫除领有左右中前后五所外，还辖有平海、海丰、甲子门、捷胜四守御千户所。[4] 入清以后，这些卫所继续存在。清代陆丰县的设置虽仅与

1　此 57 卫、123 所在清代沿革情况，详见王涛：《清代东南四省卫所地理研究》（硕士学位论文），中国人民大学清史研究所，2009 年。

2　《明史·地理志》，北京：中华书局，1974 年，第 1139—1140 页；《清史稿·地理志》，北京：中华书局，1977 年，第 2279—2280 页。

3　《明史·地理志》，第 1140 页。

4　碣石卫及其辖所情况，可参见周振鹤主编，郭红、靳润成著：《中国行政区划通史》明代卷，上海：复旦大学出版社，2007 年，第 648—649 页。

甲子、捷胜二所直接相关，但碣石卫亦与新县设置牵涉颇多，此一卫二所是探讨陆丰设置中卫所因素的重点所在，而其中有两个问题尤为关键，这就是入清后甲子所的归并和碣石卫的裁撤。

甲子所，史料中又言甲子门所，该所之裁撤是进一步探讨陆丰置县的一个重要问题，然而由于史籍记载简略，所记内容令人难以理解，很多问题由此纠结，揭开此难题的关键是如何解读它与海丰所的归并。《清世祖实录》言顺治十七年十一月甲子"裁广东甲子门所归并海丰所"[1]，康熙《大清会典》亦载有同样内容[2]，若据《实录》、《会典》，早在顺治十七年该所即已归并到海丰所。也就是说，顺治十七年后，甲子所不复存在了。但若阅读史料我们发现，该所在顺治十七年后仍若隐若现。雍正《广东通志》不仅记载了该所的屯田，而且注明"雍正八年请裁，现候部议"，傅泰《海丰县疏请分建县治》[3]、孔毓珣《请改设同知巡检疏》[4]仍提到该所，甚至雍正九年四月总督郝玉麟在奏请陆丰置县的条陈中依旧言"请将捷胜、甲子二所裁汰，改设县令一员"[5]，乾隆《陆丰县志》、乾隆《海丰县志》分别列举了甲子所清代雍正七年之前任职的武官（见表1），但缺乏相应的任职时间记载。

表1 清代甲子所武官一览表

序　号	姓　名	履　历
1	陈其新	浙江人
2	周价人	字秀宇，凤阳人
3	王永宁	字述之，嘉兴人，山东籍。升守备
4	韩典	山东人
5	陈廷泰	字交甫，浙江会稽县人
6	于在渭	山东汶上县人，辛酉科武举
7	胡世美	顺天府宛平县人，丁卯科武举

1 《清世祖实录》卷一四二，顺治十七年十一月甲子，北京：中华书局，1985年，第1095页。按：牛平汉主编《清代政区沿革综表》（中国地图出版社，1990年，第269页）据此认为甲子所于顺治十七年并入海丰所。
2 康熙《大清会典》卷八四，台北：文海出版社，1992年影印版，第4211页。
3 雍正《广东通志》卷七《编年志二》，文渊阁四库全书本，第321页。
4 孔毓珣：《请改设同知巡检疏》，雍正《广东通志》卷六二《艺文志四》，第874—875页。
5 《清世宗实录》卷一○五，雍正九年四月己亥，北京：中华书局，1985年，第387页。

序　号	姓　名	履　历
8	孙承增	直隶河间府人，己卯科武举
9	李国栋	顺天府密云县人，武举

资料来源：乾隆《陆丰县志》卷四《秩官》页十二；乾隆《海丰县志》卷五《秩官》页十九。

由于史料缺乏，尚不能完全明白所有武官的任职年代，但通过相关信息，仍能判断个别武官的任职时间。如表中第6位武官于在渭，县志中只是说辛酉科武举，雍正七年之前清代只有康熙二十年为辛酉年，由此可初步判断该武官中举的时间为康熙二十年，雍正《山东通志》在列举康熙二十年辛酉科武举时，亦有于在渭姓名，并注明"兖州府人"[1]，这与县志中提供的"山东汶上县人"暗合。自此，可进一步推断于在渭任职武官的年代当在康熙二十年后，由此佐证了顺治十七年后甲子所亦存在的事实。再如第7位武官胡世美，县志记载丁卯科，在雍正之前的清代也只有康熙二十六年这一年符合。依次类推，第8位武官孙承增中武举的时间也只能是康熙三十八年。从武官任职情况看，以上种种告诉我们的事实是：顺治十七年后，甲子所仍是存在的。这不能不让我们重新审视《实录》和《会典》所言"甲子门所归并海丰所"，如何理解这句话，成为问题的核心。同治《海丰县志》为揭开这一谜团提供了极具价值的线索："甲子门所，本所屯粮稀少，先经司道会查酌议归并海丰所兼征，详奉三院具题允行，于顺治十八年二月通行遵照。"[2]这为我们提供了理解甲子门所归并海丰所内含的有效信息。从中可知，甲子所归并海丰所仅是指甲子所屯粮由海丰所兼征而已，而其兼征的理由是"本所屯粮稀少"。支持上述说法的一个有力旁证是，史籍在称呼顺治十七年其他归并之所时往往连称，如双鱼海朗所、海安锦囊所、海康乐民所、崖州儋州所、万州南山所、清澜昌化所，而涉及海丰、甲子二所时，却单独开列，其中一个例外是雍正《广东通志》谈到广东各州县卫所"谷贮"时，这从一个侧面说明了《实录》、《会典》所言甲子所归并海丰所，只是限于兼征屯粮而言。不过，问题的复杂性还在于，海丰所不仅仅是兼征甲子所屯粮那么简单，乾隆《海丰县志》在列举海丰所武官时言"管海丰所兼甲子屯

1　雍正《山东通志》卷十五《选举三·武举考》，第39页。
2　同治《海丰县志》卷六《兵防》，第62页。

千总"[1]，这说明海丰所千总还兼任甲子所千总职务。若我们把乾隆《海丰县志》中记载的武官与乾隆《陆丰县治》中甲子所武官履历相比照，可以看出，两者完全一致。若非海丰所千总同时兼任着甲子所千总，则两个迥然不同的千户所任职武官完全相同，很难让人理解。明白海丰所在兼管甲子所屯粮的同时还兼任着该所千总这一事实，就能够很好理解《实录》、《会典》所言甲子所与海丰所之间归并的真实意义，从而能够更好地理解雍正九年裁所置县问题。

碣石卫之裁是需要探讨的另一个重要问题。碣石卫的裁撤虽不似甲子所那样使人迷惑，但该卫裁撤时间亦需澄清。碣石卫裁撤时间，《实录》、《会典》不载，乾隆《广东通志》言"雍正八年请裁，现候部议"[2]。给人的印象是雍正八年该卫亦存在，其实不然。雍正《广东通志》卷七："设碣石卫军民同知并置巡检，以守备改为同知……"此处所记是雍正七年五月事，也就是说在雍正七年五月随着碣石军民同知的设立，碣石卫已经被裁。对于碣石卫裁撤的原因及改设军民同知的理由，署广东巡抚孔毓珣在《请改设同知巡检疏》中说得很清楚："据司道等详查，碣石为边海要地，兵民繁众，渔船出入，必须文职大员驻扎经理，该卫守备止经征屯粮，不理兵民事务，实非必不可少之员，应将碣石卫守备裁汰，改设惠州府海防军民同知一员驻扎碣石卫城。"[3]由奏疏可知，当时碣石卫地方的人命盗案处理权属海丰县，而卫守备止经征屯粮，这对于兵民杂处、人口繁多、地理位置重要的碣石来说，该卫的存在显得多余，在海丰县因距离较远无法兼顾的情况下，改设兵民事务兼摄的海防同知，合情合理。

雍正七年所设海防同知即惠州海防军民同知，光绪《惠州府志》言："（雍正七年）设惠州海防军民同知，驻碣石卫城。裁碣石卫守备及捷胜、甲子两所，以卫所屯田归同知管理。"[4]该同知的设置，实际上是调整地方管理的一次尝试，它一方面对卫所体制做了局部调整，裁去碣石卫，另一方面以拥有更多管理权限的海防同知取代碣石卫守备，同时把原属碣石卫的屯地和甲子、捷胜二所划

1　乾隆《海丰县志》卷五《秩官》，第19页。
2　雍正《广东通志》卷二四《屯田志》，第892—893页。
3　孔毓珣：《请改设同知巡检疏》，雍正《广东通志》卷六二《艺文志四》，第874—875页。
4　光绪《惠州府志》卷十八《郡事下》，第10页。

归到新设同知管辖，企图使政务处理更顺畅。这在孔毓珣《请改设同知巡检疏》中反映得很清楚：

> 其卫守备原管一十六屯粮米，内除默林、双派二屯坐落惠来县属地方，就近归并惠来县管辖，其松林、黄姜、罗峯、大安、磜峰、横陇、石坡、黄塘、赖僧、朋塘、上护、赤花、邝公、半径，共一十四屯即令改设之同知管辖，就近征收。屯米支放，碣石镇标兵粮一应碣石。沿海兵民事务，除人命强盗照例仍令海丰县知县印官承审，余令同知就近审理。至防海机宜，该同知亦得与总兵官就近商酌……甲子所、捷胜所与碣石卫有掎角之势，应将甲子、捷胜二所千总悉受新设同知兼辖……[1]

这个奏疏的基本内容于雍正七年六月初九日吏部议复，并取得了雍正帝的认可[2]。当时，碣石卫员缺已于雍正七年三月推补大河卫三帮领运千总郑天锡，碣石卫裁撤后，"推升之卫守备郑天锡停其给札"[3]。

应当说，经过调整后的管理体制，使得卫所和州县有了部分交叉，较之卫所体制和州县系统两不相属的分离状态，更能够满足地方管理的需要，这在一定程度上弥补了卫所官员不理民事的缺陷，强化了对地方的控制和管理。不过，此种不彻底的局部调整，并不能从根本上解决问题，这为雍正九年陆丰县的设置埋下了伏笔。

二、陆丰新县形成中的卫所因素

广东陆丰县之渊源，史籍多言海丰析置而来。如《皇朝文献通考》："陆丰县……雍正九年析海丰县地置县。"[4]《皇朝通典》："陆丰县，雍正九年析海丰县地

1　孔毓珣：《请改设同知巡检疏》，雍正《广东通志》卷六二《艺文志四》，第 874—875 页。
2　乾隆《陆丰县志》卷三《建置》，第 36—38 页。
3　同上书，第 38 页。
4　《皇朝文献通考》卷二八六《舆地考十九·广东省》。

置。"[1]《清史稿》："陆丰……雍正九年析海丰县地置。"[2]不可否认，陆丰置县与海丰有莫大关系，但新县形成系多种因素促就，不仅海丰一源而已。实际上，陆丰县的设置与卫所密切相关。

前文已述，甲子所、捷胜所裁于雍正九年，碣石卫虽在雍正七年已经裁撤，但置县之初，该卫诸事务尚未处理完毕。此种背景下，新县的形成包含了诸多卫所因素，其中最为重要的是设县的缘由、仓储的建立和辖地的形成。

卫所对新县形成的最大影响反映在设县缘由上。陆丰从海丰分治一事，基于清代制度设计和政务运作的需要，上至兵部、吏部，下至总督、巡抚、布政使和海丰知县，均参与其中。从现有史料看，最早提出分县请求的是海丰知县。陆丰教谕黄继度在《拟新建陆丰县碑记》中言："雍正八年，海令叶公以七都辽阔，统辖难周，详请以海东居中之地分设县治。"[3]海令叶公即海丰知县叶世美。"叶世美，七年任，苏州昆山岁贡"[4]，任职海丰之前，叶做过琼州府感恩县知县，具有一定的地方行政经验，感恩县任满，他本应赴任云南楚雄同知，因题补有人，部议令赴滇候补。后时任广东布政使的王士俊以其"在粤多年，熟悉风土，海丰县缺调补乏人"为由，将叶世美"题补海丰"[5]。对于海丰当时分县的背景，除黄继度文中提到的海丰辖区过大导致的行政管理困境外，由于反映此问题的文献极为匮乏，无法确知更进一步的细节。不过，以叶世美熟悉地情且拥有地方行政经验的资历，尚且觉得统辖难周，进而提出分县的要求，恰恰说明雍正七年海丰地区管理体制的部分调整并不成功，其管理困难依旧困扰着当地政府。

当时海丰县的幅员是："广三百五十里，袤二百二十里。东至惠州府惠来县界二百二十里，西至归善县界一百三十里，南至海岸八十里，北至永安县界一百四十里，东北至潮州府揭阳县一百六十里，西南至碣石卫一百二十里。"[6]在交通并不发达的古代社会，过于广阔的辖区范围，显然不便于日常的管理。雍

---

1 《皇朝通典》卷九五《州郡六·广东省》。

2 《清史稿·地理志》，第 2280 页。

3 黄继度：《拟新建陆丰县碑记》，乾隆《陆丰县志》卷一二《艺文》，第 30、31 页。

4 同治《海丰县志》卷五《秩官》，第 10 页。

5 《世宗宪皇帝朱批谕旨》，卷七三之一。

6 雍正《广东通志》卷四《疆域》，第 19 页。

正《广东通志》还记载了惠州府属其他州县的幅员，比较可以发现，海丰幅员过大主要在于东部碣石一卫，甲子、捷胜二所所在地方距离县治太远的缘故，史载"海丰一邑，山海交错，稽察难周，其东碣石卫，甲子、捷胜二所，距县甚远"[1]。从方志记载看，碣石卫治距离海丰县为碣石卫一百二十里，捷胜所距离海丰县八十里，甲子所则达到了二百一十里之遥。[2]卫所所在区域距离县治过远导致的难以兼领和海丰境内山海交错的地理形势引发的稽查难周，成了新县设置的原动力。而当我们细细考察，民屯杂处的局面和卫所官员的"非亲民"状态又使这种单纯的距离困境和地理劣势变得更为复杂。乾隆《陆丰县志》所收建置陆丰县部文言：

> 题请改县令事。雍正九年四月初五日，吏部题前事，该臣等会议得广东总督郝疏称惠州府属海丰一县，山海交错，地方辽阔，民屯杂处，虽设有甲子、捷胜所千总分管，但所千总非亲民之官，其间词讼以及稽察地方，县令相隔遥远，不能兼顾，请将捷胜、甲子二所裁汰，改设县令一员。[3]

从上引文看，当时广东总督主要是出于解决海丰管理的困境而向吏部提出裁撤所千总、改设县令的。这里其实就是要求裁撤卫所改设新县。从叙述看，甲子、捷胜二所确实是管理海丰境内的屯地，但只是征收所管屯地钱粮，词讼和地方民政事务仍然需要海丰知县来处理。为了处理管理权与地利之间的矛盾，对该地实施有效管辖，广东地方当局寻求的解决方法是裁撤卫所武官，设置新县。

与卫所关切较大的另一项内容是新县的仓储。早在建县之初，地方大员已经陈奏将"一卫二所现贮常平仓谷一并请归县建仓收贮"，这个建议得到了中央的认可，并在陆丰建县的部文中要求"收贮造入奏销册内送部查核"[4]。当时碣石卫、甲子所、捷胜所的谷储量如表2所示。

1　雍正《广东通志》卷七《编年志二》，第321页。
2　嘉靖《广东通志初稿》卷十《公署》，第34页。
3　乾隆《陆丰县志》卷三《建置》，第28页。
4　同上书，第39页。

表 2　雍正七年碣石等一卫二所贮谷数表

卫、所	谷数（石）	
碣石卫	13800	
甲子所	2440	20805
捷胜所	4565	

说明：1. 资料源自雍正《广东通志》卷二二《贡赋志》；2. 谷数精确到石，不足部分舍弃。

陆丰建县之后，一卫二所合起来 20805 石谷，全部都归并到新县，并建仓存贮。从表 3 惠州府属各州县谷贮数看，新县仓储规模仅次于海丰和归善，位居第三。

表 3　雍正七年惠州府属各州县贮谷数表

惠属各州县	谷数（石）	惠属各州县	谷数（石）
归善县	24987	长乐县	11957
博罗县	19341	兴宁县	17275
长宁县	9628	连平州	9960
永安县	17700	河源县	5707
海丰县	31652	和平县	11690
龙川县	13000		

说明：1. 资料源自雍正《广东通志》卷二二《贡赋志》；2. 谷数精确到石，不足部分舍弃。

除设县动机和仓储归并新县外，从辖地来源上，亦显示出卫所在新政区设置中的重要作用。一定规模的辖区范围是新行政区实施管理的地理基础，也是其设置中必备的要素之一，陆丰亦不例外。陆丰的疆域主要来源于两部分，一是自海丰划归的吉康、石帆、坊廓三都，一是原属卫所的屯地。

前文已述，诸书在涉及陆丰沿革时，多言自海丰而来，主要是陆丰设县之初，海丰七都有三都划归陆丰。同治《海丰县志》载："（雍正九年）分设陆丰县，凡吉康、石帆、坊廓皆属焉。"[1] 分治之前海丰都里情况是："海丰县，都七，里三十，城内曰兴贤乡，其里□；曰坊廓，其里七；又东曰石帆，其里五；东南曰石塘，其里六；南曰金锡，其里九；西南曰杨安，其里二；北曰吉康，其

1　同治《海丰县志》卷十《邑事》，第 26 页。

里三。"[1] 设县后，海丰有相当一部分土地划归到陆丰管理。不过，海丰三都不是新县的全部辖区。新县的辖地还包括碣石一卫甲子二所的大部分屯地。卫所裁撤后，当时的屯地作如下处理：

> 碣石、甲子、捷胜二所原管二十三屯粮米内，除碣石卫之默林、双派二屯经前督孔请就近归并惠来管理外，其余二十一屯并七都粮米，将金锡、兴贤、杨安、石塘四都并松林、黄安、罗峰、平岗、圆墩五屯暨碣石卫辖崩塘屯之汀沟甲，横陇屯之小液、鹿镜甲，际峰屯之登高、鹤沱洋甲，就近归并海丰县管辖。其附近东海滘之坊廓、石帆、吉康三都并大安、陈牙、云落、际峰、横陇、石陂、黄塘、赖僧、崩塘、上护、赤花、邝公、半迳、新田、螺溪、上下沙，共一十六屯，粮米归新县征收管理。[2]

上引史料所言三都及十六屯"粮米归新县征收管理"，实际上就是这些地区划归到新县管理。雍正九年广东总督郝玉麟条奏"裁海丰县之甲子、捷胜二所改置一县……海丰县属地方有附近东海滘之坊廓、石帆、吉康等三都，并大安、陈牙、云落、磜峰、横陇、石陂、黄塘、赖僧、朋塘、上护、赤花、邝公、半迳、新田、螺溪、上下沙等十六屯，请拨归新县管理……"[3]

陆丰县正式成立后，原本属于卫所的二十三屯，归并到惠来县二屯，海丰县五屯，另外十六屯大部分归并到新设置的陆丰县，成为新县辖地的重要组成部分。从表4可以看出，陆丰设县之前，该地一卫二所共有实征屯地 226.73 顷。当时碣石卫、捷胜所、甲子所共二十三屯，其中有近十六屯归入新县，若按各屯屯地平均分配计算的话，归属到陆丰的卫所屯地约有157.73 顷。

1　康熙《惠州府志》卷四《都里》，第9页。按：此处记载各都下辖里的数目之和与总数目不符合，存疑。又：雍正《广东通志》卷十八《都坊志》只是记载了兴贤、石塘、金锡、杨安四都，此系分治后的情况。雍正志凡例言"惠州府海丰县本年奏请析县，现奉部议，恭候谕旨，方敢另编视各县例"。此种差异，显然是修志诸人在政治原则把握与具体细节处理之间出现了分离。

2　乾隆《陆丰县志》卷三《建置》，第29页。县志所收屯名与前引《清世宗实录》有差异，"际峰"、"崩塘"，《实录》分别作"磜峰"、"朋塘"，此待进一步研究。

3　《清世宗实录》卷一〇五，雍正九年四月己亥，第387页。

表4　清代碣石等一卫二所屯田情况表

卫、所	原额屯地（顷）	实征屯地（顷）	
碣石卫	189.78	127.34	
甲子所	65.43	68.12	226.73
捷胜所	44.80	31.27	

说明：1. 本表资料源自雍正《广东通志》卷二四《屯田志》；2. 屯地数额部分精确到亩，亩以下部分舍弃，为方便计，统一换算成顷。

需要进一步指出的是，这些屯地有不少是坐落在坊廓、石帆、吉康三都内，如际峰屯、石陂屯、横陇屯、大安屯、上护屯坐落在坊廓都，赖僧屯、崩塘屯、螺溪屯坐落在吉康都[1]。也就是说，于新县而言，部分屯地归并只是在海丰三都境内进行，并不能在三都以外扩大新县疆域，这在一定程度上削弱了卫所对州县的影响，此亦是后之史书书写时不言卫所的重要原因之一。

应当说明的是，这种由卫所屯地和分割附近州县形成的新行政区，其地方认同更倾向于州县而非卫所，陆丰在叙述自身沿革时不及卫所，而言由海丰分置即是例证。相同的情形还可以从与之类似的直隶宁河县看到，该县本由梁城守御千户所改置，由于土地不足，以宝坻之一部分割归新置之宁河。该县存留的乡土志开篇即言"宁河，宝坻分邑也，国朝雍正九年分治"[2]。显示出对宝坻县的强大认同。既然新县辖地由卫、所土地和附近州县土地组成，为何地方社会出现对县的认同要高于对卫所的认同，很值得思考。从宁河的情况看，很可能是与时人的认知有关，《宁河县乡土志》在叙述该县沿革时说"雍正九年以宝坻之梁城所为宁河县"，认为梁城所是宝坻宁河县属地，觉得宁河从宝坻分治而来自然不足为怪。但问题是，这种认知的背后，到底意味着什么？是清人错把坐落州县辖境的卫所误为属于州县行政区管辖，还是清代在这一地区确实发生了州县行政区管辖卫所的情形？进入清代，明代存留的卫所体制近乎崩溃，有都司先裁而下辖卫所仍存者，亦有卫裁而属所还在者，出于管理的需要，清政府不得不对卫所的整个管辖体制进行调整，卫所属于道、府、厅行政区管辖者不

1　光绪《惠州府志》卷十五《经政·赋役下》，台北：成文出版社，1966年影印版，第214页。按：甲子所属陈牙、云落二屯未注明所在位置，吉康都还分布有捷胜所的上砂屯，疑即上下沙屯，史料缺乏，不敢遽断为一屯。

2　周登皞：《宁河县乡土志》（抄本），线装书局，2002年影印版，第189页。

胜枚举，个中情形极为复杂，此非本文所能解决，笔者在这里只是想试图分析陆丰、宁河这类由卫所辖地和附近州县辖地转化而来的新行政区，其州县认同为何高于卫所。笔者初步的意见是，这是清代卫所管辖体制的调整和屯地分布在原分之县造成的认知结果。当然，此需进一步探讨和不断印证[1]。

三、余论与结语

众所周知，卫所在明代是军事机构，其主要功能在于军事防卫，但通过上述碣石等卫所在清代的裁撤看，其最直接的理由居然是卫所官员"非亲民"状态。从设置时代的军事性需求为主，到裁撤时的民政事务为主导，甚至发展到必须设立新县的地步，此种巨大反差表明，其间无论时代背景、卫所本身还是区域社会，都经历了一个相当复杂的演变过程。

入清以后，卫所虽经过一定程度的改造，但本质而言，它仍然是明代遗留下来的制度，此种背景下，尽管有清一代出于种种目的也新设置了若干卫所，但明清易代的政治环境下，军事制度已发生根本变化，原有的卫所制度已被八旗、绿营兵制所取代，尽管卫所名目仍在，但其存在不是因为军事原因，而是由于屯田、漕运的需要。早在顺治三年，在"卫所必不可裁"的情势下，清廷即对明代存留的卫所进行了改造，其情形大体是"每卫设掌印官一员，兼理屯事，改为卫守备。千户改为卫千总，每所设一员，俱由部推。百户改为卫百总，每所设一员，由督抚选委。其不属于卫之所，俱给关防。卫军改为屯丁。凡卫所钱粮职掌及漕运造船事务，并都司、行都司分辖，皆宜照旧"。[2] 此举的重点不在于变换卫所官的称谓，也不在于重新确定卫所的屯田、漕运等职能，其关键是把卫军改为屯丁，这项措施的深远意义是从整体上取消了清代卫所的军事性，使其专门从事屯田和漕运事务。顺治四年四月，广东平定，海丰所在的惠州地区正式纳入清廷统治之下，到了顺治八年，清廷定广东官兵经制，惠州府设

1　卫所在清代有属于道管者，有属于厅管者，亦有归府辖者，已突破都司—卫所体系，此涉及卫所管辖在清代的重要变化，容另文探讨。

2　《清世祖实录》卷二七，顺治三年九月乙未，第238页下。

"副将一员，马步兵二千名，分为左右二营。中军兼管左营都司一员，兵一千名，中军守备一员，千总二员，把总四员。右营都司一员，兵一千名，中军守备一员，千总二员，把总四员"。[1] 具体到海丰一县，则设"海防游击一员，水师一千名，中军守备一员，千总二员，把总四员"。[2] 在取消卫所军事性和区域防御力量有所替代的情况下，海丰地区的碣石等卫所的裁撤成为可能。

在上述背景下，武弁膺民社的管理状态更加速了该地卫所的裁撤。笔者注意到，陆丰县设立过程中，各级官吏往往提到卫所官的"非亲民"状态，另外我们亦发现卫所裁撤后卫所武官并非直接改任为新县知县，而是另选文官出任，这不仅说明卫所武官与州县文官分属兵部和吏部不同系统的事实，还提示我们要注意卫所武官的行政能力。其实，卫所在清代取消军事功能后，其所辖屯地、屯丁所遇各问题，更类似民政事务，但由于卫所武官属于兵部选任，这就造成了以武弁膺民社的状况。而且，由于卫守备以次等武进士充任[3]，任非所能，更使得其在卫所事务处理中尴尬异常，屡屡失误。关于卫所以武弁膺民社的境况，清代当政者裁改卫所时往往会注意到这一点，并深以为不便。如康熙三十二年裁改宣府十卫时直隶巡抚郭世隆言："宣府所属六厅俱系佐贰，十卫俱系武弁，予以临民，似为未协，宜裁六厅十卫改设一府八县……"[4] 乾隆年间因蝗灾触发的卫所裁撤中，乾隆帝在数落卫所的种种不是时，把以武职管理民事的卫所运作情况阐述得更明晰，口气也更加严厉："本朝定制，从无征调诸役，则名虽军而实即民，所理皆州县事，乃充是任者，向例率用武途中不胜营缺之人，以衰庸武弁而膺民社，必多殆误……而猥以庸劣武夫，寄同百里，欲望其有益民生，克称吏职，岂可得耶……此等卫缺，莫如量为裁汰，设立州县，以专责成……"[5] 正是这种属于军事系统而实为民事的管理状态，导致了卫所运作不善，并加速了它的裁撤。这也是清代大规模裁改卫所的重要原因。上述碣石等卫所在裁撤

---

1 《清世祖实录》卷五八，顺治八年七月丙戌，第460页下。
2 同上书，顺治八年七月丙戌，第461页上。
3 中国第一历史档案馆藏朱批奏折：《安徽巡抚卫哲治奏为遵议安徽省各卫所守千等官应裁应设各员缺事》（乾隆十四年十月二十九日，档号：04-01-01-0174-008），言"武进士名次前一半以营守备，用后一半以卫守备用"。
4 《清圣祖实录》卷一五八，康熙三十二年二月癸未，北京：中华书局，1985年，第738页。
5 中国第一历史档案馆编：《乾隆朝上谕档》（第3册），北京：档案出版社，1991年，第455页。

时提及的非亲民状态亦是此种情况的反映。

事实上，尽管卫所在清代的总体趋势是裁撤，但各卫所的裁撤往往是因时因事因人而异，如康熙前期以裁撤卫所为主，但康熙三十二年直隶改宣府十卫为州县后，康熙帝却在事隔十三年之后因"至今百姓犹以为苦"发出了"卫所改为州县，断断不可"[1]的感慨，这也是康熙晚年卫所变动不大的原因之一。雍正帝即位后则一反其父晚年的谨慎，采取大刀阔斧的改革政策，尽管当时兵部等衙门不同意卫所归并州县，但他却在一通痛批之后铁腕决策："今除边卫无州县可归者与漕运之卫所，悉令归并州县，饬令直省督抚分别详细区划……"[2]海丰地区的碣石卫、甲子所、捷胜所的裁撤，就是在雍正帝力主裁撤卫所的背景下进行的，它们的裁撤与雍正时期政区改革的整体态势和氛围是密不可分的。[3]从海丰地区卫所的变化看，无论是碣石卫，还是甲子、捷胜二所，他们的裁撤，更多的是出于地方行政管理的需要，新政区设置的根本出发点还在于行政管理的便利。由于碣石一卫、甲子二所的裁撤几乎和陆丰设治同时进行，这使得新县设置进程中融合了很多卫所因素，显示出卫所对新县行政区的巨大影响。

当我们把本文涉及的问题放置在卫所与政区关系这一主题下去思考，可以发现，海丰地区卫所裁撤与新行政区设置，并不存在直接转化的明显对应关系，而且，由于其疆域主体是海丰三都，后人在叙述陆丰渊源时几乎无视卫所因素。但我们仔细考察当时的情形，这一地区同样经历了卫所的裁撤与新政区的形成过程，卫所体制亦最终纳入州县行政系统。海丰地区卫所裁撤与新政区形成的例子，带给我们的一个重要提示是，在考察清代政区形成的卫所因素时，不仅要注意那些卫所直接改制为府厅州县行政区的显性转化，同时也应注意如海丰地区这样悄然纳入州县系统的隐性变化。某种程度上讲，弄清后一种情形的卫所与州县转化，可以使我们更加深刻地认知卫所与政区关系的复杂性。

1　光绪《畿辅通志》卷一《帝制纪·诏谕》。
2　《清世宗实录》卷十九，雍正二年闰四月甲申，第313页。
3　关于雍正时期政区改革的情况，参见华国樑：《论雍正年间的政区变动》，《苏州大学学报》1991年第3期；李嘎：《雍正十一年王士俊巡东与山东政区改革》，《历史地理》第22辑，2007年版；李嘎、杜汇：《雍正年间晋北地区的政区改革与行政经营——以新设朔平府为例》，《山西师大学报》（社会科学版）2012年第4期。

甲午战争期间盛宣怀与张之洞的交结

吉 辰*

内容提要：甲午战争前，盛宣怀因其洋务才能得到张之洞的赏识，二人有较深交往，张之洞也有数次未遂的"挖角"行动。甲午战争爆发后，由于淮系集团与本人处境的不利，盛宣怀预谋从北洋调往南洋。为此，他秘密联络张之洞，并以西法练兵作为进身之阶。这一计划虽然没有实现，但为盛氏日后投靠张之洞，接办汉阳铁厂埋下了伏笔，其练兵计划也在张之洞手里结出了果实。盛宣怀在战后扩张其实业范围，是其南下的结果而非动机。

关键词：盛宣怀　张之洞　甲午战争　练兵　汉阳铁厂

盛宣怀是一位在近代实业、商业、教育等领域有重大影响的人物。正如论者指出，光绪二十二年（1896）是他"大发迹的起点"。[1] 这一年，盛宣怀先被张之洞委任接办汉阳铁厂，又在张之洞、王文韶的保荐下告别担任多年的津海关道一职，改而督办铁路总公司。这些委任，都和张之洞的提携分不开。那么，作为跟随李鸿章有年的淮系集团关键人物，盛宣怀是如何得到张之洞的青睐，并改换门庭的？以往论者在探讨这一问题时，一般都着眼于接办汉阳铁厂一事，分析盛张二人的利益共同点。[2] 朱浒先生则提出一种新意见，认为"盛宣怀南下

---

* 作者吉辰，1987 年生，华东师范大学思勉人文高等研究院博士研究生，研究方向为近代中国的政治与外交。

1　夏东元：《盛宣怀传》，上海交通大学出版社，2007 年，第 128 页。
2　如夏东元：《盛宣怀传》，第 128—135 页；李玉勤：《晚清汉冶萍公司体制变迁研究》，中国社会

接办汉阳铁厂，根本不是要舍弃其北洋基业来投靠张之洞，而是力图抓住这个可以扩张实业范围的良机"。[1]笔者认为，要了解盛宣怀看似突如其来的"易主"行为，还需要将视线放远，考察二人之前的交往。甲午战争时期盛宣怀与张之洞的交结，实为其中一个至关重要的环节。本文拟利用各种已刊、未刊档案，勾勒这一活动的来龙去脉。

一、甲午战前盛宣怀与张之洞的关系

盛宣怀于同治九年（1870）入李鸿章幕府，任行营文案兼营务处会办，自同治十一年（1872）参与创办轮船招商局起开始办理洋务，逐渐成为李鸿章的得力助手。其仕途也颇为顺利，光绪五年（1879）即署理天津道，可谓青云直上。[2]

关于与张之洞的最初交往，盛宣怀在光绪十二年九月初一日（1886年9月28日）致李鸿章函中自陈：

再，濒行景翰青述及宪谕，六月廿一后曾接香帅电报，商调天津等语。香帅在津始识面，赴粤后屡有电谕各事，皆随时电答，从未通函。○○[宣怀——下同]虽因重累，焦灼在心，然读书素知自爱，在师门怜如骨肉，尚不敢以私面求。且前年因法事上书开去署任，仰蒙慈恩时以为屈，去夏收回旗昌轮船赴沪之日，并蒙密许周道升任时尚可栽培。○○非木石，岂不知利钝悉出裁成，谁肯以丑恶无益之干求，商诸爱憎无常之大吏。……总之，○○升沉早听甄陶，何必好与内外周旋，实因

（接上页）科学出版社，2009年，第107—111页；李培德：《论"包、保、报"与清末官督商办企业——以光绪二十二年盛宣怀接办汉阳铁厂事件为例》，《史林》2009年第1期，第31—34页；刘立强、王亮停：《张之洞和盛宣怀关系评析》，《邯郸职业技术学院学报》2010年第2期，第14—15页。另，本文初稿写成之后，笔者意外发现有论者专文论及此事（简珺：《甲午战争期间盛宣怀谋改换门庭始末》，《大连近代史研究》第8卷，2011年），然此文在史料运用上不如本文丰富，对盛张关系的挖掘也欠深入。因此笔者认为，本文似仍不失有些价值。

1　朱浒：《投靠还是扩张？——从甲午战后两湖灾赈看盛宣怀实业活动之新布局》，《近代史研究》2013年第1期，第70页。

2　秦国经主编：《中国第一历史档案馆藏清代官员履历档案全编》第6册，华东师范大学出版社，1997年，第253页。

甲午战争期间盛宣怀与张之洞的交结　　**85**

任事牵连十余省，不得不学肆应功夫，以免众望未孚之考劾而已。[1]
根据盛宣怀的说法，他与张之洞"在津始识面"。光绪十年（1884）五月张之洞
署理两广总督时由天津取海路赴任，所指应为此时。[2] 此后，二人还有一些电报
往来，主要事关在广西架设电报线，看不出有什么深交。

在盛宣怀写作此函不久之前，他已被简授山东登莱青兵备道。[3] 张之洞提
出"商调天津"，应为调任天津道。[4] 比起驻烟台的登莱青道，这一职位更加靠近
直隶的权力中心。张氏此举，显然有向盛宣怀示惠的意思。而这一消息由李鸿
章遣人转达，则不乏怀疑与考验的味道。于是，盛宣怀一面强调自己绝无贰心，
一面表示感激李鸿章的提携之恩，甚至不惜斥骂张之洞为"爱憎无常之大吏"。
此时，李鸿章与淮系集团的势力正值鼎盛之时，而张之洞出任封疆不久，羽翼
未丰。为仕途计，盛宣怀无疑要紧随前者。

当然，他的追随也是有回报的。前引信函揭示，李鸿章曾在光绪十一年
（1885）许诺"周道升任时尚可栽培"，即在天津海关道周馥升任后由盛宣怀接
班。尽管周馥在光绪十二年十月署理长芦盐运使后，遗缺由另一淮系集团成员
刘汝翼署理[5]；但在七年后，李鸿章还是兑现了他的诺言，让盛宣怀坐上了这个
号称"尤为天下美缺"的位子。[6]

不过，张之洞一直对盛宣怀的洋务才能念念不忘，二人再度接近的契机是

1　《盛宣怀致李鸿章函（亲笔底稿）》（光绪十二年九月初一日），转引自夏东元编：《盛宣怀年谱长
　　编》上册，上海交通大学出版社，2004 年，第 265—266 页。景翰青，名文照，李鸿章幕僚。
2　吴剑杰：《张之洞年谱长编》上册，上海交通大学出版社，2009 年，第 117 页。
3　《盛宣怀办理两粤电线请奖片》（光绪十二年六月二十二日奉旨），顾廷龙、戴逸主编：《李鸿章全
　　集》第 11 册，安徽教育出版社，2008 年，第 452—453 页。该片原件前有"李鸿章等片"字样，
　　根据内容，可能是与时任两广总督的张之洞合奏。
4　其时天津设有天津河间兵备道（简称天津道）、天津海关道两名道台，前者属于"请旨简放缺"，
　　提名权属于中央，地方大员也可推荐人选；后者属于"外补缺"，由本省总督提名补授。由此观
　　之，张之洞拟推荐盛宣怀出任的应为天津道，参见梁元生：《清末的天津道与津海关道》，《中研
　　院近代史研究所集刊》第 25 期，1996 年，第 133—134 页。当年天津道出缺，李鸿章以候补道
　　胡燏棻署理，见《胡燏棻张绍华分别委署天津大顺广道折》（光绪十二年六月十七日），顾廷龙、
　　戴逸主编：《李鸿章全集》第 11 册，第 441 页。
5　《刘汝翼接署津海关道片》（光绪十二月十月十六日），顾廷龙、戴逸主编：《李鸿章全集》第 11
　　册，第 545 页。
6　《盛宣怀调津关折》（光绪十八年五月二十四日），顾廷龙、戴逸主编：《李鸿章全集》第 14 册，
　　第 425—426 页；中国第一历史档案馆编：《光绪宣统两朝上谕档》第 18 册，广西师范大学出版
　　社，1996 年，第 174 页。"天下美缺"一语，见郑孝胥：《清署理福建巡抚光禄寺卿吴公家传》，
　　《续碑传选集》，大通书局，1984 年影印版，第 156 页。

湖北矿务。光绪十五年（1889）张之洞调任湖广总督后，即着手在鄂开办铁矿。此前，盛宣怀曾在湖北大冶、荆门办理矿务，虽以失败告终，但也积累了不少经验。[1]张之洞接印之前，即向盛宣怀咨询矿务，后又请盛到上海面商，盛还向张推荐了比利时矿师白乃富（Emile Braive）。[2]之后，盛张二人关于矿务的来往函电不断。尽管张之洞这时并不同意盛宣怀的办矿办法（主要是集商股之法）[3]，但对他的才干仍然颇为借重。

到了光绪十八年（1892），铁厂大致已备，张之洞致函李鸿章，表示认同盛宣怀的招商办法，希望由盛"遥领督办"。而李鸿章回函称"盛道督办轮船、电线两事，已属竭蹶不遑，倘能兼任铁政，固所欣愿，似不便在津遥领，致有废弛"，盛宣怀也婉言谢绝。[4]张之洞的"挖角"行动又失败了。类似的情况，一年多后又有一次。[5]

尽管如此，通过矿务一事，盛张二人的关系还是近了一层。尤其是大冶铁矿，张称盛为"首功"，表示要每年提余利若干作为酬劳。盛氏回电深表感谢，"似此恩谊，恨不沥肝以报"，提出拟于荆门煤每吨提银一钱，大冶铁每吨提银三钱。[6]此前盛宣怀办理湖北矿务，亏累颇多。他曾于光绪十年向户部尚书阎敬铭上一禀，称"俸自李傅相奏调十四年，差缺赔累，祖遗田房变卖将罄"，抱怨

---

1 参见夏东元：《盛宣怀传》，第35—49页。

2 参见张之洞与盛宣怀往来诸电，苑书义主编：《张之洞全集》第7册，河北人民出版社，1998年，第5401、5403—5411、5433—5434、5439、5441页；《山西［东］来电》，抄本《张之洞电稿》第4函《各省来电》，中国社会科学院经济研究所藏。按，该册封皮上墨书"山西来电"，又有铅笔改"西"为"东"。其内容仅有少量山西官员致张之洞电，余者皆为山东官员致张之洞电，尤以盛宣怀（多为登莱青道任内，少量在津海关道任内）来电最多。

3 《致京李中堂》（光绪十六年二月二十六日发），苑书义主编：《张之洞全集》第7册，第5453页。

4 夏东元编：《盛宣怀年谱长编》上册，第387—391页。

5 光绪二十年（1894）初张之洞曾计划委派盛宣怀总理湖北纺织局务，事未成，见夏东元编：《盛宣怀年谱长编》上册，第420—421页。

6 《致上海盛道台》（光绪十六年三月十九日发）、《盛道来电》（光绪十六年四月初七日亥刻到），苑书义主编：《张之洞全集》第7册，第5488—5489页。张之洞的办法是"按每年炼成总数，或钢或铁每吨提银二钱，以为弥补奖励创办矿务官商经费。就六万吨计，岁一万二千金。若每年所炼在五万吨以下，即以岁提万金为断，临时匀摊。立案永远照办，不拘年限。"若如此，盛宣怀每年至少能从中得到银一万两的收益。见《致上海盛道台》（光绪十六年四月初八日发），同书第5493页。但应注意，张之洞三年后提出要在盛处借款方能提成："每吨提二钱之说前两年虽有此议，其时诸事尚未定局，今铁厂成本太重，奏明挪用鄂省公款太多，皆须归还，户部又不发开炼经费，一时恐难，即有余利，无从提出此款。若尊处借代借银数十万，分年认息归还，则阁下有维持铁厂之功，敝处提二钱亦易于措词矣。"见《致天津盛道台》（光绪十九年九月十二日巳刻发），同书第5771页。

之情溢满纸上。[1] 张之洞此举，无疑能够拉近盛宣怀的心。

另外还应看到，盛张之间还有几层私人关系。盛宣怀之侄春颐时为张之洞幕僚，光绪十六年（1890）参与了大冶铁矿的勘察，并求乃叔"逾格提携"。[2] 盛宣怀随即致电张之洞，为其谋求署理大冶知县一职。[3] 张之洞尽管没有满足这一请求，但很快奏保盛春颐补缺后以知府用。[4] 而且，盛宣怀叔父盛赓也在张之洞幕中。由此，盛张之间更多了交流的机会与渠道。如下文所示，盛春颐更曾充当二人之间的密使。此外，盛宣怀长子昌颐于光绪十八年保候补道，指分湖北，但奉部文"停分发行"。盛宣怀曾求张之洞透露，明年能否分发。[5] 这是一层更私密的关系。

综上所述，在甲午战争之前，盛张之间的关系日益密切，张爱盛之才，盛感张之遇，这为此后盛宣怀投效南洋的图谋埋下了伏笔。

二、甲午战争爆发后盛宣怀的境遇

甲午战争不仅是近代中国命运的转捩点，也改变了盛宣怀个人的命运。在开战后的首次大规模陆战——平壤之战中，赴前敌效力的盛宣怀三弟盛星怀中弹身死。盛宣怀原本向父亲盛康隐瞒实情，最终不得不报告噩耗。[6] 盛宣怀之子所撰《行状》称，"府君痛深手足，又虑无以慰大父，居恒戚戚不怡。"[7] 可见此事对他打击之大。

盛宣怀本人的处境也很不妙。战争期间，他身兼天津海关道（例兼北洋海

1　《盛宣怀上阎敬铭禀》（光绪十年五月中旬），转引自夏东元编：《盛宣怀年谱长编》上册，第 204 页。

2　《盛春颐致盛宣怀函》（光绪十六年三月二十一日），陈旭麓等主编：《盛宣怀档案资料选辑之四·汉冶萍公司》（以下简称《盛档·汉冶萍公司》）第 1 册，上海人民出版社，1984 年，第 13—15 页。

3　《盛道来电》（光绪十六年四月初七日亥刻到），苑书义主编：《张之洞全集》第 7 册，第 5490 页。

4　秦国经主编：《中国第一历史档案馆藏清代官员履历档案全编》第 7 册，第 85 页。

5　《盛道来电》（光绪十八年十一月十二日午刻发，申刻到），《山西［东］来电》，抄本《张之洞电稿》第 4 函《各省来电》，中国社会科学院经济研究所藏。

6　王尔敏、吴伦霓霞编：《清季外交因应函电资料》，中研院近代史研究所，1993 年，第 291—299 页。

7　贺忠贤点注：《盛宣怀（杏荪）行述》，常州市政协文史资料委员会编：《常州文史资料》第 11 辑，1993 年版，第 63 页。

防翼长）、轮船招商局督办、中国电报局总办、总理后路转运事宜数职，身居战争的神经中枢。[1] 举凡军队调度、辎重输送、军火购运、电文传递等战争要务，无不是其责任所系。正因为如此，在清军败北的消息接踵传来之后，他也成为了言官集中劾奏的对象，弹章迭至，攻势凌厉。据笔者统计，战争期间的相关上奏有如下几件：

光绪二十年七月十七日（1894 年 8 月 17 日），御史钟德祥片奏，内称："津海关道盛宣怀贪鄙谀佞，罔识大体。而钻营最工，是以能由登莱关道调补津关，所任皆脂膏肥浓缺分，千人所指，无不知其由贿赂得官。近来一味以和议逢迎李鸿章，盖私人也。闻俄、英、德国诸外人颇欲窃出为中国调处倭事，皆盛宣怀与袁世凯居间请托。"[2]

八月初九日（9 月 8 日），御史张仲炘折奏，内称李鸿章之子李经芳［方］在日本开有洋行，盛宣怀亦有股份，并斥盛"直一牟利无耻之小人耳，其恶迹馨竹难书"。[3]

八月二十日（9 月 19 日），翰林院侍讲学士文廷式片奏，指责电报舞弊，请将盛宣怀开去实缺，专办电局，"如有漏泄及改易与夫私自断割诸弊，惟该道是问，庶能保护无虞"。[4]

八月二十七日（9 月 26 日），御史安维峻折奏，内称："盛宣怀办理粮饷，令前敌诸军，自行领运，延缓误事，咎实难辞，亟应另择贤员，妥定章程，务使源源接济，以收士饱马腾之效。"[5]

九月十一日（10 月 9 日），文廷式又上一片，称听闻盛宣怀"本年派办转

1　关于盛宣怀在战争中的角色，可参见陈旭麓等主编：《盛宣怀档案资料选辑之三·甲午中日战争》（以下简称《盛档·甲午中日战争》）前言，上海人民出版社，1980 年；夏东元：《盛宣怀传》，第127—128 页；张红军：《论甲午战争时期的盛宣怀》，《山东社会科学》1993 年第 6 期。
2　《奏盛宣怀袁世凯罔识大体以和议逢迎李鸿章请予重遣片》（光绪二十年七月十七日），故宫博物院编：《清光绪朝中日交涉史料》卷 17，故宫博物院文献馆，1932 年，第 3 页。
3　《奏陈北洋情事请旨密查并请特派大臣督办天津团练折》（光绪二十年八月初九日），故宫博物院编：《清光绪朝中日交涉史料》卷 19，第 25 页。
4　台北故宫博物院藏军机处折件，档号 134725。该片又见汪叔子编：《文廷式集》上册，中华书局，1993 年，第 20 页，与原件文字有所出入。
5　《请统筹全局疏》（光绪二十年八月二十七日），杨效杰点校：《谏垣存稿》，甘肃人民出版社，1991 年，第 69 页。

运，采买兵米，浮冒多至数十万，人言啧啧"。[1]

九月二十九日（10月27日），安维峻又上一折。此折遍数盛宣怀出仕以来的诸多罪状，如开矿不成、中饱私囊、盗卖军火、贿赂大员，最终奏请明正典刑，分量极重。[2]

十一月十九日（12月15日），张仲炘又上一折，劾盛宣怀以拜李鸿章妻为义母起家，更曾盗卖军火、侵吞公项、与李经方在日伙开洋行，请将其革职治罪，并藉其家私以充军费。[3]

尽管这些弹劾尚未对盛宣怀形成实际伤害，但其处境无疑已经岌岌可危。此时，盛宣怀的后台李鸿章也随着兵败城陷而迭遭严谴，淮系集团成员亦连遭纠弹与治罪，大有树倒猢狲散之势。[4]李势危则盛亦难保，这一点时人看得很清楚。盛宣怀的属下王庭珠曾函称"窃维师座承办之事，无论巨细，未常有丝毫棘手，赖有合肥（引者按：即李鸿章）耳。然而妒之忌之者，不知凡几，今则非昔可比矣"，劝盛"处处收束，步步退后"。[5]英国驻华公使欧格讷（Nicholas Roderick O'Conor）甚至认为，盛借"重庆"号事件之机，故意制造英国要求罢黜自己的新闻，以便辞职避祸。[6]最能体现盛宣怀其时处境的，或许是被洋人敲竹杠的遭遇：上海《新闻报》总理斐礼思（F. F. Ferris）函称，关于盛的传闻"令人骇愕"，"馆例虽有闻必录，而交好所在，未便特书姓名，诚恐阅者据为口

1 《请查办盛宣怀转运采买兵米弊情片》（光绪二十年九月十一日），汪叔子编：《文廷式集》上册，第30页。
2 《劾道员盛宣怀贪污不法疏》（光绪二十年九月二十九日），故宫博物院编：《清光绪朝中日交涉史料》卷22，第26—27页。该折又见杨效杰点校：《谏垣存稿》，第73—74页，但日期记为九月十一日。查原折，以前者为准，见台北故宫博物院藏军机处折件，档号135787。
3 《司道大员奸贪反覆不堪任用请分别严惩折》（光绪二十年十一月十九日），戚其章主编：《中日战争》续编第2册，中华书局，1989年，第22—24页。又见《清光绪朝中日交涉史料》卷26，第3—4页。有记载称："鸿章以覆罢北洋。言官争弹宣怀，谓如严嵩之赵文华。"见费行简：《近代名人小传》，文海出版社，1967年影印版，第322页。笔者并未见到有言官出此一语。赵文华曾拜严嵩母为义母，或指此折所言罪状。
4 参见石泉：《甲午战争前后之晚清政局》，北京：生活·读书·新知三联书店，1997年，第148—162页。
5 《王庭珠致盛宣怀函》（光绪二十年十月中旬），陈旭麓等主编：《盛档·甲午中日战争》下册，第338—339页。
6 《欧格讷致金伯利函（第447号）》（1894年11月21日发，1895年1月7日到），戚其章主编：《中日战争》续编第11册，第459—460页。

实，以贻盛德玷也"，之后便开口"借"洋八千或五千元。[1] 如此，盛宣怀不得不竭力谋求自保之道。

三、盛宣怀的初步反应

应当说，盛宣怀的自保能力是很强的。正如石泉先生所说，"彼活动能力甚大，内外奥援亦多，颇营狡兔三窟之谋。"[2] 早在战争之初，他看出风头不好，便接连致电京中大老翁同龢，通风报信，献计献策，并表示"如有可采，请作为出自钧意，勿言宣禀"。[3] 因此，翁同龢对他尚属友善。前引王庭珠函称："函丈（引者按：指盛宣怀）一切，恭邸并翁师傅均甚关切云云。"张仲炘折也指出："盛宣怀因朝旨屡责李鸿章，惧祸及己，藉同乡世交翁同龢为奥援，时时上书力诋李鸿章之非，翁同龢受其愚。尝曰：人虽不正，其才可用也。"[4] 京中也有一些低层官员为他出力，如时任刑部主事、军机章京的郑炳麟。郑曾受盛委托，打探张仲炘弹劾一事，此后还多次为盛传递情报，甚至抄录折片。[5] 至于此前交结甚厚的张之洞，盛宣怀与之也多有电文来往，张且有求于盛。[6]

但是，仅仅如此显然是不够的。盛宣怀一日在风口浪尖的北洋任职，就一日

---

1 《斐礼思致盛宣怀函》（光绪二十年十一月十四日到），陈旭麓等主编：《盛档·甲午中日战争》下册，第366页。

2 石泉：《甲午战争前后之晚清政局》，第161页。

3 战争之初盛翁二人的来往电文，见陈旭麓等主编：《盛档·甲午中日战争》上册，第54、58、60—63、71—73、78、80—82、94、96、98、101、104—106页，下册，第550、585、587页，又可见谢俊美主编：《翁同龢集》上册，中华书局，2005年，第453—458页。

4 戚其章主编：《中日战争》续编第2册，第23页。

5 《郑炳麟致盛宣怀函》（光绪二十年十二月初六日，二十一年四月初四日、四月二十七日），陈旭麓等主编：《盛档·甲午中日战争》下册，第361、435、451页。其中十二月初六日函原署"冬月初六日"即十一月初六日，编者据此编定日期。笔者认为，"冬月"是"腊月"之误。一个明显的证据是，函中提到"安少峰发往军台"，即安维峻因上奏获罪，事在十二月初二日（12月28日）。其中又有"明春"一语，可见写于光绪二十年。

6 光绪十九年（1893）张之洞曾向德商信义洋行借款十万两，此时已届还款之期，但因军务开支浩繁无力偿还，于是再三请求盛宣怀代为协商展期或代垫，电文用词近乎哀告，甚至有"若必不允，则是有意窘弟也"语。而盛宣怀也允诺代借五万两。见《致天津盛道台》（光绪二十年九月二十三、二十七、二十九、十月初一、初三日），中国社会科学院近代史研究所藏档案（以下简称所藏档），《张之洞电稿乙编》第6函第2册，甲182-67。

不能摆脱头顶的达摩克利斯之剑。他的第一步举措是请假，十一月初八日（12月4日）上李鸿章禀，称"卧病半月，终宵喘咳"，乞假两月，李鸿章予以批准。[1] 这病并不是作伪，盛宣怀自光绪四年（1878）始罹患喘疾，光绪十七年（1891）起"遇寒辄发，根株不可拔矣"。本年十月又开始发作，"晚间发热，通宵不寐，咯痰红腻腥秽，肺家受伤愈甚。"[2] 但这次请假，显然另有用意。十七日（12月13日），道员黄建笎接署津海关道[3]，盛宣怀暂时得以从政治旋涡中抽身出来。

在假期内，盛宣怀并不只是在静养而已。交卸之后，他其实"喘咳已止"[4]，可以全力谋划自保了。其第一步举措，是筹划西法练兵。在此前的十月初一日（10月29日），盛宣怀曾请总理衙门代奏，陈请练兵筹款，添购船炮，而首要内容是招募德国军官，以西法训练军队三万。该电奏发下军机处，枢臣复奏"均系当务之急，臣等拟日内次第熟筹办法，请旨遵行"。同时，他也将条陈上禀李鸿章，请求先练五百人，得到了许可。而在休假后的十一月二十二日（12月18日），他向李鸿章汇报，已致电驻德公使许景澄代雇教习，并呈上练兵条议，还自荐担任新军的营务处。[5]

在禀李鸿章的条陈中，盛宣怀将西法练兵的意义说得很明白："倘再迟疑不决，翻然改练大枝劲兵（拿问皆属淮将，非改头换面，恐无以自强），战不能转负为胜，和不能挟兵自重，且和以后亦不能保全威望于华夏。"也就是说，练兵能够挽救李鸿章与淮系集团的命运，如此一来当然也就挽救了盛宣怀本人的命运。翌年正月初四日（1月29日），他曾致电张之洞称："秋冬指摘，皆属连类而及。募练一议，闻廷评士论皆翕然。"[6] 从前引张仲炘第二折的时间来看，"廷评士论皆翕然"属夸张之语，但此语表明了盛宣怀欲借练兵避祸的意图。当时，

1　《盛宣怀上李鸿章禀》（光绪二十年十一月初八日），王尔敏、吴伦霓霞编：《清季外交因应函电资料》，第182页。
2　贺忠贤点注：《盛宣怀（杏荪）行述》，第57、62页；《盛宣怀致李鸿章函》（光绪二十年十月下旬），陈旭麓等主编：《盛档·甲午中日战争》下册，第352页。
3　《盛宣怀致曹克忠函》（光绪二十年十一月十八日），陈旭麓等主编：《盛档·甲午中日战争》下册，第368页。
4　陈旭麓等主编：《盛档·甲午中日战争》下册，第600页。
5　故宫博物院编：《清光绪朝中日交涉史料》卷23，第4—5、13页；戚其章主编：《中日战争》续编第5册，第153—156页；陈旭麓等主编：《盛档·甲午中日战争》下册，第369—370页。
6　《盛道来电》（光绪二十一年正月初四日亥刻发，初五日未刻到），《张之洞存各处来电》第17函第5册，所藏档，甲182-129。

广西按察使胡燏棻、德国退役军官汉纳根（Constantin von Hanneken）同样也在谋划西法练兵。十月初三日（10月31日），汉纳根的练兵条陈亦由军机处代奏。四天后有电谕："所有招勇教练事宜，著胡燏棻、汉纳根会同办理。"[1]盛氏此举，似乎也有争胜取宠的意味。

就在盛宣怀呈递条陈的第二天，督办军务处奏，胡、汉的练兵计划应暂行停止，奉旨依议。他少了一个竞争对手。[2]此计划的搁浅，是由于胡燏棻不满汉纳根专权，多有掣肘。[3]盛宣怀可能事先已经听到了风声。但至于他自己的练兵计划，德国教习还在聘请中，一时也无法大规模开办。在此之前，他随时都有可能被言官的弹劾扳倒。因此，他亟须一柄足够大的保护伞。

四、投效南洋的谋划

此时，盛宣怀的旧属钟天纬来函，提出了建言："欲思挽回大局，终不外筹义饷以练义兵之一策。侧闻吾师创议之初，本愿担当此事。趁此代理有人，曷不禀请开缺回南，与东南善士共筹义饷、义兵之事，于国于身两有裨益。"他还主张，由于津勇"皆系乌合之众"，而徐州民强俗悍，地方富足，可选择此地练兵。函末还写道："默计吾师与张香帅素相契合，如香帅实授两江，必办炼铁、开煤之事，则利国一矿亦有开办之时。"[4]

徐州属江苏，张之洞此时已署理两江总督。钟天纬没有明劝盛宣怀投张，但意思已很明显。[5]随即，盛宣怀便托盛春颐对张透露了南来之意。除夕（1月

1　故宫博物院编：《清光绪朝中日交涉史料》卷23，第10—11页；《清德宗实录》第351卷，光绪二十年十月戊申条。

2　《清德宗实录》第354卷，光绪二十年十一月乙未条。

3　翁同龢日记光绪二十年十一月二十日（12月16日）条称"夜草驳洋队稿，此事全系胡燏棻簧鼓以致中变，余不谓然也"。见陈义杰整理：《翁同龢日记》第5册，中华书局，2006年，第2761页。

4　《钟天纬致盛宣怀函》（光绪二十年十二月），陈旭麓等主编：《盛档·甲午中日战争》下册，第386—387页。钟天纬，字鹤笙，江苏华亭人，此前曾先后在盛宣怀、张之洞手下办理矿务，盛宣怀档案中有大量二人关于矿务的通信。

5　当时还有人出过相似的主意，盛宣怀的知交郑观应曾建议盛回籍（江苏武进）"仿西法创办民团"，"想名正言顺，不致言官摇舌"，见《郑观应致盛宣怀函》（光绪二十一年二月），夏东元编：《盛宣怀年谱长编》上册，第473页。

25 日）这天，张之洞致电盛宣怀：

> 闻令侄言，阁下急欲离津，窃思得一策：江南筹饷转运紧要，阁下素长综核，且系江苏人，熟悉情形，拟奏调阁下来金陵总办粮台转运并劝捐事宜，于敝处可资臂助，而台驾亦可从此离津，似为一举两得，惟调实缺人员恐不易准，且今年秋冬以来阁下屡为言者吹求指摘，亦恐众人阻挠，必须阁下与常熟尚书先行商妥，则一奏可准。再，此事似宜先与北洋商妥，并望速示。名心叩。艳。[1]

张之洞提出，以"总办粮台转运并劝捐事宜"的名目奏调盛宣怀南下。当时由两江北上赴战的军队极多，截至十二月中旬共计五十三营有零，每月需银二十余万两。[2] 这些军队的粮饷需由两江供给，"粮台转运"是个大问题。"劝捐"则是当时筹款的普遍手段。盛宣怀素有善于理财之名，办理这些事务称得上对口。不过，张之洞对事成似也不抱太大期望，指出奏调实缺人员不易，且可能有人阻挠，因此要求盛宣怀先与中枢重臣翁同龢商妥。由于翁、张关系并不和睦，这一点是相当必要的。同时，张之洞认为亦应与李鸿章商妥。同日，他致电李鸿章告知此事：

> 盛道现请假，自系不愿在津，目前江南筹饷转运紧急艰难，劝捐尤难，棘手极矣。盛道素长理财，且系苏人，情形熟悉，拟奏调来金陵总办粮台转运劝捐事宜。此事大难，非优差也。特奉商，尊意以为何如，奏调实缺人员可行否，如何措词，如公不愿，则不必；如该道不愿，则亦不必也。祈速示。艳。[3]

第二天，盛宣怀回电，正式表达了投效南洋的意愿：

> 两艳电感悉。宣患痰饮，近四年触寒即发，非天暖不能出门。去冬

1　《致天津盛道台》（光绪二十年十二月三十日卯刻发），《张之洞电稿丙编》第9函第5册，所藏档，甲182-88。
2　《致苏州奎抚台、黄署藩台》（光绪二十年十二月十五日午刻发），苑书义主编：《张之洞全集》第8册，第5985页。
3　《致天津李中堂》（光绪二十年十二月三十日卯刻发），《张之洞电稿丙编》第9函第5册，所藏档，甲182-88。李鸿章次日回电："艳电已传谕盛道自行酌复。据称现患喘疾，虽天寒不宜北方，然粮台转运劝捐事宜，离任后乡党中更不能办事，已径自禀复矣。威海甚危，调队驰援恐已不及，奈何！鸿。东。"《李中堂来电》（光绪二十一年正月初一日戌刻发，初二日子刻到），《张之洞存各处来电》第17函第5册，所藏档，甲182-129。

在沪，病不发，今冬发更甚。事冗故请假两月，正月底即假满。医谓，此病不宜北方。拟倭事了后，求一南方差使，曾托缪小山（引者按：即缪荃孙）代禀。如蒙委办铁厂，将来造枪炮，开铁路，必仰副宪意。今蒙电商调办粮台劝捐，知己之感，亦愿效力。惟目前津防较急，留津固无资军事，去津又觉未便。若论大局，为江南筹饷，不如为户部筹饷。北员南来，名正言顺。如由南洋奏派，集款自可归南洋分拨。姑遵谕禀商大农，俟有函复，再行密禀。傅相传谕令自酌，似无成见。宣叩新禧。东。[1]

盛宣怀表示，希望以"为户部筹饷"的名义由南洋奏调南下，而款项归南洋分拨。他还声称日后希望办理铁厂，为造枪炮、开铁路打基础。这些也是张一向关心的。据此电还可知，盛此前曾托时居张幕的缪荃孙向张透露此意。[2]

初四日，张之洞回电，同意盛宣怀的设想，并且再度表示了对翁同龢态度的关心：

> 东电悉。江南筹饷大半皆供北军用。如阁下南来，实系为户部筹饷也。至转运专为北军，更不待言。如能来南，以后铁厂诸事自可从容渐次引入矣。已函致常熟否？得复信否？望速复。洞。支。[3]

翌日，盛宣怀回电，表示翁同龢当同意南调，又求张之洞向军机大臣、礼部尚书李鸿藻说情。一个"必心照"，一个需"吹植"，可见他与翁、李关系的亲疏之别，这与张之洞和翁、李的亲疏恰恰相反：

> 支电感悉。江南筹饷，半供北军。宪筹全局，尤重拱卫。已函都

---

1 《盛道来电》（光绪二十一年正月初一日亥刻发，初二日申刻到），《张之洞存各处来电》第17函第5册，所藏档，甲182-129。该电又见陈旭麓等主编：《盛档·甲午中日战争》下册，第605页，有个别字词出入。大农，户部尚书翁同龢。

2 缪与盛是江苏同乡，自光绪十三年（1887）起因代盛编纂《皇朝经世文编》而来往频繁，见尚小明：《清代盛氏〈皇朝经世文续编〉纂辑探考》，《社会科学辑刊》2000年第2期。当时缪荃孙受张之洞之托在鄂修《湖北通志》，光绪二十年九、十月间曾进京搬取文眷，过津时与盛宣怀晤面。其日记载，十月二十日（11月17日）"盛杏苏（引者按：与下文的杏生均指盛宣怀）来长谈"，十一月十三日（12月9日）"谒南皮师（引者按：指张之洞）"，二十三日（12月19日）"电天津盛杏生"，二十六日（12月22日）"得盛杏生回电，寄百金，催刻至，覆电谢"，或与此事有关。见缪荃孙：《艺风老人自订年谱》，文海出版社，1970年影印版，第47页；缪荃孙：《艺风老人日记》第2册，北京大学出版社，1986年影印版，第684、689、698页。

3 《致天津盛道台》（光绪二十一年正月初五日卯刻发），《张之洞电稿丙编》第10函第1册，又可见陈旭麓等主编：《盛档·甲午中日战争》下册，第606页，文字有小异。

门，尚未得复。大概须言某在津并不经管军务，北洋粮台转运，均胡臬司一手，关道现无要事，必可允准。宣正月十九假满，至迟月杪回任。能趁未回前更好。常熟必心照。高阳处如蒙函加吹植，更感，因宣不敢通禀，而于钧处尤关切。御禀。[1]

盛宣怀同时抛出了在南洋练兵的计划。他在初三日（1月28日）致电许景澄，要求再订五名教习，连同之前订定的三人同行，并汇款一万马克作为费用。[2]这一骤然加码的要求，显然是为南下做准备。次日他致电张之洞，表示要在徐州以西法练兵，可见受到了钟天纬的影响：

> 十月朔条陈，总署代奏。募客将，照西法练精兵三万人，上意许可，派胡臬司与汉纳根议办。汉欲独揽饷权，胡请停罢。今和议难成，上意颇悔。详探倭兵皆西法，枪炮有准，韬略尤精。我军乱打，虽有小胜，终必溃败。如欲制胜，仍须募练。宜可设法筹款，即在徐州开练，六月可接仗。已请竹篑募德将、弁八员，元宵起程，到沪。俟定计再添募。如京师急，可入卫恢复。此远着也。宪台如有同心，再当详禀。此事能否电奏，调赴江宁，禀商定议？乞先密示。支禀。[3]

初六日（1月31日），盛宣怀又致电在武昌的盛春颐，令其面见张之洞，传达迅速奏调的意愿：

> 香帅来电，拟先调办江南粮台，再商铁政。我因痰疾，甚愿南行。惟北洋现有军务，我虽不管事，中堂面上亦难自启齿。帅既电传，如到宁，可密禀帅迅速奏调，不必再电商合肥，须言某在津并不经管军务，粮台、转运均归胡臬司一手。关道现无要事，乃可蒙允。我正月十九假满，至迟月底回

---

1 《盛道来电》（光绪二十一年正月初五日亥刻发，初七日申刻到），《张之洞存各处来电》第17函第5册，所藏档，甲182-129。高阳，指李鸿藻。正月初九日（2月3日），盛宣怀还有一电请求张之洞到函李鸿藻帮忙："顷同乡出京，苏斋带口信云，措词须切实。好在津防海专管权务，并无地方之责，北洋转运又归并粮台云。如蒙调委，须趁假期内未回任较易。高阳务求加函。近日两公稍有意见。佳禀。"《盛道来电》（光绪二十一年正月初九日申刻发，亥刻到），《直隶来电二》，抄本《张之洞电稿》第6函《北京来电》，中国社会科学院经济研究所藏。两公，应指翁同龢与李鸿藻。翁同龢日记光绪二十年十二月二十日（1月15日）条载："与高阳论事不合，颇动声色。"见《翁同龢日记》第5册，第2769页。
2 陈旭麓等主编：《盛档·甲午中日战争》下册，第606页。
3 《盛道来电》（光绪二十一年正月初五日午刻到），苑书义主编：《张之洞全集》第8册，第6057页，又见陈旭麓等主编：《盛档·甲午中日战争》下册，第606页。竹篑，许景澄字。

任。能趁未回任前更好。偍到宁，禀见后即密复。外间勿泄。宣。[1]

同日，张之洞回电，询问了一连串问题，对练兵表示了谨慎的态度，其中首先询问的仍是如何"筹款"。

> 支电悉。徐州练兵入卫，诚为要策。惟饷既难筹，将亦不易。即有洋将、洋弁，仍须华将为正统领方妥。来电谓，阁下能设法筹款。能筹若干？大约从何处设法？尊意中有何将可任用？汉纳根现在情形若何？想已不用。能调来江否？均祈迅速详示，方能酌办。至托许星使募洋弁一节，是否阁下托？抑自傅相托？或胡云楣托？望早示。致常熟函有回信否？如未发，务须速发。洞。语。[2]

初七日（2月1日），盛宣怀回电，一一作答，对筹款的回答是"先借洋债，随后筹捐归补"。同日又致电帮办北洋大臣王文韶，主张"募洋将，练兵拱卫"。[3]

次日，战场与谈判场上同时传来噩讯：北洋海军基地威海卫陷落，仅剩刘公岛孤军困守；而日方以中方谈判代表张荫桓、邵友濂未具全权为由，拒绝谈判。初十日（2月4日），盛宣怀向张之洞通报了这些消息，顺势强调："非练新兵断难恢复，且须多雇洋弁，方能得力。"[4] 同一天，他发电催问盛春颐，可见其心情之焦急："初六复电到否？汝何日到宁？香帅如何面谕？是否入奏？和局不成，练兵急务，似可号召四海，多筹义饷。帅意定否？速示。"[5]

十五日（2月9日），盛春颐向盛宣怀报告了与张之洞面谈的结果：

> 偍顷谒帅，当将两次钧电情形婉禀。帅意亦极愿叔南来襄助。但因闲言过多，必须斟酌尽善，方可出奏。偍又谆托吴令随时提及，俾可从速。偍随后谒见，再当力求，以副钧饬。能由叔拟电奏稿电偍否？偍春禀。[6]

所谓"闲言过多"，指的是之前的言官弹劾。张之洞对此颇有顾虑。十七日（2

1　陈旭麓等主编：《盛档·甲午中日战争》下册，第607页。
2　《致天津盛道台》（光绪二十一年正月初六日亥刻发），苑书义主编：《张之洞全集》第8册，第6056—6057页，又见陈旭麓等主编：《盛档·甲午中日战争》下册，第607页。
3　《盛道来电》（光绪二十一年正月初八日未刻到），苑书义主编：《张之洞全集》第8册，第6057—6058页；陈旭麓等主编：《盛档·甲午中日战争》下册，第607—608页。
4　《盛道来电》（光绪二十一年正月初十日亥刻发，十一日未刻到），《张之洞存各处来电》第17函第5册，所藏档，甲182–129。
5　陈旭麓等主编：《盛档·甲午中日战争》下册，第609页。
6　同上书，第610页。吴令，可能是张之洞幕僚，候补知县吴元彬。

月 11 日），盛宣怀回电，传达了自拟的电奏稿：

> 倭兵水陆兼进，必欲占踞京城。上必西狩。其时各军溃退，何堪设想。闻香帅此次特调南洋，因从前援越、援台，不遗余力。充经营八表之志，居两江地大物博之位，勤王之举，岂异人任。然乌合之众，虽多无济，精枪快炮亦皆资敌。宣所以请募客将，练新兵，六个月后力图规复。讵中外许可，而游移不决。岂非天哉？前蒙香帅商调南行。叔以久随合肥，亦颇踌躇。但以病躯照去年须初夏始愈，二、三月紧要时候亦难办事，故不畏艰巨，愿南指，非规避也。来电嘱拟电奏。似可言：南省熟队已调空。如西北征兵拱卫，必须赶练新兵。闻该道条陈练兵，颇有远见。已自行捐资，托许使选募德国将弁八人，正月起程来华。倘在徐州练好北上，局势方宽。该道在津，因病请假。可否请饬俟该道病痊，即速来宁，将练兵应如何选将配搭，筹饷集事，面商机宜云云。似此措词，必能合拍。到宁商妥后，宣仍当回津，不必调办粮台，致招人忌。汝即面禀老帅，速示行止。霰。[1]

但是，张之洞在二十二日（2 月 16 日）致电盛宣怀，否决了南来之议：

> 前拟奏调阁下南来，专为筹饷劝捐。兹来电云：不必提粮台，且仍须回津，似与鄙意不合。此举应作罢论。洞。养。[2]

同一天，盛春颐也电复盛宣怀：

> 电谕敬悉。侄当即婉禀。帅以："令叔长于理财，极望即来襄助。如筹饷、粮台等事。若只云练兵，仍要回津，颇非所愿。"侄即拟旋鄂，望速电遵。[3]

此时，李鸿章已于二十日（2 月 14 日）奉到密寄，出使议和。二十六日（2 月 20 日），盛宣怀电复张之洞：

> 祃电谨悉。傅相廿五交卸入都，即行出使。局面一变。贱恙未愈，苦衷深蒙原谅，将来伺候有期，曷胜感篆。[4]

---

1 陈旭麓等主编：《盛档·甲午中日战争》下册，第 611 页。
2 《致天津盛道台》（光绪二十一年正月二十二日卯刻发），《张之洞电稿丙编》第 10 函第 2 册，又见陈旭麓等主编：《盛档·甲午中日战争》下册，第 613 页，韵目代码作"祃"。
3 陈旭麓等主编：《盛档·甲午中日战争》下册，第 613 页。
4 同上书，第 614 页。

同日，盛宣怀也向盛春颐告知了不愿在南洋筹饷的原因："江南多才，指明筹饷，恐招忌。故如此云。"[1]

二十八日（2月22日），盛春颐复电：

> 相出使，叔能不偕行否？帅意重在得人，以资久远之助。倘叔准定南来，乞电谕，以便转禀。规避一层，帅意似可勿虑。[2]

两天后，盛宣怀复电：

> 病躯不能出使。相离北洋，可遂南行之志。但帅意未必坚定。此事不便出于吾谋。祈酌。[3]

笔者没有看到两盛与张之洞之间进一步的协商。盛宣怀投效南洋的努力，似乎就此中止了。

由以上电文可以看出，张之洞与盛宣怀对南下一事还不十分合拍。张此时最希望盛南来帮助自己"筹饷劝捐"，而对方似不愿承担这个吃力且容易得罪人的差使，而热心当下时兴的"西法练兵"。此外，盛还表示"仍须回津"，这是否说明他仍舍不得津海关道这个要缺？于是，张认为"似与鄙意不合"，而盛也觉得"帅意未必坚定"。

不过，张之洞对盛宣怀极力提倡的西方练兵并非没有兴趣。事实上，早在此前任粤督时，他就曾聘用德国教习训练"专习洋战"的广胜军。[4] 就在他拒绝盛宣怀的同一天，却又致电总署，主张调汉纳根在徐州练兵一万。[5] 这一建议，完全脱胎于盛的计划。欲用汉而不用盛，应当是因为张之洞认为盛并不知兵。他之后曾向许景澄表示："盛不带兵，如何能用洋弁？"[6] 他楚材晋用，接手了盛宣怀订下的德国教习，日后用于训练自己创办的西式新军——自强军。这是此次未遂密谋的一个副产品。

---

1 陈旭麓等主编:《盛档·甲午中日战争》下册，第614页。
2 同上书，第616页。
3 同上书，第617页。
4 参见戴海斌:《张之洞与德国军事教习》，《近代中国》第21辑，第328—329页。
5 《致总署》(光绪二十一年正月二十二日未刻发)，苑书义主编:《张之洞全集》第3册，第2033页。
6 《致俄京许钦差》(光绪二十一年二月初七日未刻发)，苑书义主编:《张之洞全集》第8册，第6127页。

五、结 论

综上所述，盛、张之间本已颇为密切的关系，在甲午战争期间大进一步。尽管这时盛宣怀并未立即投入张之洞麾下，但两人已走得相当近。此后，李鸿章赴日议和，最终与日方订立《马关条约》。在此期间，盛宣怀不断向张之洞提供关于议和的情报，令张在各地督抚中对此项消息最为灵通。[1] 由于盛的情报直接来自李鸿章来电，可信度高，张之洞对他甚为倚赖。[2] 此时的盛宣怀，几乎可说是身在李营心在张了。

四月初十日（5月4日），盛宣怀销假回任。[3] 四天之后，《马关条约》在烟台互换，甲午战争最终画上了句号。而他的人生，也即将走到一个转折点上。官员们的拒和奏议，无法改变战争的屈辱结局。于是，清算责任者成了他们愤懑情绪的一个发泄口。战后不久，弹劾盛宣怀的又一轮高潮到来。从光绪二十一年五月十六日（1895 年 6 月 18 日）到十一月二十七日（1896 年 1 月 11日），至少有五份奏片专参盛宣怀。[4] 而他之前的靠山李鸿章，现在已经彻底失势。

于是，从张之洞手中接办汉阳铁厂，对盛宣怀来说成了一条柳暗花明的出

---

1 从正月二十八日（2 月 22 日）李鸿章为出使请训到四月十四日（5 月 8 日）烟台换约，盛宣怀至少向张之洞发出了十份有关议和情形的电报（二月初六、二十九日，三月初五、初七、十四、二十、二十二、二十五、二十六日，四月初八日），见陈旭麓等主编：《盛档·甲午中日战争》下册，第 619、629—631 页；王尔敏、吴伦霓霞编：《清季外交因应函电资料》，第 198 页；《张之洞存各处来电》第 19 函第 1—4 册，第 20 函第 1 册，所藏档，甲 182-131、132。

2 张之洞曾在一份报告条约内容的电文上批道："亦恐无确，须凭盛电。"见《上海来电》（光绪二十一年三月二十三日子刻发，寅刻到），《张之洞存各处来电》第 19 函第 5 册，所藏档，甲 182-131。该电末一字涂黑，参照其他电文，应为"坦"，即张之洞重要幕僚赵凤昌的自署。

3 陈旭麓等主编：《盛档·甲午中日战争》下册，第 631 页。盛宣怀原本请假两月，后曾续假一月（见同书第 626 页），但实际假期几近半年。

4 这些奏片分别为：御史裴维：《奏为特参直隶津海关道盛宣怀为官取巧但求自便不知气节事片》（光绪二十一年五月十六日），《军机处录副·光绪朝·内政类·职官项》，03/108/5324/85；御史王鹏运：《奏为特参津海关道盛宣怀贪利营私朋比为奸请饬山东巡抚严密访查照律惩办事片》（光绪二十一年闰五月初八日），《军机处录副·光绪朝·法律类·其他》，03/150/7416/83；御史胡孚宸：《奏为特参直隶津海关道盛宣怀溺职请旨从严惩处片》（光绪二十一年），《军机处录副·光绪朝·内政·职官》，03/98/5335/37；吏部尚书徐桐：《奏为特参津海关道盛宣怀等贪鄙不职请饬查处片》（光绪二十一年七月二十七日），《军机处录副·光绪朝·内政类·职官项》，03/98/5328/056；礼科掌印给事中褚成博：《奏为特参直隶津海关道盛宣怀玩视宪典来去自由请旨按律革职片》（光绪二十一年十一月二十七日），《军机处录副·光绪朝·内政类·职官项》，03/98/5332/154。转引自张海荣：《津镇铁路与芦汉铁路之争——甲午战后中国政治的个案研究》，北京大学硕士论文，2006 年，第 39 页。

路。闰五月二十一日（7月13日），张之洞在沪幕僚赵凤昌向他报告，盛宣怀有意效力：

> 顷盛守（引者按：即盛春颐）面谈并津海（引者按：即盛宣怀）来函，因合肥屡受人指摘，急欲远去。刻上谕准保荐，深望宪台保以商务并铁政事，再经提倡，浮言当息。回南后，又可效力，务希钧鉴。[1]

"因合肥屡受人指摘，急欲远去"，直白地道出了盛宣怀的初衷是避祸。几天后，盛宣怀本人又致电张之洞：

> 筹饷应从商务入手，任此者南北洋，解此者宪与傅相。曩劝相用全力，惜听而不察，时失无及。宪台若以独解者独任，须及时持全力。贱恙不耐冷，下情已有人转达，谨候钧断。名心禀。敬。[2]

盛宣怀以"商务"鼓动张之洞，其意自是推销自己的商务才能。"贱恙不耐冷"，则是在委婉表达南下的意愿。八月，盛宣怀又通过盛春颐与张之洞及其幕僚蔡锡勇商议了铁厂事宜。不过，他表示"铁事关系甚巨，必非函电所能议定"，希望面谈。[3]大约在十一月初，他借办理华盛纱厂及电报事务之机赴沪医病，随后向张之洞（即将回任湖广）致电表示准备拜访："一俟病痊，即当趋谒，如有所谕，乞赐电示遵行。"[4]此前，他还致电在湖北铁政局任职的旧部沈鉴，询问铁厂相关情形。[5]

　　盛宣怀随即赴鄂考察铁厂事务。张之洞此时正在担忧铁厂的前景，两人终于找到了利益契合点。光绪二十二年（1896）正月，张之洞在给李鸿藻的信函中表示了对铁厂不景气的忧虑，接着写道："因前两年盛道宣怀曾有愿承办铁厂之议，

---

1 《上海来电》（光绪二十一年闰五月二十一日酉刻），《张之洞存各处来电》第21函第2册，所藏档，甲182–133。

2 陈旭麓等主编：《盛档·甲午中日战争》下册，第644页。该电标明二十四日上午发，而张之洞档案所收版本作闰五月二十五日巳刻发，未刻到，韵目代码作"径"，见《张之洞存各处来电》第21函第2册，所藏档，甲182–133。

3 《上海盛守禀蔡道电》（光绪二十一年八月初五日未刻发，酉刻到）、《天津来电》（光绪二十一年八月十七日午刻发，戌刻到），《张之洞存各处来电》第21函第5册，所藏档，甲182—133。

4 贺忠贤点注：《盛宣怀（杏荪）行述》，第64页；《盛道来电》（光绪二十一年十一月十七日子刻发，丑刻到），《上海来电玖》，抄本《张之洞电稿》第10函《上海来电》，中国社会科学院经济研究所藏。

5 《沈鉴致盛宣怀函》（光绪二十一年十一月十二日到），陈旭麓等主编：《盛档·汉冶萍公司》第1册，第65页。

当即与商，令其来鄂一看，以便议办。渠因年来言者指摘太多，东抚覆奏不佳，意甚自危。故决计舍去津海关，别图他项事业，遂亦欣然愿办。现正来鄂，周览汉阳铁厂、大冶铁山、马鞍煤井诸处，俟看毕再作商量。"[1] 所谓"东抚覆奏"指的是上年山东巡抚李秉衡对御史王鹏运奏参的复奏。李氏接近清流一系，与淮系集团本有畛域之别，他的复奏对盛宣怀很不利："原参各款，或事出有因，或查无实据。惟总办电报害则归公，利则归己，复克扣军饷，掺罗股票，平日居官亦多攀援依附。并请撤去该道电报局总办。"[2] 幸而奉旨确查此案并保举后任的王文韶为他缓颊，认为暂时无人可以接替他的职位，才将此案压了下去。[3]

不过，此时接办铁厂需要花费大量时间精力，一时也难以获利，可说是个苦差事。因此，在纠弹平息之后，接办铁厂又无法餍足盛宣怀了。他又开出了自己的价码，即同时督办铁路。张之洞在同函中写道："正筹议间，适闻有芦汉铁路交王夔帅及敝处督率商办之旨……渠甚踊跃，谓亦愿招商承办。……盛为人极巧滑，去冬因渠事方急，其愿承铁厂之意甚坚，近因风波已平，语意又多推宕，幸现有铁路之说以歆动之，不然铁厂仍不肯接也。（渠已向所亲言之）"张之洞认为，"盛若令办铁路，则铁厂自必归其承接，如此则铁厂全盘俱活，晚亦从此脱此巨累矣。"答应了他的条件。[4]

当年四月初二日（5月14日），盛宣怀被张之洞札委为汉阳铁厂督办。他之前许下的"将来伺候有期"的诺言，至此终于兑现。七月二十五日（9月2日），张之洞、王文韶会奏设立铁路公司，以盛宣怀为督办。九月十四日（10月20日），盛宣怀进京觐见之后，奉旨开去津海关道缺，以四品京堂候补督办铁路总公司事务，于是又获得了办路这一利权俱重的美差。[5] 紧接着，他又于九月二十六日（11月1日）奏请筹设国家银行，十月初八日（11月12日）奉旨：

1　《致李兰荪宫保》（光绪二十二年一月），苑书义主编：《张之洞全集》第12册，第10238—10239页。

2　《旨寄王文韶着查盛宣怀所管招商等局被参一案并保员使电》（光绪二十年十一月十八日），王彦威、王亮编：《清季外交史料》，书目文献出版社，1987年影印版，第2009页。

3　夏东元编：《盛宣怀年谱长编》下册，第503—504页。编者将王文韶引述李秉衡的"查无实据"一语当作是王本人的意见，误。

4　《致李兰荪宫保》（光绪二十二年一月），苑书义主编：《张之洞全集》第12册，第10239页。"所亲"似应为盛春颐。张之洞在函中还写道："且铁厂如归盛接办，则厂中将来诸事，大农俱可不挑剔，此当早在明察之中矣。"可见盛宣怀此时颇受翁同龢信任。

5　《芦汉铁路商办难成另筹办法折》（光绪二十二年七月二十五日），苑书义主编：《张之洞全集》第2册，第1183—1189页；夏东元编：《盛宣怀年谱长编》下册，第535—536页。

"著即责成盛宣怀选择殷商，设立总董，招集股本，合力兴办，以收利权。"[1] 朱浒先生指出："盛宣怀包含着一个集铁厂、铁路和银行三位一体的巨大野心。"[2]

不过，朱先生认为盛宣怀南下接办汉阳铁厂就是为了扩张实业范围，似有倒果为因之嫌。毕竟，他南下的初衷是脱离淮系集团以避祸，扩张实业范围应看作化危机为机遇的结果。而且，如前文所揭示的，战争期间盛宣怀已有投效南洋的密谋，若非当时盛、张意见有所参差，他可能会早一年南下。接办汉阳铁厂一事，若放在这一未遂密谋的延长线上考量，更能体现史实的全貌。

1　陈旭麓等主编：《盛宣怀档案资料选辑之五·中国通商银行》，上海人民出版社，2000年，第3—4、8页。
2　朱浒：《投靠还是扩张？——从甲午战后两湖灾赈看盛宣怀实业活动之新布局》，第68页。关于盛宣怀接办汉阳铁厂、督办铁路与筹建银行的论述，还可参见该文第三节。

戊戌政变前后的天津政情

冬烘刚 *

内容提要：本文以《辕门抄》、《荣禄函稿底本》和《国闻报》、《直报》为主要史料，考察戊戌政变前后重要当事人在天津的活动。认为康梁所宣扬的"天津废立"虽不是事实，但六七月间却存在这样的传闻。礼部事件后出现的"旧党"赴津传闻，也有事实可循。七月三十至八月初二，荣禄的政务安排十分琐碎，并且与六七月间保持着很强的连续性。其情形与康梁所描述的密谋政变的诡秘、紧张气氛完全不同。八月初三至初四，天津出现了一系列异常，最重要者是聂军的调动，其矛头更像是"制袁"。该时期荣禄的会客记录和相关新闻报道，排除了荣禄初四或初五间曾秘密进京、策划政变的可能。

关键词：戊戌政变　荣禄　戊戌变法　康有为　袁世凯

从李鸿章时代开始，天津便是政局中的一个重镇，其间的官场举动备受中外瞩目。戊戌政变前夕，荣禄以直隶总督、北洋大臣坐镇此地，兼掌北洋三军，被认为是朝局中最能抗衡康有为集团的政治势力，一举一动都可能影响政局走向，这里的政情就更受各方密切关注。相应留下了多种多样的记载。其中，日

---

* 作者冬烘刚，男，1979 年生，西南大学历史文化学院讲师，研究方向为晚清政治史。本文在修改阶段得到西南大学王浩、郭文宇、刁良钧等同学的帮助，谨致谢意。

后流传最广、影响最大的说法约为如下三种：

第一，荣禄与慈禧太后企图借天津阅兵行废立之事。荣督直期间（五月初一至八月初十），一直在策划此举。

第二，七月十九日，光绪帝罢黜礼部六堂官。礼部尚书怀塔布和敌视变法的御史杨崇伊、内务府大臣立山等人曾秘密前往天津，与荣禄一道密谋政变。

第三，八月初，袁世凯将康党"围园捕后"的谋划泄露给荣禄，荣禄于八月初五日（或初四日）由天津微服进京，与慈禧太后等商定大计，八月初六日政变遂发生。

这些说法是真是假，影响着整个政变过程的重建，故长期以来，许多学者就此进行了艰苦的考证。[1]一些说法的真伪已渐渐明晰（比如"天津废立说"），但也还有一些依然模糊，不易定论；加之既往的研究，几乎全部以北京为中心，关于同期天津的举动，只是顺带提及，在叙述上有割裂之感。为此，笔者拟转换视角，以天津当时的两份报纸《国闻报》《直报》和《荣禄函稿底本》为主要材料，对七月底、八月初的天津政情做一专门考察，特别是对七月十九日至八月初六日期间，荣禄到底见了哪些人、做了哪些事进行详细考述，以期为澄清政变真相补充素材。

1　对戊戌政变的学术史回顾参见茅海建：《戊戌变法史事考》，北京：生活·读书·新知三联书店，2005 年，第 2—9 页。本书出版后，关于该题目的新出论著中，最重要者有如下几种：一、马忠文先生《戊戌政变研究三题》（载《福建论坛》人文社会科学版 2005 年第 10 期），该文认为，"后党"在政变前夕奏请训政的密谋，核心人物是荣禄、奕劻，参加者有怀塔布、立山等，最后由杨崇伊出面实施。对此慈禧太后并非不知情。该说实际上是直接采信了苏继祖《清廷戊戌朝变记》、梁启超《戊戌政变记》中关于"旧党赴津"说的记载，而未对这些史料的真伪进行考证。该文还认为，康党联络袁世凯采取军事冒险是八月初三日见到密诏后作出的仓促决定，两方从六月以来就密谋对付"后党"的说法不可信。二、赵立人先生《袁世凯告密与戊戌政变关系新证——以谭嗣同被捕时间为中心》（载《广东社会科学》2008 年第 3 期），谭嗣同被捕时间是重建戊戌政变原委的一个重要问题，以往反对戊戌政变起于袁世凯告密的说法，经常使用的一个驳论论据是：既然政变起于袁世凯告密，那么八月初六日清廷得到告密后，就该捕拿游说袁世凯的谭嗣同，何以当天只捉拿康有为。赵立人先生对这一说法进行了巧妙的考证，认为谭嗣同确系八月初六日被捕，而不是八月初九日。由此坚持袁世凯告密是政变导火索。三、孔祥吉先生《对毕永年〈诡谋直纪〉疑点的考察》（载《广东社会科学》2008 年第 2 期），该文认为，作为戊戌政变研究的一种有争议的材料，《诡谋直纪》是由日本领事馆根据毕永年的谈话整理而成，有丑化康有为的用意，不可一概视为"信史"，需慎重利用。四、茅海建《从甲午到戊戌——康有为〈我史〉鉴注》（北京：生活·读书·新知三联书店，2008 年），该书利用 2005 年后的一些新见史料，如新编《李鸿章全集》、《虎坊摭闻》等对政变过程进行了更细致的考证，提出了一些新说，如袁世凯告密的途径，可能如《虎坊摭闻》所记，是在北京向礼亲王告密。

一、六七月间存在"天津废立"传闻

在康梁一派的记载中，"天津废立"定计很早，具体说来，是戊戌年（1898）四月二十七日这天。梁启超称该日"有数诏书，皆出西太后之意"。其中之一，是"命荣禄为直隶总督、北洋大臣。而九月间皇上奉皇太后巡幸天津阅兵之举，亦以此日议决。盖废立之谋，全伏于此日矣……西后定天津巡幸之议，盖欲胁皇上至天津，因以兵力废立。此意满洲人多知之，汉人中亦多为皇上危者。"[1] 康有为谓：荣禄"出统（北洋）三军，谋定于天津阅兵而行废立"。[2]

时至今日，"天津废立说"是真是假，已经不再是个问题。杨天石、赵立人、茅海建诸先生的研究已经证明，慈禧太后和荣禄从未有这样的谋划，此结论在学界已达成广泛共识。笔者亦十分信服。但诸位研究先进在考证过程中不免遗漏或混淆了一个问题：不存在"天津废立"之谋的事实，但存不存在"天津废立"的传闻？这一问题牵扯到康党宣扬"天津废立"的动机：到底"天津废立说"是康党事后编造的，还是政变之前就存在这样的传闻，康党只是误信了。又由此牵扯到康党政变前夕"引袁"的性质，到底康党策划袁世凯入京是为了主动夺权还是为了防止天津废立而"引袁自卫"？

从笔者收集的一些零碎史料看，实情似乎属于后一种情形。六七月间，京城官场就存在"废立"的谣言。《国闻报》八月初九日的一篇报道曾记述：

> 自六七月以来，京师种种谣言，骇人听闻。捏造事实、伪托图谶，无非言将有宫闱之变。[3]

这条记载确认了两个事实：一是六七月间，京师谣言很多。二是这些谣言中，有关于废立（即"宫闱之变"）的传闻。这则报道是在政变后的第一时间披露，距六七月间不过数十天时间，真与不真读者心知肚明、很容易判别，故意编造的嫌疑很小。且验之以政变前的一些记载，更觉可信。五月初二日，时在北京的英国人贺壁

1　梁启超：《戊戌政变记》，中国史学会主编：《中国近代史资料丛刊·戊戌变法》，上海：神州国光社，1953年，第1册，第261页。

2　康有为：《康南海自编年谱》，引自茅海建：《从甲午到戊戌——康有为〈我史〉鉴注》，第561页。

3　《记天津初六日初七日初八日三日惶惑情形》，《国闻报》光绪二十四年八月初九日，国家图书馆微缩胶卷。

里曾致信泰晤士报记者莫里逊，透露了他所探听的一些政情，内称，"我听说，（慈禧）已经在议论真正的废黜光绪帝而不止是实际上的废黜了，但是又怕牵涉到外国列强而引起复杂的局面。"[1] 由此知，比六七月更早的五月初，废立传闻就小有气候，六七月间广泛传播、版本增加，至少从情理上来讲，说得过去。故《国闻报》的记载当属实。

在种种废立传闻中，有没有一种是"天津废立说"？《国闻报》并未说明。但有一些其他史料可供推敲。

八月初三日，上海的《申报》刊发了一份社论，题为《谏止巡幸罪言》，以上书的口吻，劝谏光绪帝：

> 收回巡幸（天津）之诏。改命亲王大臣知兵者，轻骑减从，详校天津水陆各军，庶几糜费节、内变息、外患消，社稷幸甚，天下幸甚！倘必以天津军事重大，非皇上亲加校阅无以振兴，则皇上出巡，留皇太后监国；皇太后出巡，命亲王大臣扈从。切勿恭奉偕巡，徒博孝名于天下后世也。[2]

这篇社论最为重要的立论，与其说是反对天津阅兵，不如说是反对光绪帝与太后一起赴天津阅兵。很明显，他们是在担心帝后一同前往，一定会有某种危险发生。而两人之中，光绪帝发生危险的可能，要大于慈禧太后。这背后的逻辑，当是《申报》得到了与天津阅兵有关的废立传闻，害怕传闻会应验；但又不敢把废立传闻拿到报章上明说，只好罗列其他一些借口[3]，谏阻二人一同前往。由此可以推论，此时以及稍早一些时候（七月底），有关天津的废立传闻已经十分广布、十分可怕，连《申报》这样深谙政情的报章都宁愿信其有，不愿信其无。

故结合两份报纸的报道看，六七月间，京师地区确实存在着种种废立传闻，

1　《贺璧里致莫里逊函》，光绪二十四年五月，清华大学历史系编：《戊戌变法文献资料系日》，上海书店出版社，1998年，第724页。

2　《申报》光绪二十四年八月初三日第1版。

3　该文提出的理由有三：一是"自古天子出巡必有储君亲臣监国，方保无虞，今者圣上未有储，老臣亲王又已薨逝"，若两人一起出巡，则"无人监国"。二是"况迩来京师屡有盗贼窃发，倘乘两圣远幸，国中空虚，招诱匪徒谋为不轨，祸且烈也"。三是"俄国遣屯中国之兵迭次增添，心怀叵测，设驻跸天津之时提兵猝来，多端要挟"则无以应对。这三条理由所罗列的因素，早在颁布巡幸天津谕旨时（四月二十七日）已经存在，何以当时《申报》不反对而到八月初才提出反对？结合七月间废立传闻广布的情形，本文推断这三则因素是为不便明说的理由提出的替代借口。

而其中一些是与天津阅兵相关。这使人们对光绪帝在阅兵期间的安全问题引起了担忧。如果这种推论不谬，则本文认为，"天津废立说"不是康梁事后编造、也不是想象出来的，它是真实存在的一种传言。

五月初，梁启超曾致信夏曾佑，谈到"天津阅兵"问题。谓："（四月）二十八日，康先生召见。闻今上圣明，诸大臣皆无及者，实出意外。惜覃溪以阻天津之幸，至见摈逐，未能大启天下之蒙耳。""覃溪"，指代翁同龢，光绪帝师傅，四月二十七日被罢黜。翁是否曾经阻止过"天津之幸"，本文不欲讨论。但从梁启超同情翁同龢的措辞看，康党不愿意光绪帝前往天津，此时他们已经有些担心。六七月间，天津废立传闻既然真实存在，且已四散广布，他们的担忧无疑会加剧。康有为政变后撰《我史》，多处提到他六七月间对"天津阅兵"的焦虑，有谓"虑九月天津阅兵，即行废立，夙夜虑此"。有谓"是以天津阅兵期迫，收兵权则恐惊觉，不抚将帅则恐不及事"。[1] 以往，人们常认为，这些担忧是康有为的无端臆测[2]，但结合六七月间天津废立传闻来看，这合乎当时的情势，属真实情感。

由于对"天津阅兵"强烈焦虑，康党在六七月间进行了两项策动。其一，六月中旬令徐仁铸游袁世凯幕府，"与之押，以观其情"，即试探其政治态度。其二，七月中旬令王照赴天津策动另一个将领聂士成。后者被王照拒绝，未及展开；前者则有些好兆头，据康讲，"毅甫（徐仁铸）归告，知袁为我所动。"[3]

在"废立传闻"中，光绪帝是当事人，也是康党在权力上的后台。当康党紧锣密鼓谋划之际，光绪帝的情形如何？对流传甚广的"天津废立"是否也有所听闻和警惕？对这一问题，梁启超曾经在《戊戌政变记》中记述，"至七月间，皇上曾忽语庆亲王云，朕誓死不往天津。七月中旬，天津罢行之说已宣传于道路。"[4] 由于《戊戌政变记》多处作伪，这段记载不容轻易采信。但验之以七

---

1 康有为：《康南海自编年谱》，《丛刊·戊戌变法》，第 4 册，第 159 页。
2 如姜鸣先生认为：康有为充满了宫廷政变的想象力，所谓"天津废立"是他想象出来的，参见氏著《被调整的目光》，上海人民出版社，1996 年，第 197 页。此外，杨天石、赵立人先生也持近似说法。
3 关于康党的这两个策动，可参见戴逸：《戊戌年袁世凯告密真相及袁和维新派的关系》，《清史研究》1999 年第 1 期。
4 梁启超：《戊戌政变记》，《丛刊·戊戌变法》，第 1 册，第 262 页。

月中旬当时人的说法，确有旁证可循。胡寿颐在其日记体《春明日居纪略》一书中记："七月十七日。前数日传皇上及太后于九月初五日狩于南苑。遂乘火车至津，近又言上有疾。有暂停之说。未知确否。"[1] 这则材料证实，政变前道路传闻确有"天津罢行"之说，并且时间不早不晚，恰在七月中旬，与梁启超所记十分吻合。虽不能据此断定梁启超上面所述全部为真，但至少证明这种说法值得重视。再，八月初一日，光绪帝召见袁世凯，谕以日后可"随时具奏"（以前袁具奏需通过荣禄）。初二日，又谕袁"可与荣禄各办各事"。茅海建先生评论说："这明显是让袁摆脱荣禄的控制。"这背后的决策动机像是担心天津阅兵时荣会有所发动。所以，若将这些史料前后连起来推敲，本文倾向于认为：七月中旬时，光绪帝也听到了"天津废立"的传闻，对"天津之行"心有抵制，对时在天津的荣禄开始有所防范。

二、七月十九日之后"旧党"赴津确有实例

七月十九日，光绪帝借王照上书事件，将礼部尚书怀塔布、许应骙等六名堂官全部革职，政局顿时动荡起来。各方都在密切关注着下一步会有什么事情发生。据康有为的记述，"怀塔布既黜……旧臣惶骇，内务府人皆环跪后前，谓上妄变祖法，请训政，后不许。立山等乃皆走天津，谒荣禄，请废立。旗人冠盖相望。御史杨崇伊，亦荣党也，草折请训政，出示荣禄。荣禄许之，令杨崇伊持折见庆邸而面商之。"[2] 梁启超称："七月二十间，满大臣怀塔布、立山等七人，同往天津谒荣禄，越数日，御史杨崇伊等数人，又往天津谒荣禄，皆不知所商何事。"[3] 此外，在第三方的记载中，类似说法颇为不少，苏继祖称："是日（七月二十二日）天津有人见自京乘火车来督署者数人，势甚耀赫，仆从雄丽，有言内中即有怀公塔布、立公山也。盖自荣相莅任以来，亲友往还，不绝于道，人亦不复措意。京中有言立玉甫曾于七月奉太后密谕，潜赴天津，与相有要商

1　胡寿彝：《春明日居纪略》，《丛刊·戊戌变法》，第1册，第557页。
2　康有为：《康南海自编年谱》，《丛刊·戊戌变法》，第4册，第160页。
3　梁启超：《戊戌政变记》，《丛刊·戊戌变法》，第1册，第262页。

也。"[1]赵炳麟称:"怀被革,尤怨上,思制之。御史杨崇伊善总管太监李莲英,内事纤悉,报知之。崇伊亦出天津诣荣禄,告曰:'上之用慰亭,欲收兵权也,上得权必先图公,公其危哉。且康有为乱法,臣工怨之,事宜早图也。'"[2]

怀、杨等旧党赴津说,是促使康党由对立走向发动的一个转折点。政变后,康有为曾在八月二十一日接受英国记者的专访,此事被描述为政变前的"第一个危险信号"。[3]袁世凯记谭嗣同八月初三日夜访情形,当袁问谭:两宫不和,究由何起?谭答:"因变法罢去礼部六卿,诸内臣环泣于慈圣之前,纷进谗言危词,怀塔布、立山、杨崇伊等,曾潜往天津,与荣相密谋,故意见更深。"[4]那么,在康党心目中如此重要的旧党赴津说,究竟与事实符不符合?换言之,七月十九日罢黜六堂官之后,八月初三日康党决意发动之前,怀、杨等人到底有没有去过天津与荣禄密谋政变?

荣禄督直期间的日常活动,目前主要有三种史料可供考察。第一是天津两份报纸《国闻报》和《直报》的新闻报道。第二是曾与荣禄有过会面的当事人的日记。第三是《制台辕门抄》,这是一种关于荣禄每天会见情况的专门记录,《国闻报》和《直报》几乎每天都有刊载。(本文已将荣禄督直期间的《辕门抄》逐日整理,附于本文之后,可参照)

由于最后一种史料后文将会大量使用,这里首先需要介绍一下它的形成过程和可信与否。以五月初四日这天为例,《国闻报》刊出的《辕门抄》是:"初四日。运司方大人、海关道李大人、清河道高大人……保定前营韩殿爵均禀见";《直报》刊出的《辕门抄》是:"初四日。中堂见运司方大人、海关道李大人、清河道高大人……候补县陈用堘、周文藻、唐珍吉、汪文绶。"[5]两相比较,名单有很大程度上的重合,但又不完全一致。这就可以看出,这种《辕门抄》,不像宫中的《宫门抄》那样,是由官方公布的一个统一的版本,而是由报社

<hr />

1 苏继祖:《清廷戊戌政变记》,《丛刊·戊戌变法》,第1册,第341—343页。
2 赵炳麟:《光绪大事汇鉴》,收入《赵柏岩集》,南宁:广西人民出版社,2001年,第240页。
3 《康有为答〈中国邮报〉记者问》,《戊戌变法文献资料系日》,第1146页。该报道的中文译文的原文谓:"当记者问到危险的信号第一次什么在什么时候……康氏答复说,反对的信号是由于皇帝命令把两个尚书、四个侍郎革职的时候开始的……随后他们又跑到天津去找荣禄设法,因为荣禄是太后最亲信的人。"
4 袁世凯:《戊戌日记》,《丛刊·戊戌变法》,第1册,第552页。
5 分别参见《国闻报》光绪二十四年五月初五日;《直报》光绪二十四年五月初四日第3版。

的访事人前去督辕打听的结果。另外，六月二十三日《直报》所刊载的《辕门抄》，有这样一段文字："六月二十二日晚，中堂见候选道严复、庚寅编修黄曾源、江苏候补府刘庆芬、世愚侄荫龄。"[1]"世愚侄"是一个很书面化的称谓，不是口头用语，由此可推，《辕门抄》当是抄录辕门的某种书面的东西所得。而这种书面的东西很可能是官员禀见时留在门房的名衔条（按：当时官场惯例，官员禀见督抚一般不能直接相见，需由门房通报。名衔条有如现在的名片，供门房通报时使用）。由于是亲赴辕门抄录书面记载所得，《辕门抄》非常可靠。笔者又根据其他史料加以验证，都非常相符。比如，七月初一日这天，沈家本（时任保定知府）在日记中记，这天早上到督院谒见了荣禄[2]，《国闻报》七月初一日的《辕门抄》上果然出现了"保定府沈大人"字样。再如袁世凯《戊戌日记》记，八月初五日这天下午他回到天津，晚上曾谒见荣禄，《国闻报》、《直报》的《辕门抄》上都出现了他的名字，并且非常准确地记载会见时间是晚上。[3]

综合以上三种史料，荣禄自五月初一日抵津后的日常起居大致如下：上午6点至12点：接见僚属或过往官员（偶尔也有亲朋故旧）。[4]每天多则二三十人，少也有十几人，10人以下的情况比较少见。在此过程中会以"札委"、"札饬"等形式将差事分给僚属。中午用饭后，"必睡两时许"。下午五点后，或继续见客，或处理公私事务。[5]晚上有时也有见客，不过人数较少，一般不超过10人。

在梁启超所说的七月二十日这天，荣禄见直隶藩司裕长、署长芦盐运使方恭钊等22人（其中白天18人，晚上4人）。名单中没有怀塔布、杨崇伊、立山等敏感人物的名字，甚至连一个京官都没有。在苏继祖所说的七月二十二日这天，荣禄见署长芦盐运使方恭钊、海关道李岷琛等11人，其中也没有任何京官。

1　《直报》光绪二十四年六月二十三日第3版。
2　《沈家本日记》，光绪二十四年七月初一日记："五点二刻上院（行辕），七钟二刻见（中堂）。"（韩延龙等整理：《沈家本未刻书籍纂补编》，北京：中国社会科学出版社，2006年，下册，第1329页）
3　《国闻报》的《辕门抄》记："八月初五日晚上：升候补侍郎袁世凯拜会。"《直报》的《辕门抄》记："八月初五日晚，中堂见候补侍郎袁大人世凯。"
4　《直报》曾有报道谓："荣中堂自履任以后……每日自六点至十二钟，分班晋谒者恒数十人，自司道提镇以迄佐贰将弁……如有紧要公务，即夜分亦得进见。"（《留意人才》，《直报》光绪二十四年五月十八日第3版）
5　《沈家本日记》，光绪二十四年七月初二日记："申刻进城……六点钟中堂始见。（原文按语）每日午后必睡两时许，故见客总在五钟以后。"（《沈家本未刻书籍纂补编》，下册，第1329页）

此后，从七月二十三日至八月初三日白天，荣禄共见 124 人。其中虽有个别京官，如内阁中书文焯、户部员外郎王之杰。[1] 但他们显然不属于康梁所敏感的"旧党"一类。

到了八月初三日晚上，异常情况出现了。《国闻报》的《辕门抄》中出现了"前礼部侍郎曾广汉"的字样。《直报》的《辕门抄》中则不见此人。

曾广汉（1867—1913），字纯一，湖南湘乡人。曾国荃长孙。他是礼部六堂官事件中被革职的礼部右侍郎。由此，在康党一派心目中，此人当然属仇视变法的"旧党"。并且曾广汉当晚谒见荣禄后，八月初五日这天他仍在天津，碰巧看到当时出京南下的康有为在酒楼与余诚格话别，事后赶忙将这一消息通报给杨崇伊。[2] 由这一情节看，曾广汉敌视康党无疑，与杨崇伊一党。

至于当晚曾广汉谒见荣禄有何谈话、是否与政变有关，这个不得而知。曾的身份是革职官员，可来去自如，也有可能只是路过。但对于康党而言，荣禄、旧党见面时谈些什么，其实他们未必知情。重要的是荣禄掌握兵权，是个危险人物；旧党因变法革职，仇视新法，也是危险人物。当两派危险人物在一起，一定是更危险的事情。

故宽泛地说，康党所宣扬的"旧党赴津"说，有其事实依据。不过目前所见的实例出现得很晚，是八月初三日晚上。此时康党已经在北京发动，谭嗣同已经去密访袁世凯。

另外值得注意的是，存在"旧党"赴津的事实，也存在"旧党"赴津的传闻。盛宣怀的坐京在政变时期曾发出一份情报："闻杨崇伊纠众奏请太后亲政，以疏示李鸿章。李不肯签名。杨遂赴津，谋于荣禄。此亦七月事。"[3] 由此可推知，七月时，京师就流传着杨崇伊赴津的传闻。至于康党是确切掌握了旧党赴津与荣禄密谋的事实，还是听信了当时的传闻，这不重要。重要的是他们已经相信荣禄已有所发动。由此不能不有十二分的警惕。

七月下旬（在七月二十一日至七月二十八日之间），康党走了一步很奇怪的

1　分别参见《国闻报》五月二十四日和八月初五日所刊载的《辕门抄》。

2　杨崇伊于光绪二十五年五月初八奏称："余诚格实康逆之师。曾广汉为臣言，八月初五日见其在天津酒楼与康逆话别，咨嗟太息者也。"（《军机处录副》，档号：03-9447-011）

3　佚名：《虎坊撮闻》，《上海图书馆藏盛宣怀档案萃编》，上海古籍出版社，2008 年，上册，第176—177 页。

棋：由林旭出面给荣禄写了一封信。此信由头是林旭在七月二十日被光绪帝圈出，出任"军机章京"，"办理新政事宜"。[1] 林借此之机，一方面禀告履任新职；另一方面是就日后如何履职向荣禄问计。而其真实用意，明显是想试探荣禄此时对变法、对时局的态度——面对京津间的紧张局势，康党想知道荣禄心中此刻到底在想什么。

林旭（1875—1898），字暾谷，福建侯官人，康有为门人。林旭之所以与荣禄有交谊，一是因为林旭是福建人，而荣禄童年生活在福建，能讲一口流利的福建话，向来"于闽人感情加厚"。[2] 二是因为林旭是中兴名臣沈葆桢的孙婿、名士沈瑜庆的女婿，属名门之后，在官场颇受敬重。且沈瑜庆与荣禄不只是官场内的泛泛之交，当年六月沈曾致信荣禄请托位置并求关照萨镇冰，荣禄回信，允许了部分请求。[3] 又从后来一些信件的署名看，沈瑜庆曾投拜为荣禄的门生。[4] 故林旭以其岳父的关系，亦会取得荣禄的亲近感。六月二十七日这天，林旭还去天津拜见过荣禄，当天《直报》的《辕门抄》记载："二十七日晚，中堂见……内阁中书林旭。"[5] 所以，林旭在康党之内，是与荣禄最有交情的人，也是政变发生之前，唯一与荣禄有过直接接触的人。大概康有为等认为：由林旭出面致信，荣禄或许会讲几分真话。

林旭的书信大约是七月二十八日到达天津。二十九这天，荣禄做了回复：

> 昨阅邸抄，欣谂召对紫宸，宠膺新命，尚迟笺贺。适逢来函，即维爆直宣勤，顺时纳福，詹言吉采，式协愉忱。执事此次渥奉恩纶，拔登枢府，朝廷孜孜求治，破格用人，诚为非常遭际。匡时谋国，自可大展长才。遇有新政事宜，枢廷诸老计必虚怀下问，务祈斟酌情形，悉心商办，自必日见起色也。目前补偏救弊，似不在遇事纷更。一得之愚，聊

1 《光绪宣统两朝上谕档》，光绪二十四年七月二十，桂林：广西师范大学出版社，1996年，第24册，第351页。

2 何刚德：《春明梦录》，北京古籍出版社，1995年，第81页。

3 荣禄的复信谓："北洋本有人满之患……实无从位置。台从秋后万勿航海远来，徒劳跋涉。为幸萨将镇冰现已充兵轮管带……计可展其长才。"（《荣禄函稿底本》，清华大学图书馆馆藏。该信约作于光绪二十四年六月底）

4 如光绪二十七年十月十五日沈瑜庆致荣禄的私信中，称呼荣为"中堂夫子"，自称"受业"。该信收入《荣禄存札》，第二函，元字本，66—69页。

5 见《直报》光绪二十四年六月二十八日第3版。

备忠告，想贤者亦必以为然者也。[1]

"召对紫宸，宠膺新命"指林旭于七月十九日被光绪帝召见、七月二十日被任命为"军机章京"。"枢廷诸老"指诸位军机处大臣：世铎、裕禄、刚毅、王文韶、廖寿恒。这些人均被康党认为是老朽保守之辈，康一心想设制度局以取代之。[2] 从手稿看，这封信有大量的涂改，可见荣禄对分寸的拿捏费了很大心思。并且从"目前补偏救弊"一句之后，下文全部删去（即文中加点部分）。这个处理最能体现荣禄此刻的内心：他对康党"遇事纷更"的做法不满，但又不敢公开这种不满。说到底，荣禄此刻是心虚的，他还不敢与康决裂，更不敢与光绪帝决裂。康此时对荣禄在天津的举动，过于高估了。荣禄的回信于七月二十九日完成后，似乎没有理由不发。若发，八月初一日前后，林旭就能收到，尽管荣禄最真实的几句话，林旭看不到，但单从"遇有新政事宜""与枢廷诸老"悉心商办一节，就能看出荣禄站在哪一边。无论如何，康党看了这封信，不会更平静，只能更担心。

三、七月三十日至八月初六日荣禄的作为和行踪

在荣禄复信林旭的当天，即七月二十九日，袁世凯由天津乘火车进京觐见。康党从六月中旬以来的策动至此进入最后的实施阶段，政变的序幕也就此拉开。此后的七天，即七月三十日至八月初六日，是戊戌政局中最紧要的七天，也是最扑朔迷离的七天。此间，政变从策划到发动，牵涉北京、天津两地政治势力。且几个关键人物（如袁世凯、康有为以及传闻中的荣禄）往来于京津之间，所以天津政局中的每一个举动都可能关乎政变真相的重建。故本文不避冗长，将这七天内天津所发生的主要史事，逐天整理如下。

七月三十日 "极形静谧"

七月三十日，光绪帝与慈禧太后因懋勤殿等问题发生了争论，事后发出一道密诏，内称"朕位几不保"。其时，颐和园中的情势已经非常紧张。但身处外

---

1 荣禄：《复四品衔军机章京上行走林旭》，《荣禄函稿底本》，清华大学图书馆馆藏。
2 参见茅海建：《从甲午到戊戌——康有为〈我史〉鉴注》，第 576—585、706—714 页。

围的康有为党人，还未得知这一情况（密诏并未在当天送达），北京的局势仍大体平静。[1] 此时，二百里外的天津，也未见有异常。

这一天，荣禄在督署会见了 18 人。名单是：翰林李家驹、寿富；分都员外郎杨士燮；署运司方恭钊、海关道李岷琛、署天津道任毓华、通永道沈安辞、霸昌道英瑞、候补道洪恩广、候选道王修植、四川候补直隶州宋联奎、记名提督周庆荣、前海军副将叶祖珪、保定练军封得胜。晚上：吉林副都统噶噜岱、江苏候补道容闳、候选道孙宝琦、宣化府李肇南。[2]

与七月以来的平均情况相比，当天见客人数属正常。[3] 这 18 人中，李家驹、寿富和杨士燮属京官，他们由京师大学堂管学大臣孙家鼐奏调，赴日本考察学务，道出天津[4]，属礼节性拜访。

署理盐运使方恭钊、海关道李岷琛、署天津道任毓华是办理天津巡幸所设的"差务局"总办（共 5 位总办，另外两位是直隶藩司裕长，时在保定和候补道张翼，时往京师出差）。[5] 自荣禄抵任以来，一直在紧张筹备天津阅兵。[6] 但由于五六月间，天津阴雨连绵[7]，行宫、操场等各项工程进展缓慢，到七月中旬尚无头绪，而此时距离九月阅兵越来越近，荣禄也不免有些心急。七月底他给河南巡抚刘树棠的信中，曾透露了这种心迹："此间静谧如常，秋令畅晴，河流顺轨，岁事可望有秋。惟大差事务较繁，现正督饬司道局员敬谨预备，渐有端倪。"[8] 从《辕门抄》看，七月中旬以来，荣禄几乎天天都要见方恭钊、李岷琛、任

1　关于这一天的北京政情，可参见茅海建：《戊戌变法史事考》，第 39—45 页。

2　参见《国闻报》八月初一日所刊载的《辕门抄》，后文所述八月初一日至初六日荣禄的会客情况分别见《国闻报》八月初二日、八月初三日、八月初五日、八月初六日、八月初七日、八月初八日所刊《辕门抄》，不再一一注释。

3　据《国闻报》所载《辕门抄》，七月初一日至三十，荣禄共见客 335 人，日均 12 人（七月十七日未见记载，不列入统计）。最多的一天，见客 23 人（七月二十九日）；最少的一天，见客 2 人（七月初八日）。

4　参见《本埠新闻》，《国闻报》光绪二十四年八月初一日。

5　《国闻报》曾报道称："十五日司道赴差务局……酌定藩台、运台、海关道台、天津道台、张燕谋观察五人为总办差务官。"（《国闻报》光绪二十四年七月十八日）

6　参见《国闻报》光绪二十四年五月十二日、六月十六日、七月十八日等日所刊载的《本埠新闻》。

7　五六月间天津雨水情况可参见五月二十六日、五月三十日《国闻报》中的《本埠新闻》，又六月底荣禄致董福祥信函中有"目前暑雨尚多，道路沮洳"一句，也可作为旁证。（《戊戌变法文献资料系日》，第 861 页）

8　荣禄：《复河南抚台刘树棠》，光绪二十四年七月二十三日，《荣禄函稿底本》，清华大学图书馆馆藏，未刊。

毓华。频率之高，无出其右。由此可见筹备阅兵在其心中的分量。也由此可见七月三十日荣禄政务内容与此前的连续性。

通永道沈安辞、霸昌道英瑞、候补道洪恩广、记名提督周庆荣、保定练军封得胜和宣化知府李肇南是直隶地方上的文武官员。荣禄到任后，五月初九日曾奉到谕旨："用人一道，最为当务之急，尤须举贤任能。其阘茸不职各员弁，严行甄劾，毋稍瞻顾因循。"[1]此后，荣禄便迅速行动起来，饬属内各级官员轮流来见，以行甄别。接见僚属遂成为其政务活动中一个常规内容。对此，多种史料都有反映。五月间，荣禄给刘树棠的私信中自陈："日来津、省僚属分别接见，亦有应接不暇之势。"[2]《直报》五月十八日报道称："荣中堂自履任以后，以北洋为海军总汇之区，整军经武及通商惠工，在在非得人材不足济事，因于接见僚属时，虚幻延纳，每日自六点至十二钟分班晋谒者恒数十人。自司道、提镇以迄佐贰、将弁皆以温谕抚循……如有紧要公务，即夜分亦得进见。"[3]由于所接见的僚属有文有武，且低至州县以下，数目十分庞大，所以进程缓慢。实际上，直到八月十一日离任，第一轮接见还未完成。离任的前一天，这个事务都还在进行。七月三十日这天，沈安辞、英瑞等人的到来，不过是轮到他们接见，属于荣禄近两三个月以来的常规事务。由此也能看出三十日荣禄政务与此前的连续性。

候补道王修植（1860—1903），字菀生，浙江定海人。甲午以来，一直供职北洋，精通洋务。荣禄督直后，对其十分重用，陆续委任其办理御路、操场事务（属于天津阅兵的筹备）、北洋大学堂事务和洋务局事务。由于差事繁多，王修植和方恭钊、李岷琛、任毓华一样，是被荣禄接见频率最高的官员，几乎是每隔一两天必出入督署。王修植同时是《国闻报》的主笔，该报之所以消息灵通、屡曝内幕，也与这个有关。七月二十九日，荣禄派王修植护送伊藤博文一行由天津赴京。[4]他七月三十日的到来，应该是就此事复命。

1　《光绪宣统两朝上谕档》，光绪二十四年五月初九日，第24册，第209页。

2　荣禄：《复河南抚台刘树棠》，约光绪二十四年五月底，《荣禄函稿底本》，清华大学图书馆馆藏，未刊。

3　《留意人才》，《直报》光绪二十四年五月十八日第3版。

4　《国闻报》七月三十日报道谓："伊侯于廿九日十一点钟乘火车入京，海关道在车站候送，王菀生观察奉中堂谕伴送至永定门外马家堡。"（清华大学历史系编：《戊戌变法文献资料系日》，第995页）

候选道孙宝琦（1867—1931），字慕韩，也以熟悉洋务闻名。六月中旬被荣禄札委办理御路、操场事务，不久又任之以洋务局委员。[1]由于参与皇差和洋务两项紧要差事，孙宝琦也经常被荣禄接见。

宋联奎是候补官员，曾入董福祥幕府，此时分发赴川，想求川督奎俊（荣禄叔叔）设法筹一位置。遂由董福祥出面为其请托，荣禄允之。故宋的到来，是为了拿荣禄给奎俊的吹嘘信件。此事在荣禄第二天（八月初一日）给董福祥的回信中有反映："宋牧久随柳幄，襄赞戎机，自是一时佳士。兹因分发赴川，承属一节，当即函致家叔，请其量才位置，已交该牧自行投递。"[2]

前海军副将叶祖珪，字桐侯，福建闽侯人。他到来的背景，《国闻报》曾有专门报道："前水师副将叶桐侯副戎在北洋水师官中资望最深，其水师学问亦为同辈所推许……兹中堂拟于北洋重创水师，而前年总署所定购战舰，亦先后至津。因复檄调叶副戎北来。"[3]故，叶是荣禄为重建北洋水师专门札调前来，这天是到津之后的第二次谒见。很可能是叶祖珪到来后，军舰和人才都已到位，荣禄八月初二日做了一个决定：初六日前往大沽检阅兵轮。[4]

江苏候补道容闳，字纯甫。此前奉旨筹办津镇铁路，此番是在总理衙门的严旨催促下赴京陈述筹资情况，道出天津，属礼节性拜会。[5]吉林副都统噶噜岱奉五月十五日谕旨："开缺来京"，此时当属路过天津。

会客之外，荣禄这一天还起草了若干封信件。其中最引人注目的一封是写给其亲家、军机大臣世铎。不过这只是一封报平安的家信，并不涉及时政。略谓："秋成告稔，民情极形静谧，犀躯耐劳犹昨。署中长幼论庇顺平，差可告纾。"[6]又有一封信是致奉天候选县绍康，称北洋"无从位置"[7]，相似的信还写给步

1 参见本文第九章《荣禄幕府考》中"北洋时期"一节。
2 荣禄：《复督练甘军甘肃提台董福祥》，光绪二十四年八月初一日，《荣禄函稿底本》，清华大学图书馆藏，未刊。
3 《名将北来》，《国闻报》光绪二十四年八月初二日，国家图书馆微缩胶卷。
4 《直报》八月初三日报道："大沽炮台工程告竣，业已禀知。日昨中堂传谕：定于初六日乘小轮船前往验看，并验前在德国造来停泊沽口之铁甲海筹、海容兵船二支。"（《谕验兵轮》，《直报》光绪二十四年八月初三日第3版）
5 参见茅海建：《从甲午到戊戌——康有为〈我史〉鉴注》，第354页，注释1。
6 荣禄：《复礼亲王》，光绪二十四年七月三十日，《荣禄函稿底本》，清华大学图书馆藏，未刊。
7 荣禄：《复奉天辽阳土药各捐委员候选正堂绍康》，光绪二十四年七月三十日，《荣禄函稿底本》，清华大学图书馆藏，未刊。

军统领衙门员外郎恩长和兵部员外郎恩良。自荣禄到津之后，请托位置的来函就络绎不绝，自七月十四日光绪帝宣布裁撤詹事府等衙门后，这样的信件尤多，江苏候补道曾纪寿、福建候补巡检陈普恩、浙江候补道陈乃瀚甚至福建陆路提督程文炳，都希望能来北洋谋一位置。[1] 在有署明日期的回信中，荣禄七月三十日前后的回信，大多是应酬这些官场请托。由此可见此时中下层官场中，变法所造成的人心惶惶局面。

八月初一日 "静谧如常"

八月初一日，光绪帝在颐和园召见了袁世凯，事后发下一道谕旨，允其专折奏事。这一步，是光绪帝在按康党的计划行事。[2] 对此，太后也未做任何反应，当天帝后的关系尚属正常。颐和园中昨天起出现的紧张情势这天未见缓和，但也未见激化。[3] 此时的天津，也依然在延续着昨天的平静。

这一天，荣禄共见客 17 人，与昨天大体持平。名单是：出使朝鲜大臣徐寿朋；江宁藩台袁昶；署运司方恭钊、海关道李岷琛、署天津道任毓华、候补道潘志俊、黄建筦、窦延馨、正任威县张联恩、候补道吴亦琳、王恢善；记名提督奇克伸布、水师营郑国俊、马小队杨福同、补用副将李葆玉、马兰镇右营守备鲜俊卿。

徐寿朋和袁昶均是新简大员，奉旨入京请训，路过天津。他们当天谒见荣禄后，于初四日一同赴京。[4]

候补道潘志俊供职于水师营务处，此前曾会同严复验收德国新造兵轮。[5] 他的会见应当跟荣禄打算初六日检阅兵轮有关。候补道黄建筦，字花农，早年随李鸿章办理津沪文报局，精通洋务。荣禄到直后，对其十分信任，六月曾札委其办理行宫工程；遇有交涉事件，也不时派差。[6] 所以黄的角色与王修植相似，

1　参见《荣禄函稿底本》中的《复步军统领衙门恩长、兵部车驾司员恩良》、《复江苏候补道曾纪寿》、《复福建候补巡检陈普恩》、《复浙江候补道陈乃瀚》、《复福建陆路提督程文炳》等，清华大学图书馆馆藏，未刊。

2　茅海建《从甲午到戊戌——康有为〈我史〉鉴注》指出：光绪帝召见袁世凯，"完全按照徐致靖（七月二十六日）的奏折行事。"而徐折由康有为代拟。参见该书第 731 页。

3　参见茅海建：《戊戌变法史事考》，第 45—60 页。

4　《国闻报》八月初三日报道："新授江宁藩司袁爽秋方伯昶日前与徐进斋星使同坐新裕轮船来津。……定于初四日与徐星使一同进京云。"（《本埠新闻》，《国闻报》光绪二十四年八月初三日）

5　参见《国闻报》六月初七日、七月初九日所刊《本埠新闻》。

6　参见拙文《荣禄幕府考》，《燕园史学》第 22 期。

经常出入行辕。

候补道窦延馨，属荣禄新添派的行宫工程会办，此事在八月初五日的《国闻报》中有提及。[1] 自五月成立"皇差局"以来，荣禄已陆续添派至少 11 名候补道员、候补知府入局办事[2]，这次与窦延馨同一批添派的还有另外 5 人。[3] 此后的五六天中，又有至少 10 名官员被陆续添派，八月初二日、初三日、初五日、初六日的报纸上均有相应报道。[4] 由此可知，八月初，天津阅兵的筹备十分紧张，人手大大不够用。也反映出荣禄内心的某种悬悬不安，他在担心：按原定计划，各项皇差能不能如期完成。候补道吴亦琳、王恢善是皇差局委员，一个负责御路工程，一个负责文案支应。[5]

记名提督奇克伸布属荣禄的亲信武弁，早在荣禄任职内务府时期便供职麾下并受过荣禄保举。[6] 杨福同是直隶总督亲军马队副将；郑国俊是水师营副将。荣禄正式的出行场合有很大的排场，亲军马队和亲军水师营有护卫之责，如六月初九日荣禄由海防公所移驻北洋大臣行辕时，就由护卫练军、亲军马队、亲军水师营负责沿途安全。[7] 而这种安排需提前一两天布置，如荣禄五月二十四日出署拜谒各国领事，曾于二十二这天见杨福同。[8] 故奇克伸布、杨福同和郑国俊的会见，应跟初六日赴大沽阅看兵轮的出行有关。八月初三日，《国闻报》《直报》在同一天登载了荣禄初六日赴大沽口的消息，并称"已饬下预备一切"。[9]

张联恩、鲜俊卿是直隶地方官员，他们的会见应属荣禄此前接见地方僚属的继续。补用副将李葆玉的到来事由不详。

1　《国闻报》当日报道谓："兹悉中堂以行宫差务事关紧要，添派窦子桂观察会同办理。"（《国闻报》光绪二十四年八月初五日）

2　参见《国闻报》光绪二十四年五月十二日、六月十六日、七月初六日的《本埠新闻》。

3　参见《国闻报》光绪二十四年八月初五日所刊《本埠新闻》。

4　参见《差委支应》，《直报》光绪二十四年八月初二日第 2 版；《委员会办》，《直报》光绪二十四年八月初六日第 2 版。

5　参见《国闻报》光绪二十四年五月初六日《本埠新闻》所报道的皇差局添派人员名单。其中的"吴缄斋、王燕山"当是吴亦琳、王恢善。

6　参见荣禄：《奏为遵保恭修普祥峪万年吉地工程出力人员奖叙事》，光绪五年十月初三，《宫中档朱批奏折》，档号：04-01-13-0342-063。

7　参见《中堂入署》，《直报》光绪二十四年六月初九日第 3 版。

8　参见本文附录《直隶制台辕门抄》中五月二十二日、五月二十四日记载。

9　《谕验兵轮》，《直报》光绪二十四年八月初三日第 3 版；以及《国闻报》光绪二十四年八月初三日《本埠新闻》。

这一天，荣禄有一封答复董福祥的书信，其内容已被前文所引，大意是通告董前日请托之事，他已妥办。像这类官场应酬，是极琐碎、极无谓之事，荣禄此时有工夫办这类事，证明他的日程中并没有太紧要的事务。再，前任王文韶督直时，每天会客大多是2—3班（大约5人），偶尔某天多至4班七八人时，便觉得吃不消。[1] 故会客对官员来说，是一件看似轻松的苦差事；而此时，荣禄年纪与之相当，每天会客十余人，在体力上是很大考验；他此时仍延续着七月以来的会客数量，也可见此时的日程中，没有太紧要、太突然的安排，他按以往的节奏，精力尚可应付。

在康梁的描述中，礼部事件后，荣禄与"旧党"往来频繁、密谋训政，天津宛如一个忙碌的大本营。但直到八月初一日，荣禄的日程中，看不到任何这样的迹象。相反，此时的天津正如荣禄私信中屡屡提及的那样——静谧如常。

八月初二日　电称英船入口

八月初二日，光绪帝发出一道明诏：严令康有为迅速出京。这背后，围绕康有为的任用，帝后之间又有过一场交锋，两人的关系更加紧张。当天，光绪帝令林旭带出另一道密诏，林随即入城找康有为等人谋划对策。由此，紧张的气氛由颐和园内扩大到颐和园外，康党一派开始忙碌起来。[2] 这一天的天津，往日的静谧戛然而止，也出现了异常。

这天白天，荣禄在督署内会见了11人。名单是：候补道承霖、张鼎祜、李竞成，候选道王修植、蒯光黻，候补直隶州蔡绍基，美国商人胡治定，署冀州龚寿昌，试用通判胡长年，候补州穆荫，候补县郑思宾、郝增祐、候选道铎洛仑，已革江苏题奏道游春泽。

承霖是天津机器局帮办，熟悉洋务，此前至少被荣禄召见10次，深受信任。此时恰逢"海防支应局"空出一"会办"职位，荣禄随即札委承霖接替。故承霖的到来是为"谢委"，此事在八月初四日的《国闻报》中有报道。[3] 候补

1　《王文韶日记》光绪二十一年十月二十一日记："见客四班四起，……自巳至酉匆匆一饭外无片刻闲，望七老翁，何以堪此？"（《王文韶日记》，下册，第920页）
2　关于这一天的北京政情，可参见茅海建：《戊戌变法史事考》，第60—65页。
3　当天《国闻报》的报道谓："海防支应局会办韩镜大观察已经总理衙门奏派，奉旨与李铁农观察前赴四川，会同宋芒之太史办理川省矿务。所遗支应局一差……中堂已札委帮办军械所承镜宇（承霖）观察会办。……已赴辕谢委，并入局视事矣。"（《国闻报》光绪二十四年八月初四日）

道张鼎祜、李竟成均是李鸿章时代提拔起来的洋务好手。这时,张管理"大沽船坞",李管理"淮军银钱所"。荣禄到任后,曾多次奉旨"裁汰冗员、归并局所"[1],故早在六月间便拟定了一个裁撤计划,大沽船坞和银钱所均在裁撤之列[2],此时尚未付诸实施。又据《国闻报》报道,"银钱所"裁撤后,它原先所承办的淮军军饷差事将归并到承霖任会办的"海防支应局"[3],所以张鼎祜、李竟成当晚与承霖一同到来,很可能是商议具体的裁撤方案。

王修植到来的背景在第二天的《国闻报》中有反映:"天津各书院改为学堂业将司道等会议办法详志前报。今闻王菀生观察奉中堂面谕定于初三日会同司道到各书院阅看房屋,以便克日开办。"[4]各地书院改为新式学堂是变法中的重要谕令,荣禄接旨后曾于七月十二日至七月十四日连续三天召集僚属商议筹划。七月二十一日将筹议情形专折奏报。[5]至是,天津地区开始进入实际筹备,由此也可看出荣禄对待"变法"并不怠慢。

蒯光黻是荣禄为天津阅兵差事新添的又一人手,负责照料海光寺行宫事务,此事在八月初五日的《国闻报》中有提及。[6]他当晚的到来应是接受(或感谢)委任。

候补直隶州蔡绍基是留美幼童,荣禄到任后,每当会见英美洋人,均以其为翻译。他当晚前来,自然与会见美国商人胡治定有关。至于胡治定的具体身份和到来原因,尚不得而知。

试用通判胡长年是一个六品小官,荣禄当晚召见他之后,于初四日左右通过辕门"牌示"的方式公布了一道批文:"直隶试用通判胡长年禀批。现奉谕旨:州县条陈事件,应由督抚将原封呈递。该员既有条陈,应即遵旨自行缮折,

---

1　荣禄:《通饬北洋各局所裁汰冗员文》,载光绪二十四年六月二十三日《国闻报》。
2　荣禄拟裁撤大沽船坞,参见《国闻报》光绪二十四年五月二十三日。
3　荣禄拟裁撤"银钱所"归并到"海防支应局",参见《国闻报》光绪二十四年六月二十七日。
4　《本埠新闻》,《国闻报》光绪二十四年八月初三日。
5　参见荣禄:《奏为遵办直隶学堂筹议情形仰祈圣鉴事》,收入国家档案局明清档案馆编:《戊戌变法档案史料》,北京:中华书局,1958年,第284—285页。关于此折的筹议情形,《国闻报》七月十五日报道谓:"各行省书院为学堂自五月间降谕后,叠奉严催,中堂前经饬司道各属妥筹办法议复,……因再饬裕方伯会同运司、津海关道、天津道,并添派王菀生观察会议。十二、十三、十四等日均集中堂衙门熟商办法。"(《国闻报》光绪二十四年七月十五日)
6　参见《本埠新闻》,《国闻报》光绪二十四年八月初五日。该报道中的"蒯少农"即蒯光黻。

将原封呈送本阁部堂，以便代递可也。此批。"[1]考虑到荣禄督直期间，胡长年的名字仅在《辕门抄》中出现过这一次，故他的到来，属呈递条陈无疑。由此也能看出，变法期间，极被光绪帝看重的"士民上书"一事，在直隶是畅通的，并未受到阻碍。

署理冀州知州龚寿昌、候补州穆荫、候补县郑思宾、郝增祐四人的名字只在《辕门抄》中出现这一次，他们到来的原因目前尚未考出。

铎洛仑和游春泽均属外地官员。《直报》的《辕门抄》上，铎的名字后有"辞回京"字样。故两人应属道出天津。

到了晚上，荣禄又见了两个人，其一是新授江宁布政使袁昶，其二是候补道姚文栋。袁昶的会见属于辞行，第二天，他将和徐寿朋一道入京请训。姚文栋是荣禄的洋务幕僚。六月间，保定发生教案，荣禄即派姚文栋前往交涉。[2]此案虽在七月议结，但由于法国传教士提出将教堂移往保定城内，又引出一些后续问题。[3]故八月初五日，荣禄安排了一次与法国大主教樊国梁的会晤。[4]姚文栋当晚的到来，应该是荣禄为初五日会见樊国梁做准备。

累计来看，荣禄这一天共见客15人，相比昨日，仍属持平。并且，从他会见郑思宾、郝增祐、胡长年这样的小官来看，其政务日程中仍未有太紧要的事务。这一天似乎又要平静地过去。但到了深夜，异常出现了：亥时（晚21点至23点），荣禄向总理衙门发出第一道电报，通报大沽口出现军情：

> 初二日戌刻接聂提督电称，昨下午六点钟由营口来兵船七艘，三只泊金山嘴，四只泊秦王岛。风闻系英国兵船，何以突来如此之处多等语。复于亥刻又接该提督来电，称查大沽子药库在塘泊〔沽〕南，现外国兵船已泊塘泊口内，系在塘沽子药库背后，相去太近，求饬罗镇严加防备等情。除电饬罗镇不动声色，暗为防探，一面密派黄道建筦密赴塘沽查探，特先电闻，务望询明英轮何事，即先电示，俟黄建筦查覆再行

1　《国闻报》光绪二十四年八月初六日所刊《督辕牌示》。
2　参见拙文《荣禄幕府考》，《燕园史学》第22期。
3　参见《沈家本日记》，光绪二十四年五月十八日至二十五日，《沈家本未刻书籍纂补编》，下册，第1322—1325页。
4　参见本文附录《直隶制台辕门抄》八月初五日记载。

电达钧署。禄，萧，亥刻。[1]

消息的来源是直隶提督聂士成，据他戌刻（晚 19 点至 21 点）所发的电文，昨晚（八月初一日）六点，有七只军舰驶入秦皇岛一带海面，可能是英国兵船，也可能不是。荣禄接到这封电报并未立即向总理衙门通报，他或许是想确认一下消息是否准确。到了亥时（晚 21 点至 23 点），聂士成又发来第二道电报，称外国兵船已到大沽口，威胁中方的火药库。此时，荣禄紧张了起来，他随即作出三个反应，一是立即发电总理衙门，请求其向英方核实。二是饬天津镇总兵罗荣光秘密戒备，暗中防探。三是派出熟悉交涉的黄建筦密赴大沽，似有所交代。

子时（晚 23 点至初三日凌晨 1 点），新的情报传来，通永镇总兵李大霆确认，秦皇岛一带的兵船，"查系英舰"，问其来由，答以"俄国意甚不善，英廷特派来此保护中国云云"。虽然与对方有了直接对话，但李大霆对兵船是否属于英国仍不敢抱十足把握，在电文最后，他又称："该各船所称俄意不善，来此保护等语不知何所见而云然，抑或他国捏称英船，均不可知。特此电闻。"荣禄接到此电后未做耽搁，随即于子时向总理衙门发出第二封电报。[2]

荣禄的这些做法，对于当时已经十分紧张的北京政局来说，相当于拉响了另一种警报，在京师官场引起不小的恐慌；同时也引起了康党的怀疑。梁启超日后指出，所谓"英舰七艘泊于大沽口"是荣禄"造谣"，目的是制造紧张气氛，借机调袁世凯回津。[3]实情是否果真如此？大沽口外的军情到底是荣禄编造还是确实存在？初一日、初二日大沽一带到底有无兵船？若有，是不是英国兵船？这里不妨看看英国海军方面的记载。

八月十七日（10 月 2 日），英国海军中将西摩向英国海军部汇报了英国在华舰队（基地时在威海卫）最近的动向，内称：

> 参照 9 月 23 日我的电报，我向您报告：16、17 日，我在北戴河晤见了帝国公使窦纳乐。他对我说，事态一般看来似乎是平静的，既没有

1　《军机处电报档》，光绪二十四年八月初二日，中国第一历史档案馆编：《清代军机处电报档汇编》，北京：中国人民大学出版社，2005 年，第 20 册，第 207 页。按，总理衙门收到该电时已到八月初三日凌晨，故档案日期标注"八月初三日"。

2　参见《军机处电报档》，光绪二十四年八月初三日，同上书，第 209 页。本段中所提及的李大霆的电文，系从该电报中录出。

3　参见茅海建：《戊戌变法史事考》，第 51—56 页。

理由在这海面或在扬子江上集中了帝国的军舰，也不需要舰队作任何特别的处置。二、因此，我带着舰队出发，做了一个已经呈报了的短程预定巡航，在 23 日回到威海卫。[1]

从时间上看，9 月 16、17 日，恰好对应农历的八月初一日、初二日。从地点上看，西摩在北戴河，舰队停泊在"这海面"，即北戴河附近。17 日之后，西摩才带领舰队从北戴河出发。所以八月初一日、初二日两天，英国军舰确实是在北戴河一带。查聂士成八月初二日第一道电报，称兵船到来是从初一日下午六点开始，初二日时仍在；兵船停泊的地点一是"秦王岛"、二是"金山嘴"，对照地图可知，"金山嘴"在今天的行政区划上属于北戴河区，而北戴河区属于秦皇岛市，所以聂士成所说的"秦王岛"、"金山嘴"与西摩所说的"北戴河"海面正是同一区域。所以，从时间和地点来看，都完全吻合。由此，西摩的报告不但证实了有军舰到来，也证实了这些是英国军舰，从而证实荣禄不仅没有造谣，所获得的情报还相当准确。

并且，西摩的报告还显示，17 日（八月初二日）之后，英国舰队虽然离开了北戴河海面，但 23 日（八月初八日）之前，并未驶回威海卫基地，而是做了一次"预定巡航"。至于巡航的线路，他在此处未明确提及，不过从"短程"的字眼看，应该距离北戴河海面不会太远，总归在北洋一带。所以接下来几天，对于荣禄来说，大沽口外的军事紧张仍未消除，他将会为此忙碌一阵子。

八月初三日　调聂军深夜入津

八月初三日，对于京城中的新旧两党来说，都是最紧张的一天。这天早上，慈禧太后开始对光绪帝的权力进行限制，帝后关系进一步紧张。上午，康党成员跪读了光绪帝的两道密诏，决定"围园捕后"，做最后一搏。下午，旧党杨崇伊赴颐和园呈递密折，吁请慈禧太后训政。晚上，谭嗣同密访袁世凯，实施"围园"方案。当天北京城内的政情可谓千钧一发。[2] 此时的天津，也出现了诸多异常。

从《直报》的《辕门抄》看，荣禄这天只见了三个人：海关道李岷琛、户部员外郎王之杰、通永道沈安辞。从《国闻报》的《辕门抄》看，荣禄白天只见了两个人：李岷琛和王之杰。两相对照，可以确定：当天白天，荣禄见客数

1　《海军中将西摩致海军部》，1898 年 10 月 2 日，《丛刊·戊戌变法》，第 3 册，第 550 页。
2　当天的北京政情可参见茅海建：《戊戌变法史事考》，第 65—84 页。

量大幅减少，他近期以来的政务习惯已经被打乱。其政务日程中一定有不同以往而且非常紧迫的安排。这背后，大沽口外的军事紧张一定是原因之一。

对此，荣禄在当天上午有一系列的展布。据袁世凯《戊戌纪略》称，八月初三日，"将暮，得营中电信，谓有英兵船多只游弋大沽海口。接荣相传令，饬各营整备听调，即回寓作复电。适有荣相专弁遗书，亦谓英船游弋，已调聂士成带兵十营来津扎陈家沟，盼即日回防。"[1] 这段记载透露，荣禄在下午之前至少做了三项决定：其一是饬新建陆军整备听调。其二是遣专弁入京，告袁世凯"英船游弋"，促其"即日回防"。其三是调聂士成十营入津，驻扎陈家沟。但这些记载缺少天津方面的旁证，是否完全属实，尚不敢下一断语。

中午时，昨天派往塘沽的黄建筦发回一道电报，称经过探访，大沽口内"并无英兵船"。"塘沽只泊日本兵船一艘，查系前两月所来。现口外亦无兵船。"荣禄接到电文后，一面转告总理衙门，一面电饬大沽炮台和山海关各口继续探访，随时注意洋轮动静。[2]

不知道是不是黄建筦的电报让荣禄稍稍松了一口气，到了晚上，他竟安排了 8 人的会见。名单是：前礼部侍郎曾广汉、汉军副都统荣和、提督聂士成、候补道孙宝琦、黄建筦、李竟成、浙江候补道常黻、前江苏无锡知县吴观乐。

曾广汉的身份前文已有交代。当时的特殊时局下，他的到来实在是件大事。

荣和出身侍卫，甲午战争中赴吉林招募猎户、编练成军，当时该军受荣禄所在的督办军务处节制。[3] 本年七月十一日，荣和在北京奏请回奉天重新招募旧部、编练二十营，光绪帝令其与奉天将军依克唐阿一同筹议（后被允准）。[4] 故荣和此时当属路过天津前往奉天。又：由于荣和一军曾受督办军务处节制，故荣禄对荣和非常熟悉，也非常赏识。五月二十九日，荣禄向光绪帝保举 31 人，荣和也在其中。[5] 所以，荣和此时谒见荣禄，表达感谢是难免的。

聂士成作为武毅军总统，平时常驻芦台，距天津约 150 里。此前，他很少

1　袁世凯：《戊戌日记》，《丛刊·戊戌变法》，第 1 册，第 549 页。
2　初三日午时的电报原文及其分析可参见茅海建：《戊戌变法史事考》，第 55 页。
3　参见《清实录》，光绪二十年十月下，第 26 册，第 552 页。
4　参见《光绪宣统两朝上谕档》，光绪二十四年七月十一日，第 24 册，第 323 页。
5　参见荣禄：《奏为特保前四川总督鹿传霖等员请旨择用事》，光绪二十四年五月二十九日，《军机处录副》，档号：03-5362-005。

被荣禄召见（只有 3 次，同期袁世凯至少 7 次）。此时，大沽口外军情紧张，芦台距大沽炮台约 100 里，"挈水陆之中枢"[1]，是十分紧要的军事重镇。荣禄在此关头将聂士成由芦台招至天津，不符合用兵的情理，属于异常，很可能与调武毅军十营深夜入津有关（详后）。

黄建筅初二日被派到塘沽查探英船动向，这天中午有电报回禀荣禄。此时当是从塘沽返回复命。孙宝琦也熟悉对外交涉。这两人的到来，应该还是会议英舰问题。

李竟成昨天刚被荣禄召见，当晚到来，或许是裁撤银钱所一事的继续。

常黻属候补官员，七月二十日奉旨分发江苏，此时属道出天津南下。[2] 吴观乐前在无锡知县上被革职，随后被刘坤一委之以太湖水师提调。此时，他由江苏方面给咨赴吏部谋求开复，也属路过天津。[3]

这一天，荣禄还写了若干封信。其中，复奉天将军依克唐阿、奉天昌图知府徐镜第、广东直隶州海禹祺的书信雷同，大意谓秋成告稔、辖疆平安云云。[4] 复山西潞安知府陈泽霖的信件谈到了变法局势：

> 示及开缺一节，暂行从缓，自是正办。目前时局日新，叠奉廷旨，饬办学堂及农工商务。蕲帅（晋抚胡聘之）于新政极为留意。遵处如能督饬所属，勤谕绅富认真兴办，循声所播，上达九重。不次超迁，定在指顾矣。[5]

陈泽霖虽是小官，但与荣禄关系密切，曾投拜为门生，也被列入五月二十九日的 31 人保举名单。[6] 此信的重点是劝陈泽霖暂缓开缺、勉为新政。从这点来看，到了此时，荣禄对新政和光绪帝仍无怨言。

荣禄在调兵遣将之余有工夫会见过往官员、有工夫处理无甚紧要的私信，可知八月初三日这天（特别是会客量较大的晚上），他内心大体平静，觉得局势尚可从容应对。

1　聂士成：《东游纪程》，北京：中华书局，2007 年，第 11 页。

2　参见《谕旨恭录》，《申报》光绪二十四年七月二十八日第 14 版。

3　《苏省官报》，《申报》光绪二十四年十一月十三日第 10 版。

4　参见《荣禄函稿底本》中《复奉天军督部堂依》、《复奉天昌图府正堂徐镜第》、《复广东候补直隶州正堂海禹祺》，光绪二十四年八月初三日，清华大学图书馆馆藏，未刊。

5　荣禄：《复山西潞安府正堂陈泽霖》，光绪二十四年八月初三日，清华大学图书馆馆藏，未刊。

6　参见荣禄：《奏为特保前四川总督鹿传霖等员请旨择用事》，光绪二十四年五月二十九日，《军机处录副》，档号：03-5362-005。

到了初三日午夜，重大异常出现了：聂士成所部右军后营陆续开拔入津。当时，天津风大雨大，聂军行进得非常紧急也非常辛苦，以至于该营管带疲病交加，突然病故。《国闻报》稍后的报道称：

> 右军后营管带尹凯臣协戎得胜，本该军翘楚之才。该营队伍于初三日午夜由火车冒雨而来，尹君劳瘁过甚，忽于初五日以急症逝世。聂军门深为惋惜。[1]

《直报》的报道称：

> 初三日夜半大风雨中，武毅之右军后营拔队来津，管带官参将尹得胜以积劳之躯，冒雨遄行，感受时疫，于扎营后猝然病故。[2]

两相对照，时间、地点、人物十分一致，两家报纸都在八月初七日同一天刊出，应排除相互抄袭可能，只能说是他们都得到了十分准确、可靠的消息。文中最值得注意的有两点：一是聂军调动的时间是在八月初三日午夜。二是聂军先乘火车，然后又冒大雨行进，属急行军无疑。那么，此时的天津城内到底有什么事情，值得他们大半夜冒大雨匆匆前来？

黄彰健先生 1970 年著作称，"聂军的调动固然可能为了应付大沽局势，但也可能是为了防袁"，茅海建先生在总体同意这种判断的基础上，认为更可能是为了防英，"后一种可能性很小"。[3]

但若是为了大沽局势，聂军调动的方向应该是前往大沽，增加炮台的守兵，而不该是调往天津城内。并且，荣禄此时得到的最新情报是黄建筦午时的电文（下一封情报是初四日白天才到来），其时大沽口方向并无英船，军情并不紧张，似没必要做急行军。第三，更蹊跷的是，第二天，即八月初四日，荣禄得到通永镇总兵李大霆发来的新的情报，英兵轮六只停泊在榆关一带海面（近秦皇岛，在芦台之北），兵丁二十余人已登岸，紧张的局势达到最高点[4]，但这一天，荣禄还在继续抽调芦台

1　《将星忽陨》，《国闻报》光绪二十四年八月初七日。

2　《武毅得人》，《直报》光绪二十四年八月初七日第 3 版。

3　参见茅海建：《戊戌变法史事考》，第 57、59 页。

4　荣禄八月初四日致总理衙门电转引李大霆来电谓："本日接李镇自榆关来电：英兵轮六只，鱼雷艇二只，均泊定远炮台前面，离岸十里，当派鱼类营管带宋思鸿前往查问，据称，来此游历，后又有兵丁二十余人登岸，欲入营，已阻回。"（该电的原文及分析参见黄彰健：《戊戌变法史研究》，中研院历史语言研究所专刊，第 54 辑，第 524—525 页）

的驻军开赴相反方向的天津（在芦台之南）。[1]很难想象，荣禄一面想着防英，一面却把防守这片区域的军队调走。只能说明，此时的天津有更紧急的事情。

回头再看防袁这种可能，按袁世凯所述，初三日下午他收到的荣禄信件中，有"已调聂士成带兵十营来津扎陈家沟"之语，似在荣禄遣专弁出发之前（应在初三日上午），已发出调聂军来营的军令。若是如此，芦台与天津间的铁路线不过52公里，聂军乘火车前来最多不超过两小时，似乎应该到得更早一些。[2]（即使中午出发，下午六点前也能抵津）没必要赶在半夜行军。由此，荣禄在专弁遗书时，应尚未实际调动聂军。

而在专弁遗书之后、聂军来津之前，有这么几件事值得注意：第一，袁世凯下午得书后回电，须到初五日请训后方能回津。[3]第二，礼部事件中被革职的曾广汉来到天津，见了荣禄。第三，直隶提督聂士成由芦台来津，面见荣禄。

先来看第一件事，袁世凯是七月二十九日入京召见，此时已在京滞留5天。这5天中，光绪帝已经见了袁世凯两次，八月初五日再见一次，就有3次。查戊戌变法期间（四月二十三日至八月初六日），光绪帝对被保举官员，实际召见24人。这24人中，有19人是召见一次，只有端方、林旭等4人是召见两次。像袁世凯这样召见3次者，绝无仅有。[4]过程如此之长，次数如此之多，很容易引起猜疑和警觉。而在实际召见的官员中，只有袁世凯一人有兵权，也只有袁世凯在召见后的任用，涉及军权的调整，这也容易引起特殊的关注。如果说八月初一日，光绪帝令袁世凯专司练兵、单独奏事，未必会引起荣禄警觉，但袁世凯事后滞留如此之久，荣禄恐怕多少会有些怀疑。到初三日这天，军情紧张，已明告盼其即日回防的情况下，袁世凯坚持初五日请训后方能回津，恐怕他的疑心会更重一些。《清史稿·荣禄传》谓："（袁世凯）超授侍郎，统练兵。荣禄

1　《国闻报》八月初六日报道谓："闻（聂军）左右两军计十营已于初四日、初五日等日，由芦台拔队来津，有见之者谓各军均系行军装束。"（《国闻报》光绪二十四年八月初六）由此可知聂军的调动持续至初五日。

2　芦台与天津间的铁路交通状况参见熊亚平等：《略论近代天津城市与周边集市（镇）之间交通方式的演变（1860—1937）》，《城市史研究》2012年第2期。

3　袁世凯：《戊戌日记》，《丛刊·戊戌变法》，第1册，第549页。

4　戊戌变法时期的召见情况，茅海建先生曾有细致梳理，参见氏著：《从甲午到戊戌——康有为〈我史〉鉴注》，第606、667页。

不自安。"[1] 当是一种很合乎内情的记载。

曾广汉是仇视康党一派,他此时来津,不会不谈及京师的政情;谈及京师的政情,又不会不提到康有为和袁世凯。由于光绪帝召见袁世凯的步骤是完全按康党的计划行事,若曾广汉在这方面转述一些京城的传闻[2],或有添油加醋的言论,荣禄很容易听进去。

再看聂士成的到来,前文所述,聂士成很少来津。此时连夜来见,定是有不一般的事情。而在聂士成召见后,聂军当晚午夜即来津,二者在时间上靠得很近。所以,聂军的调动,像是荣、聂二人商量之后的结果。

若这些推论不谬,荣禄调军的逻辑,很可能是袁世凯答复初五日回津引起了他的怀疑和警觉。而曾广汉关于康党的某些说法又加剧了这种怀疑。在与聂士成商量后,决定调聂军来津,以防袁军有所动静。由此,本文认为,聂军的调动,更可能是为了制袁。但要坐实这种可能,目前的史料还显得不足。

八月初四日　未曾离津

八月初四日,慈禧太后突然从颐和园回到西苑。康党经过昨晚的发动,这一天仍未收手,他们拜访了英国传教士李提摩太,又试图联络英国公使,希望外人能介入当时的局势。[3]京城中"讹言甚众"[4],很多人都在猜测、谈论时局背后的内情,紧张的空气已扩散到社会下层。"围园"的计划已被袁世凯和身边少数人掌握,在逻辑上,有可能于当天传回天津。又据日本使馆日后发回的情报,这一天,荣禄曾经离开天津,秘密进京。[5]这一记载被黄彰健先生采信,作为推

1　赵尔巽等撰:《清史稿》卷四三七,第41册,第12375页。
2　康有为以徐致靖名义奏请袁世凯入京,在政局是一个不寻常的举动,很容易引起猜测。据王照记述,当他听说"徐致靖奏袁世凯入都",其反应是:"大惊",遂赶紧上折奏请让光绪帝命袁世凯带兵赴归德府镇压土匪,以掩人耳目。(《关于戊戌政变之新材料》,《丛刊·戊戌变法》,第4册,第332页)由此可进一步推论:康党招袁的用意,很容易被看透,也很容易引起政界中的惊惧和猜测,像曾广汉这种侍郎一级的京官,政治经验比王照丰富很多,不会不对袁世凯入京的举动有所警觉。
3　参见茅海建:《从甲午到戊戌——康有为〈我史〉鉴注》,第765—772页。
4　《唐烜日记》,光绪二十四年八月初四日记:"湖南永州府亦相传失守;山东又有乡团起事,与德国为难,戕杀洋人多名。京中讹言甚众,究未知四方消息何如也。"由此可见当时北京政情的动荡局势。中国社会科学院近代史研究所图书馆藏,未刊。
5　《日本外相大隈重信致日本各驻外公使的通报》(1898年10月13日)谓"西太后于上月19日突然还驾北京,直隶总督荣禄也于同日乔装潜入北京,于是决定对改革派实施打击"。(《近代史资料》,第113号,第6页)

导政变原委的重要依据，茅海建先生则认为此说不可信。[1]由此使这一天荣禄的行踪和作为显得格外关键。

从当日《辕门抄》来看，《直报》的版本中有一句十分醒目的话："中堂今早出府拜客。"查《直报》此前的记载，荣禄到任后，至少8次提到其出署，每一次都有旁证，十分可靠。如五月二十四日，该报《辕门抄》第一次提到荣禄出署，目的是拜会各国驻津领事。[2]查这一天《国闻报》的相应记载，果然只有晚上见客，白天未见客。又如，六月初一日，该报《辕门抄》记载荣禄出门回拜藩司裕长，又报道第二天裕长乘舟离开天津返回保定[3]，查《沈家本日记》，果然有"裕方伯初二日登舟"字样。[4]再如六月十二日，该报《辕门抄》记载"中堂今早出门拜庄大人山"，查《国闻报》可知，庄山（新授粤海关监督）六月初九日抵津，六月初十日拜谒了荣禄。[5]荣禄六月十一日回拜是完全可能的。既然该报过往的记载如此可靠，不可能独独在这一天出错。故本文认为，荣禄这天早上出署是可信的，至少这天早上，他在天津。

至于荣禄出门拜见何人，该报未明确记载。最大的可能是回拜昨晚来署的聂士成，这种一来一往的见面符合官场的惯例。

从《辕门抄》所记督署内的会客情况看：《国闻报》版本中，荣禄白天见客7人，分别是前江苏巡抚德馨，海关道李岷琛，通永道沈安辝，候补道晏振恪、张鼎祜，署天津府李荫梧，举人梁庆锵。《直报》版本中，荣禄白天见客6人，分别是海关道李岷琛，通永道沈安辝，候补道张鼎祜，署天津知府李荫梧，候补守备杨常锦、宋春兰。剔除重合的4人，这天白天，荣禄见客9人。

这9人中，海关道李岷琛、候补道张鼎祜、候补道晏振恪（管理河防局）、天津知府李荫梧都是荣禄平时常见的本地官员；沈安辝所任的通永道管理秦皇

1　参见茅海建：《戊戌变法史事考》，第117—118页。

2　《直报》五月二十三日报道了荣禄二十四日拜会各驻外领事的详细安排，原文如下："昨阁督署谕传伺候中堂，准于二十四日出府答拜驻津各国领事官。早八点出府；八点半拜法，九点拜英，九点半拜比，十点拜日本，十点半拜俄，十一点拜美，十一点半拜税务司以次，拜毕仍按原路回署。"（《直报》光绪二十四年五月二十三）

3　《直报》光绪二十四年六月初一日所刊《辕门抄》中记载："中堂今日早出门拜裕大人。"六月初二日的报道中又记载："（裕大人）辞赴保定，司道以下送行。"

4　《沈家本日记》，光绪二十四年六月初四日，《沈家本未刻书籍纂补编》，下册，第1326页。

5　庄山六月初九日抵津的报道参见《小住为佳》，《国闻报》光绪二十四年六月十一日；庄山六月初十日拜会荣禄参见本文附录《直隶制台辕门抄》。

岛一带的永平（今卢龙县）、丰润（今唐山）等府县，这里是英船所威胁的区域。荣禄初三日、初四日连续召见沈安辞，应与这里的军事紧张有关，可能是在军事部署时做咨询。前江苏巡抚德馨不久前奉旨赴奉天办理矿务，此时路过天津上任。[1] 梁庆锵是甲午科举人，广东番禺人[2]，他到来的背景不详。综合这些情况，可以看出荣禄当天的会客情况有两个特点：一是人数少，二是除品级太高、不得不见的德馨和来历不明的梁庆锵外，都是近期常见的本地官员。由此可推，荣禄当天的日程仍然紧张，没有多余的精力。

到了晚上，据《国闻报》的记载，荣禄在督署会见一人：新授广东布政使岑春煊（按，《直报》的《辕门抄》无此记载）。又查岑氏到达上海后，上海道发给总署的电文，"伊（岑春煊）初四日出都。"[3] 可知岑春煊确实在这一天路过天津，与《国闻报》的记载有吻合成分。如果把怀疑因素放到最大：岑氏会不会只是去了督署而并未见到荣禄。本文认为也不像，岑初四日晚来过之后，初五日又来署一次。[4] 这种一拜一辞的方式符合当时的惯例。若初四日未见，初五日是第一次相见，那么初五日之后应该还会有一次会见。但初五日之后，《辕门抄》中再无岑的名字。（岑春煊在八月初八日才离开天津[5]）所以，更合理的情形是，岑当晚见到了荣禄。

故结合白天和晚上见客的记录看，荣禄早上在天津，白天也在天津，晚上也在天津——除非《国闻报》、《直报》这天的《辕门抄》都是伪造。

又从两报的新闻报道来看，这一天，聂军还在继续调动来津，该过程一直持续到初五日。前后共计10营，约5000人，占聂军全军的三分之一。[6] 这证明，昨天令荣禄担心的因素还在。

再从天津与各地的往来电报看，午后未时（13点至15点），有署名为"荣禄"的电文发往总署，先转告通永镇李大霆电禀："英兵轮六只""停泊定远炮台前，离岸十里"，"兵丁二十余人登岸，欲入营"。此时的军情万分紧张。接着

---

1 参见《矿务督办来津》，《国闻报》光绪二十四年八月初六日。
2 参见《甲午科广东乡试题名全录》，载《申报》光绪二十年九月二十二第9版。
3 《总理衙门清档·收发电》，档号：01-38/17-7。
4 参见《国闻报》八月初六日所刊《辕门抄》。
5 据前引上海道致总理衙门电文，岑春煊是八月十一日早上抵达上海，当时天津与上海间轮船航程为2—3天，由此推断岑是八月初八日离开天津。
6 《国闻报》八月初六日报道谓："闻（聂军）左右两军计十营已于初四日、初五日等日，由芦台拔队来津，有见之者谓各军均系行军装束。"（《国闻报》光绪二十四年八月初六）

通告天津方面的命令："处以镇静"、"妥为劝阻"云云。

到了深夜亥时（21点至23点），又有署名为"荣禄"的电报致总署，转告李大霑所发最新情报：英轮已于下午六点"一律开行"，榆关一带的军情已经解除。又通告此间的安排："饬李镇继续瞭探，并饬天津镇总兵罗荣光注意瞭探（大概是担心英船会从榆关往大沽口开行）。"[1] 如果从两封电报的署名情况看，荣禄午后和深夜都在天津，但正如茅海建先生所分析，也不能排除是其他人以荣禄名义代发。

最后看天津与京师之间的交通情况，当时京津间最快捷的交通方式是走铁路乘坐火车，单程约4小时[2]，往返约8小时；加上在京的活动，至少要9至10个小时，基本上就是一个白天的时间。由此再结合以上《辕门抄》、电报、书信三种材料看，至少这天白天至深夜亥时（21点至23点）之前，荣禄秘密进京的可能性是非常小的，除非要同时满足两条件：一、《国闻报》《直报》中白天9人的会客记录全是伪造，晚上的见客记录也不可信。二、未时、亥时的电报是他人以荣禄名义代发。这两种材料是由不同的人、不同途径所形成，同时都作伪的概率太小太小了。

至于荣禄亥时之后入京，更不可能。首先当时没有夜间开行火车的条件。[3] 若是骑马前往，以600里加急的速度，京津之间200多里，也需8个多小时。亥时出发，初五日早上（8点左右）才能到京城。即便只1小时办完全部事情，若同样骑马返回，则最早当天下午5点才到天津。若选择乘火车返回，9点过后，只能赶上11点钟的火车，下午3点过后才能回到天津。[4] 而据《国闻报》、《直报》

1　荣禄当天午时和亥时两封电报的原文及分析可参见黄彰健：《戊戌变法史研究》，第524—525页。

2　京津间铁路车程可参见《翁同龢日记》本年五月十三日，这一天，翁"卯正十分（6：10）"登车，"午初抵（11：00）紫竹林（在天津）"，用时4小时50分；又恽毓鼎日记，光绪二十五年八月初一日记："九点钟登车，……十一点钟火车开行，三点钟抵天津老龙头。"用时4小时（分别参见《翁同龢日记》，第6册，第3138页；史晓风整理：《恽毓鼎澄斋日记》，杭州：浙江古籍出版社，2004年，第196页）

3　根据时人日记的记述，天津到北京的"头班车"一般是在五点左右开行，为了赶上这班车，许多人会早起赶路。由此推知当时没有夜班车。参见华学澜：《庚子日记》，《庚子记事》，北京：中华书局，1978年，第99页。

4　这从前引《恽毓鼎日记》的记载可推测出来，恽是上午9：00到达火车站登车，11：00开车。若9：00之后，11：00之前有车次，恽肯定不会等上两个小时。所以只能反推为这中间没有其他车次。另，9：00与11：00之间，只两个小时，时间太紧，应排除安排专列的可能。

报道，初五日3：40左右，袁世凯乘火车回到天津（详后），荣禄按例要出现在火车站"请圣安"的仪式上，若3：00才到津，几乎没有准备时间，日程上难以安排！再从初五日的《辕门抄》看，荣禄当天白天会见了聂士成等6人。如果荣禄下午3点之前不在津（3点过后要赴火车站迎袁世凯回津）就没有时间接见这6人。初五日《辕门抄》的记载又只能是伪造。

所以无论白天也好，深夜也好，荣禄初四日赴京若能成立，需要满足三四种史料同时作伪，这个可能性实在太小，本文认为可以排除。初四日这天，荣禄仍在天津，只是政务日程显得有些紧张。

八月初五日　袁世凯、达斌当夜来见

八月初五日，京城的局势已开始大变。当天，慈禧在西苑发出懿旨，取消初六日回颐和园的原定计划，改八月初十日与光绪帝一同回园。这意味着光绪帝不再有单独执政的机会。康党初三日以来的种种"救上"计划全都受挫，康有为这天早上遵照初二日的谕旨，离开北京，留下梁启超、康广仁等继续活动。[1]城内底层士民比昨日更加惶惑不安，似乎预感到有什么大事要发生，当天米、面价格每百斤涨了"京钱四吊"，并且各粮行放出风声，未来几天还要大涨。[2]此时的天津，民情尚属安静，但督署内的气氛依然紧张。事后，根据一些笔记的记载，袁世凯这天回津后，即刻向荣禄告密。荣禄又匆忙乘车入京向慈禧告密，第二天政变遂发生。这种说法流传甚广，质疑者也甚多。[3]故，这一天荣禄的行踪和作为仍然十分关键。

从《国闻报》《辕门抄》记载看，荣禄白天时见了6个人：提督聂士成，署理直隶按察使廷雍，候补道承霖，候选道王修植，法文翻译李家瑞，广东藩司岑春煊。而据《直报》的记载，会见岑春煊是在晚上，白天的名单是：聂士成，廷雍，王修植，承霖，法文翻译李家瑞，法国主教樊国梁。两相参照，荣禄白天见客7人，比昨天更少。这些人全是他平日常见的本地官员或者不得不见的

1　茅海建：《从甲午到戊戌——康有为〈我史〉鉴注》，第777页。
2　《直报》八月初九报道："初五日米面每百斤又涨京钱四吊，各粮行谈及粮价仍要增涨，是以居民莫不愁锁双眉矣。"（《薪珠米桂》，《直报》光绪二十四年八月初九第2版）
3　参见骆宝善：《再论戊戌政变不起于袁世凯告密——兼与赵立人先生商榷》，《广东社会科学》1999年第5期；以及黄彰健：《论戊戌政变的爆发非由袁世凯告密》，收入氏著：《戊戌变法研究》，第493页。

贵客，无一地方僚属，也无一过往小官，这说明他当日依然忙碌。接见这些人的时间当在下午3点之前。因为3点过后，他要为袁世凯的归来一直忙碌。

袁当天归来情形，《国闻报》和《直报》都视为大事，次日均做了重点报道。前者谓：

> 练兵大臣抵津（标题） 练兵大臣袁慰庭侍郎初五日早赴宫门请训，即于是日出京，乘坐十一点四十分钟火车，至下午三点钟到津。圣安棚、茶座在火车站，同城文武各官咸往迎迓，一时颇为热闹。[1]

后者谓：

> 侍郎旋津（标题） 袁慰亭钦宪以练新建陆军，上结主知，下孚众志；实事求是，成效昭彰。日昨奉旨开缺以侍郎候补，谢恩后于初五日请训出都，四点钟抵埠。圣安棚在火车站。同城文武俱往迎接，钦宪已饬令全队于十六日来津驻扎。只候皇上躬奉皇太后阅视秋操云。[2]

这两则文字传递出三个重要信息：

第一，袁世凯抵津的时间。《国闻报》谓下午3点，《直报》谓下午4点，虽有一小时偏差，但不算严重。当时京津之间火车车程一般是4小时。若按《国闻报》的时间表，11：40登车，正常到达时间是3：40，3点到未免早了些。故该报所谓的"三点钟"和《直报》所谓的"四点钟"应该都不是精确时间，只是一个大体估摸，真实的情形可能是在3点和4点之间。

第二，袁世凯下车后，天津同城官员在火车站进行了跪请"圣安"的仪式。两报报道中提到"同城文武各官咸往迎迓"、"同城文武俱往迎接"，虽未明确提到荣禄在场，但从"咸往""俱往"的字眼看，荣禄当在其中。再据《大清会典》，举行这种请"圣安"的仪式，地方"督抚大吏"必须要前往。[3]这是官场内众人皆知的规则，荣禄在公开场所当然不会明目张胆违例。

第三，按《直报》所记，袁世凯当时或更早之前，作出一项决定：调所部全队来津驻扎，听候秋间阅兵。袁世凯要调动军队，这在当时是件大事。按说，

---

1 《练兵大臣抵津》,《国闻报》光绪二十四年八月初六日。
2 《侍郎旋津》,《直报》光绪二十四年八月初六日第2版。
3 《清会典（光绪朝）》卷九七，《吏部八十一·处分例·迎送供应》规定："嗣后钦差官员至所差省分及经过地方……其该省督抚大吏，除应请圣安者，照例亲身出迎，此外概不准差人迎送。"由这段记载可知，各省"督抚"，必须要"请圣安"。

这种重大安排袁世凯无权单独决定（虽然此时袁世凯有单独奏事之权，但荣禄节制北洋三军的权力仍在），需与荣禄会面后一同商定。而荣禄与袁世凯在火车站的见面，是一个礼节性会面，人多嘴杂，难避耳目，像调兵这种安排，不该是在这种场合做出，不知道《直报》所述何据。

跪请圣安是一个简短的仪式，时间应不超过两刻钟。但此后，官员入茶座寒暄则可长可短。至于荣禄何时回署，袁世凯是否一并随往，两报均无报道。若按紧凑的情形估量，假设全部迎接仪式仅两刻钟，即4：30左右返回，则荣禄入署时约5点左右（从火车站至督署，乘轿约半小时）。[1]

此后，据袁世凯的记述，他来到督院谒见荣禄，当时"日已落"。查《国闻报》八月初七日所刊《辕门抄》中，有记载如下："八月初五日晚，升候补侍郎袁大人世凯拜会（按，仅此一人）。"《直报》八月初六日所刊《辕门抄》也有记载如下："八月初五日晚，中堂见候补侍郎袁大人世凯，广东藩台岑大人春煊。"两报均谓袁到来时间是"晚上"，这与"日已落"相吻合（按，天津日落时间约为傍晚6：08）。[2]

两人见面后，袁世凯所记谈话情形如下：

> 诣院谒荣相，略述内情：皇上圣孝，实无他意。但有群小结党煽惑，谋危宗社。罪实在下。必须保全皇上，以安天下。语未竟，叶祖珪入座，未几佑文亦来。久候至将二鼓，不得间。只好先退晚餐，约以明早再造详谈。

这段记载可分为三节。先是袁世凯直奔主题，告荣禄在京"内情"。"群小结党"自然指康有为、谭嗣同，"谋危宗社"自然指康党有所发动（至于有没有透露详细围园计划不得知），"罪实在下"而不在皇上，指光绪帝也牵扯其中。由此知，所谓"内情"，即初三日谭嗣同夜访情形。在这一节中，袁努力想表明，他一见荣禄就将康党计划主动托出，意在强调他忠于荣禄、忠于光绪帝。不过，当时谈话情形是否真是如此，本文未找到任何旁证，只能存而不论。

1　参见骆宝善：《再论戊戌政变不起于袁世凯告密——兼与赵立人先生商榷》，《广东社会科学》1999年第5期。

2　天津日落时间参见骆宝善：《再论戊戌政变不起于袁世凯告密——兼与赵立人先生商榷》，《广东社会科学》1999年第5期。

接下来，袁又记，他的禀告还未等详细展开，就被叶祖珪的到来所打断。查《国闻报》、《直报》《辕门抄》中，并没有叶祖珪的会见记录。不过，前文已述，叶祖珪是荣禄专诚邀请前来，拟借助其重建北洋海军，七月三十日两人会见过一次，随后荣禄传谕定于八月初六日赴大沽检阅新造军舰。当晚是原定的检阅日期的前夜，叶祖珪前来，完全符合情理。第二天（八月初六日），荣禄未如期前往大沽，当天的《国闻报》有报道如下："前闻中堂于初六日赴大沽口外阅视初到兵轮，曾志前报。兹悉以海琛（军舰名）尚未到津，而署中公事繁要，一时不能离身，因传暂缓赴沽，大约俟海琛到后再定期前往。"[1] 由此可知，在八月初六日出报之前，荣禄已取消去大沽的计划。这种重大决定，合理的情形，当由荣禄、叶祖珪商议后做出。故荣禄八月初五日晚很可能确实见到了叶祖珪，也很可能就是在当晚的交谈后取消了检阅计划。否则，若是八月初四日或更早做出决定，以《国闻报》的耳目灵便，其报道也会更早些。由此，叶祖珪八月初五日晚到来，参照取消兵轮这件事来看，比较可信，袁世凯本节所记当不虚。

随后，袁世凯又记，叶祖珪尚未走，达佑文又来。荣禄与达佑文竟谈到二更时分（晚21点至23点），他等得火急火燎也没等到见面机会。只好先去吃晚饭，约明早再谈。这段记载受到研究者的强烈质疑，黄彰健先生曾指出："袁于初五日既已开始叙述'群小结党煽惑，谋危宗社'，则荣禄一定愿知道其详细情形；即令有宾客来，也可邀袁至密室或内签押房谈话。因此袁世凯《戊戌日记》说，他于初六日才告密，那是不足信的。"[2] 本文认为，黄先生的推测稍嫌武断。此节记载是真是伪，要害在于澄清三个问题：达佑文是什么身份？为什么荣禄急于与他交谈而冷落袁世凯？袁世凯掌握的"详细情形"，达佑文会不会也掌握？

先来看第一个问题。达佑文，名斌，镶蓝旗汉军籍。早在同治年间，便在荣禄所任职的神机营当差。[3] 光绪十七年，达斌外放湖北，荣禄曾专门致函陈宝箴（时任湖北按察使）为其请托关照。[4] 光绪二十年，达斌押解贡品入京祝嘏，

1　《国闻报》光绪二十四年八月初六日。

2　黄彰健：《戊戌变法史研究》，第494页。

3　参见《达斌履历单》，《清代官员履历档案全编》，第6册，第375—376、555—556页。

4　参见《荣禄致陈宝箴函》，约光绪十七年，《陈宝箴集》，下册，第1654页。

被荣禄留在督办军务处当差。[1]通过这些关照，已能看出二人关系不同一般。不过，荣禄与达斌更密切的关系，反映在二人往来私信中，这里不妨节录两封。

其一：一、无鼻杂种实为京党第一，缘在松筠庵草堂曾先会同高燮曾请示康有为，就是他二人。城外都中人大半皆知，既已漏网，又敢口吐人言，真狗彘也！一、胡护抚（胡廷干）本系阎文介所保，似不甚是材料。……此一两月大家为难非一案矣，其貌更不佳，糟甚！（原信未署日期，约光绪二十七年七月）

其二：达斌率妻妾、润霖儿妇、有哥叩头。二太太坤安。姨奶奶吉祥。潭福全颂。（原信未署日期，约光绪二十八年二月）[2]

第一封的特别之处在于，达斌可以在荣禄面前说"杂种"、"狗彘"这样的脏话，这在荣禄上千封存札中绝无仅有。第二封信的特别之处在于，达斌在署名时，不只署自己的名，还署他妻妾儿女的名；不但叩拜荣禄本人，还叩拜荣禄的侧福晋、姨太太。这说明，达斌家有哪些人，荣禄很清楚。荣禄家有哪些人，达斌也很清楚。由此，荣禄与达斌之间不只是师生关系（达斌信中常称荣禄为"夫子"），更接近于旗人中常见的主仆关系。

虽然这两封信都写在庚子之后，但放到此时看，也还是能说明一些问题。何况，戊戌十月之后，达斌到两江任职，庚子事变前都在外省；庚子之乱后，达斌在山东，荣禄在西安，两人的交情不可能从那时才开始。[3]戊戌八月时，上述关系必已经奠定。

回头再看袁世凯与荣禄的关系。甲午之前，袁世凯一直在李鸿章麾下，长期供职朝鲜，与荣禄的经历没什么交集。甲午后，袁督练新建陆军，方才供职荣禄麾下。尽管荣禄对袁世凯非常赏识，但戊戌之前，两人一个在京、一个在津，不容易产生深交。戊戌五月，荣禄督直，隔三岔五便招袁世凯来津。七月，袁世凯来津时曾致信幕僚徐世昌谓："（荣禄）相待甚好，可谓有知己之感！"[4]到

1　达斌押解贡品入京祝嘏被留在督办军务处当差亦参见前引《清代官员履历档》，不过该记载未明确称达斌由荣禄奏调，只是笼统地说"由督办军务王大臣"奏调。查督办军务处只六名大臣，荣禄与达斌交往最久，可能最大。故本文据此推断达斌是荣禄奏调。

2　《荣禄存札》，第三函辰字本，第172—174、200—201页。

3　参见《达斌履历单》，《清代官员履历档案全编》，第6册，第375—376、555—556页。

4　《袁世凯致徐世昌函》，《近代史资料》，总第37号，第12—13页。

了此时才有知己之感，可见此前并未互相敞开心扉。从这时到八月初五日，不过一个月时间。无论以时间和程度衡量，都比不了达斌与荣禄的交往。并且，袁世凯是一个热心功名之人，但凡对他有利之人，都乐意逢迎。故他对荣禄也不是绝对忠诚。六月份交接康党的徐仁镜便是一例。

故以达斌、袁世凯相比较，对荣禄来说，达斌是亲信，袁世凯是外人。明确了这一层，也就明确了为什么八月初五日返京时，时局千钧一发，袁世凯会以侍郎的身份刻意等一个候补道员同行（袁《戊戌日记》记：即赴车站候达佑文观察同行）；为什么八月初六日袁世凯向荣禄完整"告密"后，荣禄会再找达斌商量（"荣相回署，复约佑文熟商"）。

也正是由于上述关系，假如达斌与袁世凯都掌握"内情"，荣禄会更急于听达斌所述，而不是袁世凯。那么，达斌有没有可能也知道初三日晚谭嗣同的夜访呢？

上文已交代：甲午之后，达斌一直在督办军务处当差。戊戌四月，荣禄外放直隶总督后，督办军务处裁撤。当月，达斌经神机营王大臣奏调派充神机营文案处翼长。[1] 这个职位很可能是荣禄在督办处裁撤前为达斌谋得的一个出路。不久，达斌以"新海防捐"捐升道员，七月十九日引见，七月二十日奉旨分发江苏。[2] 从七月二十日至八月初五日这期间，达斌有何活动，目前不得而知。考虑到七月二十日后，达斌要为到外地上任做准备，所以这段时间他应该还在京。另外，上文所引达斌第一封信中，有这样一句话："无鼻杂种实为京党第一，缘在松筠庵草堂曾先会同高爕曾请示康有为，就是他二人。"由此可知，达斌首先仇视康党；其次，康有为在京期间，他很注意康党的活动及幕后情况。（这背后有没有荣禄的安排，也不得而知）而康有为等人的谋划，保密性极差。初三日早上，他们跪读密诏、策划围园。而到了中午时分，据毕永年记，钱维骥已知道了此计，问毕道："康先生欲杀太后，奈何？"[3] 钱维骥尚不是康党成员，只是住在南海会馆，便能知道"杀后"计划，由此可知康党的保密程度。另外，毕永年又记，当天"康氏兄弟等纷纷奔走，意甚忙迫"。达斌十分留意康党动静，

1　参见《达斌履历单》，《清代官员履历档案全编》，第 6 册，第 375—376、555—556 页。
2　参见《谕旨恭录》，《申报》光绪二十四年七月二十八第 14 版。
3　毕永年：《诡谋直纪》，《戊戌变法文献资料系日》，第 1027 页。

像这种反常情形，恐怕很难逃过其觉察。所以，达斌获悉康党初三日的密谋，是很有可能的。再者，袁世凯《戊戌日记》中有段话很耐人寻味："我二人素不相识，你（谭嗣同）黄夜突来，我随带员弁必生疑心，设或泄露于外人，将谓我们有密谋。因你为近臣，我有兵权，最易招疑。""我随带员弁必生疑心"似乎暗示随带员弁中有耳目，并不都是亲信之人。初五日离京时，袁世凯特意等待达斌同行，好像是为了故意向此人表明他的活动。由这些零碎的细节推理，达斌很像是荣禄安排在袁世凯身边的一个耳目。若不是这种身份，达斌偏偏选择初五日出发，又偏偏选择与袁世凯同行，未免太巧了。话说回来，即便达斌是这种身份，他初五日之前已知道"围园"计划也只是可能，目前无法坐实这种可能。

综上所述，袁世凯所记初五日晚的谈话情形，有可信之处，也有存疑之处。总归不能全信。

荣禄与袁世凯谈话结束后，又有何活动？《直报》记载他又见了岑春煊，这个过程不会太长（岑昨晚已来过，当晚到来当是辞行）。见了岑之后，又有何活动？天津当时当地的材料，再未见记载。那么，有没有可能如笔记所述，荣禄连夜回京告密？结合次日有关的材料看，这种可能应被排除。首先，即使袁世凯所记荣禄与达佑文谈到二更不可信，那么按《国闻报》、《直报》的《辕门抄》，袁世凯到来时，已是"晚上"，此时已没火车了。即便荣禄听完袁世凯的简短"告密"即刻启程，此时最快的方式也只有骑马。前文已述，以600里加急的速度，由津赴京200里，约需8小时；按晚上7点出发计算，初六日凌晨3点可抵达。即便京中办事只用1个小时，骑马返回又需8小时，最快能于下午13点回津。若选择初六日一早乘火车返回，4小时车程，最早10点返回（按6点开行）。再计算由火车站入署时间，也需到11点左右。而据次日《直报》记载，中午时，荣禄曾出署拜客（详后）。这说明，中午前荣禄已在署中。很难想象，荣禄能赶得如此紧凑，11点左右返回，12点后即做好出门拜客准备。何况，他这天白天见客13人。若一上午都不在，午后又出门拜客，很难完成这么多会见。

由此，荣禄初五日这天的活动只能作结如下：当天其政务日程依然紧张。下午三四点钟，他往火车站迎接袁世凯，恭请圣安。晚上与袁世凯有过谈话，具体情形，袁世凯所记版本有可信之处，但也有存疑之处。此后，荣禄并未连夜入京告密。

八月初六日　恢复往常

八月初六日是政变发生的日子。这一天，光绪帝下发朱谕，宣布慈禧太后第三次训政。随之即有懿旨令捉拿康有为。京城中的动荡虽进一步加剧，但局势至此已走向明朗。当天的天津督署，好像也松了一口气：从《辕门抄》看，荣禄这天白天会客13人。分别是：原广西乡试正考官、翰林院尹铭绶、翰林院陈家言。湖北臬台瞿廷韶、霸昌道英瑞、候补道黄建筦、汪瑞高、吴廷斌，候选道王修植、那三、正任滦州知州李振鹏、丰润知县卢靖、记名总兵耿凤鸣、汪文淼。晚上会客3人：福建兴泉永道恽祖祁、候补道徐桢祥、江苏候补道沈瑜庆。两项合计，荣禄当天共见客16人，数量与八月初三日之前的情形持平。并且名单中又出现了若干直隶地方官员：如霸昌道英瑞、滦州知州李振鹏、丰润县知县卢靖。可知，荣禄此时开始重新安排接见地方僚属。其政务日程不再显得紧张、忙碌，已恢复到初三日之前按部就班状态。

当天起，天津发生的事情，已无关乎政变的起因，但关乎接下来的帝后关系。换言之，关乎政变的激烈程度。其中，最重要者是两件事。第一，荣禄昨晚见过袁世凯之后，接下来会如何处理袁带来的"围园"内情，他会不会向慈禧转奏，会转奏一个什么样的版本？这将直接影响慈禧随后对光绪的态度。第二，慈禧训政后第一道命令是捉拿康有为，当天康道出天津，在荣禄所控制的范围内。荣禄能否将其拿获、解交北京，决定着"围园"内情能否得到澄清、光绪帝的责任能否得到澄清。这也决定此后的帝后关系是走向紧张还是走向缓和。

关于前一件事，袁世凯记述：这天一大早，他尚未按昨晚约定赴督院详谈，荣禄便主动前来。于是袁将康党"详细情形备述"，并一再强调，"此事与皇上无涉"。荣禄的反应是"大惊失色"，两人"筹商良久"。对于如何处理康党的计划，荣拿不定主意，于是"回署"，"复约佑文熟商"。[1]查当天《直报》《辕门抄》，其中有"中堂午后出门拜客"字样。[2]这说明荣禄当天确实曾出署，只是时间与

1　袁世凯：《戊戌日记》，《丛刊·戊戌变法》，第1册，第553页。
2　《督辕门抄》，《直报》光绪二十四年八月初六日第2版。

袁的"早上"对不上。或许午后的出署，即是拜访袁世凯，袁时隔多日记错了。或者是荣禄早上和中午都曾出署，早上去拜会袁的出署不曾被《直报》采访到，而中午的出署是拜访其他人：比如昨晚来见的广东布政使岑春煊。

接下来，袁世凯又记：晚上时，荣禄"折简来招，杨莘伯在座，出示训政之电，业已自内先发矣"。[1] 此处的杨莘伯，即杨崇伊。前文已述，曾有多种史料记载，礼部事件后，杨崇伊赴天津与荣禄串联、密谋训政。但明确提及目击二人会面的记载，据笔者所见，只有袁世凯这一处。那么，杨此时有没有可能在荣禄督署？按当时则例，在任京官不能私自出京。二十二年夏，刑部官员方孝杰就曾因为"潜行赴津"被言官参奏，事后处以革职。[2] 当时参奏的"言官"，正是杨崇伊本人！这些规矩他自然清楚，必然会有所顾忌。[3] 不过，虽有这一因素，京官来津，也不是太有风险的事情。其情形近于"不举不纠"。当年五月，翁同龢被遣回乡，道出天津，杨崇伊曾亲自送到塘沽。[4] 并且他当时很可能顺便拜访了荣禄。[5] 所以，以官场实际惯例而言，杨崇伊完全可能此时来津。

至于荣禄、杨崇伊、袁世凯之间有何对话，是否涉及"围园"内情，袁的日记中毫无记述。紧接着他只记了这样一个情形：荣禄当着杨崇伊的面，抚茶杯笑曰："此非毒药，你可饮之。"袁的反应是："惟耿耿于心寝食难安者，恐累计上位耳。"[6] 此后当晚的情形便一片空白。接下来的所记，已跳跃到四天后，即八月初十日荣禄奉旨入都当天。初七、初八、初九、初十日4天内，荣禄如何处置袁和他带来的"围园"内情，日记中毫无所见。从《国闻报》《直报》记载看，荣禄八月初八日又见了袁世凯[7]；八月十一日荣禄进京时，袁世凯也还在

1　袁世凯：《戊戌日记》，《丛刊·戊戌变法》，第 1 册，第 553 页。
2　《唐烜日记》光绪二十二年五月二十七日记："乙酉同年方长儒孝杰主政由癸酉选拔签分刑部，现在总理衙门章京，夏间忽告病假潜行赴津，被言官奏参革职，究不知其因何至此也。"中国社会科学院近代史研究所图书馆馆藏，未刊。
3　据《清实录》，光绪二十二年五月十九日（癸丑），参劾方孝杰的"言官"就是杨崇伊本人。（第 57 册，第 59 页）对这些规矩，杨当然十分清楚。
4　《翁同龢日记》光绪二十四年五月十日日记："杨莘伯到塘沽来送。"（第 6 册，第 3138 页）
5　荣禄七月复杨崇伊的信中，有"津门握晤，藉慰渴衷"一句，这证明此前他们在天津见过。参见荣禄：《复广西道察院杨崇伊》，《荣禄函稿底本》，清华大学图书馆馆藏，未刊。
6　袁世凯：《戊戌日记》，《丛刊·戊戌变法》，第 1 册，第 553—554 页。
7　参见本文附录《直隶制台辕门抄》。

津。[1] 同期徐世昌日记中，无袁世凯回小站记录。[2]（此前袁从天津回小站，徐都有记录[3]）故初六至十一日，荣禄当是一直将袁世凯控制在天津，切断他与新建陆军的联系。除此之外，本文不能对初六当晚及随后4天荣禄如何处置袁及"围园"内情提供新的说明。

关于捉拿康梁，据荣禄自述：初六日下午6点，他听说了抓捕康有为的懿旨，随即便做了一连串安排，唯恐康有为从天津漏网。具体情形反映在初七日回禀总理衙门的电报中：

> 昨日酉正闻有查拿康有为之旨。当即密派得力弁兵先在紫竹林行栈等处暗为查察。复于戌刻经崇礼派弁速拿，又加派弁兵连夜驰往塘沽、大沽逐处搜捕。并电饬蔡钧、李希杰妥为设法挨船严搜，并知南洋一体查拿矣。兹据派赴塘沽差弁回文，奎等电称，探得康有为系于初六日晚乘重庆轮船转烟赴沪等情，当即电派该弁乘飞鹰鱼艇追驶烟台。复再急电李希杰、蔡钧迎头搜捕，悬赏务获。谨先行代奏。荣禄肃。阳。申。[4]

慈禧初六日训政后，第一道命令就是捉拿康有为。但这是一道密旨，并未向地方督抚公开。北京知道内情者，也十分有限。据当天在刑部供职的唐烜记载，初六日下午，"忽喧传步军统领衙门奉皇太后懿旨，查抄张荫桓，并捕拿康有为等辈。出城后街市纷纷相告诉，及探听数四，始知系奉口诏严拿康某。及番役到城内掩捕，则康某已脱身赴津。"[5] 可知，当天北京对此事十分保密，"探听数四"才知道内情。荣禄何以在当天下午（酉正，即18点）就能得到拿康密旨，其渠道尚不清楚，可能是袁世凯初六日记中的杨崇伊，也可能是荣禄京中的耳目、亲友（比如其亲家、军机大臣世铎）提前电知。但消息由谁带来不重要，重要的是此后的布置。按荣禄电文所述，听闻密旨后，他首先做出的反应是派

---

1 《直报》光绪二十四年八月十一日第3版有报道谓："今早七点钟中堂乘火车进京，袁大臣于本日巳刻在行辕接印。"可知这一天袁世凯在天津。

2 徐世昌：《韬养斋日记》八月初五日记载，他在天津与袁世凯有过一次谈话。八月初六日，他自己从天津回到小站，八月十一日袁世凯在天津接印署理直督当天，他又从小站回到了天津。期间并无袁世凯回小站的记录。天津社会科学院图书馆馆藏，未刊。

3 比如七月初二日，袁世凯被荣禄招至天津，七月十一日归来时，徐世昌详记："上灯后慰亭自津归，久谈。"又如八月二十三日，袁世凯在署理了十天的直隶总督后，从天津回到小站，徐世昌又记："午后慰亭回营，久谈。"（《韬养斋日记》，天津社会科学院图书馆馆藏，未刊）

4 《收北洋大臣电》，光绪二十四年八月初七日，《总理衙门清档·收发电》，01-38/17-3。

5 《唐烜日记》，光绪二十四年八月初六日，中国社会科学院近代史研究所图书馆馆藏，未刊。

得力兵弁在紫竹林一带"暗中查察"。接着，在步军衙门的兵弁追到天津后，荣禄又加派兵弁，连夜往塘沽、大沽一带"逐处搜捕"。与此同时，他还电饬上海道蔡钧、东海关道李希杰（任所在烟台）一并搜捕。从这些措施看，荣禄的抓捕计划，前有堵，后有追，态度不可谓不积极，考虑也不可谓不周密。不过，康有为初五日出京时乘火车直达塘沽[1]，此时并不在天津城内，故当晚的第一轮搜捕无果。

初七日，荣禄得到派往塘沽兵弁的回文：康有为于初六日晚乘重庆号轮船赴沪。随即，荣禄又做了第二轮抓捕安排：首先是安排北洋飞鹰号鱼雷艇进行追赶；其次是向李希杰、蔡钧追加一电，通告康有为行踪。此外，当天上午，京津间火车停驶，这是北京还是荣禄方面的决定，目前尚不清楚。总之，当天的抓捕一定比初六日更兴师动众，反映在当时报纸中的天津社会是一番鸡犬不宁、人心惶惶的情形。《直报》八月初八日记：

> 初七日火车站不卖票者半日。南北路隔，电亦不通。津人惶惑，互相猜疑。无非扣盘扪钥。好事者遂流长飞短，虽家置一喙几不能破其疑。[2]

《国闻报》八月初九日记：

> 初六日薄暮，传闻北京提督府差来官役数十名至天津密拿工部主事康有为。疑其尚在紫竹林一带。四处大索，迄未缉获……初七日早六点钟，知汽车停止，人始皇皇。[3]

天津方面的抓捕虽如此声势煊赫，但由于康有为前一晚已经离津，到沪前又有外人保护，最终白忙一场。有趣的是，由于当天天津社会动荡、谣言极多，时京津间纷传：康有为已被荣禄拿获，不少人信以为真。《国闻报》记："至晚（八月初七日晚），各西人忽言康某已在塘沽拿获。"[4] 次日，北京的唐烜在日记中记："是日闻康有为已在天津获住，将解到矣！经旬天气阴晦，连日更黯惨无

---

1 康有为记初五日情形谓："至暮直抵唐沽。"（参见茅海建：《从甲午到戊戌——康有为〈我史〉鉴注》，第777页）

2 《谣言勿信》，《直报》光绪二十四年八月初八日第3版。

3 《记初六日初七日初八日惶惑情形》，《国闻报》光绪二十四年八月初九日。

4 同上。

色，自今日始晴。"[1] 时过多日，这些人方知是空欢喜一场。

而当时动荡、混乱的局势不但搅乱了唐烜等人的视听，即便荣禄本人，也深受影响。虽然他的兵弁已准确探听到康有为初六日晚乘轮南下、离开天津，但荣禄初七日搜索未果后，仍然相信康有为有可能还在天津。故接下来初八日、初九日、初十日、十一日，连续数天，他并未放松抓康的警惕，在外来人员集中的紫竹林一带布下了许多眼线，密切监视着这里的一举一动。[2] 而这些安排，险些误打误撞，拿获康党的第二号人物梁启超。

在慈禧下旨拿康的当天（初六日）下午，梁启超来到日本使馆要求保护。日方答应了其请求，随即于第二天（八月初七日）将其转移到天津。八月初十日夜，日本驻津领事郑永昌打算护送梁启超到大沽，然后搭乘日方轮船赴日。不想，他们的小船刚从紫竹林开动，就被荣禄的眼线发现异常。线人很快报告荣禄："康有为同日本领事等两日人，乘华帆船赴塘沽。"[3] 显然，荣禄的线人不认识梁启超，将其当作是康有为。但这个误会也正说明，到此时为止，荣禄仍未解除抓捕康有为的安排，仍相信康有为可能在津。荣禄得到这个消息，以为船上的真是"康有为"，当即"派弁乘小轮追踪蹑及"。[4] 八月十一日一早，又加派"直隶提督聂士成、亲兵总教习王得胜、天津县知县吕增祥"率兵赴塘沽与日人交涉，执意要将"康有为"抓回。[5] 这时已经是荣禄在天津的最后时刻——前一天（八月初十），他奉到电旨："著即刻来京，有面询事件。"——这一决定也成为他在天津的最后一个重大安排。第二天（八月十二日），他在北京接到署理北洋大臣袁世凯的专电：当天在船上的并非"康有为"，并且也没能把此人成功引渡。[6]

通观这些安排，从荣禄八月初六日与闻密旨到八月十一日入京，"拿康"一直是天津官场最重要、最忙碌的事情之一，也是关乎大局的极紧要、极关键一举。不过，在一番兴师动众之后，天津方面毫无所获，也由此失去"围园"计

1　《唐烜日记》，光绪二十四年八月初八日，中国社会科学院近代史研究所图书馆馆藏，未刊。
2　参见茅海建：《戊戌变法史事考》，第493页。
3　《署理直隶总督袁世凯致总理衙门电》，光绪二十四年八月十一日，《总理衙门清档·收发电》，01-38。
4　同上。
5　《日本驻天津领事郑永昌致外务次官》，1898年9月30日（光绪二十四年八月十五日），转引自茅海建：《戊戌变法史事考》，第492页。
6　参见茅海建：《戊戌变法史事考》，第493页。

划最直接的当事人，失去缓和帝后关系最有利的一个好机会。此后，慈禧太后所能与闻的"围园"密谋，只有袁世凯一面的说辞，而这在很大程度上取决于荣禄入京觐见时会说些什么。天津此时以及随后发生的一切，对政变来说，已经不再重要。

小　结

关于戊戌政变，两岸学者爬梳史料数十年，都未能就原委、过程等重大问题达成一致。其关键环节的真相不可能由我等之辈解开，这一点，笔者有心理准备。由此，本文所要努力回答的，不是政变因何发生，而是政变研究中所绕不开的天津地区，七月中旬以来到底发生了什么？特别是关于天津的一些流传甚广的说法，究竟可不可靠？兹仅就这些问题，总结几点看法：

首先，我认为，"天津废立"的事实虽不存在，但在戊戌当年，"天津废立"的传闻是存在的。此说不是康有为等人所臆测，更不是他们为策动政变故意制造的一个借口，只是他们在紧张的局势下，误信了传闻。

其次，我认为，七月十九日发生王照事件后，康党所宣扬的"旧党赴津"说，有其事实依据。不过目前所见的实例出现得很晚，时在八月初三日晚上。具体的"旧党"人物是该事件中被革职的礼部右侍郎曾广汉。不过，本文不能确定曾广汉赴津是否如康所说，系与荣禄密谋政变。

第三，我认为，八月初三日之前，荣禄的政务日程未见异常，从会客数量、会客名单看，荣禄这一时期的政务十分平静、十分琐碎，与六七月以来的活动保持着很大的连贯性。异常出现在八月初三日、初四日、初五日三天，这期间荣禄会客数量很低，一些原定活动被推迟，其日程显得紧张、忙碌。其中，八月初三日深夜调聂军入津最为异常，其目的更可能是防袁，不像是针对大沽口的局势。

第四，我认为，八月初四日、初五日的《辕门抄》中，荣禄的会客记录、出署记录以及此间的书信底稿、往来电文等排除了他曾经秘密入京的可能。这两天，荣禄仍在天津。日方和一些笔记中记载他入京的说法不可信。

第五，虽然本文努力证明初四日、初五日荣禄未曾入京，但不等于说此间他没参与发动政变、没向慈禧"告密"围园计划。我认为，荣禄在袁世凯回津之前，于初四日、初五日（甚至初三日深夜）就得知"围园"计划是有可能的，随即向北京通报也是有可能的。此事的关键在于袁日记中提到的达斌。遗憾的是，本文目前对达斌掌握的材料太少，对于其初四日前后在京作何活动、是否与荣禄发生过联系，一无所知。

第六，政变发生后，康有为、梁启超均经由天津外逃，荣禄做了周密安排，本有机会拿获康、梁，澄清围园内情，缓和帝后关系，但最终没把握住这个机会。

《易传》"圣人观"研究

侯展捷*

内容提要：《易传》，又称《十翼》，是对周易六十四卦的卦爻辞所作的注释、解读与阐明。仔细对照《易经》与《易传》两部经典会发现一个有趣的现象：《易经》原文只字未提"圣"或"圣人"的概念，而《易传》却使用大量篇幅论述圣人的应然之道，本文分成四个部分对《易传》的"圣人观"展开全面的探讨。一、《易传》"圣人观"研究所包含的问题意识以及讨论此问题的价值与意义。二、审视《易传》原典的相关论述，探讨圣人所呈现的三种不同面向，分别为"平治天下"、"化民成俗"以及"延续圣人之道"。三、指出"圣人之道"能够对"君子之道"发挥积极的示范作用及推导作用。四、反思《易经》与《易传》的适当义理关系，试图指出《易传》除了是对《易经》的"去宗教化"、"哲理化"及"系统化"之外，同时也是对后者的"范式化"。

关键词：易传 易经 圣人观 范导作用 圣人之道

一、前　言

总览整部周易经传，我们发现一个特殊的现象。《易经》六十四卦的卦爻

---

* 作者侯展捷，1988 年生，台湾大学硕士生。研究方向为中国哲学、观念史、中西哲学比较、宗教哲学等。

辞中虽时有出现"大人"或"君子"等称述理想人格的字眼，但从未直接提到"圣"或"圣人"的概念。反之，《易传》则从不同的角度对"圣"或"圣人"的概念展开论述，而且直接将"圣人之道"与博大精深的"易道"及高深莫测的"神道"或"天道"联系在一起，可以说是有意识地建构一套系统的"圣人观"。关于《易传》与《易经》之间的义理继承关系，已有学者指出前者是对后者的"去宗教化"、"哲理化"及"系统化"。这些解释虽能在一定程度上阐述《易传》对于《易经》之朴素思想的改造与发明，却无法妥善说明《易经》"圣人观"的缺失以及《易传》对"圣人观"的重视。再者，《易传》的"圣人观"既不是对《易经》有关"大人"及"君子"之讨论的简单复述，也不完全是对古代圣王事迹的一般追述，而是有其特定的目标和指向。

本文所要做的，即是深入探讨《易传》中涉及"圣人"或"圣人之道"的论述，试图揭橥《易传》"圣人观"的实质内容及核心思想。为了达到此目的，本文必须回答三个关键的问题：一、《易传》为何格外标榜"圣人"和"圣人之道"；"圣人之道"与《易传》的"易道"、"神道"及"天道"之间又是一种怎样的关系？二、《易传》所精心塑造的圣人形象纯粹是对古代圣人（如伏羲、周文王等）之丰功伟绩的美化，还是另有指涉？三、《易传》的圣人与君子无论在功能还是作用上经常是相互重叠的，而二者之间到底应呈现出怎样的对应关系？

依本文之分析，以上三个问题的初步结论如下：一、《易传》的主旨在于"推天道以明人事"[1]，而"推天道以明人事"的枢纽即为《易传》的圣人，故对《易传》圣人的特征及作用进行全面的分析将有助于我们掌握《易传》思想中"天道"与"人道"之间密切而复杂的关系。二、《易传》探讨圣人的功能时并不停留在一般事实的陈述上，而是包含某种价值的期许，亦即《易传》的圣人不单纯是根据古代圣贤的陈年事迹所模拟出来的历史形象，而是能够在道德的应然层面上对当世的君主、君子与贤人发挥正面的范导作用。换言之，圣人既代表古人道德理想的典范或象征，同时也是历代执政者所应努力向往的目标。因此，研究《易传》的"圣人观"将有助于我们深入理解《易传》作者所构想

1　《四库全书总目提要》曰："故易之为书，推天道以明人事者也。"见《四库全书总目提要·经部一·易类一》，台北：台湾商务印书馆，1968年，第2页。

的政治蓝图及其治世理想。本文的第二节将着手展开这方面的讨论。三、《易传》中同时提到"圣人之道"与"君子之道",而有关这两种"道"的论述经常是交相呼应、相互交错的。因此,探讨《易传》的"圣人之道"与"君子之道"将有助于我们辨析圣人与君子在《易传》体系中各自扮演的角色,并进一步梳理二者之间的适当继承关系。本文的第三节将对以上课题进行探讨。

　　本文将以《系辞传》、《象传》、《大象传》、《说卦传》以及《文言传》的原典文献为主要参考材料,并且适度参照历代易学专家的相关诠释与解说,以求最大程度地还原《易传》"圣人观"的真实面貌。下面,我们首先考察《易传》圣人所呈现的三种不同面向。

二、《易传》圣人的三种面向

　　有关"圣"或"圣人"的论述遍布于《易传》的不同章节中,各自从其独特的角度揭橥《易传》圣人的某种特征及面向。这些特征及面向在很大程度上是相互重叠、相互发明的,共同塑造《易传》圣人立体和完整的形象。为了本文讨论的需要,我们姑且归纳出《易传》圣人的三种面向,分别是"平治天下的圣人"、"化民成俗的圣人"以及"延续圣人之道的圣人"。以下将分节解说。

(1)平治天下的圣人

　　所谓"平治天下的圣人",是指以安定四海、造福万民为己任的圣人形象。从原典的相关论述来看,《易传》圣人大多数情况都是以圣王的身份出现的,故其所面临的挑战在于如何提升人们的生活水准、改善其生活环境。

　　对此,《系辞传下》有一段详细的论述:"上古穴居而野处,后世圣人易之以宫室;上栋下宇,以待风雨,盖取诸大壮。古之葬者,厚衣之以薪,葬之中野,不封不树,丧期无数;后世圣人易之以棺椁,盖取诸大过。上古结绳而治,后世圣人易之以书契,百官以治,万民以察,盖取诸夬。"从这段话可知,《易传》圣人最直接的任务是尽量满足一般百姓的物质生活,确保其饮食起居无虞。除了为百姓提供物质生活的基本保障以外,《易传》圣人同时重视陶冶其精神生活及文明生活，一方面通过制作棺椁以让百姓为过世的父母尽孝道，另一方面通过编订书契以加强社会管理的效率。总之，《易传》圣人竭尽心智、革故鼎新，其终极目的是尽可能让所有百姓的物质生活、精神生活及文明生活得到维持及升华，亦即所谓的"平治天下"。

但是，"平治天下"的崇高使命不能单纯通过《易传》圣人超群的智慧而得到充分的实现；圣人本身的道德修养及道德事功同样极其重要。《系辞传上》有三段话特别标榜《易传》圣人与道德的紧密关系。其一，"《易》其至矣乎！夫《易》，圣人所以崇德而广业也。"这段话一方面指出《易传》圣人重视效法《易》的智慧，另一方面指出《易传》圣人立身处世的两个重要指标即为"德"与"业"。有关"崇德"与"广业"的具体解释，萧冬然在《易传新解》中主张前者为进德之意，而后者为修业、广智之意[1]。傅佩荣教授则认为"崇德广业"指的是"推崇道德及扩大功业"[2]。萧氏的解读将重心放在《易传》圣人个人的道德修养上，而傅氏的解读则将重心放在《易传》圣人的道德事功上，而二者实际上是相辅相成、相互辉映的[3]。

其二，"是故圣人以通天下之志，以定天下之业，以断天下之疑。是故蓍之德圆而神，卦之德方以知，六爻之义易以贡。圣人以此洗心，退藏于密，吉凶与民同患。"这段话主要透露出三层意思。首先，《易传》圣人的志向并不限于其自身的道德修养，而是以通达天下人的心意、奠定天下人的事业、裁断天下人的疑问为依归。联系先前所提到的"崇德广业"，可知圣人之"崇德"即是为了成就"广业"，而"广业"又是建基于圣人对自身的道德期许。其次，《易传》圣人为了成就平治天下的伟业，必须充分领悟和发挥蓍策、卦象及爻辞的神妙作用，从而达到"洗心"、"退藏于密"的效果。有关"洗心"一词的解读，历代易学专家提出不同的说法，大致可归纳出三种：一、以"洗"作"洗荡"解，既可指圣人

1　萧冬然：《易传新解》，第46页。

2　傅佩荣：《傅佩荣解读易经》，台北：立绪文化事业有限公司，2005年，第524页。

3　参见张立文《和境——易学与中国文化》："依照《易传》，义与利、道德与功业，在根本上乃是一致的，统一的；以道德建立功业，以功业完善道德。"金景芳《〈周易·系辞传〉新编详解》："在这里，'德'、'业'相连……'崇德'，即使品德越来越高尚……'广业'，即使事业越来越广大。"见张立文主编：《和境——易学与中国文化》，北京：人民出版社，2005年，第100页；金景芳：《〈周易·系辞传〉新编详解》，沈阳：辽海出版社，1998年，第40页。

"洗荡万物之心"[1]，亦可指圣人 "洗洁" 自己的心思[2]，使自身 "无一尘之累"[3]；二、以 "洗" 作 "先" 解，其中以周振甫的诠释最具代表性："圣人用它（《易经》）来启发自己的心……'洗'：《释文》及《周易集解》本作 '先'，犹先导、启发"[4]；三、以 "洗心" 盖指圣人的修心养性的功夫[5]。综合这三种不同的诠释路径，可发现第一种诠释将焦点放在澄清圣人的道德观念上，第二种诠释将焦点放在启迪圣人的智慧上，而第三种诠释则试图兼顾德与智。从上文介绍蓍策、卦象及爻辞的神妙作用来看，《易传》圣人必须同时具备德与智的双重条件才能真正实现 "洗心" 的效果，而下文的 "退藏于密" 更是从另一个侧面暗示 "洗心" 应指向一种积极的进取式的修养功夫，而此修养功夫自然离不开圣人对道德的追求及智慧的运用。最后，圣人努力追求道德、运用智慧的目的即是能够与百姓祸福与共、进退有据。换言之，圣人参透易理既不是为了满全自己的德性，也不是为了满足求知的欲望，而是为了平治天下、成全万民。

其三，"是以明于天之道，而察于民之故，是兴神物以前民用。圣人以此齐戒，以神明其德夫。" 这段话所描述的是《易传》圣人如何体察民情、引导民用，一方面通过观察自然界的运行规律[6]，另一方面则是诉诸自身的修养，其中 "斋戒" 一词并非指向祭祀前的一般吃斋、持戒的仪式，而是指洁净个人的心思。朱熹《周易本义》写道："湛然纯一之谓斋，肃然警惕之谓戒。"[7] 意即圣人藉

---

1 《周易正义》孔颖达疏："圣人以此易之卜筮，洗荡万物之心。万物有疑则卜之，是荡其疑心；行善得吉，行恶遇凶，是荡其恶心也。" 见王弼注，孔颖达疏：《十三经注疏·周易正义》，第 287 页。
2 傅佩荣《傅佩荣解读易经》："圣人用它（《易》）来洁净心思，退藏于隐密之中，与百姓一起忧虑吉凶的发生。" 见本书第 538 页。
3 朱熹《周易本义》："圆神，谓变化无方。方知，谓事有定理。易以贡，谓变易以告人。圣人体具三者之德，而无一尘之累。" 见朱熹：《周易本义》，北京大学出版社，1992 年，第 148 页。
4 参见金景芳《〈周易·系辞传〉新编详解》："'洗心'，应读作 '先心'。故有太子洗马之官，'洗马' 即 '先马'，正与此同……在不用的时候，圣人把它（《易经》）放到一边，一旦人民遇事有疑难，圣人就将自己所知的吉凶告诉他们，从而跟人民同患难。" 见金景芳：《〈周易·系辞传〉新编详解》，第 79 页。
5 萧冬然《易传新解》："洗心为修心养性之意……退藏于密为收藏于无形之意。" 见萧冬然：《易传新解》，第 71 页。
6 《易传》圣人效仿自然界的运行规律以作为其 "平治天下" 的参照与根据，在《易传》中到处可以找到案例，如《系辞传下》："天地设位，圣人成能；人谋鬼谋，百姓与能。"《豫卦·彖传》："天地以顺动，故日月不过而四时不忒；圣人以顺动，则刑罚清而民服。"《恒卦·彖传》："日月得天而能久照，四时变化而能久成，圣人久于其道而天下化成。观其所恒，而天地万物之情可见矣！"
7 朱熹：《周易本义》，第 148 页。

由"斋戒"而达洗涤杂念、戒慎恐惧的效果[1]。另外有关"神明其德"的解释，一般有两种说法，一是将"其"理解为占筮的活动，二是将"其"理解为圣人自身的修身功夫。前一种解释的长处在于直接呼应前文有关"神物"的描述[2]，而后一种解释的主要依据是将"神明其德"的"德"与圣人之"崇德"联系在一起加以讨论[3]。这里的关键在于"德"字的使用；"德"在《易传》中既可指人的道德行为或道德属性，亦可指一般物的功能或作用，如前面所举的例子中就提到"蓍之德"、"卦之德"，而《系辞传下》也有"天地之大德"的说法。再者，"圣人以此斋戒"与前文"圣人以此洗心"谈的都是圣人整肃心思的修养功夫，故二者应该是对同一个题材的反复说明。既然"圣人以此洗心"的"此"显然是承接蓍策、卦象及爻辞的神妙作用来说的，"圣人以此斋戒"也应该是承接"神物"而言的，因此"神明其德"按照以经解经的研读方法似乎更符合第一种解释。从另一个角度来看，这两种解释虽然在字义上是相互排斥的，但是所表达的义理实际上可以取得共鸣，因为圣人彰显占筮之神妙作用的目的无非是为了修养德行及提升智慧，从而实现体察民情、引导民用的伟大功效[4]。

以上《系辞传上》的这三段话表明《易传》圣人在平治天下的过程中必须兼备道德的期许与智慧的运用。但是，圣人即为系天下人之祸福吉凶于一身的

---

1 《中华易学大辞典》曰："此'斋戒'二字非谓祭祀前的洁身隔离，而是借用洁身以喻'洗心'的涤除杂念。韩康伯《周易注》：'洗心曰斋。防患曰戒。'"见《中华易学大辞典》编辑委员会编：《中华易学大辞典》，上海古籍出版社，2008年，第279页。
2 傅佩荣《傅佩荣解读易经》："圣人用它（蓍占）来斋戒心思，使占筮的功能神妙而明显。"见本书第539页。
3 萧冬然《易传新解》："以前民用应为以用于民前之意；斋戒本为吃斋、持戒，引申为洁身自爱之意；神明其德就是修养其德行，使之达到既神且明的境界。"见本书第72页。
4 与此类似的论述亦见于《系辞传上》："备物致用，立成器以为天下利，莫大乎圣人。探赜索隐，钩深致远，以定天下之吉凶，成天下之亹亹者，莫大乎蓍龟。是故天生神物，圣人则之；天地变化，圣人效之；天垂象，见吉凶，圣人象之。河出图，洛出书，圣人则之。"《系辞传上》："是故夫象，圣人有以见天下之赜，而拟诸其形容，象其物宜，是故谓之象。圣人有以见天下之动，而观其会通，以行其典礼，系辞焉以断其吉凶，是故谓之爻。极天下之赜者存乎卦，鼓天下之动者存乎辞，化而裁之存乎变，推而行之存乎通，神而明之存乎其人，默而成之，不言而信，存乎德行。"比较值得一提的是所引的第二段，其中不仅阐述《易传》圣人如何观察天道以善用"神物"，而且后面还提到圣人如何以其所领悟的易理来推行道德教化。汪师韩在《观象居易传笺》中做出精辟的论说："圣人尽其言，学者惟当不言而信，乃能见不可见之意也。神明即知神之谓，默成即成性之谓，存其人之德行，即显道神德行也。盖始终以德业勉贤人也。"简言之，圣人掌握易理不完全只是为了成就"平治天下"的德业，而且还有责任将易理推广至后世，以之作为历代贤人及学者学习和效法的重要资源。见《续修四库全书》编纂委员会编：《续修四库全书·经部·易类》，第104页。

统治者，就不能没有实际的权位，故《系辞传下》写道："天地之大德曰生，圣人之大宝曰位。何以守位？曰仁。何以聚人？曰财。理财正辞，禁民为非，曰义。"《易传》同《易经》一样重视"时位"的观念，因为个人所处的位置及所碰到的时机将决定其当下适宜的行为表现[1]，《易传》圣人亦不例外。圣人的"位"一方面与一般学《易》者的"位"相通，另一方面又拥有更深一层的道德意涵及价值期许。王弼在《周易注》中称道："夫无用则无所宝，有用则有所宝也。无用而常足者，莫妙乎道。有用而弘道者，莫大乎位，故曰'圣人之大宝曰位'。"[2] 王弼认为，"位"对于圣人来说之所以是"宝"是因为它"有用"，而"位"的有用性主要体现在"弘道"的崇高事业上。换言之，圣人的"位"既不是指自然之道为天地万物所设定的位置[3]，也不是指高卑贵贱各得其所的势位[4]，而是指圣人藉以"弘道"的权位。至于王弼所谓的"弘道"应如何理解，大致可有两种诠释。前一种诠释主张圣人所弘扬的是生生不息的自然之道，其依据是"圣人"一句是紧承"天地之大德曰生"而言的；后一种诠释则认为圣人所弘扬的是人文之道，因为下文明确提到"聚人"、"禁民"等关乎人文世界的内容。严格来说，第一种诠释与第二种诠释不必然格格不入的，因为按照《易传》一贯的思维逻辑，圣人恰恰是通过观天道以立人道的，故弘扬自然之道亦可视作是弘扬人文之道的先前准备。李鼎祚《周易集解》引崔憬曰："言圣人行《易》之道，当法天地之大德，宝万乘之大位。谓以道济天下为宝，是其大宝也。"[5] 崔氏的诠说可谓同时兼顾"弘道"的双重含义，一方面指出圣人之大位必须建立在效法天地之大德的基础之上，另一方面又指出圣人之大位必须藉由"道济天下"的具体实现方可称作大宝[6]。

　　总而言之，《易传》圣人必须身兼道德、智慧与权位三种条件，才能有效落

1　《易传》反复宣扬"时位"的重要性，如《彖传》中经常赞叹某卦的"时之义大矣哉"，而各爻的《小象传》亦强调该爻所处的位置是否适中、正当。"时"代表事物的纵深性及时间性，"位"则代表事物的扩延性及空间性，二者在两种不同向度之间摇摆与交错，共同支配着学《易》者适当的行为规范。

2　王弼注，孔颖达疏：《十三经注疏·周易正义》，第297页。

3　《系辞传上》："天地设位而《易》行乎其中矣！"

4　《系辞传上》："天尊地卑，乾坤定矣。卑高以陈，贵贱位矣。"

5　李鼎祚撰，张文智导读：《周易集解导读》，济南：齐鲁书社，2005年，第390页。

6　与此相关的论述亦见于《说卦传》："圣人南面而听天下，向明而治。""南面"即坐北朝南之意，所指的是圣人身处的位置，而"听天下"、"向明而治"则是圣人"聚人"、"守位"的具体表现。

实其"平治天下"的重要使命，而圣人对于"平治天下"的高度重视正好说明他为何如此看重修养道德、运用智慧及守住权位。

（2）化民成俗的圣人

所谓"化民成俗的圣人"，是指以教化百姓、开启民智为己任的圣人形象。前面谈到《易传》圣人对于平治天下极为重视，但是实现平治天下的理想不能只是依靠圣人自己的人格魅力或施政方针，而是必须同时借助于人民的自发性与自主性。从《易传》的相关论述来看，圣人并不将一般百姓视作消极被动、任由宰制的愚夫愚妇，而是能够通过"教"和"感"的方式调动其积极性及能动性。

有关"教"，观卦的《象传》中写道："观天之神道，而四时不忒；圣人以神道设教，而天下服矣。"这段话的大意是，圣人观察天道的神妙运作，以此对百姓施行教化，最后收到天下诚服的效果。既然圣人是根据"天之神道"来推行教化，我们必须把握"神道"的正确指涉以及"设教"所欲达到的目的。历代易学专家在探讨"神道设教"的具体内容时大致总结出两种说法。其一，"神道"指的是自然界的运行规律，而"设教"是指圣人在教化百姓的过程中诉诸其自然的道德本性，如孔颖达在《周易正义》中作疏道："天既不言而行，不为而成，圣人法则天之神道，本身自行善，垂化于人，不假言语教戒，不须威刑恐逼，在下自然观化服从，故云'天下服矣'。"[1]孔氏的注疏有两个特点：一、将"天之神道"的"四时不忒"解释为天然化成、无思无虑的运行规律，或许在某种程度上受到《论语》"天何言哉？四时行焉，百物生焉，天何言哉？"的启发。二、圣人效法"天之神道"的运作方式，故在教化百姓方面不藉由繁琐的教条或严苛的刑政，而只是通过自身行善以产生正面的榜样作用；百姓自然受到感化，从而实现天下诚服的理想效果[2]。这种诠释亦可在豫卦的《象传》中找

1　《十三经注疏·周易正义》，第 98 页。

2　其他学者亦提出相似的说法，如朱熹《朱子语类》："'观天之神道'，只是自然运行底道理。四时自然不忒。'圣人神道'，亦是有教人自然观感处。"刘绍攽《周易详说》："天不言而行，圣无为而化成。此'神'字，鬼神之神，乃阴阳不测之谓神，无声无臭，妙万物以为言者也。"见朱熹撰，黎靖德编：《朱子语类》，北京：中华书局，1986 年，第 1779 页；《续修四库全书》编纂委员会编：《续修四库全书·经部·易类》，第 219 页。

到强力的佐证："天地以顺动，故日月不过而四时不忒；圣人以顺动，则刑罚清而民服。"圣人顺着自然规律的运行模式而行动，最终能够通过平和的方式达到平治天下的目的。其二，将"天之神道"解释成一种用以教化百姓的宗教仪式，如程石泉《易辞新诠》所云："孔子体认'君子反古复始，不忘其所由生'，故敬重鬼神。但其影响所及，则使'百众以畏，万民以服'。其效果则足以维持秩序，安定人心，此之所谓'神道设教'……总之，姑无论其为责诸鬼神而无疑之卜筮之用，或者祭祀鬼神以表达孝思之典礼，无不藉以促进道德人伦之实践。此乃'神道设教'真正意义所在，亦为人之所以为人价值之所在。"[1]程氏引进孔子的"鬼神观"为"神道设教"作出解释，认为圣人乃通过倡导祭祀鬼神的典礼仪式来启发人们的道德情感和伦理意识[2]。

以上的两种诠释有一个显著的区别，即前一种诠释强调圣人教化必须随顺自然、无为而成，而后一种诠释则要求圣人积极参与到整个教化的设计和实行中。关于前一种诠释，我们基本赞成将"神道"理解为自然运化的规律，而此规律恰恰是《易传》圣人所应效法和学习。但是，圣人效法和学习"天之神道"不意味着全盘接受或刻意模仿。对此，李伯谦在《泰轩易传》中解释豫卦《象传》"圣人以顺动，则刑罚清而民服"一段话时提出精辟的见解："圣人体天地顺动，以仁为本。顺而施之，故法说而不用，刑措而不犯……豫之顺动止于一时而推广其理，则举天地圣人不能违，故以'大矣哉'赞之。"[3]按照李氏的看法，圣人一方面体会天道的运行规律，另一方面又并非完全将天之道复制于人之道中，其中的重要转折在于"以仁为本"，即圣人以开展仁道（人道）为其目的，而参照天道只是实现此目的的手段而已。再者，正因为圣人"以仁为本"，他在推行教化的过程中不可能像孔颖达、朱熹等人所说的那样只是诉诸圣人"本身自行善"及"教人自然观感处"，而是必须诉诸圣人的创造性与积极性。换言之，圣人固然是根据"神道"的指引来"设教"的，从"神道"到"设教"还是有一个关键的过渡——"人之道"的自我开显，主要体现为圣人的发动与民

---

1 程石泉：《易辞新诠》，上海古籍出版社，2000年，第303页。

2 李道平在《周易集解纂疏》中提出类似的诠释："'神道设教'承'盥'、'荐'言之，谓祭祀也。地官大司徒'以祀礼教敬则民不苟'是也。"见李道平撰，潘雨廷点校：《周易集解纂疏》，北京：中华书局，1994年，第231页。

3 李伯谦：《泰轩易传》，南京：江苏古籍出版社，1988年，第187页。

众的响应。相反，如果忽视二者之间的过渡，先前所提到的"（天之道）鼓万物而不与圣人同忧"及"明于天之道，而察于民之故"都将无法得到融贯的解释。至于第二种诠释，其长处在于认识到《易传》圣人的创造性与积极性，但短处是将"神道"局限在相对狭隘的"鬼神"范畴中，未能穷尽《易传》"神"概念的全部内涵。《易传》的"神"字大多是作为形容词来使用的，如"神道"、"神物"、"神明之德"等，所指为"天之道"神妙莫测的功能与作用[1]。"鬼神"无疑是"天之道"的重要组成内容，但绝不是唯一内容；将"神道"化约为"鬼神之道"反而将严重限制《易传》圣人的创造性与积极性。综合分析两种诠释的利与弊，我们得出以下的结论：推行教化是《易传》圣人在化民成俗的过程中一个核心的环节，而所谓的圣人设教一方面以"天之道"或"神道"的运行规律为圭臬，另一方面又折射出圣人的主体能动性及其深切的人文关怀。

与圣人设教密切相关的另一个概念是"养"。"养"在《易传》中主要有两种指涉，一是指"养蒙"，即养育一般蒙昧愚钝的百姓，二是指"养贤"，即颐养立志于平治天下、化民成俗的贤人君子。在这一节中，我们将把焦点放在"养"的第一种指涉上，试图阐明"养蒙"与圣人教化之间的密切关系。蒙卦的《彖传》写道："蒙以养正，圣功也。"这里的"圣功"当指向圣人的功业，但如何理解"蒙以养正"一语才是本文所关注的重点。历代易学专家大致采取两种解释的进路。第一种解释的进路强调圣人的"自养"，以孔颖达为代表："'蒙以养正，圣功也'也，能以蒙昧隐默自养正道，乃成至圣之功。"[2] 按照孔氏的说法，所谓的"至圣之功"是指圣人通过自己努力修养而挣脱蒙昧的状态，最后成就其人生正道。第二种解释的进路强调圣人的"养人"，以王夫之为代表："中以养不中，才以养不才，优而柔之，使自得之，引而不发，能者从之，作圣之功，中道之教，存乎养之而已。"[3] 王夫之的诠释预设圣人乃"处中"、"有才"者，因此能够对蒙昧愚钝的"不中"、"不才"者施行合乎中道的圣人之教。两种诠释虽从不同的角度阐释"圣功"的意涵，但从"自养者方能养人"的基本原则来

---

1 可参考《说卦传》为"神"概念所下的定义："神也者，妙万物而为言者也。"意指"神"是就天地万物的神妙变化而说的语词。

2 王弼注，孔颖达疏：《周易正义》，第 39 页。

3 王夫之撰，李一忻点校：《周易内传》，第 60 页。

看，二者又是相辅相成、相互发明的。一方面，《易传》圣人首先必须是已经挣脱蒙昧状态的有德者，然后才能将其他的蒙昧者导向正道，此为合理的逻辑推断。另一方面，就"圣功"具体应如何定位的问题来看，圣人之"自养"显然不能等同于"圣功"，最多只是"圣功"得以建立的前提条件；"圣功"的最后证成必须诉诸圣人化民成俗的意愿及实践，亦即王夫之所谓的行"中道之教"。

这在蒙卦《象传》的前文中可以找到明确的线索："匪我求童蒙，童蒙求我，志应也。"此处的"我"是指成就"圣功"的人，可引申为《易传》的圣人或立志成为圣人者，而"童蒙"从字面上指的是蒙昧混沌的儿童，而引申为期待着圣人之教的一般百姓。这段话表面上是说挣脱蒙昧状态的负担应落在蒙昧者而非启蒙者身上，其实最关键的是"求"和"应"二字。有所求方能有所应，而凡是有所应必意味着双方皆有所求。同理，正由于一般的愚夫愚妇对圣人教化有所求，圣人才能实现"蒙以养正"的功业，而"圣功"的最终成立必意味着圣人与百姓对后者得以挣脱其蒙昧状态有所要求。从这个意义上说，"圣功"不是由圣人独自发起和完成的，而是在圣人与百姓共同对"化民成俗"提出强烈期许的基础上得以实现的。另外，"蒙以养正，圣功也"一语乍看之下是以圣人为主动者，以百姓为受动者，但是就蒙卦《象传》有意颠覆"能求者"（童蒙）与"所求者"（我）之间的对待关系而言，二者所处的权力位置实际上是完全平等的，并且拥有相同的道德愿望和追求。此即《象传》所谓的"志应"，也就是圣人与百姓在心意上能够相互呼应。以上的例子还透露出一个重要信息：《易传》圣人在化民成俗的过程中除了施行由上到下的教化以外，同时还诉诸"感"的作用及功效。

有关"感"，咸卦的《象传》有更详细的论述："天地感而万物化生，圣人感人心而天下和平。"这段话两处出现"感"字，一是指自然世界中的天地交感，二是指人文世界中人与人之间的感应。程颐在《程氏易传》中写道："天地二气交感而化生万物，圣人至诚以感亿兆之心而天下和平。天下之心所以和平，由圣人感之也。观天地交感化生万物之理，与圣人感人心致和平之道，则天地万物之情可见矣。感通之理，知道者默而观之可也。"[1] 程颐在此主要提出两个重

---

1 程颐撰，梁韦弦导读：《程氏易传导读》，济南：齐鲁书社，2003年，第198页。

点。一、以"感通"解"圣人感人心"的"感"字，说明圣人无须藉由大张旗鼓的宣教活动，同样也能达到感化百姓的效果。二、圣人感通百姓的依据是其内心真诚的状态，亦即《文言传》所谓的"闲邪存其诚"及"修辞立其诚"；正因为圣人在言行方面都能真诚到极点，所以才可成为天下百姓"默而观之"的精神向导。程颐的诠释虽然点出了"感人心"的形式（感通）与依据（诚），但并未揭橥"感人心"的实质内涵。对此，孔颖达的注疏可谓切中肯綮："圣人设教，感动人心，使变恶从善，然后天下和平。"[1] 孔氏所说的"感动"与前面所提的"感通"大致相同[2]，关键在于"感动人心"能够促使一般百姓体会其向善之性，进而以行善避恶来要求自己。换言之，"感人心"关涉的不只是圣人欲感通天下人心所作出的努力，也不只是圣人通过观察天地二气之交感所提炼出来的人生哲理，而是指向了人性普遍对善的要求。由于人性中普遍具有向善的要求，因此"圣人感人心"不会被误认为是统治阶层施展的高压手段；而是如同天地二气之交感一样，能够促成圣人百姓之间的交相呼应，最后实现天下和平的理想情况[3]。

综合以上论述，《易传》圣人的"化民成俗"的事业主要透过两种渠道来展开，一为圣人教化，其中既体现圣人法天道以立教的用心，又包含圣人自身的创造性及积极能动性；二为圣人感通天下人心，其中既以圣人的至诚之性为依据，又彰显人性普遍对善的要求。

（3）延续圣人之道的圣人

所谓"延续圣人之道的圣人"，是指以传承圣人统绪、培养后世圣贤为己任的圣人形象。前面介绍《易传》圣人"平治天下"、"化民成俗"的两个主要关切，而使天下实现平治、让天下百姓接受教化不是一时一地所能完成的，而是

1　《周易正义》，第140页。

2　傅佩荣《傅佩荣解读易经》："'感人心'的'感'字，有感应、感动、感化之意。"见本书第248页。

3　另可参考《乾卦·文言传》："子曰：'同声相应，同气相求；水流湿，火就燥，云从龙，风从虎。圣人作而万物睹。本乎天者亲上，本乎地者亲下，则各从其类也。'"程颐《程氏易传》："物，人也，古语云人物物论，谓人也。"其中"圣人作而万物睹"的根据在于圣人与一般百姓"同声相应，同气相求"，即拥有相同的道德意愿和要求，可进一步引申为不分圣俗的普遍人性中同样具有对善的强烈期许。

有待历代圣贤共襄盛举，克绍大业。

为了阐明圣人"延续圣人之道"的面向，我们首先必须澄清圣人与君子在《易传》中各自所扮演的角色，同时梳理二者之间的适当关系。对此，《系辞传上》写道："圣人设卦观象，系辞焉而明吉凶，刚柔相推而生变化……是故君子居则观其象而玩其辞，动则观其变而玩其占。"[1] 这段话的前半部分描述圣人如何推演易道，而后半部分则描述君子如何玩味圣人所推演的易道，其中的先后继承关系显而易见。既然君子是承继圣人而起的，我们就必须进一步追问：这里的"君子"应如何定位？清代学者龚元玠充分意识到圣人推演易道的过程中所包含的先后继承关系，但他不从君子处立言，且看他在《畏斋周易客难》中论道："圣人设卦系辞，作述相承，而卦之颐者以明，隐者以显，深者以呈，远者以近，人人易明。"[2] 在他看来，圣人推演易道出于两个目的，一是将易道的智慧发扬光大，使其传承万代，二是使人人都能轻易明白易道所承载的深奥道理。换言之，龚元玠不认为易道是由圣贤君子所垄断的专利，而是普世大众都能共享的资源。王夫之在《周易外传》中则明确指出圣人与君子之间的先后继承关系："圣人之承天以佑民者至矣。诗、书、礼、乐之教，博教以治其常；龟筮之设，穷数以测其变。合其象数，贞其常变，而易以兴焉。智之深，仁之壹，代阴阳以率人于治，至矣，蔑以尚矣。而非君子之器，则失序而不能承。故天之待圣人，圣人之待君子，望之深，祈之夙。"[3] 王夫之在此提到了两个互相对应的条件序列：第一个条件序列呈现为"圣人承天——君子承圣人"，第二个条件序列则呈现为"天之待圣人——圣人之待君子"。前者意指圣人是秉承天道以开展平治天下、化民成俗的事业，而君子是秉承"圣人之道"以承继平治天下、化民成俗的事业；后者则表明天道对于圣人开展平治天下、化民成俗之事业有所期待，而圣人对于将君子承继平治天下、化民成俗之事也有所期待。另外，王夫之所谓的"君子"不同于一般的愚夫愚妇，他既能体会圣人治世的用心，又能推行圣人所设置的教化，因此受到圣人的高度认可及重视（"望之深，祈之夙"）。对比龚元玠和王夫之的两种诠释，就会发现他们同样

1　相似的论述亦见于参照《系辞传上》："子曰：'圣人立象以尽意，设卦以尽情伪，系辞焉以尽其言，变而通之以尽利，鼓之舞之以尽神。'"
2　《续修四库全书》编纂委员会编：《续修四库全书·经部·易类》，第 371 页。
3　王夫之撰，李一忻点校：《周易外传》，北京：九州出版社，2004 年，第 212 页。

注意到"圣人之道"的传承性，二者的分歧主要在于"君子"的定位问题。我们的观点是，龚元玠与王夫之的分歧只是表面的，亦即二人只是从不同的角度展开他们的"君子观"，而前提是他们都赞同君子是承继圣人而起的。龚元玠是从应然的角度阐发其"君子观"，即每个人应该专心研读并且实践圣人所推演的易道，从而成为继承"圣人之道"的君子；王夫之则是从实然的角度阐发其"君子观"，即只有那些专心研读并且实践圣人所推演的易道的人才能被视为君子。总而言之，每个人与生俱来都拥有成为继承圣人统绪之君子的潜能，而实现此潜能的契机在于立志[1]——凡立志成为君子者将肩负继承圣人事业的崇高使命，并且承受圣人赋予自己的重大期望。

以上梳理了《易传》中圣人与君子的定位问题与关系问题，下面将举两个例子阐明圣人"延续圣人之道"的具体关切。这两个例子都提到"养贤"的概念，但在内容指涉上有所差别。其一，颐卦的《彖传》写道："天地养万物，圣人养贤以及万民。颐之时大矣哉！"颐卦所关注的是"养"的道理，从最直观的口腹之养引申至养身、养德及养人。这里所谈到的"圣人养贤"应指向"养人"之道，但此处的"养人"又不同于王夫之论圣人之化民成俗时所说的"中以养不中，才以养不才"，后者所指涉的对象是有待启蒙与教化的愚夫愚妇，而前者所指涉的对象则是协助圣人平治天下及化民成俗的贤人君子。有关"圣人养贤"的正解，李伯谦在《泰轩易传》提出精辟的论点："观颐者，观其所养也。所养不在饮食，而在道义……'天地养万物，圣人养贤以及万民'，极所养之大者，皆不外乎正天地以一气之正而养万物，故万物皆得由其道。圣人以一心之正而养乎贤，故推君之治而致之民。"[2]按照李伯谦的说法，"圣人养贤"主要是建立在双方对道德事业的关切与志趣上，因此圣人凭藉内心的真诚（"一心之正"）来打动贤人君子，而贤人君子亦将积极响应圣人的造福万民号召（"推君之治而致之民"）。换言之，贤人君子辅佐圣人照顾天下百姓不是为了追求物质上的享受，甚至也不是为了得到后者的提拔和重视，而是因为他与圣人一样身怀道济天下的伟大志愿；反过来说，如果圣人与贤人君子各自抱持不同的道

1　参见傅佩荣《傅佩荣解读易经》："'君子'是指立志成为君子的人。"见本书第53页。
2　李伯谦：《泰轩易传》，第277—278页。

德观点和信念，则再丰富的物质条件或再高贵的声名地位也将无济于事。再者，"以及万民"指出圣人与贤人君子之间不是一种对举关系，而是一种共进关系，即二者最终对应的是天下的百姓。因此，"圣人养贤"所陈述的只是一个条件句而非目的句，"以及万民"才是圣人培养贤人君子所欲达成的终极目的。

其二，鼎卦的《彖传》写道："圣人亨以享上帝，而大亨以养圣贤。"鼎卦是由鼎的形象来取卦名的，而鼎在古代是烹煮食物所使用的器物[1]。直观来看，圣人的"亨"与"大亨"当指烹饪的行为，而所谓的"享上帝"、"养圣贤"都应与口腹之养有着密切关系。这个观点被大多学者所接受，如刘绍攽在《周易详说》就完全从饮食之道来立论："养圣贤则饔飧牢醴、水火调剂，当其品物……巽鸡、兑羊、离牛雉鼋鼈之属，故有大亨之象。"[2]傅佩荣教授则论道："圣人为古代圣王，烹煮食物有两大目的：一是祭祀上帝，表达崇拜及感恩之情；二是颐养圣贤，亦即使圣贤可以专心为民谋福。"[3]傅佩荣基本还是顺着饮食之道这个题材来阐明祭鬼神与养圣贤的道理，但是他关注的是祭鬼神与养圣贤所能产生的道德效应。换言之，刘绍攽只是提供了一种纯事实的论述，而傅佩荣是有意识地将某种道德的向度加入到纯事实的论述中，是指转化为一种价值论述。李伯谦也倾向于作价值的论述："'大亨以养圣贤'者，用于养老则执酱、执爵之仪，用于宴飨则有体荐折俎之奉，非徒为是虚文也……养圣贤所以示尊道贵德之意。圣人极鼎享之用而备其味以养圣贤者，欲其资之以成德也。"[4]他虽然依然从饮食之道的角度来解读鼎卦《彖传》的内容，但他更重视的是口腹之养背后所传达的道德信息。换言之，"折俎之奉"只是圣人养圣贤所利用的手段，"尊道贵德"才是圣人的真正目的及关切。另外，也有一些学者不主张以烹饪来解释鼎卦《彖传》中的"亨"与"大亨"，其中以苏轼最具代表性。苏轼在《东坡易传》中论道："'鼎'之用，极于亨帝而已，以其道养圣贤，则亨之大者也。国有圣贤，则君位定而天命固矣。"[5]在苏轼看来，"亨"是指进献和供奉上帝，而"大亨"是指以"圣人之道"颐养圣贤最为通达。这种诠释虽然忽略了鼎卦《彖传》

1　鼎卦《彖传》写道："鼎，象也。以木巽火，亨饪也。"

2　《续修四库全书》编纂委员会编：《续修四库全书·经部·易类》，第274页。

3　傅佩荣：《傅佩荣解读易经》，第395页。

4　李伯谦：《泰轩易传》，第473—474页。

5　苏轼撰，龙吟注评：《东坡易传》，长春：吉林文史出版社，2002年，第224页。

中有关烹饪之道的内容，但也不是毫无根据的。《易传》中多处提到"大亨"二字，而一般情况是与"天"、"道"、"命"等概念联系在一起的，如临卦的《彖传》有"大亨以正，天之道也"的说法，而无妄卦的《彖传》也有"大亨以正，天之命也"的说法[1]。如果"大亨"可以作为专用术语来使用，则鼎卦《彖传》所谓的"大亨以养圣贤"无须通过饮食之道也同样可以推出其间所包含的道德意涵。总括这些历代学者的不同诠释，我们得出以下的结论：无论圣人在颐养圣贤上是诉诸口腹之养还是道德的蓄养，必须肯定的是圣人与圣贤之间不纯粹是一种役使和被役使的关系，而是彼此拥有共同的期许和志向。一个重要的线索即是鼎卦的《彖传》有意在"贤"之前冠上"圣"字，说明"贤"不是指一般的贤能才俊，而是指具备圣人潜质的君子[2]。

"圣人养贤以及万民"所强调的是圣人与贤人君子在平治天下、化民成俗上所体现的共进关系，而"圣人大亨以养圣贤"所彰显的是圣人与贤人君子在克绍大业、延续圣人之道上所体现的继承关系。如此一来，前面所介绍的圣人"平治天下"与"化民成俗"的两个面向又能与圣人"延续圣人之道"的面向交相呼应，从而构成《易传》圣人完整而立体的形象。

三、论《易传》的"圣人之道"

上一节，我们讨论了《易传》圣人的三种面向，分别为"平治天下"、"化民成俗"与"延续圣人之道"。这三种面向又进一步对应圣人所处的三组关系：圣人与天地的关系；圣人与百姓的关系；圣人与君子的关系。有关圣人与天地的关系，圣人效法天之道以建立人之道，故有平治天下、造福万民的愿望。有关圣人与百姓的关系，圣人体察到一般的愚夫愚妇都有向善之心，故通过设立教化及感通民心以达到化民成俗的效果。有关圣人与君子的关系，圣人视君子

1　另可参考革卦《彖传》："文明以说，大亨以正，革而当，其悔乃亡。天地革而四时成，汤武革命顺乎天而应乎人。革之时大矣哉！"其中谈到历史上的两位圣王（商汤、周武王）顺应天命、应合人心，都是从圣人所肩负的道德使命及其所开展的道德事业来立论的。

2　李鼎祚《周易集解》引虞翻曰："'大亨'谓'天地养万物，圣人养贤以及万民'。贤之能者，称'圣人'矣。"见李鼎祚撰，张文智导读：《周易集解导读》，第297页。

为延续圣人之道、克绍大业的新生力量，故晓之以道义，并极尽颐养之能事。《易传》圣人在这三组关系中扮演着积极的角色，但他在平治天下、化民成俗、延续圣人之道的过程中不是孤军奋战的：天之道虽不与圣人同忧，但自然界生生不息的运行规律能够为圣人平治天下的任务提供指引和向导；百姓虽多为愚夫愚妇，但他们亦具有挣脱其蒙昧状态的强烈要求；贤人君子虽仍未成就圣功，但他们同圣人一样有着建立道德事业的关切与志趣。如此一来，《易传》的"圣人之道"并非单行道，而是与"天地之道"、"君子之道"和"生民之道"[1]一起交错着展开的。在这一节中，我们将把焦点放在"圣人之道"与"君子之道"的互动关系上，试图说明"圣人之道"按照《易传》的表述逻辑与义理架构是能够对"君子之道"产生积极的范导作用的。

　　《易传》中唯有一次提到"圣人之道"，见于《系辞传上》："《易》有圣人之道四焉：以言者尚其辞，以动者尚其变，以制器者尚其象，以卜筮者尚其占。是以君子将有为也，将有行也，问焉而以言，其受命也如响……夫《易》，圣人之所以极深而研几也。唯深也，故能通天下之志；唯几也，故能成天下之务；唯神也，故不疾而速，不行而至。子曰：'《易》有圣人之道四焉者，此之谓也。'"我们在探讨圣人"延续圣人之道"的面向时已初步探讨《易传》中圣人与君子的定位问题与关系问题，基本的立场为君子是承继圣人而起的，而圣人对于君子克绍大业有所期待。以上所引的这段话主要透露了两个重点。一、阐明"圣人之道"与易道之间的密切关系。二、指出君子是以"圣人之道"为标准及依归的。就第一个重点而言，历代学者在解读"《易》有圣人之道四焉"一语时大致提出两种不同的说法。一种说法认为易道为圣人所善用，故称其为"圣人之道"[2]，此说法是将"圣人之道"化约为易道。另一种说法则认为易道是因圣人的神妙作用而得以彰显，故称其为"圣人之道"[3]，此说法是将一般工具性的易道升华为具有实际用途的圣人之道。两种说法都有一定的根据，但不可否认的是

---

1 "生民之道"亦可称作"小人之道"，见《系辞传下》："阳一君而二民，君子之道也。阴二君而一民，小人之道也。"

2 李鼎祚《周易集解》引崔憬曰："圣人德合天地，智周万物，故能用此易道。"见李鼎祚撰，张文智导读：《周易集解导读》，第 374 页。

3 李道平《周易集解纂疏》："四道因圣人之至精、至变、至神以章，故曰'圣人之道'。"见李道平、潘雨廷点校：《周易集解纂疏》，第 594 页。

"圣人之道"的四个层面都涉及《易经》的"辞"（卦爻辞）、"变"（卦爻的变化）、"象"（卦象）与"占"（占卦结果），而《易经》博大精深的智慧只有在圣人的操作下才能发挥巨大的功效。从这个意义上说，"圣人之道"与易道可谓一体之两面。就第二个重点而言，文中明确表达以下的含义：君子准备有所作为、准备展开行动时，都会用言语询问易道或圣人之道，而易道或圣人之道将接受君子的询问并且像回音一样予以答复。换言之，圣人立辞而君子阅览之、圣人尚变而君子默观之、圣人制象而君子效法之、圣人占验而君子参照之；一方面，"圣人之道"对"君子之道"发挥积极的示范作用及推导作用，另一方面，"君子之道"确保"圣人之道"能够世代相传、生生不息，继续实现平治天下、化民成俗的崇高使命。

这段话的下半部分提到《易经》是圣人用以探求深奥与研究精微的凭藉，而由于圣人在开展和实践易道的过程中能够做到深奥、精微及神妙，所以他能够轻易地达到贯通天下人之心意、成就天下人之功业的效果。"通天下之志"与"成天下之务"不仅可以与《易传》圣人"平治天下"及"化民成俗"的两个面向遥相呼应，而且更有趣的是，"通天下之志"不只是局限在有关"圣人之道"的论述上，且看同人卦的《象传》写道："文明以健，中正而应，君子正也。唯君子为能通天下之志。"大意是，君子的正道体现为文明而刚健、居中守正而能应和下位者[1]，所以能够通达天下人的心意。君子之"通天下之志"在内容上虽不完全与圣人之"通天下之志"相同，但二者都与易道有关；前者是从卦象及爻位来使用易道的，后者则是从"辞"、"变"、"象"与"占"来使用易道的。再者，君子与圣人拥有相同的关切与志趣，即实现平治天下、化民成俗的理想。以上这个例子给我们提供一个分析"圣人之道"与"君子之道"之间的适当义理关系的重要线索：考察《易传》中"君子之道"的相关内容，并将其与"圣人之道"的相关内容进行比照，以凸显二者的特殊关系。有关君子的论述主要集中在各卦的《大象传》里，下面将举几个例子以观其大致情况：

《师卦·大象传》："君子以容民畜众。"

1　按：同人卦离下乾上，离下代表文明，乾上代表刚健。另外，代表君子的九五处于中正的位置，又能与同样处于中正位置的六二相应，故曰上位者能够应和下位者。

《小畜卦·大象传》：“君子以懿文德。”

《大有卦·大象传》：“君子以遏恶扬善，顺天休命。”

《蛊卦·大象传》：“君子以振民育德。”

《临卦·大象传》：“君子以教思无穷，容保民无疆。”

《坎卦·大象传》：“君子以常德行，习教事。”

《节卦·大象传》：“君子以制数度，议德行。”

这些例子呈现出《易传》君子的几个面向。首先，君子重视德行的培养，如小畜卦的《大象传》论及君子以美化其文采与道德来督促自己，而大有卦的《大象传》更是提到君子在行为方面要求自己抑制邪恶、宣扬美德，从而完善上天所赋予的使命。其次，君子重视养育天下百姓，如师卦的《大象传》提到君子能够包容百姓、蓄养群众，而节卦的《大象传》指出君子在照顾百姓的生活情况时一方面注意到制定数量上的限度，另一方面议定百姓所应有的道德行为准则，同时兼顾百姓的物质生活及精神生活的双重需要。最后，君子重视道德教化的普及与推广，如蛊卦的《大象传》提到君子通过培育百姓的道德以实现振作群众的效果，而临卦与坎卦的《大象传》同时注意到君子是通过不断推行教化、熟悉教育事务来实现包容及保护百姓的目的。上述所列举的三个面向恰好对应《易传》圣人“平治天下”与“化民成俗”的两个面向，而所谓的“延续圣人之道”即是作为连接“君子之道”与“圣人之道”的桥梁。

最后必须指出，所谓的“延续圣人之道”不是指一般道统系谱的谱写或陈列，而是历代圣贤在精神上相互契合的体现。平治天下、化民成俗是历代圣贤所共同追求的志向，但是使天下实现平治、让天下百姓接受教化不是一两名圣人所能完成的任务，而是必须诉诸承续不绝的“圣人之道”。在《易传》中，“圣人之道”即是易道的另一种表述，而将易道妥善运用于治理天下、造福万民是圣人与后世君子所必须肩负的重大使命。另外，《易传》的“圣人观”不是一个静态的圣人观，《易传》的圣人也不是某种供人遥契或膜拜的对象，而是本身蕴含着动态转化的能动性。这种动态转化的能动性集中体现在《易传》圣人对于后世君子的积极影响，亦即圣人在延续圣人之道、颐养圣贤上所发挥的范导作用。从这个意义上说，《易传》的“圣人之道”既不纯粹是对古代圣人之丰功伟绩的美化，亦不是某种遥不可及的理想目标，而是能够对“君子之道”发挥积极的示范作用及推导作用。只有如此,《说卦传》中"曰仁与义"的"人之道"才能同"曰阴与阳"的"天之道"及"曰柔与刚"的"地之道"一样生生不息、代代相传[1]。

四、结语:反思《易经》与《易传》的适当义理关系

本文以研究《易传》的"圣人观"为宗旨,主要分成三节展开讨论。在第一节中,我们提出本文的问题意识,即本文通过研究《易传》的"圣人观"所要解决的问题、解决问题的意义以及解决问题的方法。在第二节中,我们深入探讨《易传》中有关"圣人"的论述,总结出圣人形象的三种面向,分别为"平治天下"、"化民成俗"以及"延续圣人之道"。前两种面向折射出圣人济世安民、教化蒙昧的共时性要求,而后一种面向折射出圣人颐养后世圣贤以确保圣人之道德事业得以绵延相传的历时性要求。共时性要求说明圣人是主动入世、忧患天下的,而历时性要求则说明使天下实现平治、让天下百姓接受教化不是一时一地所能完成的,而是有待历代圣贤共襄盛举、克绍大业。在第三节中,我们进一步阐述《易传》的"圣人之道",主要聚焦在"圣人之道"与"君子之道"的相互继承关系上。我们的结论是,"君子之道"在很大程度上是承继"圣人之道"而起的,亦即"君子之道"是以"圣人之道"为效法和学习的对象,而"圣人之道"能够对"君子之道"产生积极的示范作用和推导作用。以上的三节所构成的是《易传》"圣人观"的核心内容,从中也呈现出《易传》圣人完整而立体的形象。

---

1 《说卦传》:"昔者圣人之作《易》也,将以顺性命之理。是以立天之道,曰阴与阳;立地之道,曰柔与刚;立人之道,曰仁与义。"张立文在《和境——易学与中国文化》一书中论道:"阴阳、刚柔、仁义并举,意在表明天地自然之道与人道是一致的,它们都是普遍的'道'的不同体现。"张氏的解读强调天之道、地之道与人之道共同具有的普遍性,这是正确的,但从"道"的普遍性还可进一步引申出"道"的连续性与永恒性,如邱浚在《大学衍义补》中所言:"生物无穷,天地之大业也;运行不息,天地之盛德也;功及万世,圣人之大业也;终始日新,圣人之盛德也。"见张立文主编:《和境——易学与中国文化》,北京:人民出版社,2005年,第90页;邱浚:《大学衍义补》,第1377页。有关天之道、地之道与人之道的论述,另可参照《系辞传下》:"《易》之为书也,广大悉备。有天道焉,有人道焉,有地道焉。兼三才而两之,故六。六者,非它也,三才之道也。"

最后，我们综合前三个部分的研究成果，试图反思《易经》与《易传》的适当义理关系。学术界在探讨《易经》与《易传》之间的继承关系时，一般所达到的共识是，《易传》是对《易经》的"去宗教化"、"哲理化"及"体系化"。有关《易传》的"去宗教化"问题，徐复观《中国人性论史》中的说法最具代表性："《周易》本身原是出于一种以神话为背景的迷信，亦即是由原始性的宗教而来。最低限度，亦与原始宗教有其密切之关系。但《易传》的作者，却把原有的宗教性，于不知不觉之中，完全化掉了。"[1] 徐复观认为，《易经》的占卜、卦象及爻辞皆为古人寄托神物以满足其纯朴之宗教迷情的体现，而《易传》所做的则是对这些原始宗教的残迹进行彻底的祛魅化。这个观点虽不无偏颇，毕竟《系辞传》中就多次陈述圣人推演易道的事迹，但它从另一个侧面指出《易传》是古人跳出《易经》之朴素思维的明证，则是大致准确的。由《易传》的"去宗教化"问题自然引申出《易传》对《易经》的"哲理化"及"体系化"，如廖名春在《周易经传十五讲》所论："《易传》继承了占筮的象数观念，对《易经》的占筮作了理论化的解说；同时也把《易经》本身所蕴含的义理提升到了一个新的高度。就其实质而言，《易传》已完全是一部哲学著作。"[2] 廖名春并不将《易经》视作一般占筮卜卦的工具书，也不否认占筮卜卦自身的价值，而是主张《易传》是在《易经》原有的基础上建构一个新的理论架构。他一方面承认《易经》与《易传》之间的先后继承关系，另一方面又指出《易传》是对《易经》思想进行哲理化及系统化的一种尝试，这个观察同样也是可取的。这些解释虽然能够在一定程度上阐述《易传》对于《易经》思想的改造与发明，而且也可以从原典中找到充分的根据，但是"去宗教化"、"哲理化"及"体系化"却无法妥善说明《易经》"圣人观"的缺失以及《易传》对圣人观的重视。《易经》六十四卦的卦爻辞只字未提"圣"或"圣人"的概念[3]，而《易传》却使用大量篇幅论述圣人的应然之道，这个显著的差

1　徐复观：《中国人性论史·先秦篇》，上海三联书店，2001年，第185页。

2　廖名春：《周易经传十五讲》，北京大学出版社，2004年，第220页。另可参照徐志锐《周易大传新注》："《周易大传》继承了卜筮的形式而改造其内容，用解《经》的方式以寄托哲学思想，对天道规律及鬼神观念作出了新的解释，从而形成了这部著作别具一格的特点。"见徐志锐：《周易大传新注》，山东：齐鲁书社，1986年，第1页。

3　《易经》中亦有"大人"的形象，如蹇卦、萃卦与巽卦的卦辞以及乾卦的爻辞中都出现"利见大人"的语句，但此"大人"的形象更多是对应着爻位（二、五位）而提出的，而且从其相关的描述无法证明它即是《易传》圣人的代称。

异值得我们深思。

对于《易经》"圣人观"之所以缺失的分析大致可以采取两种解释的进路。第一种解释的进路认为，《易经》纯粹是一部占筮所用的书，其中并不包含任何深刻的道德内容。这种解释是无法成立的，因为《易经》所关注的不只是象数命理，而是同时重视义理的阐发；这在《易经》有关"君子"的论述中表现得淋漓尽致。从卦辞来看，同人卦的卦辞写道："同人于野，亨。利涉大川，利君子贞。"否卦的卦辞写道："否之匪人，不利君子贞，大往小来。"谦卦的卦辞写道："亨，君子有终"，所讨论的是君子的进退取舍之道。从爻辞来看，大壮卦的九三爻辞写道："小人用壮，君子用罔，贞厉。"遁卦的九四爻辞写道："好遁，君子吉，小人否。"革卦的上六爻辞写道："君子豹变，小人革面"，即通过君子与小人的对比彰显君子在道德上应有的坚持和固执 [1]。这些有关"君子"的论述可以与我们在文中所提到的《易传》的"君子之道"配合来看，说明《易经》已经开始注意道德相关的问题了。由此可以推出《易经》"圣人观"之所以缺失的第二种解释的进路，即《易经》是一部包含着丰富道德内容的经书，其中虽已初步影射圣人君子的应然之道，但仍未形成一套成熟的"圣人观"的理论系统。

《易传》的贡献即是一方面继承《易经》有关"君子"的论述并将其转化为理路清晰的"君子之道"，另一方面则是引进"圣人之道"作为"君子之道"的一种范式。通过"圣人之道"的范式所发挥的范导作用，周易经传的"君子"不再是一个零散琐碎的概念，而是被融入到承续不绝、生生不息的"人之道"中，并且在确保圣人之道得以延续的基础上继续实现平治天下、化民成俗的圣功伟业。

---

1 《易经》中君子与小人的对比虽在大多数情况下是放在道德的语境中展开的，但有时也用以指涉统治者与百姓之间的关系，如观卦的初六爻辞写道："童观，小人无咎，君子吝。"解卦的六五爻辞写道："君子维有解，吉，有孚于小人。"

从"名"的视角论先秦诸子的发生

——诸子起源研究的一个新路向

苟东锋 *

内容提要：通过检视目前为止的先秦诸子起源说，可以发现这些研究主要是从语学的、史学的和思想史的方法进入的。如果仅仅秉持这种历史的维度，虽然能够回答先秦诸子的核心观念是如何形成的，却不足以释疑先秦诸子的核心观念是如何可能的，于是也就不能从根本上回应雅斯贝斯等人提出的先秦诸子的"哲学的突破"问题。为此，我们一方面应该重拾胡适关于先秦诸子皆有一套"名的方法"的洞见，另一方面则须悬置从逻辑学和知识论角度去理解名学的成见，从而为先秦诸子找到一条理论的维度。只有通过理论与历史的双重维度才能从根本上解决诸子起源的问题。

关键词：先秦诸子 起源 轴心时代 名

众所周知，先秦诸子是中国文化发生和展开的源头。先秦以降，两千多年的中国思想均以不断回溯先秦尤其是春秋战国之间几百年所留下的资源而向前发展，这一国人固有的认识在西人雅斯贝斯那里得到了进一步的确认。雅氏认为，先秦诸子所处的轴心时代结束了几千年的古代文明，人类的理性精神开始觉醒。直至今日，人类一直靠轴心时期所产生、思考和创造的一切而生存，每一次新的飞跃

---

* 作者苟东锋，1982 年生，复旦大学哲学博士，华东师范大学哲学系博士后。现为华东师范大学哲学系中国哲学教研室讲师，华东师范大学"晨晖学者"。主要从事先秦儒学与先秦名学的研究。本文为中国博士后科学基金第 53 批面上资助项目《从"名"的视角论先秦诸子的发生》的阶段性成果，项目编号：2013M531147。

都因回顾这一时期而获得精神动力。[1] 由此可见，先秦诸子的研究一方面在两千多年的学术史中已经积累成为一门古老的学问，另一方面在当下中国文化复兴的现实关怀中又是一个常新的问题。总之，先秦诸子的研究是一门综合的学问，包括了诸多问题，而其中首要的问题当属诸子起源的问题，因为如果说先秦诸子是中国思想文化的起源，那么诸子的起源则是起源的起源。具体到诸子起源问题，在先秦诸子研究的大背景下，既留有前人的丰富成说，也存在一定的研究误区。

一、诸子起源的五种成说

先秦诸子的起源，概括说来，主要有以下五种成说：

一是《庄子·天下篇》提出的"道术说"。现存材料中最早尝试回答诸子起源问题的是庄子（或曰庄子后学），《天下篇》即意在解决这个问题，所谓"古之所谓道术者，果恶乎在？……其明而在数度者，旧法世传之史尚多有之。其在于《诗》、《书》、《礼》、《乐》者，邹鲁之士搢绅先生多能明之。《诗》以道志，《书》以道事，《礼》以道行，《乐》以道和，《易》以道阴阳，《春秋》以道名分。其数散于天下而设于中国者，百家之学时或称而道之"。这是认为，诸子的学说是对载于经典或散于天下的"古之道术"的各种不同的继承和转化。如果从对古代核心文化继承和转化的角度来看，我们还可以找到一些材料，《淮南子·俶真训》说："周室衰而王道废，儒、墨乃始裂道而议，分徒而讼。"这显然是对《天下篇》"道术将为天下裂"之说的阐发。此外，对于孔子之学，孔门高足子贡也有一个解释："文武之道，未坠于地，在人。贤者识其大者，不贤者识其小者，莫不有文武之道焉，夫子焉不学，而亦何常师之有？"（《论语·子张》）《淮南子·要略》则言："孔子修成康之道，述周公之训，以教七十子，使服其衣冠，修其篇籍，故儒者之学生焉。"这都是认为，古代的文武之道以各种形式被继承下来，而孔子之学实际上就是文武之道的延续和发展。

二是《淮南子·要略》提出的"救弊说"。《淮南子》作为一部综合融贯百

---

1   雅斯贝斯：《历史的起源和目标》，北京：华夏出版社，1989年，第7—15页。

家学说的著作，对诸子起源的问题也提出了一种看法，《要略》一篇对全书各篇的内容作了提要钩玄的概括，进而分别剖析了"太公之谋"、"儒者之学"、"墨子之学"、"管子之书"、"晏子之谏"、"纵横修短"、"刑名之书"和"商鞅之法"的产生过程。概括来说，即认为诸子的产生是由特定的社会环境和政治需要所决定的。应当说，《淮南子》对诸子起源的这种看法，相比于庄子的宏观探讨而进入了微观讨论，只可惜这种看法在古代的影响并不大，直到胡适反对"王官说"时才重拾此说，并进一步将其概括为"诸子之学皆起于救时之弊应时而生"、"皆春秋战国之时势事变所产生"[1]，由此才引起学界广泛重视。如果从"救时之弊"的角度看，这类观点在《淮南子》之前就已见端倪了。比如孟子说孔子："世衰道微，邪说暴行有作，臣弑其君者有之，子弑其父者有之。孔子惧，作《春秋》。"又夫子自道地说："圣王不作，诸侯放恣，处士横议，杨朱墨翟之言，盈天下……我亦欲正人心，息邪说，距诐行，放淫辞，以承三圣者；岂好辩哉？予不得已也。能言距杨墨者，圣人之徒也。"（《滕文公下》）可见，在孟子看来，孔子的春秋之学就是为了应对"世衰道微"的时代弊症而生，而他自己之所以"好辩"（发言或著述）也是由于"圣王不作，诸侯放恣，处士横议"的社会危机。此外，《庄子·天下篇》也提到了"天下大乱"，而《艺文志》在分析十家九流时则称其"皆起于王道既微，诸侯力政，时君世主，好恶方殊"。或许正是基于这种考虑，现代学者徐复观等人提出了一种忧患意识说，认为中国哲学重在主体性和道德性，其根源正在忧患意识，正是这种忧患意识才使得中国哲学既与古希腊哲人那种自然对待的方式不同，又与宗教以恐怖意识为源头的文化区别开来。[2]这完全可以看作"救弊说"的进一步深化。

三是《汉书·艺文志》提出的"王官说"以及由此演化丰富而成的各种"职业说"。班固的《艺文志》源自刘歆的《七略》，其王官说的内容大致为："儒家者流，盖出于司徒之官。道家者流，盖出于史官。阴阳家者流，盖出于羲和之官。法家者流，盖出于理官。名家者流，盖出于礼官。墨家者流，盖出于清庙之守。纵横家者流，盖出于行人之官。农家者流，盖出于农稷之官。小说

1　胡适：《诸子不出于王官论》，见姜义华主编：《胡适学术文集·中国哲学史卷》上册，北京：中华书局，1991年。

2　徐复观：《中国人性论史·先秦篇》，上海三联书店，2001年，第13—29页。

家者流，盖出于稗官。"这一看法对后世的影响极大。古代学者如章学诚（《文史通义》）、龚自珍（《古史钩沉论》）都支持此说，近代学者如章太炎（《诸子学略说》）、吕思勉（《先秦学术概论》）更对这种说法进行了深入发挥。值得注意的是胡适曾撰写《诸子不出王官论》，对当时章太炎等学者所坚持的"王官说"深致不满，他认为九流出于王官之说"皆属汉儒附会揣测之辞，其言全无依据"，"诸子自老聃、孔丘至于韩非，皆忧世之乱而思有以拯济之，故其学皆应时而生，与王官无涉。"时隔多年，胡适又作《说儒》，专论儒家起源。这篇长文对其早年的《诸子不出王官论》似乎是一种修正，在这里，他提出所谓"儒"是从殷的祝宗卜史转化而来的，在西周及春秋以治丧相礼为职业。[1]胡适的这两篇文章掀起了讨论先秦诸子起源尤其是儒家起源的热潮，学者们纷纷一陈己见，就儒家的起源即"原儒"的研究来讲，陈来曾将其概括为四类："一、史官——儒家（儒出于祝史），章太炎、郭沫若；二、术士——儒家（儒出于术士），徐中舒、杨向奎、傅剑平；三、职业——儒家（儒出于职业），傅斯年、钱穆、冯友兰、侯外庐；四、地官——儒家（儒出于司徒），何新、刘忆江。"[2]根据这个概括来看，这些学者的论证思路从根本上都是"王官说"的演化，只不过做了进一步细化，分了两步：首先，认为古代王官的失守流落造成了春秋时的职业；其次，认为春秋时的职业演化出了儒家（或先秦诸子）。

四是学者时有所议的"个性说"。古人关于诸子起源的讨论，除以上三种解答外，还有一种看法散见于各家的议论。个人性情或人格的不同会造成学问的不同，这一点早就被一些学者注意到。比如荀子说它嚣、魏牟是"纵情性，安恣睢，禽兽行"，说陈仲、史䲡是"忍情性，綦溪利跂，苟以分异人为高"（《非十二子》），这显然透露出了一些性格分析的色彩。朱熹也曾引用二程的话解释了孔子、颜子和孟子的不同："孟子有些英气。才有英气，便有圭角，英气甚害事。如颜子便浑厚不同，颜子去圣人只毫发间。孟子大贤，亚圣之次也。"又言："且如冰与水，精非不光。比之玉，自是有温润含蓄气象，无许多光耀也。"（《孟子集注·序说》）这是说孟子的性格中有英气，这与颜子浑厚的个性不同，所以颜子相对孟

1　胡适：《说儒》，见姜义华主编：《胡适学术文集·中国哲学史卷》上册，北京：中华书局，1991 年。
2　陈来：《古代宗教与伦理——儒家思想的根源》，北京：生活·读书·新知三联书店，2009 年，第372 页。

子，离圣人更近些。而如果用古人常以之比喻君子性情的"玉"来说，孟子就像冰与水，孔子则是玉，学问与气象的不同也由此而定。这种从个人性情出发的讨论在西方心理学传入之后就得到了更加充分的注意，除了大量相关论文之外，还出现了专论，如王季香的博士论文《先秦诸子之人格类型论》，详细分梳了先秦诸子的理想人格的差异，由此能够清楚地看到诸子学说的差异与其个人所追求的理想人格之间有很大关系。[1] 除了从性情角度分析诸子的产生和不同，一些材料还表明，诸子的个人动机对其学说的产生也起到了决定作用，比如庄子在《天下篇》中对于墨子"备世之急"的心情的肯定，对宋钘、尹文"愿天下之安宁，以活民命"的心理的赞扬。而司马谈在《论六家要旨》中也一言以蔽之地指出："《易大传》：'天下一致而百虑，同归而殊涂。'夫阴阳，儒、墨、名、法、道德，此务为治者也，直所从言之异路，有省不省耳。"所谓"务为治"也可以动机言。

五是马克思主义的"经济说"。进入近代以来，在马克思主义思潮的背景下又出现了一种崭新的回答，以侯外庐的《中国思想通史》为代表，侯氏认为："'土地国有'，一方面是学在官府的基础，同时也是使学术不能下于私人的桎梏。打破这一桎梏的唯一关键在生产方式的改变，而春秋发现了铁，则显然是此种改变的主要物质基础，同时也因了阶级分化出现了私学思想家，开始了严密的中国古代思想史。"[2] 这是认为作为经济基础的生产方式的改变将会促进阶级的分化，从而产生私学，进而促生诸子。此后，泛滥于各种马克思主义指导下的教科书中的以阶级成分决定学说形态的模式均以此为据。应当说，如果不过分放大经济基础和阶级成分的作用，这种经济说也是言之成理的。

二、诸子起源成说之检讨

纵观诸子起源的各种成说，可以发现两个问题：

第一，五种成说显然各有道理，但是其间却缺乏次第关联。论者常常持一种

1　王季香：《先秦诸子之人格类型论》，台湾中山大学中国语文学系博士学位论文，2004年。
2　侯外庐：《中国思想通史》，第1卷，北京：人民出版社，1957年，第32页。

或几种看法，而对其他看法置若罔闻。如何澄清这些看法之间的关系？笔者认为，面对先秦诸子如何产生这个问题，应该建立两种维度：

一是因缘的维度。吕思勉曾用因缘的关系对"王官说"和"救弊说"进行了整合，他说："诸家之说，《汉志》谓皆出王官；《淮南要略》则以为起于救时之弊，盖一言其因，一言其缘。"[1] "因"与"缘"乃佛教用语，但在中文的语境中大致可以通俗地理解为某种结果产生的直接原因（因）和辅助促成结果的条件（缘），又常被宽泛解释为内因和外因。因此，用因缘的维度整合这些说法之间的关系应当是可行的。从这个角度看，"道术说"和"王官说"属于诸子产生的"因"，因为作为某种文化理想的"古之道术"与作为某种历史存在的"王官之学"的失落与流变其实是同一个过程，而这种文化和历史的源头大致决定了先秦诸子的产生。与此同时，经济的因素不仅从一定程度决定着社会的形态，还直接影响到人的思维方式，因而"经济说"也可以归入"因"的维度。至于"救弊说"、"个性说"，其救弊方式的不同与个性的差异则决定着先秦诸子产生的实际面貌，当属"缘"的维度。此外，从因缘的角度思考诸子起源的问题，还可以加入其他可能的因素，从而构成一个丰满而生动的历史过程。实际上，很多学者已经不自觉地使用了这种思考方式。一般来说，只有因缘交汇才能产生结果，所以我们看到一些学者表面上主张一种原因，却也不排除其他因素，例如班固在《汉书·艺文志》中虽然主张"王官说"，却也提出九流十家"皆起于王道既微"的说辞。前者为因，后者属缘。又如胡适虽然反对"王官说"，力主"救弊说"，而最后提出的相礼说却也是一种变相的"王官说"。此外，还有学者将因缘两种因素糅合在一起，如牟宗三提倡的"周文疲敝"说，实际上就既有"道术说"的内容，也有"救弊说"的因素。[2]

二是异同的维度。之所以提出这个维度是因为因缘只能解释先秦诸子作为一个整体是如何产生的，却未注意到先秦诸子之间的差异。所以还有必要从异

1　吕思勉：《先秦学术概论》，上海：东方出版中心，1985年，第22页。

2　牟宗三：《中国哲学十九讲》，上海古籍出版社，2005年，第42—54页。值得注意的是，牟宗三也以因缘的维度对先秦诸子的起源进行过分疏。不过，他认为"王官说"和"救弊说"都是诸子思想之缘。这是就"王官说"没有抓住诸子起源的根本而言的，如果我们将"王官说"与"道术说"看作一体两面的关系的话，那么"王官说"作为诸子产生的历史源头，也可以看作诸子思想之因。

同的角度对先秦诸子产生的原因进行梳理，也就是说我们所罗列的原因一定要既能解释先秦诸子之同，又能解释先秦诸子之异。依此来看，"王官说"和"道术说"虽然在解释诸子之同方面很给力，但在解释诸子之异方面却不如"救弊说"和"经济说"，因为有了前两者，就大致能够说明后面将要产生某种新思想勃发的潮流，但是历史上的诸子到底是怎么由道术和王官的失落而产生的，"王官说"和"道术说"却很难提供令人满意的答案，而在这方面，"救弊说"与"经济说"所展示的丰富层面能够弥补这方面的不足。但即使"救弊说"和"经济说"也不能完全解释诸子之异，所以还有必要加入其他因素，而"个性说"就是其中的因素之一，它可以使我们更加准确地理解某家某人的思想之所以是其所是的原因。总之，如何处理这些成说之间的关系，可以借鉴刘绪义提倡的"发生学"的方法。按照发生学，我们可以将先秦诸子的产生看作一粒种子在各种条件的作用下生根、发芽、开花，最终结果的过程。这样，我们就不能只注意其因，也要注意其缘，并且还要在建构因缘相合的过程中区分结果的不同。只可惜刘氏的先秦诸子发生学并没有从上述角度来看。[1]

第二，在五种成说中，存在着"王官说"一家独大的现象。可以发现，现代学者聚讼不已的观点都集中在王官说及其各种变相形式上。陈来曾经就此提出疑议，认为："如果不从结论上，而从方法上来看，以上各种观点（笔者注：王官说的各种变形）不外为两种方法，即傅斯年所谓'语学的'和'史学的'两种方法。……近代以来原儒的研究，都集中在职业类型与职业名称上面，虽然都各自取得了有意义的成果，却大都未能在根本上涉及儒家思想的来源。借用冯友兰先生的分疏，都只是在论述'儒'的起源，而未尝在根本上挖掘'儒家'作为一种思想的起源。换句话说，这些研究都是语学的或史学的方法，都不是思想史的方法。"[2] 陈氏并不反对"王官说"，但是他认为这种观点在方法论上

---

1   刘绪义赞同汪晓云的观点（汪晓云：《人文科学发生学：意义、方法和问题》，《光明日报》2005
    年1月11日），将起源研究与发生研究做了区分，认为发生是逻辑推理概念，而起源是历史事件
    概念，所以发生学不仅研究认识如何发生，也研究认识为何发生，这是值得表彰的（不过，从宽
    泛的意义讲，起源研究亦可以研究这两个问题）。但是他仅仅从先秦诸子的一些哲学概念的形成
    入手，这未免是一种缺憾。参见刘绪义：《天人视界——先秦诸子发生学研究》，北京：人民出版
    社，2009年，第15—19页。
2   陈来：《古代宗教与伦理——儒家思想的根源》，第372页。

从"名"的视角论先秦诸子的发生   175

有局限，属于语学或史学的方法，所以还要引入思想史的方法。而他以思想史的方法所得的结论，简言之即认为"儒家思想本身是三代以来中国文化的产物"（同上）。显然，陈来的观点是"道术说"的应有之义，只不过是一种更加详尽的展开。实际上，"王官说"和"道术说"是一体两面、相辅相成的关系，余英时曾一针见血地指出："《天下》篇的作者把王官之学散为百家概括为'道术将为天下裂'一语是极为生动的。"[1] 余敦康也认为《汉书·艺文志》的"王官说"和《庄子·天下篇》的"道术说"在思路上是完全一致的，两者共同构成了一种远古的宗教传统，这种传统经过孕育、酿发，最终在先秦时代实现了一种哲学突破，产生了诸子百家。[2] 由此可见，"王官"和"道术"可以理解为形式和内容的关系，在古代的宗教传统中，王官是道术的形式，道术则是王官的内容。这一点余氏虽未明言，却可以看作是其言外之意。

综上所述，经过两千多年的关注，关于先秦诸子起源的问题产生了诸种成说。一方面，这些成说虽然庞杂，却也足够全面，经过一定的整理之后，关于诸子究竟是如何产生的，我们大致能够获得一个比较清晰的眉目；另一方面，学界以往对这些成说的重视程度，存在着本末倒置的现象，然而经过近些年来一些学者的更正，这一现象正在得到很大的改善。在此情形下，关于诸子起源的研究若想得到进一步推进，就只能从方法论的革新入手。

三、诸子发生的名学视角

新方法的获得需要新视野的开拓，而在这方面，往往是"他山之石，可以攻玉"。20世纪以来，伴随着多元文化观念在世界范围的发展，德国哲学家亚斯贝斯提出了一种关于全球文明"轴心时代"的历史新视角。他认为，公元前500年左右（前800年—前200年），"在中国，孔子和老子非常活跃，中国所有的哲学流派，包括墨子、庄子、列子和诸子百家都出现了。"与此同时，印度

1　余英时：《士与中国文化》，上海人民出版社，1987年，第90页。
2　余敦康：《夏商周三代宗教——中国哲学思想发生的源头》，《文史哲》2004年第6期。

和西方也都出现了各自的哲学家。这三个互不知晓的地区几乎同时发展了起来，从此人类历史有了进行自我理解的普遍框架，其后的每一次进步和飞跃都从这个时代获取了精神动力，因此这段时期被称为"轴心时代"（Axial Period）。[1] 亚斯贝斯通过"轴心时代"的理论试图说明，在那段特别的时期内，人类有三种文明终于发生突变而实现了一种"超越的突破"，从此由漫长的原始阶段进入了高级阶段；只有进入这种高级阶段的文明才能在后来的历史阶段中不断向前发展，而反观那时的其他文明，后来大都泯灭了。从这个意义来看，源于马克斯·韦伯，而由美国哲学家帕森斯特别发挥的"哲学的突破"的观念则更加突出地表达了这层意思。帕氏认为，在公元前1000年内，希腊、以色列、印度和中国四大古代文明都曾先后不谋而同且方式各异地经历了一个"哲学的突破"（Philosophical Parsons）。所谓"哲学的突破"主要是指对构成人类处境的宇宙的本质发生了一种理性的认识，从而对人类的处境及其基本意义获得了新的理解。[2]

顺着亚斯贝斯等人的思路来看，诸子起源的问题可以转化为这样一个问题：为什么中国在先秦时代出现了"哲学的突破"？这个问题进而又可以转化为另外的两个问题：其一，先秦诸子的核心哲学观念是如何形成的？其二，先秦诸子的核心哲学观念是如何可能的？如果说前者可以通过"语学的"、"史学的"以及"思想史"的方法而获得答案，那么后者则需要通过一种"哲学的"方法才能获得解答。就笔者目力所及，学界以往关于诸子起源的研究主要回答的是第一个问题，第二个问题则一直很少有人问津。

哲学的研究离不开思想史、语学或史学的研究，这就像思想史的研究需要借助语学的或史学的研究一样，但是哲学的研究与思想史、语学或史学的研究毕竟不同。一般而言，语学或史学的研究往往关注历史上的某种具体事物的发展变化，而思想史的方法则会注意某个思想流派的思想是如何起承转合的。比如在近代以来"原儒"的研究中，前者只谈到了"儒"的起源；后者则试图挖掘"儒家"作为一种思想的起源。[3] 相比于这两者，哲学方法将会涉及某种哲学观念在理论上是如何可能的。具体到"原儒"问题，按哲学方法来看，就至少

1　雅斯贝斯：《历史的起源和目标》，北京：华夏出版社，1989年，第7—15页。

2　可参见余英时：《士与中国文化》，上海人民出版社，1987年，第26—30页。

3　陈来：《古代宗教与伦理——儒家思想的根源》，第372—373页。

应该讨论两个问题：儒家哲学的基本观念何以异于前儒家思想而成为一种哲学的突破？以及儒家哲学的基本观念何以异于其他诸子？如果将问题进一步扩展到先秦诸子的发生领域，那么哲学研究则需要澄清另外两个基本问题：一方面，诸子作为一个有机整体是如何获得一种哲学突破的？另一方面，诸子作为不同的哲学流派是如何建立其区分的？要言之，哲学的研究与思想史、史学或语学的研究之所以不同，在于前者是从理论的、超验的维度出发，而后者从历史的、经验的维度出发。解决先秦诸子的发生问题，既要注意历史的维度，又要注意理论的维度，两者相合，才是完整的解决方案。

那么，如何从哲学的角度来研究先秦诸子的发生呢？最基本的思路当然是找出先秦诸子的基本哲学观念。这个基本的哲学观念需要满足两个条件：其一，必须是先秦诸子共同关注的观念，这是由先秦诸子作为哲学突破中的一个整体决定的；其二，必须能够体现先秦诸子之间的差异，这是由先秦诸子是不同的哲学流派决定的。按照这样的条件来检视一番，现有的研究都不完全符合。一些研究虽然抓住了诸子的某些核心观念，如刘绪义在先秦诸子发生学研究中所关注的天、人、命、身、仁、礼、法、德、道、性、君子、小人等。[1]但是这些观念缺乏系统性，无法体现作者所强调的诸子作为一个有机整体的一面。另一些研究则扼要地抓住了某个核心观念，如余敦康在探讨先秦哲学的突破时指出的诸子哲学的核心问题是在天命秩序瓦解的历史条件下，重新寻求失去的"道"。[2]道是先秦诸子乃至整个中国古代哲学的核心观念，这是学界的共识，但是仅仅通过一个"道"的观念，并不能触及先秦诸子之间的不同。究其原因，是由于道虽是诸子共有的核心观念，却是终极的、本体的观念，我们可以说各家所理解的道是不同的，却不能从道本身来发现这种不同。那么是否有这样一种观念，它既是诸子共同关注的一种基本观念，又能够体现诸子核心观念的不同？

事实上，这样的观念很早就被发现了。1919 年，胡适出版《中国哲学史大纲》（上卷），这本书后来被公认为中国哲学史学科的开山之作，之所以能够取得这样的地位，胡适后来做过这样的简要回顾："我这本书的特别立场是要抓住

---

1 刘绪义：《天人视界——先秦诸子发生学研究》，第 19 页。
2 余敦康：《夏商周三代宗教——中国哲学思想发生的源头》。

每一位或每一个学派的'名学方法'（逻辑方法，即知识思考的方法），认为这是哲学史的中心问题。"[1]这本书的前身是其早在1917年就完成的博士论文《先秦名学史》，在那里，胡适发现先秦各家都有其为学的方法，具体表现为各有一套自己的"名"学。可以说，正是这个敏锐的洞见开创了中国哲学史的新纪元，然而由于胡适热衷于从知识论和逻辑学的视角理解"名"，这就限制以至阻碍了中国哲学的进一步发展。实际上，承认每一学派皆有自己以"名"为表现的哲学方法是一回事；将各家的名学认定为一种认识论甚至逻辑学又是另一回事。胡适将二者混为一谈，这就使得他所理解的中国哲学必然丢掉了一些重要的东西。有见于此，梁启超很早就对胡适这本书下过一个断语："凡关于知识论方面，到处发现石破天惊的伟论，凡关于宇宙观人生观方面，什有九很浅薄或谬误。"[2]目前来看，梁启超这个评判，依然很准确。所以今天我们研究先秦诸子，仍可以沿着胡适开创的方向推进，只是我们必须吸取胡适的教训，不能再以知识论或逻辑学的先入之见来理解各家的名学。由此可见，除了道以外，先秦诸子还有一个共有的重要观念——"名"，并且由于各家对"名"的不同立场，最终导致各家所求之道也有差异。

所以，我们可以从"名"的视角来讨论先秦诸子的核心哲学观念是如何可能的，进而与先秦诸子的核心观念是如何形成的问题一起，共同解决先秦诸子的发生问题。"名"的视角可以解决关于先秦诸子如何可能的两个问题：一、可以解决先秦诸子哲学的统一性问题。因为既然每一家都有自己以"名"为表现的哲学方法，这种方法又各自构成了各家所求之道的主要内容，那么先秦诸子就可以通过"名"这个共同观念被联系为一个整体。而若想对先秦诸子作为一种哲学突破而表现的整体哲学精神进行探讨，也可以通过"名"的研究来实现。二、可以解决先秦诸子哲学的差异性问题。因为尽管每一家都有自己以"名"为表现的哲学方法，但是其对"名"的理解和立场都有不同，从一定程度来说，各家正是通过对"名"的不同解读而建立自身的。质言之，道家通过"无名"而实现其道，儒家主张"正名"而实现其道，墨家主张"实名"（即取实予

1　胡适：《中国古代哲学史》，台北：远流出版事业公司，1958年，第3—4页。
2　梁启超：《评胡适之〈中国哲学史大纲〉》，《晨报副镌》1922年3月13—17日。

名）而实现其道，名家主张"辨名"而实现其道，法家主张"形名"而实现其道（后期法家）。"名"的视角显示，诸子哲学既可以统一于"名"的观念，又因"名"的观念而建立了各自的哲学。而值得注意的是，这种"名"的视角所展示的先秦名学与胡适从逻辑学和认识论角度所提出的"先秦名学"已有根本不同，前者是将"名"作为先秦及中国思想中最核心的观念加以探讨，后者则是将"名"作为以西方思想来裁定中国思想的"反向格义"的桥梁加以利用。尽管这个问题的解决还需要进一步的研究和论证，但笔者相信，这将是先秦诸子起源研究的一个新路向。

感通能力与"可以为善"：朱子对人性的理解

江求流*

内容提要： 朱子心性论的核心是以仁义礼智之性为具体内容的人性对主体而言究竟意味着什么，以及人性何以是善的。在朱子那里人性实质上是主体内在的感通能力，主体以这种感通能力为基础，可以在与相应的外在情境相遭遇的境界下发而为恻隐、羞恶、辞让、是非之情。这些心理层面的善的意识，可以进一步引发亲亲、仁民、爱物、敬长、尊贤等具体的善的行为。虽然从善的意识到善的行为的转化往往受到主体自身的自私自利的动机的抑制，但这种善的意识本身总是会在主体与孺子入井等境界下不可遏止地、必然地流露出来。所谓的人性本善正是在这一意义上说的。而朱子对禅学所谓的"作用是性"以及谢良佐所谓的"知觉为仁"的批判也是立足于性善论的前提之下的。进一步而言，如果朱子对性善之意的阐发和对"作用是性"的批判是对孟子所确立的性善论这一儒家核心命题的接续，那么对"知觉为仁"的批判以及对仁与爱之间关系的揭示，则构成了对孔子所确立的儒家仁道原则的重建。

关键词： 感通　性善　仁义礼智　作用是性　知觉为仁　仁道原则

由以《大乘起信论》为代表的大乘佛学所提出的"真如缘起"思想对儒家

---

* 作者江求流，1985 年生，安徽寿县人。华东师范大学哲学系博士研究生，研究方向为宋明理学、朱子哲学。

学说提出的理论挑战构成了宋代理学兴起的重要背景，对朱子而言同样如此。张载弟子范育曾经将佛教的"真如缘起"概括为"以心为法，以空为真"，它意味着世间万物都是一种超验的心体（即"真如本心"）忽然起念、幻化而生，另一方面这也意味着万物都是没有自性，即性空的。在朱子那里，通过对气自身所具有的造化生物的权能的揭示，佛学所谓的"以心为法"的思想得以消解；而对气中本有之理的揭示，则构成对"以空为真"所导致的性空论的克服。上述内容构成了朱子理气论的问题意识与核心内容，它意味着世间万物从本源上说都是气化而来，并内在地具有从气中带来的仁义礼智之性，从而不是性空的。然而，无论是气化生物还是性空论的克服，并不仅仅是一种抽象的玄思，而是与朱子对人类自身的关切密不可分的，换言之，对朱子而言，从本源上说，人与天地间的其他存在者一样，都是气化所生，而不是那种超验心体幻化而来；另一方面，人生来就具有从气中带来的仁义礼智之性。[1]

然而，通过对性空论的克服所达成的对人性的奠基，其实质内涵还仅仅在于揭示出人性的实在性及其天道根源，但这种实在性尚且停留于存在论意义上，因此，这种意义上的人性还尚且只能对主体的思辨能力开放。然而在朱子那里，对人性的关注，并不仅仅是一种存在论意义上的思辨兴趣，而是与他对性善这一儒学的核心命题的关注密不可分的。因此，上述从存在论意义上所达成的人性的论证，就还没有抵达朱子人性论的核心问题，即人性何以是善的？然而，正如亚里士多德所言："每物的本性是由其活动能力决定的；因为每物的真实存在表现在它动作的能力上。"[2] 亚氏的上述论断虽然是针对具体的存在物而言，但对本文而言，它意味着一种提示，即：对人性的理解不能脱离人性的功能性意义来加以理解。事实上，通过性空论的克服所达成的人性实在性的论证尚未表明以仁义礼智信为具体内容的人性对主体而言究竟意味着什么，或者说，人性之为人性对每一个主体而言究竟承担着怎样的功能还有待进一步阐发。

1　关于上述内容，笔者在《性空论的克服与目的论的消解：朱子理气论的问题意识与哲学意蕴》（《思想与文化》第 15 辑，第 278—311 页）一文中有详细的考察，它构成了本文的基本前提，因此有必要在此进行交代。
2　亚里士多德：《天象学》第 4 卷 390a10—12，见苗力田主编：《亚里士多德全集》第 2 卷，《天象学》，徐开来译，北京：中国人民大学出版社，1991 年，第 601 页。

一、感通：作为主体内在能力的人性

对于朱子而言，"性无形影可以摸索，只是有这理耳。惟情乃可得而见，恻隐、羞恶、辞逊、是非是也。"[1]这表明对人性的理解并不能脱离对这里所说的"情"的理解，而这又进一步导向如下问题：性与情的区别与关联何在？为什么通过情可以更好地理解性？

事实上，朱子对性与情的区分与他对《孟子》中相关内容的诠释具有密不可分的关联。在注释孟子所说的"恻隐之心，仁之端也；羞恶之心，义之端也；辞让之心，礼之端也；是非之心，智之端也"时，朱子说：

> 恻隐、羞恶、辞让、是非，情也；仁、义、礼、智，性也。心统性情者也。端，绪也。因其情之发，而性之本然可得而见，犹有物在中而绪见于外也。[2]

与孟子有所不同的是，朱子对性与情加以区分，并明确将孟子所说的恻隐、羞恶、辞让、是非归属于情，仁、义、礼、智归属于性，而以"心统性情"这一命题对二者加以关联[3]。很显然，对朱子而言，上述论述中的关键在于"因其情之发，而性之本然可得而见"，因为它意味着"恻隐、羞恶、辞让、是非"作为

1　朱熹：《朱子语类》卷6，《朱子全书》第14册，上海古籍出版社；合肥：安徽教育出版社，2002年，第247页。

2　朱熹：《孟子集注》，《朱子全书》第6册，第289—290页。

3　这里涉及"心统性情"，有必要对这一命题作一些交代。这一命题首先是由张载提出的，朱子对此特别重视，曾经将它与程颐提出的"性即理"这一命题并列，说"伊川'性即理也'，横渠'心统性情'二句，颠扑不破！"（《朱子语类》卷5，《朱子全书》第14册，第229页）甚至说"'心统性情'，二程却无一句似此切。"（《朱子语类》卷98，《朱子全书》第17册，第3304页）事实上，对朱子而言，无论是性还是情都可以称之为心，或者说，心作为一个概念是性与情的统称，正是在这一意义上，朱子指出："心统性情者也。故仁义礼智，性也。四端，情也。而皆得以心名之，盖以其所统者言尔。"（朱熹：《孟子或问》，《朱子全书》第6册，第939页）而朱门学者蔡季通则更为明确地指出："'心统性情'，不若云，心者，性情之统名。"（《朱子语类》卷98，《朱子全书》第17册，第3306页）事实上，正是因为心是性与情的统名，所以在朱子那里，"恻隐之性心"与"恻隐之情"往往不做严格的区分，本文也往往使用"恻隐之心"以遵循孟子以来的用词习惯。进一步要指出的是，在上述意义上，心似乎完全是一个可有可无的概念，甚至是一个多余的概念。但这一概念之所以被保留下来，一方面是解释经典的需要，因为"恻隐之心"、"天地生物之心"等表述都涉及"心"这一概念；另一方面，在朱子那里，不仅性与情可以称之为心，心还具有更多的内涵，从宽泛的意义上看，人的理智、情感、意志等在朱子那里都被称为心。不难理解，在朱子那里，心比性的内涵更丰富。关于心的更为具体的内涵笔者将另文探讨。

"情"具有"发"而"见于外"的特点，从而构成了理解作为人性的仁义礼智的恰当通道。

需要追问的是，朱子这里所说的"情之发"的实质内涵是什么？对这一问题的回答，首先涉及对"情"的理解。朱子曾经指出"说仁、义、礼、智，却说恻隐、羞恶、恭敬、是非去。盖性无形影，情却有实事，只得从情上说入去"[1]。这里朱子再次指出"性无形影"，但与性的"无形影"不同，情则是"有实事"，所谓"实事"的实质内涵即情具有经验性的特征：与性的不可"摸索"不同，情作为一种经验性事实却是可以为主体所察识和体验的，换言之，情具有实然的特点[2]，主体可以实实在在地感受到它的存在。因此，这里所谓的"情之发"实质上就是作为"情"的具体"恻隐、羞恶、辞让、是非"以一种能为主体所察识、体验的事实性方式向主体自身呈现出来。[3]

如所周知，"恻隐、羞恶、辞让、是非"通常被称为四端，当主体与孺子入井等相应的情境相遭遇时，四端之情就会不由自主地流露出来。换言之，当主体处于"孺子入井"等情境之下，四端之情总是油然而生，这一现象作为一种事实，似乎是自然而然的。事实上，对于孟子而言，四端的呈现是一种良知良能，而这种良知良能从何而来则是"莫之为而为"，"莫之致而至的"[4]；程门高足谢良佐也曾指出，四端之情的呈现是"非思而得，非勉而中"，从而是"天理之自然"。[5]这里所要共同传达的是四端之情的流露是一种自然而然的事情，是一种自发性的现象，它出现就出现了，不需要再去追

1　朱熹：《朱子语类》卷 95，《朱子全书》第 17 册，第 3194 页。
2　在中国古典哲学中，"情"的本意实际上就包含着"实然"的内涵，如《周礼·天官》疏中就说："情，谓情实。"事实上，现代汉语中的事情、实情等都传达着"情"与"实然"之间的这种原始关联的古老消息。伍晓明曾经通过对《尚书》、《论语》、《孟子》、《荀子》等文献中"情"字内涵的分析指出了"情"与"实"之间的关联（当然，他没有提到"情，谓情实"这一明确的用例）。他还进一步指出，"感情"中的"情"字正是"实情"意义上的"情"字的衍生与转化。参见伍晓明：《情与人性之善》，载伍晓明：《文本之"间"：从孔子到鲁迅》，北京大学出版社，2012 年，第 178—221 页。
3　这里不难联想到熊十力与冯友兰之间关于良知是一种"呈现"还是一种"假设"的辩论。值得一提的是，朱子常常使用"发见"一词来表达这里的"呈现"之意。如"四端在我，随处发见"（见《孟子集注》，《朱子全书》第 6 册，第 290 页），"四端便是情，是心之发见处。"（见《朱子语类》卷 5，《朱子全书》第 14 册，第 225 页）
4　"莫之为而为者，天也。莫之致而至者，命也。"见朱熹：《孟子集注》，《朱子全书》第 6 册，第 376 页。
5　见朱熹：《孟子集注》，同上书，第 289 页。

问其何以可能。[1]然而，对朱子而言，四端之情的流露并不那么自然，而是有"自"而"然"[2]的，因此，对四端的理解不能仅仅停留在情的层面，而需要进一步追问其根据何在。正是在这一意义上，他说"不求其所以然，只说个自然，是颟顸也"。[3]

正如前文所指出的，四端之情作为一种能够为主体自身所察知、感受的现象，具有实然的特点。对于朱子而言，任何实然的事物，无论它是一种物理存在还是心理存在，都可以追问其所以然，或者说，作为一种经验性事实，它必然有其得以出现的根据。[4]而在朱子那里，一旦涉及所以然，实际上就指向了理——这也是"天下之物，则必各有所以然之故，与其所当然之则，所谓理也"[5]的内涵之一。问题的关键是，四端之情的所以然之故是什么呢？毋庸置疑，前文所引的"因其情之发，而性之本然可得而见"之说，已经表明，四端之情的所以然之故正是仁义礼智之性。换言之，正是内在于每一个存在者之中的仁义礼智之性构成了恻隐、羞恶、辞让、是非之情的可能性依据。然而，问题的关键是这种可能性到底意味着什么？这里需要对前文所说的四端之情做进一步的分析。

事实上，在朱子那里，四端之情作为一种事实，其实质是主体与相应情境之间相感通的结果。这在如下的对话中得以体现：

> 先生问节曰："孺子入井，如何不推得羞恶之类出来，只推得恻隐出来？"节应曰："节以为当他出来。"曰："是从这一路子去感得他出来。"[6]

在"孺子将入于井"的情境下，之所以会有恻隐之情不由自主地流露出来，实质上是与主体与这一情境感通的结果。相应地，羞恶、辞让、是非之情同样也

---

1 事实上，现代汉语中的"自然"、"自发性"等语词都试图将对问题的追问奠定一个不再追问的基石上：到此为止，无须再问，既然是自发性的，既然是自然而然的，就是没有原因的。
2 这是借用王夫之的说法："自然者，有自而然也。"见王夫之：《张子正蒙注·参两篇》，北京：中华书局，1975年，第38页。
3 朱熹：《朱子语类》卷140，《朱子全书》第18册，第4341页。
4 海德格尔曾经用"无物无故"一说表达了类似的观念。转引自杨国荣：《成己与成物》，北京大学出版社，2011年，第58页。
5 朱熹：《大学或问》，《朱子全书》第6册，第512页。
6 朱熹：《朱子语类》卷59，《朱子全书》第16册，第1758页。

是主体与相应情境感通而流露出来的。正是在这一意义上，朱子说：

> 如孺子入井，如何不推得其它底出来，只推得恻隐之心出来？盖理各有路。如做得穿窬底事，如何令人不羞恶！偶遇一人衣冠而揖我，我便亦揖他，如何不恭敬！事有是非，必辨别其是非。试看是甚么去感得他何处，一般出来。[1]

不难看出，无论是恻隐之情，还是羞恶、辞让、是非之情，作为一种经验性的事实，都是主体与相应情境相感通的结果。在日常生活中，主体所遭遇的具体情境不同，四端之情就会以不同的形式呈现出来。在这一意义上，四端之情作为一种情，实质上是一种感情，这种感情的古典内涵在于因感而发、感而生情。感情的呈现，作为一种经验性的事实，实质上是主体被外在情境感动的结果。然而，外在的情境不过是四端之情呈现的一种触发性媒介，主体内在的仁义礼智之性，才是这种"感情"得以可能的内在根据：正是外在情境触动了主体内在的仁义礼智之性，才会有作为感情的四端之情的呈现[2]。正是在这一意义上，朱子说：

> 仁、义、礼、智同具于性，而其体浑然莫得而见。至于感物而动，然后见其恻隐、羞恶、辞逊、是非之用，而仁、义、礼、智之端于此形焉，乃所谓情。[3]

在这里可以看到，四端之情的呈现正是仁义礼智之性"感物而动"的结果。正是内在于每一个存在者之中的仁义礼智之性构成了这种感应的可能性，从而才会有四端之情的流露与呈现。因此，说仁义礼智之性构成了四端之情的"所以然之故"，其实质的内涵在于，仁义礼智之性构成了主体能够在"孺子将入于井"等情境之下不由自主地流露出四端之情的一种内在的、本有的能力。

事实上，在朱子那里，理是内在于气之中的，是气内在的生机与动能，而所谓人性的实质内涵正是这种气中内在的机能在人这种具身化的（embodied）存

1　朱熹：《朱子语类》卷53，《朱子全书》第15册，第1759页。
2　韩愈曾经指出："性也者，与生俱生也；情也者，接于物而生也。"（韩愈：《原性》，见《韩愈全集·文集》卷1，上海古籍出版社，1997年，第122页。）"与生俱生"意味着性是主体生来就有，是主体内在的本有之性，而不是后天的、外铄的，而"接于物而生"则意味着情是主体与外物相接，即这里所谓的感通，而后才会出现的经验性的情感。韩愈的上述观念无疑与朱子是一致的。这一点也显示出韩愈作为理学思潮的先驱，已经涉及了理学中的一些核心问题。
3　朱熹：《答方宾王三》，《朱文公文集》卷55，《朱子全书》第23册，第2659页。

在者身上的展现。在这一意义上，人性的实质内涵也就是人身体中内在的机能。[1]
当然，正如前文所论，这种人身体中内在的机能的实质内涵即是一种与外在情境相感通的能力。在朱子那里，气中之理、人性以及感通能力之间的关系在如下的论述中得到明确的体现：

> 人禀五行之秀以生，故其为心也，未发则具仁、义、礼、智、信之性，以为之体；已发则有恻隐、羞恶、恭敬、是非、诚实之情，以为之用。盖木神曰仁，则爱之理也，其发为恻隐；火神曰礼，则敬之理也，而其发为恭敬；金神曰义，则宜之理也，而其发为羞恶；水神曰智，则别之理也，而其发为是非；土神曰信，则实有之理也，而其发为忠信。是皆天理之固然，人心之所以为妙也。[2]

在这里可以清楚地看到，仁义礼智信之性作为人性的具体内容，正是作为五行之气木火金水土内在的生机、生理，而这种气中本有的机能在人这种具体存在者身上则表现为一种身体内在的机能，它能够与外在的情境相感通而呈现为恻隐、羞恶、辞让、是非、诚实等不同的情感状态。

在现代汉语的"性能"一词中，不难看到性与能之间的隐秘关联，而从能力的角度来理解人性，在朱子那里似乎是一个不言自明的东西，因为，在他那里，理是气内在的机能，从而由气中带来的人性是人身体中的内在机能、能力，这一点似乎并不难以理解。只是在今人这里，所谓的理、理与气之间的关系、人性的具体内涵与功能已经不再明确，故而理解起来就相对困难。然而一旦明确人性作为身体内在的感通机能，朱子那里的很多论述的内涵就显得十分清楚了。这在如下的论述中可以清楚地看到：

> 恻隐自是情，仁自是性，性即是这道理。仁本难说，中间却是爱之理，发出来方有恻隐；义却是羞恶之理，发出来方有羞恶；礼却是辞逊之理，发出来方有辞逊；智却是是非之理，发出来方有是非。仁义礼

1　关于这一点，笔者在《性空论的克服与目的论的消解》一文中也有详细的讨论。

2　朱熹：《论语或问》，《朱子全书》第 6 册，第 613 页。在朱子那里，人性的具体内容是仁义礼智信，与此相应，情则有恻隐、羞恶、辞让、是非、实有五种形态。但在孟子那里则只是提到仁、义、礼、智以及恻隐、羞恶、辞让、是非四者。关于这一差异及其理论根源，笔者在《性空论的克服与目的论的消解》一文中已经有所分析，这里不再赘述。在后文中笔者往往遵循朱子的惯例，在涉及人性的具体内涵时只提仁义礼智四者。

智，是未发底道理，恻隐、羞恶、辞逊、是非，是已发底端倪。[1]
由于何谓"道理"或"理"的内涵在朱子那里是不言自明的，因此，他并没有交代这里的"道理"或"理"的内涵与功能何在。而一旦明确所谓的"理"或"道理"的实质内涵不过是身体中内在的机能，或者说是人与外在情境感通的能力，那么所谓的"爱之理"、"义却是羞恶之理"、"智却是是非之理"、"未发底道理"等等看似晦涩的表述都可以得到清楚的理解。

当然，人性作为一种感通能力、作为人身体中的内在机能，在朱子那里虽然似乎是不言自明的，因此他对此没有进行过多的论述，但他仍然在一些论述中透露出某些更为直接的信息。如所周知，朱子曾经提出了一个著名的命题"仁者，爱之理"[2]，而在《论语或问》中朱子这一命题的解释是："人能事亲而孝，从兄而弟，则是吾之所谓爱之理者。"[3] 在这一表述中，一个"能"字明确地表明，所谓"仁者，爱之理"的实质内涵就在于作为人性内涵的"仁"是主体内在的一种能力。也正是在这一意义上，朱子指出："'仁'字固不可专以发用言，但却须识得此是个能发用底道理始得。不然，此字便无义理，训释不得矣。"[4] 这里所谓的"能发用的道理"的实质内涵正是一种能够感通、发用的能力，正是因为主体内在地具有"仁"、具有这种与外在情境感通的能力，才能够在"孺子将入于井"等情境中发出"爱"或"恻隐"之情：这在前文所引的"仁本难说，中间却是爱之理，发出来方有恻隐"这一表述已经可以看到。[5] 事实上，朱子的高足陈淳曾经有如下的论述：

> 恻隐者，气也；其所以能是恻隐者，理也。盖在中有是理，然后能形诸外为是事。外不能为是事，则是其中无是理矣。此能然处也。[6]

1　朱熹：《朱子语类》卷53，《朱子全书》第15册，第1764页。
2　见朱熹：《论语集注》，《朱子全书》第6册，第68页。
3　朱熹：《论语或问》，同上书，第615页。
4　朱熹：《答吕子约二十五》，《朱文公文集》卷47，《朱子全书》第22册，第2199页。
5　在朱子那里"爱"和"恻隐"就其本源意义上的内涵而言都是作为人性的仁感通后发出来的情感状态，这在"恻隐本是说爱，爱则是说仁"（朱熹：《朱子语类》卷53，《朱子全书》第15册，第1763页）等论述中可以明确地体现出来。
6　朱熹：《答陈安卿三》，《朱文公文集》卷57，《朱子全书》第23册，第2736页。"安卿"为陈淳的字。这里值得注意的是"恻隐者，气也"这一表述，这一表述与前文所论的气似乎有所不同。事实上，在理学中，气与理往往具有复杂的内涵。这里的"气"意在表明，恻隐之情是一种能够为主体所察知、感受到的情感，从而具有前文所论的经验性的特点（而理作为一种内在能力，并不能为主体所直接地察知）。

朱子曾经对这一论述表述高度的赞赏[1]，而陈淳的这一论述实际上已经明确将"理"理解为一种内在于主体之中的能力：正是因为主体内在地具有这种能力，才能够在"孺子将入于井"的情境下发出恻隐之情——这正是"盖在中有是理，然后能形诸外为是事"的实质内涵所在。

通过以上的分析，可以明确地看出，在朱子那里，以仁义礼智为具体内涵的人性，实质上是主体内在的一种机能，是主体与外在情境相感通的一种能力。因此，仁、义、礼、智之性与恻隐、羞恶、辞让、是非之情的区分的实质内涵就是主体内在的能力与其发用之间的区分。这在如下的论述中得到明确的体现：

> 性、情一物，其所以分，只为未发、已发之不同耳。若不以未发已发分之，则何者为性，何者为情耶？[2]

从未发和已发的角度看，仁义礼智之性是未发，恻隐、羞恶、辞让、是非之情是已发。作为未发的仁义礼智之性是主体内在的一种感通能力，而恻隐、羞恶、辞让、是非之情则是这种能力的发用，或者说是这种能力在特定情境之下的一种展现。这就如同语言能力是主体内在的一种能力，但说话则是这种能力的具体展现。在这个意义上能力与能力的发用虽然有所不同，但也不是截然分离的两种事物。事实上，朱子对性与情的区分曾经给后人在理解上造成重大的困难。王阳明曾经指出："未发之中，即良知也。无前后内外，而浑然一体者也。"[3]很明显这是针对朱子对已发、未发的区分而言的。而黄宗羲更是对朱子的上述区分进行了直接的批判，他说：

> 孟子曰："恻隐之心，仁也；羞恶之心，义也；恭敬之心，礼也；是非之心，智也。"盖因恻隐、羞恶、恭敬、是非而后见其为仁义礼智，非是先有仁义礼智而后发之为恻隐、羞恶、恭敬、是非也。人无此心，则性种断灭矣。[4]

1　朱熹：《答陈安卿三》，同上书，第 2737 页。
2　朱熹：《答何叔京十八》，《朱文公文集》卷 40，《朱子全书》第 22 册，第 1830 页。
3　王阳明：《传习录》卷中，见陈荣捷：《王阳明传习详注集评》，上海：华东师范大学出版社，2009 年，第 131 页。
4　见黄宗羲原著，全祖望补修：《宋元学案》第 1 册，卷 15，《伊川学案》上，北京：中华书局，1986 年，第 617—618 页。

在朱子那里，仁义礼智之性与恻隐、羞恶、辞让、是非之情之间的区分，是从能力与能力的发用的角度说，因此"有性而后有情"、"先有仁义礼智而后发之为恻隐、羞恶、恭敬、是非也"这类表述的实质内涵就在于：主体内在地具有仁义礼智之性、具有这种感通的能力，才能够在相应的情境中呈现出这种情感来。这在如下的表述中可以得到进一步的体现：

> 未发时无形影可见，但于已发时照见。谓如见孺子入井，而有怵惕恻隐之心，便照见得有仁在里面；见穿窬之类，而有羞恶之心，便照见得有义在里面。盖这恻隐之心属仁，必有这仁在里面，故发出来做恻隐之心；羞恶之心属义，必有这义在里面，故发出来做羞恶之心。……然而仁未有恻隐之心，只是个爱底心；义未有羞恶之心，只是个断制底心。惟是先有这物事在里面，但随所感触，便自是发出来。[1]

由此可见，在朱子那里，"有性而后有情"、"先有仁义礼智而后发之为恻隐、羞恶、恭敬、是非也"这类表述中的性与情，或者说仁义礼智与恻隐、羞恶、辞让、是非之间的"先后"关系并不是黄宗羲等人所理解的时间先后意义上的先后关系，它的更为实质的内涵是性或者说仁义礼智作为主体内在的能力，构成了情或者说恻隐、羞恶、辞让、是非得以呈现的内在依据，这就如同语言能力作为一种主体内在的能力，构成了说话这一经验性事实的内在依据。而黄宗羲的上述理解则一方面将性与情理解为截然无关的两种存在，另一方面又将性发而为情这种先后关系理解为一种时间意义上的先后关系，因此他对朱子的批判似乎并不恰当。

需要进一步指出的是，在朱子那里，人性作为一种主体内在的能力与这种能力的发用之间的关系常常借助体用这一范畴加以理解。当学生问何为"寂然不动，感而遂通"时，朱子回答道："寂然是体，感是用。当其寂然时，理固在此，必感而后发。如仁感为恻隐，未感时只是仁；义感为羞恶，未感时只是义。"[2]在这里可以看到，已发未发的关系也可以通过体与用之间的关系加以理解。作为一种解释性范畴，体用在朱子那里虽然不同的场合具有不同的具体内

1　朱熹：《朱子语类》卷59，《朱子全书》第16册，第1765—1766页。
2　朱熹：《朱子语类》卷75，同上书，第2556页。

涵[1]，但就性与情之间的关系而言，体用的实质内涵也就在上述所论的主体内在的感通能力与这种能力的发用之间的关系。这在如下的论述中可以得到更为清楚的体现：

> 恻隐、亲亲固仁之发，而仁则恻隐、亲亲之未发者也。未发者，其体也；已发者，其用也。以未发言，则仁义礼智浑然在中，非想象之可得，又不见其用之所施也。指其发出而言，则日用之间，莫非要切，而其未发之理，固未尝不行乎其间。要之，体用未尝相离，故孟子因用以明体，正欲学者即是而默识耳。[2]

从上述论述中，不难看出，无论是从未发已发的角度，还是从体与用的角度，这里所要传达的实质内涵就在于性与情之间的关系，实质上就是作为内在感通能力与这种能力的发用之间的关系。

从能力及其发用的角度来理解和阐发性与情之间的关系，虽然给后世造成了理解上的困难。然而，这并不是朱子的故意将问题复杂化，作为一位述而不作型的哲学家，朱子之所以要作这种区分首先是更好地理解和诠释孟子的需要。正如前文所引，在孟子那里有"恻隐之心，仁之端也；羞恶之心，义之端也；辞让之心，礼之端也；是非之心，智之端也"这一著名的论述，但这种论述中恻隐、羞恶、辞让、是非与仁、义、礼、智之间的关系究竟该如何理解并不明确。但朱子通过性与情的区分，并借助于未发与已发、体与用等范畴对这种区分所进行的解释，从而表明性与情的实质内涵是一种内在于主体的感通能力与

1　体与用实质上是一种解释性的范畴。在朱子那里，当他使用体用这一范畴来理解性与情，事实上是为了使得性与情之间的关系更为容易理解。这是因为在当时的语境中，体用关系更能为人们所理解。因此，可以看到，在朱子与弟子之间，使用体用范畴以分析某些问题，但体用并没有成为他们之间分析和讨论的对象，但在后世，体与用的内涵何在已经不为人们所理解了，才有众多对体用的分析与辩论。需要进一步指出的是，理学家们对"体用"这一范畴的使用常常被看作是"阳儒阴释"的体现，但体用作为一个范畴，不过是解释性的，或者说它是主体用来阐释问题的需要，借用黑格尔的话说，"只是就研究哲学的主体的方便而言"的（见［德］黑格尔：《小逻辑·导言》，贺麟译，北京：商务印书馆，1986年，第59页）。事实上，魏了翁已经注意到这一点，他说："《六经》、《语》、《孟》发多少义理，不曾有体、用二字，逮后世方有此字。先儒不以人废言，取之以明理，而二百年来，才说性理，便欠此二字不得。亦要别寻一字换，却终不得似此精密。"（魏了翁：《师友雅言》，见《宋元学案》第4册，卷80，《鹤山学案》，第2652页）事实上，思想的发展总是与语言的发展、词汇的丰富密不可分，现代汉语吸收了大量的西方语言因素，但并不妨碍现代人运用现代汉语去思考古典哲学中的问题。

2　朱熹：《孟子或问》，《朱子全书》第6册，第1000页。

这种能力的发用之间的关系，这就使得恻隐、羞恶、辞让、是非与仁、义、礼、智之间的关系得到明确的定位与恰当的诠释。当然，更为重要的是，这种区分与佛教，更为具体地说，与禅学所谓的"作用是性"所带来的思想挑战具有重要的关联，因此，它也构成了朱子回应这一挑战的重要环节。这在如下的论述中可以明确地看到：

> 释氏专以作用为性。如某国王问某尊者曰："如何是佛？"曰："见性为佛。"曰："如何是性？"曰："作用为性？"曰："如何是作用？"曰云云。禅家又有偈者云："当来尊者答国王时。"国王何不问尊者云："未作用时，性在甚处？"[1]

对朱子而言，一种能力与这种能力的发用之间具有本质的不同，就佛教所谓的"在目曰见，在耳曰闻，在鼻嗅香，在口谈论，在手执捉，在足运奔"[2]而言，目可以视、耳可以闻、鼻可以嗅等等是主体内在的能力，而看见东西、听到声音、闻到味道等则是这种能力的运用或发用，这两者之间虽然具有密切的关系，但并不能等同为一。当朱子追问的"未作用时，性在甚处"时，他意在表明，性只能从内在能力的角度加以理解，而性作为一种能力与这种能力的发用在内涵上是需要区分的。如果性等同于其发用，那么，未发用时是否意味着性就不存在呢？如同不说话时，说话的能力仍然存在一样，对朱子而言，四端之情即便从未具有流露的机会，作为其内在根据的仁义礼智之性仍然存在，这就如同，一位僧人枯坐深山（如达摩面壁十年），从来不会碰到孺子入井之类的情境，因此他内在的仁义礼智之性从未有"作用"、"发用"之时，但这并不意味着他就没有这种内在的能力。而如果按照"作用是性"的说法，则在四端之情不呈现的情况下，则意味着性不存在，这将导致"性空"的结论。事实上，对朱子而言，"作用是性"与性空论是密不可分的，而其更为深层的根源则又与真如缘起的万物生成论密不可分：因为万物只是真如本性忽然起念幻化而成，因此是性空的；因为性空，所以必然将知觉运用理解为性，而在知觉运用之外不再追问"性在何处"。

通过以上的分析可以看到，只有理解了朱子那里性、情之分的问题意识，

1　朱熹：《朱子语类》卷126，《朱子全书》第18册，第3941页。朱子对禅宗"作用是性"的批判涉及多方面的内容，后文还将进一步论及。
2　朱熹：《朱子语类》卷124，《朱子全书》第18册，第3941页。

才能够明确朱子何以一方面说性、情一物，另一方面又强调性与情的区分。当然，通过以上对性、情之分的考察，也能够更好地看到，只有从能力与其发用的角度，才能够更好地理解朱子那里的四端之情与仁义礼智之性的内涵与二者之间的关系。

最后还需要进一步指出的是，在朱子那里，人性作为一种与外在情境感通的能力，实质上是主体内在的能力。而作为一种能力，它本身就是身体的一种机能，而不是以一种实体化的方式存在于身体之中。事实上，在朱子那里，对人性的表述的很多表述常常给人一种性是一种实体化的存在：这种实体化的存在被安置在人的身体中，如同一个物体放置在另一个物体之中一样。前文所引的"因其情之发，而性之本然可得而见，犹有物在中而绪见于外也"这一表述已经给后人造成这一映像，而在《太极图说解》的如下论述中，这一映像得到进一步的强化，朱子说：

> 人、物之始，以气化而生者也。气聚成形，则形交气感，遂以形化，而人、物生生，变化无穷矣。自男女而观之，则男女各一其性，而男女一太极也。自万物而观之，则万物各一其性，而万物一太极也。盖合而言之，万物统体一太极也；分而言之，一物各具一太极也。所谓天下无性外之物，而性无不在者，于此尤可以见其全矣。[1]

如所周知，朱子那里的理与性、太极等所指的内涵是一致的。而这里的论述所要传达的实质内涵也就是从本源上说，人与万物都是气化所生，因此，都内在地具有气中所带来的理，因此万物都内在地具有性或太极。然而，上述表述总是很难避免给人以性或太极是一种实体化存在的映像，人与万物都具有性或太极，似乎如同拥有一个物体一样。事实上，当戴震批评"自宋以来始相习成俗，则以理为'如有物焉，得于天而具于心'"[2]时，正是以一种不点名的方式对朱子提出批评。

然而，在朱子那里，对性或太极的理解不能脱离其具体内容，即仁义礼智信。所谓性或太极不过是对仁义礼智信的一种称呼或命名。正如前文所论，从

1　朱熹：《太极图说解》，《朱子全书》第 13 册，第 74 页。
2　戴震：《孟子字义疏证》卷上，北京：中华书局，1961 年，第 4 页。

弥漫于天地之间的气的角度说，仁义礼智信是气中内在的机能，而非一种实体化的存在。就人这种具体的存在者而言，人的身体是气聚而成的，因此，气中内在的机能也就构成了人身体中的内在机能。在这一意义上，这种机能是弥漫于全身的，而不是如同一个实体化的物体一样安置于身体的某个位置。上述观念在朱子对"满腔子是恻隐之心"的诠释中得到明确的体现。如所周知，二程曾经提出了"满腔子是恻隐之心"[1]的命题，朱子就此指出"恻隐之心，浑身皆是"。[2]不仅如此，他还进一步指出"不特是恻隐之心，满腔子是羞恶之心，满腔子是辞逊之心，满腔子是是非之心。弥满充实，都无空阙处"。[3]这里朱子就进一步确认了四端之心与身体之间的关系。在他看来，四端之心都是身体性的。[4]不难理解，朱子这所要传达的实质内涵就在于作为四端之心的内在根据的仁义礼智之性实质上是一种身体性的机能，而非一种与身体相分离的实体性的存在。[5]

二、"可以为善"：或人性何以是善的？

正如本文开头所言，朱子对人性的关注，其核心在于对性善这一儒学核心命题的思考。然而，从上一节的分析中可以看到，在朱子那里，人性的实质是一种内在于主体身体中的机能、是主体与外在情境感通的内在能力。在这一意

1　程颢、程颐：《河南程氏遗书》卷3，《二程集》上册，北京：中华书局，2004年，第62页。在注释《孟子·公孙丑上》中的"所谓人皆有不忍人之心者，今乍见孺子将入于井，皆有怵惕恻隐之心，非所以内交与孺子之父母也，非所以要誉于乡党朋友也，非恶其声而然也"。朱子引用了二程的这一说法，并在朱子全书第53卷对此进行了较为详尽的考察。

2　朱熹：《朱子语类》卷53，《朱子全书》第15册，第1760页。这里再次涉及"心统性情"这一命题。正为前文注释中所指出的，在朱子那里，"心统性情"意味着，心是性与情的统名。在这一意义上，这里所说的"恻隐之心"、"羞恶之心"等在朱子那里，作为一种非严格意义上的表达，是可以成立的。而如果在严格的意义上，恻隐、羞恶等都只能被称为情。

3　朱熹：《朱子语类》卷53，同上书，第1761页。

4　"满腔子是恻隐之心"的实质内涵涉及对"腔子"一词的理解。在朱子的时代，出生于东南地区的南宋学人对北方地区的方言并不熟悉，因此"腔子"一词是什么的实质内涵是什么对朱子及其弟子而言具有一定的困难。朱子曾指出："'满腔子是恻隐之心'，腔子，犹言腔郭，此是方言，指盈于人身而言"，他并进一步指出"方言难晓，如横渠语录是吕与叔诸公随日编者，多陕西方言，全有不可晓者"。（《朱子语类》卷53，同上书，第1762页）

5　关于"心"何以是身体性，在朱子所谓的"心者，气之精爽"（《朱子语类》卷5，《朱子全书》第14册，第219页）等表述中已经可以看到，笔者在其他场合将对此有更为详尽的论述。

义上，人性实质上是内在于主体之中的一种功能性的存在。因此，需要追问的是，作为一种功能性存在的人性与性善之间有怎样的关联？事实上，在朱子那里，性善的实质内在在于内在地具有仁义礼智之性的人这种存在者的本性是善的。需要追问的是，人内在地具有仁义礼智之性，何以本性即是善的？

然而，抽象地谈论人的本性是善的还是恶的，是一件令人费解的事情。人的日常存在总是具有多重的维度，很难以善恶这一单一的标准来加以界定——当一个人在吃饭或走路时，说人的本性是善的还是恶的不仅并不恰当，而且也是没有必要的。善恶作为一种评价最为直接的是对主体的某种行为所进行的评判：在通常意义上，一个为他的行为被称为善的，反之，一个自私自利的行为则是恶的。但行为作为一种外在的活动，离不开主体的内在意识的引导。因此外在行为的善与内在意识的善并不能截然分开。更进一步而言，外在行为的善必然是内在意识的善的外在体现，否则就是伪善。在近代西方道德哲学中，主体内在意识的善往往被概括为动机的善。这一点在康德那里得到最为明确的体现：

> 在世界之中，一般地甚至在世界之外，唯一除了一个善良意志（guter Wille）以外，根本不能设想任何东西有可能无限制地被视为善的。知性、机智、判断力及像通常能够被称作精神上的才能的东西，或下决心时的勇敢、果断、坚毅，作为气质上的属性，无疑从多方面看是善的、值得希求的；但它们也可能成为极其恶劣和有害的，假如想运用这些自然禀赋并由此而将自己的特有性状称为性格（Character）的那个意志并不是善良的话。[1]

在这里可以看到，对康德而言，无论是知性、机智、判断力等能力或者勇敢、果断、坚毅等品格都不能看作本身就是善的，除非运用这些能力或品格的意志是善的。对康德而言，真正意义上可以称之为善的东西，只能是善良意志，这里所谓的意志实质上就是主体的内在动机。不难理解，对康德而言，善恶的问题总是涉及意志与动机，善恶的区分也必须在意志或动机上加以理解。然而，在这里也可以看到，善良意志作为一种意志或动机，实质上是为了完成特定的目的而产生的。在康德那里，善良意志虽然是以善的行为本身为目的，而不是为了主体自身的某

1　[德]康德：《道德形而上学奠基》，杨云飞译，邓晓芒校，北京：人民出版社，2013年，第11页。

种自私自利的目的，但不难发现，善良意志或善的动机仍然是为了完成特定的目的而产生的。在这一意义上，出于义务或为义务而义务的为善行为表现出一种有意为善的特点，而以完成道德义务而产生的意志或动机则是一种意向性的意识，善的行为正是在这种意向性的意识的引导下完成的。

与以康德为代表的西方近代哲学的从意向性或有意而为的角度所达成的对善的行为的理解有所不同，在朱子那里，善的行为在其本源的意义上，从来不是主体有意而为的。这一点在他对《中庸》所说的"率性之谓道"的诠释中得到较为明确的体现：

> 率，循也。道，犹路也。人、物各循其性之自然，则其日用事物之间，莫不各有当行之路，是则所谓道也。[1]

这里"道"作为"日用事物之间"的"当行之路"必然更为具体地表现为外在的具体行为，但在朱子看来，这些日用常行之中的具体的善的行为，并不是主体有意而为的结果，正是在这一意义上，朱子对上述观念做了进一步的发挥：

> 率性之谓道，言循其所得乎天以生者，则事事物物，莫不自然各有当行之路，是则所谓道也。盖天命之性，仁、义、礼、智而已。循其仁之性，则自父子之亲，以至于仁民爱物，皆道也；循其义之性，则自君臣之分，以至于敬长尊贤，亦道也；循其礼之性，则恭敬、辞让之节文，皆道也；循其智之性，则是非、邪正之分别，亦道也。[2]

无论是父子之亲、君臣之分，还是仁民爱物、敬长尊贤；无论是恭敬、辞让，还是分别是非、邪正，都必然以具体的外在行为的方式表现出来——虽然不一定是肢体性的行为，也可以表现为言说行为。毋庸置疑，上述种种行为无疑是善的，但值得注意的是，朱子并没有试图进一步追问这些行为背后的动机是否是善的。然而，虽然朱子没有追问这些行为背后的动机，但并不意味着这些行为背后没有主体的内在意识的参与。事实上，这里所说的"循其性之自然"正是前文所论的主体与外在情境的感通过程。正如前文所论，以仁义礼智之性为内在基础，主体与相应的外在情境的感通总是会产生相应的心理情感，具体表

---

1 朱熹：《中庸章句》，《朱子全书》第6册，第32页。
2 朱熹：《中庸或问》，同上书，第550—551页。

现为恻隐、羞恶、辞让、是非等四端之情。然而，四端之情作为一种心理情感，尚且停留于意识的层面，而当这种意识进一步地走出自身，便表现为具体外在的行为。不难理解，对朱子而言，由恻隐、羞恶、辞让、是非等意识所引发的善的行为并不是主体的一种目的，或者说，这种行为虽然发生了，但他并不是主体有意而为之的。正是在这一意义上，朱子说，"率性之谓道"的"率"字"不是用力字"[1]，而不过是"循其自然之理尔"。[2]

不难发现，对朱子而言，亲亲、仁民、爱物、敬长、尊贤等具体的善的行为，并不是主体以此为目的而有意为之的，在本源的意义上，这些善的行为都是主体在恻隐、羞恶、辞让、是非等意识的引导下自然而然地做出的。正如前文所言，主体的外在行为与内在意识并不是截然分离的，对朱子而言，亲亲、仁民、爱物、敬长、尊贤等具体的行为是善的行为，因此，引发这些行为的意识自然也是善的意识（而不是善良意志）。然而，在朱子那里，恻隐、羞恶、辞让、是非等意识并不是康德意义上的善良意志或善的动机，因为他不是以完成亲亲、仁民、爱物、敬长、尊贤等善的行为为目的而产生的[3]。这就需要追问这种善的意识从何而来。

事实上，从前文对感通的分析中不难看出，在朱子那里，恻隐、羞恶、辞让、是非等善的意识正是以仁、义、礼、智之性为内在感通能力的主体在与外在情境相遭遇的过程中自然而然发出来的。这一点在如下的论述中也得到明确的体现：

> 盖四端之未发也，虽寂然不动，而其中自有条理、自有间架，不是儱侗都无一物，所以外边才感，中间便应。如赤子入井之事感，则仁之理便应，而恻隐之心于是乎形；如过庙过朝之事感，则礼之理便应，而恭敬之心于是乎形。[4]

不难看到，恻隐、羞恶、辞让、是非等善的意识呈露作为主体外在情境感通的结果，并不是主体为了完成某种目的而产生的意志或动机，用朱子自己的话说，

---

1 朱熹：《朱子语类》卷 62，《朱子全书》第 16 册，第 2017 页。
2 同上。
3 从理论上看，意识与意志或动机具有本质的不同，简单地说，意志或动机也是意识，但意识却不一定是意志或动机。因此意志或动机总是主体为了完成某种特定的目的而产生的，但意识却不都与特定的目的相关联。
4 朱熹：《答陈器之二：问〈玉山讲义〉》，《朱文公文集》卷 58，《朱子全书》第 23 册，第 2779 页。

这"都是道理自然如此，不是安排"。[1]

在朱子那里，人性之善，或者说，人的本性之所以是善的，正是因为内在地具有仁义礼智这种感通能力的主体总是能够在与相应的外在情境相遭遇时自然而然地发出恻隐、羞恶、辞让、是非等善的意识，并进一步引导主体做出相应的善的行为。从意识与行为的关系的角度看，亲亲、仁民、爱物等善的行为是在恻隐、羞恶等善的意识的引导下做出的，在这一意义上，恻隐、羞恶等善的意识具有更为根本的地位，但另一方面，恻隐、羞恶等意识之所以产生或出现，正是因为主体内在地具有仁义礼智之性。因此，作为情的恻隐、羞恶、辞让、是非既然是善的，那么也必然表明人性是善的。

在上述意义上不难理解，对朱子而言，人性之所以是善的，正是从其现实的效用，或者说，从人性与外在情境感通后的现实的功能上看的。事实上，在最早集中阐明性善之论的孟子那里即是从现实的效用或功能上来理解人性之善的。当孟子的弟子公都子对"性善"之说提出质疑时，孟子指出"乃若其情，则可以为善矣，乃所谓善也"。[2]孟子曾经在一段广为引用的话中集中阐明了这一观念，他说：

> 人皆有不忍人之心，先王有不忍人之心，斯有不忍人之政矣。以不忍人之心，行不忍人之政，天下可运于掌。所谓人皆有不忍人之心者，今乍见孺子将入于井，皆有怵惕恻隐之心，非所以内交于孺子之父母也，非所以要誉于乡党朋友也，非恶其声而然也。由是观之，无恻隐之心，非人也；无羞恶之心，非人也；无辞让之心，非人也；无是非之心，非人也。[3]

1　通过本文第一节的论述不难理解，这里的"道理"的实质内涵即是作为主体内在感通机制的仁义礼智之性，这在这句话的完整表述中也可以看出："怵惕、恻隐、羞恶，都是道理自然如此，不是安排。合下制这'仁'字，才是那伤害底事，便自然恻隐。合下制这'义'字，才见那不好底事，便自然羞恶。这仁与义，都在那恻隐、羞恶之先。未有那恻隐底事时，已先有那爱底心了；未有那羞恶底事时，已先有那断制裁割底心了。"见朱熹：《朱子语类》卷53，《朱子全书》第15册，第1759页。
2　这段对话的完整版如下：公都子曰："告子曰：'性无善无不善也。'或曰：'性可以为善，可以为不善。是故文、武兴，则民好善；幽、厉兴，则民好暴。'或曰：'有性善，有性不善。是故以尧为君而有象；以瞽瞍为父而有舜；以纣为兄之子且以为君，而有微子启、王子比干。'今曰'性善'，然则彼皆非与？"孟子曰："乃若其情，则可以为善矣，乃所谓善也。若夫为不善，非才之罪也。"见朱熹：《孟子集注》，《朱子全书》第6册，第398—399页。
3　朱熹：《孟子集注》卷3，同上书，第289—290页。

对孟子而言，"不忍人之心"，或者说，"怵惕恻隐之心"作为一种善的意识，可以进一步引发善的行动，但这种意识的产生并不是主体为了完成某种道德义务而产生的善的意志或动机，而实质上是主体在遭遇孺子入井这一情境时自然而然、不由自主地产生的，换言之，这种怵惕恻隐之心的流露实质上是一种本能性的反应，它不涉及任何动机层面的东西。[1]对孟子而言，怵惕恻隐之心，更进一步而言，羞恶之心、辞让之心、是非之心的产生或呈现，都不是主体有意而为之，它们是主体在遭遇"孺子将入于井"等情境时不由自主地流露出来的。虽然恻隐之心等还仅仅是意识层面的，换言之，它还不是善的行为本身，但这种不由自主的善的意识总是引导，甚至迫使主体不得不采取行动，或者说，它与善良意志一样，具有进一步导向善的行为的功能。[2]而从前文所引的"恻隐之心，仁之端也；羞恶之心，义之端也；辞让之心，礼之端也；是非之心，智之端也"这一表述中，不难理解，对孟子而言，恻隐、羞恶、辞让、是非作为一种现实的意识（即良知），正是仁、义、礼、知（即良能）的现实功能。对孟子而言，这正是人性本善体现在其现实功能之中，这也正是"乃若其情，则可以为善矣，乃所谓善也"的实质内涵所在。

事实上，朱子对人性之善的理解与孟子是一致的，在注释"乃若其情，则可以为善矣，乃所谓善也"时，朱子指出："情者，性之动也。人之情，本但可以为善而不可以为恶，则性之本善可知矣。"[3]而在与湖湘派学者的讨论中，朱子进一步说道："盖孟子所谓性善者，以其本体言之，仁、义、礼、智之未发者是

1　理论地看，出于动机与出于本能的最大不同在于，前者是出于理智的思考或反思的结果，而后者则是非反思的、前反思的。事实上，倪良康已经注意到孟子那里的恻隐、羞恶、辞让、是非之心的先天性、本能性，他进一步指出："证明这些能力不是后天培育的结果，而是与生俱来的禀赋的最简单办法，就是考察它们是否能够受到理智的控制。因为本能的特点就在于，它在任何思考和反思之前就已经开始活跃。例如，几乎没有一个正常人能够控制自己的脸红，这表明羞耻心是一种道德本能。"（参见倪良康：《心的秩序》，南京：江苏人民出版社，2010年，第66页）既然不是出于为了完成某种特定目的而产生的意志或动机，那么这种"不忍人之心"只能是出于本能。事实上，孟子曾经指出"人之所不学而能者，其良能也；所不虑而知者，其良知也"。（见朱熹：《孟子集注》，《朱子全书》第6册，第430页）那种在突发性情景下产生的"不忍人之心"，以及作为其具体内容的"怵惕恻隐之心"，正是一种"不学而能"、"不虑而知"的良知、良能，而良知、良能正是本能的另一种表达。
2　当然，四端之情作为一种意识，虽然可以进一步导向行动，但也不是必然导向行动。这一点后文还将进一步涉及。
3　朱熹：《孟子集注》，《朱子全书》第6册，第399页。

也。所谓可以为善者，以其用处言之，四端之情发而中节者是也。"[1] 概言之，在朱子那里，仁义礼智作为一种主体内在感通能力是性，而四端之情则是仁义礼智之性的发用。由于以仁义礼智之性为基础，主体在与相应情境感通的过程中没有任何意志、动机的因素，因此对性善的理解就只能"以其用处言之"，即从其现实的效用或功能来看：主体既然能够在遭遇孺子入井等相应情境时不由自主地流露出恻隐、羞恶等善的意识，并进一步引发善的行为，这就表明人性是善的。[2] 在上述意义上，不难理解，在朱子那里，正是因为性是善的，主体才会在遭遇孺子入井等相应情境下发出四端之情；也正是因为四端之情能够与善良意志一样进一步导向善的行为，因此才可以说性是善的。正如朱子自己所言："性不可说，情却可说。所以告子问性，孟子却答他情。盖谓情可为善，则性无有不善。"[3] 然而，正如前一节所论，在朱子那里，性与情之间的差异，实质上不过是主体内在的感通能力与这种能力的现实发用之间的差异，事实上，这种发用即是在主体与外在情境感通的过程中那种内在的仁义礼智之性转化为主体可感受、察知的恻隐、羞恶、辞让是非之情。在这一意义上，情的"可以为善"实质上也就是性"可以为善"，因为"盖性之与情，虽有未发已发之不同，然其所谓善者，则血脉贯通，初未尝有不同也"。[4] 也正是在这一意义上，在前文所引的"循其仁之性，则自父子之亲，以至于仁民爱物，皆道也；循其义之性，则自君臣之分，以至于敬长尊贤，亦道也；循其礼之性，则恭敬、辞让之节文，

1　朱熹：《答胡伯逢》，《朱文公文集》卷46，《朱子全书》第22册，第2151页。
2　不难发现，在朱子这里展现了一种与康德为代表的有意为善或意向性的为善截然不同的对为善的理解。本文将这种非意向性的为善称之为感发性的。事实上，在康德那里，主体的有意为善是建立在将主体理解为一种单纯的理性主体的前提之下的，对朱子而言，主体能够真正称之为"主"体，固然内在地具有理性，但主体作为一个具体存在者，却并不能仅仅在理性存在的意义上加以理解，而是内在地具有感通能力。与此相应，主体的为善，也就不能简单地在意志自觉的基础上加以理解（在朱子那里去恶固然也是一种为善，但这种意志自觉意义上的去恶为善并不是本源意义上的为善，关于这一点笔者将在《气禀、物欲与人伦秩序的失范》一文中进一步阐发），而是还有那种非主体自身所能做"主"的层面。因为人性与外在情境的感通并不是主体所能控制的。事实上，在西方哲学传统中虽然从意向性的角度来理解善占据了主流地位，但当莱维纳斯说"谁也不是主动为善的"（［法］莱维纳斯：《异于去是，或在是其之所是之外［续］》，伍晓明译，《世界哲学》2007年第4期），他已经在观念上接近了朱子（当然还有孟子等儒家主流传统）对性善的理解，因为在莱维纳斯那里"谁也不是主动为善"作为对理性主义传统中所标榜的"主体性"的消解，内在地包含着对从意向性来理解为善这一西方主流传统的消解。
3　朱熹：《朱子语类》卷57，《朱子全书》第15册，第1881页。
4　朱熹：《答胡伯逢》，《朱文公文集》卷46，《朱子全书》第22册，第2151页。

皆道也；循其智之性，则是非、邪正之分别，亦道也"这一表述中，朱子就没有提到恻隐、羞恶、辞让、是非之情，而直接将亲亲、敬长、尊贤等具体行为与仁义礼智之性关联起来。

然而，在朱子那里，仁义礼智之性固然可以感而发为恻隐、羞恶、辞让、是非之情，并进一步引发亲亲、仁民、爱物、敬长、尊贤等具体的善的行为，但对朱子而言，后一个步骤却不具有必然性。这里的关键实质上涉及意识与行为之间的可能存在的断裂性。事实上，康德曾经发现了主体的内在意识与外在行为之间的断裂性，但在康德那里，这种断裂性所涉及的实质上是意志的作伪，或者说是伪善。[1] 与康德有所不同，在朱子那里，善的行为在本源的意义上并不是主体有意而为的，这里并没有主体的意志或动机的参与，因此也不存在意志作伪的空间。[2] 因此，朱子所强调的主体内在意识与外在行为之间的断裂，并不

---

1 黑格尔曾经指出："近代人特别对行为常常追问动机。以前人们只不过问，这个人是否是正直的人？他是否在尽他的义务？今天人们却要深入他们的内心，而且同时假定在行为的客观方面与在职方面——即主观动机——之间隔着一条鸿沟。"（［德］黑格尔：《法哲学原理》，范扬、张企泰译，北京：商务印书馆，1961年，第124页）黑格尔实际上并不承认主体的内在意识与外在行为之间存在断裂性，他认为这种断裂性不过是"近代人"的一种"假定"。毋庸置疑，黑格尔这里所说的"近代人"显然是以康德为代表的。在康德那里，意识与行为之间的断裂性在他所谓的"出于义务"的行为与"合于义务"的行为之间的区分中可以清楚地看到。对康德而言，只有真正出于义务，即为了道德义务本身而做出的行为才具有真正的道德价值，或者说，才是真正的善的行为，而那些虽然合乎义务，但不是以善良意志为前提，或者说在动机善不是为他的行为，都不是真正善的行为。康德发现，有些行为就其现实性而言是合乎道德义务的标准的，但主体在做出这些行为时，在动机上却不一定是善的。不难理解，康德发现的这种意识与行为的断裂性主要体现为动机与行为之间的断裂性。而很显然，康德之所以要强调出于义务而不仅仅是合乎义务，其中的关键就在于主体的动机是可以伪装的，这在他所举的小商贩的童叟无欺的例子中可以清楚地看到：小商贩之所以童叟无欺，并不是出于对义务，即对诚实守信这一道德义务的遵守，而实质上是出于自身的自利的意图。或者说，这种童叟无欺的行为并不是真正意义上的善的行为，而是一种伪善。参看［德］康德：《道德形而上学奠基》，第17—18页。

2 事实上，孟子已经明确指出了这一点，他说："今乍见孺子将入于井，皆有怵惕恻隐之心，非所以内交于孺子之父母也，非所以要誉于乡党朋友也，非恶其声而然也。"在这里可以看到，对孟子而言，"怵惕恻隐之心"的呈露虽然并不是主体有意识、有目的的结果，因此从正面说，这里没有康德所谓的善良意志或者说善的动机参与其中；但从反面说，这一过程也没有任何功利性的动机参与其中。主体在见到孺子入井这一情境时，并不是出于试图与孺子的父母结交、在乡党朋友面前获得好名声，或者是讨厌孺子入井时那种凄惨的哭喊声等一系列自私自利的动机才会发出恻隐之心的。事实上，就这一点而言，朱子与孟子是一致的。在注释"孺子入井，皆有怵惕恻隐之心，非所以内交与孺子之父母也，非所以要誉于乡党朋友也，非恶其声而然也"时，朱子说："乍见之时，便有此心，随感而发，非由此三者而然也。"（朱熹：《孟子集注》，《朱子全书》第6册，第289页）如果说这里的"乍见之时，便有此心，随感而发"是对前文所论的人性与外在情境感通时的无动机性的确认，而"非由此三者而然"则意在强调这里没有任何自私自利的功利性的动机。事实上，"乍见孺子将入于井"是一种突发性的情景，因此它不容许在此情景中的当

是康德意义上的意志的作伪，而实际上是主体虽然在相应的情境中有四端之心的呈现或流露，但却没有接受这种意识的指引而进一步导向善的行为。换言之，仁义礼智之性虽然感而发为恻隐、羞恶、辞让、是非之情，但这种意识却会被主体出于自身的利害等功利性的考量而抑制，从而没有进一步转化为善的行为。正是在这一意义上，朱子指出："人性无不善，虽桀纣之为穷凶极恶，也知此事是恶。怎地做不奈何，此便是人欲夺了。"然而，对朱子而言，这种现实的恶并不意味着人性本身的善。这是因为由主体与相应情境感通而产生的善的意识虽然会受到抑制而没有进一步转化为善的行为，但这种善的意识的产生本身却是不可遏止的，借用朱子自己的话说，这种善的意识的产生是"发之人心而不可已"的：

> 问："如何是'发之人心而不可已'？"曰："见孺子将入井，恻隐之心便发出来，如何已得。此样说话，孟子说得极分明。世间事若出于人力安排底，便已得；若已不得底，便是自然底。"[1]

"出于人力"的实质内涵在于主体运用理性进行分析、反思、安排、造作，因此涉及主体的动机、意志和目的。这种"出于人力"的动机或意志具有"已得"的特点，也就是可以被中止、排除。然而对于朱子而言，四端之心的流露则是仁义理智之性与相应情境感通的结果。这里虽然没有主体自身意志、动机等的参与，然而它的发用是"不可已"、"已不得"，换言之，是不可遏制的，因此主体的理性的计较、考量也就不能对它的产生与否发生作用。在这一意义上，不难理解，善的意识虽然并不必然转化为善的行为，但这种意识的产生，作为主体与外在情境感通的结果却是具有必然性的。事实上，陈淳在与朱子的通信中曾经明确地从必然性的角度谈到了这一点，他说："赤子之入井，见之者必恻隐。盖人心是个活底，然其感应之理必如是，虽欲忍之，而其中惕然有所不能以已也。不然，则是槁木死灰，理为有时而息矣。此必然处也。"[2] 不难理解，对

（接上页）事人有任何心理的准备，主体纵使平日有任何功利性的考量，在这一情境下也没有用武之地，正如朱子所言："方其乍见孺子入井时，也著脚手不得。纵有许多私意，要誉乡党之类，也未暇思量到。但更迟霎时，则了不得也。"（朱熹：《朱子语类》卷53，《朱子全书》第15册，第1758页）因此，恻隐之心的呈现完全是一种没有任何意志自觉的过程，更不可能有任何功利性的动机隐藏于其间。因此这种没有私意间杂的感通过程以及由此而发出的恻隐之心也就自然不会是一种意志的作伪，即不可能是伪善的。

1　朱熹：《朱子语类》卷59，《朱子全书》第16册，第1757页。
2　见朱熹：《答陈安卿三》，《朱文公文集》卷57，《朱子全书》第23册，第2736页。

朱子而言，由于从恻隐、羞恶等意识到现实的具体行为之间的转化没有必然性，因此，对人性之善就不能从现实的行为善去加以理解，但恻隐、羞恶、辞让、是非等善的意识是主体一旦与相应的情境相感通就会必然出现的，是不容已的，即具有必然性的。因此对人性之善的理解就只能从恻隐、羞恶等善的意识（即情）的角度来理解。[1]换言之，这种善的意识的不容已即足以表明人性是"可以为善"的，或者说，即足以表明人的本性是善的。

从以上的分析中可以明确地看到，在朱子那里，对人性的理解不能脱离其具体内容来加以理解，换言之，所谓人性本善实质上是作为人性具体内容的仁义礼智之性"可以为善"。[2]事实上，所谓人性，作为一个概念，不过是一种命名，而命名总是"制名以指实"（借用荀子的用语）的结果。因此在中、西哲学史上，不同的学派往往将主体内在能力不同的层面称之为人性。无论是"食色性也"，还是"人性语言的动物"、"人是理性的动物"等，都是将主体的某种能力——饮食男女的能力、语言能力或理性能力等——看作人性，或者说，称之为人性。事实上，将主体内在的何种能力称之为人性，实际上是对这种能力的

1　事实上，在朱子那里有一种"即情以见性"的言说人性的思路。其具体思路表现为：不仅人性（仁义礼智之性）的实在性构成了四端之情的存在根据，四端之情构成了人性实在性的认识根据；进一步而言，人性之善构成了四端之善的存在根据，而四端之善也构成了人性之善的认识根据。这在"有这性，便发出这情；因这情，便见得这性。因今日有这情，便见得本来有这性"（见朱熹：《朱子语类》卷5，《朱子全书》第14册，第224页）以及"性不可言。所以言性善者，只看他恻隐、辞逊四端之善则可以见其性之善，如见水流之清，则知源头必清矣。四端，情也，性则理也。发者，情也，其本则性也，如见影知形之意"（朱熹：《朱子语类》卷5，《朱子全书》第14册，第224页）等表述中都可以看到。事实上，在朱子那里，由气化生物以及气中之理所达成的对人性实在性的论证还存在着某种思辨哲学的色彩，而由"即情以见性"所达成的对人性实在性的论证，由于情的可感知的特点而总是显得亲切而真实。正是在这一意义上，朱子在与陈器之论《玉山讲义》的书信中明确指出："四端之未发也，所谓浑然全体，无声无臭之可言、无形无象之可见，何以知其粲然有条如此？盖是理之可验，乃依然就他发处验得。凡物必有根本，性之理虽无形，而端之发最可验。故由其恻隐所以必知其有仁，由其羞恶所以必知其有义，由其恭敬所以必知其有礼，由其是非所以必知其有智。使其本无是理于内，则何以有是端于外？由其有是端于外，所以必知有是理于内而不可诬也。故孟子言'乃若其情，则可以为善矣，乃所谓善也'，是则孟子之言性善，盖亦溯其情而逆知之耳。"（朱熹：《答陈器之二·问〈玉山讲义〉》，《朱文公文集》卷58，《朱子全书》第23册，第2779页）这里的"溯其情而逆知之"正是"即情以见性"的另一种表达。

2　正是在这一意义上，朱子对韩愈所谓的"人之为性者五，曰仁义礼智信"之说表示赞赏："韩文公云人之所以为性者五，其说最为得之"（见朱熹：《玉山讲义》，《朱文公文集》卷74，《朱子全书》第24册，第3588页），个中缘由即在于，这里对人性的理解就是从其具体内容来说的，而不是空洞地言说人性。

强调，而之所以要强调这种能力，又是与这种能力的功能性意义有关的。在朱子那里，之所以将作为主体内在感通能力的仁义礼智看作人性，关键就在于，这种能力"可以为善"，而其他的能力则不能为善。这在朱子对禅学所谓的"作用是性"的批判中可以看得更为清楚。

事实上，在上一节分析中，已经涉及朱子对"作用是性"的批判，但那里的批判主要侧重在于，"作用是性"这一命题没有能够很好地对性与情——即主体的内在能力与这种能力的现实发用——做出恰当的区分，从而有导向性空论的理论危险。当然，这一批判虽然重要，但尚未涉及朱子批判"作用是性"的核心问题。当然，为了更好地理解朱子对"作用是性"的批判就必须弄清作用是性的具体内涵及其功能。所谓"作用是性"，其具体内涵是"在目曰见，在耳曰闻，在鼻嗅香，在口谈论，在手执捉，在足运奔"。[1]这意味着，对禅学而言，人性是视、听、言、动等活动。从理论上说，任何活动都以主体内在的能力为根据，否则这种活动也就不再可能。事实上，朱子也明确意识到这一点，因此他更进一步指出"佛氏则只认那能视、能听、能言、能思、能动底，便是性"。[2]可以看到，视、听、言、动等活动正是以主体内在的"能视、能听、能言、能思、能动"的能力为内在根据的。由此就不难理解，朱子对"作用是性"的批判其中的关键就不在于禅学思想没有能够很好地区分出主体内在能力与这种能力的现实发用，而是另有所指。其实，在"佛氏则只认那能视、能听、能言、能思、能动底，便是性"这一表述中，朱子已经表明，"作用是性"这一命题的关键在于，在禅学那里，主体内在的视、听、言、动等能力被看作是人性的具体内涵。而正如前文所指出的，在朱子那里，人性的具体内容则是作为感通能力的仁义礼智。因此朱子与禅学对人性的理解就具有根本性的差别，这一差别可以图示如下：

	朱子	佛教（禅学）
人性	感通能力（仁义礼智）	视听言动能力

1　朱熹：《朱子语类》卷126，《朱子全书》第18册，第3941页。
2　同上书，第3939页。

不难看出，无论是作为感通能力的仁义礼智，还是视听言动的能力，都是主体内在的能力。从形式上看，作为主体的内在能力，二者并没有根本的差别。因此，其中的差别就在于其具体内容的不同，即：在朱子那里，人性是仁义礼智之性，而在禅学那里，人性则是视听言动的能力。但要想更为明确地弄清朱子何以反对"作用是性"，就必须从二者的功能上看。正如前文所指出的那样，仁义礼智作为主体内在的感通能力其根本性的功能就在于它"可以为善"。就这一点而言，视听言动能力与作为感通能力的仁义礼智之性具有根本性的不同。正如前文所指出的，仁义礼智之性感而发为四端之心，而四端之心还只是意识层面的事物，意识向行为的转化，需要借助于视听言动的能力才能够完成。因此，视听言动能力实质上是工具性的，在善的意识的引导下，它可以完成善的行为；但另一方面，视听言动能力在恶的意识的支配下，它也可以完成恶的行为。正是在这一意义上，朱子说"且如手执捉，若执刀胡乱杀人，亦可为性乎！"[1] 换言之，视、听、言、动的能力作为一种工具性的存在本身是无所谓善也无所谓恶的，或者说，是既可以用来为善，也可以用来为恶的，借用朱子自己的话来说，这些能力实际上是"无星之秤，无寸之尺"[2]，它自身没有准则，没有方向，在善的意识的引导下，它可以为善；但在恶的意识的引导下，它也可以为恶。因此，朱子进一步指出：

> 儒者则全体中自有许多道理，各自有分别，有是非，降衷秉彝，无不各具此理。他（指禅学——引者注）只见得个浑沦底物事，无分别，无是非，横底也是，竖底也是，直底也是，曲底也是，非理而视也是此性，以理而视也是此性。少间用处都差，所以七颠八倒，无有是处。[3]

不难理解，朱子之所以反对将视听言动等能力看作人性，就在于这些能力本身并不"可以为善"，而只是一种工具性能力，它们可以接受四端之心或善良意志的引导而为善，也可以受到主体自身的自私自利的动机、欲望的支配而为

1　朱熹：《朱子语类》卷126，《朱子全书》第18册，第3941页。
2　同上书，第3940页。
3　同上书，第3942页。

恶[1]。概言之，所谓"作用是性"中的性，就其自身而言，是不可以"为善"的。

在以上的分析中可以看到，朱子之所以反对将视听言动等能力看作人性的内容，关键就在于，与仁义礼智之性的"可以为善"不同，视听言动等能力不过是工具性的，其自身并不具备"可以为善"的特性。也正是从不"可以为善"的角度，朱子对程门高足谢良佐"以知觉言仁"展开了批判。如所周知，在朱子那里，仁义礼智之性又被更为集中地概括为"仁"[2]。然而，作为儒学的一个根本性概念，自孔子以来仁的内涵究竟是什么却并不明确。作为理学思潮的先驱，唐代的韩愈曾经提出了"博爱之谓仁"[3]这一命题。但程颐曾经对韩愈的这一命题提出批评，指出："爱自是情，仁自是性，岂可专以爱为仁？"[4]在朱子看来，程颐区分仁与爱，正是鉴于"由汉以来，以爱言仁之弊，正为不察性、情之辨，而遂以情为性尔"。[5]而这又与前文所论的禅学"作用是性"这一观念所带来的挑战有关：它一方面没有区分出能力与其发用的差异，另一方面，也内在地以性空论作为其理论根基。因此，程颐区分仁与爱，正是建立在性情之分的问题意识的基础上的。但在程门后学那里，由于不明白程颐上述区分的问题意识，反而认为爱与仁没有任何关系，于是仁的内涵为何就成为一个重要的问题。这突出地体现在程门高足谢良佐那里。谢良佐曾经指出：

> 心者，何也？仁是已。仁者何也？活者为仁，死者为不仁。今人身体麻痹不知痛痒谓之不仁。桃杏之核可种而生者谓之仁，言有生之意。推此，仁可见矣。[6]

1　值得一提的是，朱子曾经批评陆九渊是禅学，也是因为陆氏的一些言论与禅学"作用是性"的观念相一致，如陆九渊曾经对曾祖道说"目能视，耳能听，鼻能知香臭，口能知味，心能思，手足能运动，如何更要甚存诚持敬，硬要将一物去治一物？须要如此做甚？咏归舞雩，自是吾子家风"。上述说法与禅学所谓的"作用是性"的观念在内涵上极其相近。事实上，曾祖道已经意识到，如果按照陆九渊的上述说法，则将导致"猖狂妄行"，其中的根源就在于视、听、嗅、味，手足运动能力等本身并不"可以为善"，正是在这一意义上，朱子对陆九渊的上述说法评价道："陆子静所学，分明是禅。"（见朱熹：《朱子语类》卷116，《朱子全书》第18册，第3665页）

2　这一概括是通过"仁包四德"这一命题而得以完成的。"仁包四德"这一命题包含着很多复杂的层面，本文不拟详细地展开，但需要指出的是，对朱子而言，这一命题所要传达的核心内涵即在于对孔子所强调"仁"这一儒学根本观念的回归和接续。

3　韩愈：《原道》，见《韩愈全集·文集》卷1，上海古籍出版社，1997年，第120页。

4　程颢、程颐：《河南程氏遗书》卷18，《二程集》上册，第182页。

5　朱熹：《答张钦夫四十四又论仁说一》，《朱文公文集》卷32，《朱子全书》第21册，第1412页。

6　见黄宗羲原著，全祖望补修：《宋元学案》第2册，卷24，《上蔡学案》，第917—918页。

朱子曾经对谢氏的上述观念做出如下评价："盖其论仁，每以活者为训，知见为先"，而"原其所以然者，盖亦生于以觉为仁，而谓爱非仁之说耳。"[1]正是在这一意义上，朱子更为明确地将谢氏对仁的理解概括为"以知觉言仁"。[2]"以知觉言仁"意味着仁不过是身体的知觉感受能力，所谓"活者为仁，死者为不仁"以及"识痛痒"等说法正是在这一意义上说的。但知觉感受能力与视听言动能力一样，其自身都是不可以"为善"的。事实上，正如朱子所指出的那样，"唤着不应，抉着不痛，这个是死人，固是不仁"，但是"唤得应，抉着痛，只这便是仁，则谁个不会如此？"[3]对朱子而言，知觉感受能力是每个（活着的）人都具有的，但这种"唤得应，抉着痛"的知觉感受能力既不能提供四端之心那种"可以为善"的善的意识，也不能提供善良意志，因此其自身是不可为善的。因此，主体的知觉感受，并不是真正的仁。正是在这一意义上，朱子指出："程子曰：'仁，性也；爱，情也。岂可便以爱为仁？'此谓不可认情为性耳，非谓仁之性不发于爱之情，而爱之情不本于仁之性也。"[4]正是在上述背景下，朱子提出"仁者，爱之理"这一命题，它意味着爱虽然不能等同于仁，但它确是根源于仁，因此虽然不能说"博爱之谓仁"，但爱与仁之间也并非"判然离绝而不相管"[5]，因为"爱乃仁之已发，仁乃爱之未发"。[6]进一步而言，在朱子那里，"仁主于爱，便有爱亲，爱故旧，爱朋友底许多般道理"[7]，换言之，这种爱不是一种自爱，而是爱人，而这种能够"爱亲、爱故旧、爱朋友"等的爱建立在作为主体内在能力的仁的基础上的。不难理解，朱子与谢良佐之间的根本区别就在，对朱子而言，仁是主体内在的爱的能力[8]，而知

1　朱熹：《论语或问》，《朱子全书》第 6 册，第 684 页。
2　朱熹：《朱子语类》卷 101，《朱子全书》第 17 册，第 3366 页。需要指出的是"以活者为训，知见为先"这一观念中，"活者为训"涉及对仁的内涵的理解，而"知见为先"则涉及以"活者为训"所导致的功夫进路的问题。关于这一点笔者另文还会进一步涉及，这里只侧重于"以活者为训"这一方面。
3　朱熹：《朱子语类》卷 101，《朱子全书》第 17 册，第 3366 页。
4　朱熹：《答张钦夫四十四论仁说》，《朱文公文集》卷 32，《朱子全书》第 21 册，第 1410 页。
5　朱熹：《仁说》，《朱文公文集》卷 67，《朱子全书》第 23 册，第 3280 页。
6　朱熹：《朱子语类》卷 117，《朱子全书》第 18 册，第 3680 页。
7　朱熹：《朱子语类》卷 20，《朱子全书》第 14 册，第 688 页。
8　这里所谓的爱在其本源的意义上也就是前文一再提到的恻隐之心，这在前一节的一个注释中所引"恻隐本是说爱，爱则是说仁"（朱熹：《朱子语类》卷 53，《朱子全书》第 15 册，第 1763 页）这一论述已经涉及。需要进一步指出的是，爱在朱子那里并不完全在恻隐之心的意义上说的，与作为没有意志自觉的恻隐之心而言，爱还可以在意志自觉的意义上说，这一点笔者另文将有所涉及。

觉不过是一种形式性的身体感知。正如朱子所言，"仁是有滋味底物事，说做知觉时，知觉却是无滋味底物事。仁则有所属，如孝弟、慈和、柔爱皆属仁。"[1]概言之，主体内在感通能力的仁"可以为善"，而知觉却不能"为善"。

通过以上的分析，不难发现，在朱子那里，无论对性善之意的正面阐发，还是对禅宗"作用是性"以及谢良佐"知觉为仁"的侧面批判，都是立足于以仁义礼智为具体内容的人性"可以为善"这一前提之下的。进一步而言，如果说对性善之意的阐发和对"作用是性"的批判是对孟子所确立的性善论这一儒家核心命题的接续，那么，对"知觉为仁"的批判，以及对仁与爱之间关系的揭示，则构成了对孔子所确立的儒家"仁道原则的重建"。[2]当然，这一重建也是进一步确立了孟子与孔子之间在道统意义上的思想关联。

1　朱熹：《朱子语类》卷68，《朱子全书》第16册，第2280页。
2　"仁道原则的重建"是借用杨国荣老师的说法。参见杨国荣：《善的历程——儒家价值体系研究》，上海：华东师范大学出版社，2009年，第251—261页。

美学视野中的儒家政制

——朱光潜抗战及国共内战时期的美学与政治

金　浪[*]

内容提要：抗日战争及紧随其后的国共内战对朱光潜的影响体现为两大转变的出现，一是从远离政治到以政论文直接介入政治，二是从对西方美学的引介与运用为主到对儒家文化的阐发，二者均与其基于审美视野所形成的"反政治的政治"的独特思路有关。在批评"以教辅政"和"以政统教"的基础上，朱光潜阐发了自己"以教统政"的政治理想，而儒家政制则被认为是这一理想的典范。通过把礼与乐阐述为儒家思想系统的基础，朱光潜不仅提供了对儒家政制的审美主义解释，并且由此实现了美学与政治关系的重建。据此，民众与传统分别作为诗的普遍性与历史连续性的两大要素，被朱光潜阐发为民族国家构建的两大支柱。这一将民族国家构建仅仅委之于诗的方案，在体现朱光潜审美主义进路之独特性的同时却因政治实践性的缺乏导致了自身的局限。

关键词：朱光潜　美学　儒家政制　政与教　礼与乐　民众　传统

　　抗日战争及紧随其后的国共内战作为中国现代史上至关重要的事件，对知识分子的影响自不待言。在美学家朱光潜身上，这种影响主要集中于两点：一是从战前京派文人时期的远离政治到介入政治的转变，这一转变在 1948 年前后

---

* 作者金浪 1982 年生，重庆大学人文社会科学高等研究院讲师、师资研究员，研究方向为文艺美学、文学理论与批评等。本文为重庆市社科规划培育项目《抗战时期朱光潜美学"转向"研究》（2013PYZW10）阶段性成果之一，并受中央高校基本科研业务费专项资金资助。

的政论文写作中达到高潮；二是从战前以引介西方美学为主转向对儒家思想的阐发，其集中体现是发表于 1941—1942 年之交的《政与教》、《乐的精神与礼的精神》等文。虽然已有学者关注到抗战时期朱光潜思想的儒学"转向"，并从人格理想、交游与战时文化氛围等方面进行了考证和阐发[1]，但仅仅诉诸外部视野仍然无法解释"转向"与朱光潜美学的内在联系。事实上，美学非但不外在政治态度和政治思想的转变，反而构成了转变的前提与特色。本文对抗战及国共内战时期朱光潜思想转变的考察便将重点关注美学与政治的关系问题。

一、"反政治的政治"：战争格局下的政治思想

在中国现代思想史上，知识分子对政治的反感并非真的无关政治，而往往是作为对政治污弊的情绪反应出现的。梁启超便出于对民初政治的失望多次宣布诀别政坛："在此等社会上而谋政治之建设，则虽岁变更其国体，日废置其机关，法令高与山齐，庙堂日昃不食，其亦曷由致治？有戚戚以底于亡已耳！夫社会之敝极于今日，而欲以手援天下，夫孰不知其难！虽然，举全国聪明才智之士，悉辏集于政界，而社会方面空无人焉，则江河日下，又何足怪？"[2]差不多同时，陈独秀亦在《青年》杂志上宣称："盖改造青年之思想，辅导青年之修养，为本志之天职。批评时政，非其旨也。"[3]正是在对民初政治的失望中产生了转向文化的契机，五四新文化运动便被认为发端于陈独秀与胡适等"二十年不谈政治"的约定。[4]然而，巴黎和会很快便促使新文化阵营分化出直接介入政治的陈独秀、李

1 参见夏中义：《释陶渊明：从陈寅恪到朱光潜——兼及朱光潜在民国时期的人格角色变奏》，《文艺理论研究》2010 年第 5 期；王攸欣：《朱光潜之乐山交游及其学术转向》，《中国现代文学研究丛刊》2011 年第 7 期；李茂增：《以文艺解放民族的生命力——朱光潜"文化抗战"论及〈诗论〉之体例论略》，《解放军艺术学院学报》2010 年第 4 期。
2 梁启超：《吾今后所以报国者》，《梁启超文集》第 4 卷，昆明：云南教育出版社，2001 年，第2395 页。
3 陈独秀：《答王庸工》，《陈独秀著作选编》第 1 卷，上海人民出版社，2009 年，第 167 页。
4 胡适对陈独秀背弃约定的指责最早见于 1920 年胡适覆陈独秀自上海发来的约稿信，信中声称："若要《新青年》改变内容，非恢复我们'不谈政治'的戒约，不能做到。……注重学术思想艺文的改造，声明不谈政治。"（张静庐编：《中国现代出版史料甲编》，北京：中华书局，1954 年，第 8 页）1923 年，胡适在给高一涵、陶孟和的信中写道：《新青年》的使命在于文学革命与

大钊一派，即便是批评陈、李二人背弃约定的胡适，很快也忍不住开始大谈政治。

与民初五四时期的知识分子们类似，抗战时期朱光潜的介入政治也是从对政治的反感开始的。1933年朱光潜回国任教北京大学时，北洋政府虽已湮灭，但之前文学中心的南移却使北平这个大学林立的文化古都为京派文人的崛起提供了舞台。与体现出鲜明政治性与商业性的海派文学不同，这群寄身象牙塔内的京派文人以标举纯粹的文学趣味而著称。作为京派一员，此时的朱光潜无论是在美学论述还是在《文学杂志》的编辑品味上，都体现出强烈的京派色彩，即通过对纯粹审美趣味的提倡来实现文学的"怡情养性"功能。然而，象牙塔内的宁静并不能削弱十字街头日益危重的政治局势：一方面是已占据东北三省的日本对中国的虎视眈眈，另一方面则是国共两党对青年争夺战的愈演愈烈。针对这一状况，1937年4月初，朱光潜在天津《大公报》上发表《思想的危机》一文，以独立思想者姿态批评左右两派对青年的争夺造成了中国社会的巨大分裂：

> 政治思想在我们中间已变成一种宗教上的"良心"，它逼得我们一家兄弟们要分起家来。思想态度相同而其余一切尽管天悬地隔，我们仍是同路人；一切相似而思想态度不一致，我们就得成为仇敌。我们中间有许多人感到这种不能不站在某一边的严重性是一种压迫。有时候我们走到左或是走到右，原非起于本意，全是由于不得不分家的情势逼成的，甚至于思想本来很左的人被逼到右边去，思想本来很右的人被逼到左边去。我们的去就大半取决于情感和利害两个要素，但是我们常只承认我们的动机是思想。[1]

在这篇文章中，朱光潜认定中国思想的危机并不在于左派或右派所遵奉的思想学说本身，而在于二者都用政治立场来取代思想：一是误认信仰为思想以及误认旁人的意见为自己的思想的恶风气，二是因信仰某一派政治思想而抹煞一切其他学

（接上页）思想革命。这个使命不幸中断了，直到今日……我想我们今后的事业，在于扩充《努力》，使他直接《新青年》三年前未竟的使命……"（胡适：《与一涵等四位的信》，《胡适文集3》，北京大学出版社，1998年，第400页）而在1931年的一次演讲中，胡适再次旧事重提："在民国六年，大家办《新青年》的时候，本有一个理想，就是二十年不谈政治，二十年离开政治，而从教育思想文化等等非政治的因子上建设政治基础。"（胡适：《陈独秀与文学革命》，《胡适文集12》，第33页）

1　朱光潜：《中国思想的危机》，《朱光潜全集》第8卷，合肥：安徽教育出版社，1992年，第514页。

派的政治思想，甚至于以某一派政治思想垄断全部思想领域，好像除它以外就别无所谓思想，由此导致"浮浅窄狭的观念因口号标语的暗示，在一般青年人的头脑中深根固结，形成了一种固定的习惯的反应模型，使他们不思想则已，一思想就老是依着那条抵抗力最小的烂熟的路径前进"，"失去了思想所必要的无偏见、灵活、冷静与谦虚。"[1] 将政治视作思想危机之罪魁祸首的看法促使朱光潜提倡一种"真正的思想运动"："我们现在所最需要的不是某一种已成的思想（thought）而是自己开发思想所必需的正确的思想习惯（thinking habit）。"[2]

该文的发表虽然引发了左右阵营的不同反应，然而卢沟桥事变的爆发却中断了这场讨论，政治危机以最现实的方式压倒了思想危机。在这场空前的政治危机中，呼吁抵制政治的朱光潜也被迫卷入了现实的政治运动。在 1937 年底四川大学师生反对 CC 系政客程天放出任校长的运动中，朱光潜便以领导者身份吸引了国共两党的关注，不仅周扬专门写信邀请朱光潜赴延安[3]，国民党也将朱光潜视作拉拢对象，邀请其在《中央周刊》上发文。虽然后来在《自我检讨》中申辩加入国民党乃被迫为之[4]，但朱光潜却从未放弃借此阐发自己政治理念的机会。这些以谈修养、论文艺为主题的文章看似无关政治，实际却寄托着朱光潜独立于国共两党立场的政治理想。卞之琳后来在回忆这段历史时，便认为朱光潜"堪称政治美学家"，并断言"他在《中央周刊》的文章，说诗、论文、谈修养，一点也没有屈从任何政治偏见。按政治美学说，倒像是棋子胜了旗手"。[5]

如果说象牙塔的毁灭使得朱光潜被卷入了现实的政治运动，那么，在紧随其后的国共内战中，政论文写作则成为他介入政治的主要方式，其于 1948 年前后发表的《学潮的事后检讨》、《自由分子与民主政治》、《从禁舞说到全国性的消遣》、《挽回人心》、《谈群众培养怯懦与凶残》、《谈行政效率》、《常识看金元》、《行宪以后当如何？》等文章，便致力于通过对时政的批评来挽救政治危局。然而，尽管不可避免地在民族国家的危难中被卷入现实政治，但朱光潜对

---

1 朱光潜：《中国思想的危机》，《朱光潜全集》第 8 卷，第 516 页。
2 同上书，第 518 页。
3 参见朱光潜：《致周扬》，《朱光潜全集》第 9 卷，第 19—20 页。
4 朱光潜：《自我检讨》，同上书，第 536 页。
5 卞之琳：《政治美学：追忆朱光潜生平的一段插曲》，《卞之琳文集》（中），合肥：安徽教育出版社，2002 年，第 148 页。

现实政治的怀疑和反感态度却并未改变，不仅他在四川大学领导的师生抗议运动旨在抵抗政治力量对教育系统的入侵，而且其政论写作也以揭露政治污弊为主，譬如在批评国民党的宪政操纵时，朱光潜便指出："本来不应成问题的在中国却成为问题。内阁没有一个明显的支援力量，也没有一个明显的反对力量，于是它的命运常在飘摇不定中，到紧急关头，常取决于乌合之众的一时的派系与私人的利害计算与恩怨关系。这种政治阵容如何能应付当前这种万分艰危的局面？这是我们的最大的忧虑。"[1]

在朱光潜身上，政治反感与政治介入这两种态度被整合为了"反政治的政治"思路，而美学乃塑造这一思路的知识与思想上的前提。早在1932年，尚未回国的朱光潜便已在《谈美》一书的序言里宣称："谈美！这话太突如其来了！在这个危急存亡的年头，我还有心肝来'谈风月'么？是的，我现在谈美，正因为时机实在是太紧迫了。"[2]美学的重要性虽然被认为来自于政治上的紧迫性，但这种紧迫性并非体现为直接的政治参与，而是通过非政治的社会改造来为新的政治打造基础。文艺作品以怡情养性的方式在塑造政治主体上的作用，其实也就是伊格尔顿所称的"迂回策略"。[3]虽然在非政治的社会改造思路上，朱光潜与民初五四时期的知识分子存在相似之处，但独特的美学前提却在对待儒家文化的态度上存在天壤之别：如果说后者基于个性解放需要将儒家文化批判为封建礼教，那么前者则在对处群问题的追问中将儒家文化视作情感政治的典范。这一理解使得朱光潜没有走向反传统主义，而是把儒家文化视作现代政治可资借鉴的资源。

二、"以教统政"：对现代政治的批判

朱光潜介入政治的言论虽然是在1948年前后的政论写作中达至高潮，但其政治思想却是在抗战时期关于儒家政制的论述中被集中地加以阐发，1941年11

---

1   朱光潜：《立法院与责任内阁》，《朱光潜全集》第9卷，第454页。
2   朱光潜：《谈美》，《朱光潜全集》第2卷，第5页。
3   对文艺作品"怡情养性"作用的讨论请参见拙作：《为道德立法的文艺——论朱光潜情感论美学对审美独立性原则的继承与改造》，《美育学刊》2014年第3期。

月发表在《思想与时代》上的《政与教》便是体现其政治思想的代表文献。与该杂志致力于在"发扬科学时代的人文主义"口号下复兴传统文化的宗旨相一致，[1]该文也显示出对儒家文化的"复归"，其具体体现便是以儒家政教关系作为分析人类社会进化与民族兴衰的核心概念："政"即政治，"教"则兼教化与宗教二义。虽不排斥宗教义（如对中世纪教皇制的引证），但朱光潜看重的却是教化义："政之职在治，治之具为制度法律。集民众为社会，有社会必有秩序，无制度法律，则秩序乱，人竞其私而群趋于争。教之职在化，化之具为德行风范与学术思想。民生而冥顽，学术思想所以启其知，德行风范所以导之于善，知之深而后行之笃，其于渐而后推之广，于是蔚成醇风美俗，国运亦蒸蒸日趋于隆盛。"[2]

　　虽然对教的强调与新儒家贬"政统"而扬"道统"的思路存在相通之处，但政教分离在朱光潜这里与其说是作为价值判断的标准，毋宁说是被视作人类历史演进的产物而被提出的：各民族在原始阶段，政教本不相分，随着文化渐进，分工也开始出现，"一切典章文物皆由简而趋繁，政与教遂各有专掌而渐分途异趋。政出自官，教行于学，官隶于君，学统于师。"[3]具体而言，这一分化又经历了三个阶段：其始是政教平行，官师并尊；继之是教自政出，学隶于官；最终是官失其宗，政不足以施教，学出私门。正是对这个政与教渐次分离并最终成为相互独立领域的历史过程的描述，使得政教关系为反观时代治乱状况提供了标准。随后朱光潜便将之运用于对人类文明史的分析：

　　　　政与教同为民族生命力之表现。故一民族当极盛之时，政与教常登峰造极；及其衰也，二者亦常同时废弛。然此仅其大较，若就史迹而条分缕析之，则政教常互为因果，有文化先发达，而数十百年之后，政治始收其果者，文艺复兴先于近代国家之兴起；启明运动前于德意志国家之强盛，是也。有政治先修明，而教化后享其成者，吾国春秋战国时代

1　据统计，思想文化类占《思想与时代》刊发文章的最大份额，达39%，"其文化观多体现在中国儒家文化的重申与重构、寻找中西文化之差异、寻觅融合中西文化之途径等三个层面。"参见何方昱：《科学时代的人文主义——〈思想与时代〉月刊（1941—1948）研究》，上海书店出版社，2008年，第114页。
2　朱光潜：《政与教》，《朱光潜全集》第9卷，第88页。
3　同上。

诸子百家之兴起；纪元前三世纪希腊学术之重光于亚历山大城，是也。有政先坏而教随之者，罗马帝国崩溃之后继以黑暗年代，是也。有教先坏而政随之者，魏晋清谈，趋于颓废，不旋踵有典午之乱，是也。政不良可有善教，吾国学术思想之最盛之两大时期为春秋战国，与宋程朱时代，其时政治均极紊乱；至于教不良而有善政，盖未之前闻。是知政教并行，而教尤重于政。政之变更频繁而教之渊源久远。教化存而政体更，社会可免于根本动摇；教化存而政权失，一民族虽暂屈于异族而不至灭亡。近代灭人国者，常竭力摧残其固有文化，其用心至毒而为计划至当。[1]

在这段跨越古今中西的历史分析中，朱光潜不仅将治乱关系置于政教关系中来加以把握，而且还尝试总结二者的规律：由于在时间上，兴既可能是文化先发达，而政治收其果，也可能是政治先修明，教化享其成；衰既可能是政先坏而教随之，也可能是教先坏而政随之，因此兴衰治乱并不体现为政与教的时间关系，而是体现为逻辑关系；"政不良可有善教，而教不良却不可能有善政"，意味着政教之间并非毫无轩轾，而是存在内外本末之别："历史者内在生命表现于外在活动之轨迹，外在活动主要者为政，内在生命则成于教，不言教而言政，是舍本而求末，缘木而求鱼也。"[2] 这个被描述为内外本末关系的政与教提供了民族国家构成的两大要素：政作为民族国家的外在形式，其特点是"变更频繁"，而教作为民族国家的内在生命，其特点则是"渊源久远"。由此，民族国家的兴衰治乱也就取决于能否处理好政与教的关系，"教化存而政体更，社会可免于根本动摇；教化存而政权失，一民族虽暂屈于异族而不至灭亡。"在军事实力远逊日本的战争局势下，以文明教化作为民族国家根基的论述显示出朱光潜从文化上重建民族自信的努力。

在认为政教分离已不可逆转的情况下，朱光潜总结了现代政教关系的三种模式：第一种是"以教辅政"，在此模式下，"学校虽在政府系统之下，而政府对于施教者仍保持其应有之自由与尊严，非逾闲犯纪，必不横加干涉，学校在

1　朱光潜：《政与教》，《朱光潜全集》第 9 卷，第 90—91 页。
2　同上书，第 90 页。

自由独立之空气中增进学术，提高文化，为国储有用之人材，为社会树纯正之风范，本其真知灼见，发为清议谠论，纳政治于正轨。此近代英美诸民主国家所循之途径也。"[1]第二种是"以政统教"，"政府集一切事权于一身，立坚定之政策，动员国家所有力量以赴之，对于一切文化活动均加以极严格之统制，移教育为政治宣传，驱学子供政党奴使，持异议者威胁之，利诱之，使其必就范入彀而后止。此近代德意日诸集权国家所循之路径也。"[2]虽然就现实层面而言，英美民主国家"以教辅政"的模式被认为优于德意日集权国家"以政统教"的模式，但二者作为现代政制的代表，又都被置于批判之列："近代国家教育制度与理想，英美与德意日异趋，苏联亦别标一帜，其原动力皆为政治。是非利弊为另一问题，教之常为政所奴使操纵，则为无可讳言之事实。"[3]因而这两种模式均被认为逊于第三种，即"以教统政"的模式。

朱光潜继而指出，"以教统政"模式与"以教辅政"、"以政统教"这两种模式的最大差别在于历史上无例可征，而仅仅存在于中西大哲人孔子与柏拉图的理想中，"孔子之全部政治哲学，细心玩之，实在以教化为政治之基，以圣哲为国家之元首"，而柏拉图在《理想国》中以哲人为君主来治理城邦的政治哲学，则被认为是"其所抱负盖与孔子不谋而合也"。[4]对现代政制的批判和对孔子、柏拉图所代表的古典政制的追慕，显示出朱光潜政治思想上的某种"反现代"态度，而古典政制的政教合一被推崇为政治制度的理想形态。在这一理想形态中，政与教孰本孰末的问题已然变得不再重要："微论以教统政，或以政统教，政教相辅之效果可获得与否，全视教与政本身之善恶。政与教恶耶，则以彼统此，均足以致乱。政与教善耶，则以彼统此，均足以致治。无论政教，跻于极盛至善，其要皆在得人。如孔子与柏拉图之理想可实现，则在贤人政治之下，以教统政可也，以政统教亦可也。政与教同出于圣哲，亦何抵触之有乎？"问题在于，什么样的政与教才足以称善呢？

1　朱光潜：《政与教》，《朱光潜全集》第 9 卷，第 91 页。
2　同上。
3　同上书，第 89 页。
4　同上书，第 92 页。

三、礼与乐：儒家政制的审美阐释

为了进一步说明古典政制"以教统政"的具体内容，朱光潜紧接着又在1942年2月的《思想与时代》上发表了《乐的精神与礼的精神——儒家思想系统的基础》一文。作为《政与教》一文的续篇，该文把阐述的重心从政教关系转向了礼乐关系，正是为了回答前文中遗留的什么样的政与教才足以称善的问题。文章开篇便指出，儒家的伦理学、教育学、政治学，乃至于宇宙哲学和宗教哲学，都构筑在礼与乐的基础上，因此，礼与乐同样也是理解儒家"以教统政"思想的关键所在。为了揭示礼与乐的精神内涵，朱光潜特意从卷帙浩繁的经学解释中选取了程颐的说法，即把礼的精神与乐的精神解释为"和"与"序"，同时通过引证西方伦理学与心理学知识，赋予了这一说法以更加现代的解释："'和'乃是个人修养与社会发展的一种胜境，而达到这个胜境的路径就是'序'。"[1]虽然朱光潜强调礼和乐同出于仁，礼中有乐，乐中有礼，但二者又被认为判然有别：

> 第一，乐是情感的流露，意志的表现，用处在发扬宣泄，使人尽量地任生气洋溢；礼是行为仪表的纪律，制度文为的条理，用处在调整节制，使人于发扬生气之中不至于泛滥横流。……其次乐是在冲突中求和谐，礼是混乱中求秩序；论功用，乐易起同情共鸣，礼易显出等差分际；乐使异者趋于同，礼使同者现于异；乐者综合，礼者分析；乐之用在"化"，礼之用在"别"。……第三，乐的精神是和、乐、仁、爱，是自然，或是修养成自然；礼的精神是序、节、文、制，是人为，是修养所下的功夫。乐者本乎情，而礼则求情当于理。原始社会既有乐，而礼（包含制度典章）则为文化既具的征兆。就个人说，有礼才能有修养；就社会说，有礼才能有文化。[2]

这段文字在对比论证中抽绎出礼与乐的三点区别：乐在宣泄而礼在调节，乐求和谐而礼求秩序，乐发乎自然而礼养成文化。然而，礼与乐的区别恰恰通过

1　朱光潜：《政与教》，《朱光潜全集》第9卷，第96页。
2　朱光潜：《乐的精神与礼的精神》，同上书，第98—99页。

"相遇相应，亦相友相成"的关系说明了二者的不能相离。据此，朱光潜声称："一个理想的人，或是一个理想的社会，都必须具备乐的精神和礼的精神，才算完美。"[1] 儒家思想中关于礼乐的论述便提供了这一理想社会构建的参照，文章接下来的第二、三、四部分则分别从个体心性、社会伦理与宇宙精神三个层面围绕儒家礼乐精神展开论述。

就个体心性层面而言，礼与乐的共同作用在于调节情欲。通过引证《礼记·乐记》关于性静情动的论述，朱光潜指出礼乐配合在调节情欲上的作用："修养的功夫就在调节情欲，使归于正，使复于性的本来善的倾向。乐与礼就是调节情欲使归其正的两大工具。"[2] 其中乐的作用在于使情感宣泄和发散，而礼的作用则在于使情感"焕然有序"，所谓礼的"节"、"养"和"文"三义都致力于对情感的调节，"礼融贯真善美为一体"而不似西方分裂为三种不相谋的事。由此朱光潜指出："我们可以看出儒家的伦理思想是很康健的，平易近人的。他们只求调节情欲而达于中和，并不主张禁止或摧残。"[3]

就社会伦理层面而言，礼与乐的共同作用在于教化。就教化层面而言，礼与乐对情感的调节作用超出个体而进入到社会层面，其核心便在于有利于"群"："'群'的观念，不如一般人所想象的，在中国实在发达得很早，而中国先儒所讲的治群与化群的方法也极彻底。他们早就把社会看成个人的扩充；所以论个人修养，他们主张用礼乐；论社会教化，他们仍是主张用礼乐。"这一理解不仅使得朱光潜从对中国人不善处群的批评中解放出来，而且还从礼与乐的角度揭示了儒家的"以教统政"："教化兼政与教，但着重点在教而不在政，因为教隆自然政举。儒家论修身之国，都从最根本处着眼。"[4]

就宇宙精神层面而言，礼与乐的共同作用在于孝天。通过把朱熹对《乐礼》的解释追溯至《易经》，朱光潜发现儒家的心性论和社会论都可以从宇宙论中找到依据。"和"与"序"分别作为乐的精神和礼的精神都可以直接追溯至天："人是天生的，一切应该以天为法。人要居仁由义，因为天地有生长敛藏；人

1　朱光潜：《乐的精神与礼的精神》，《朱光潜全集》第 9 卷，第 99 页。
2　同上书，第 100 页。
3　同上书，第 103 页。
4　同上书，第 105 页。

要有礼有乐，因为天地有和有序。"[1]而这个作为礼与乐之依据的天地的"和"与"序"同样为儒家政制的"以教统政"提供了合法性基础。更为重要的是，朱光潜认为这种尊生孝天的哲学并不只是儒家思想的特点，同样也为世界上其他比较进化的宗教所共享。据此朱光潜总结道：

> 乐的精神在和，礼的精神在序。从伦理学的观点说具有和与序为仁义；从教育学的观点说，礼乐的修养最易使人具有和与序；从政治学的观点说，国的治乱视有无和与序，礼乐是治国的最好工具。人所以应有和与序，因为宇宙有和与序。在天为本然，在人为当然。[2]

"在天为本然，在人为当然"使得礼与乐及建筑其上的伦理学、教育学和政治学论述都获得了自然法意义上的确立。然而，与政教关系类似，礼与乐并非毫无轩轾："就政与教而言，基本在教，就礼与乐而言，基本在乐"[3]。正是在对乐的偏爱上显示出朱光潜与同样推崇儒家礼乐传统的新儒家们的差异。对此，朱光潜便特别强调了自己与马一浮在理解礼乐关系上的不同：针对马一浮的别诗于乐、合乐于礼，谓礼乐教主孝，书教主政的看法，[4]朱光潜认为，"孝为人之施于亲，仍是一种和，仍是乐的精神；书以道政事，仍是秩序条理之事，仍是礼的精神。"[5]朱光潜之所以反对区分伦理（乐教、礼教）与政治（诗教），便在于他认为二者都以乐为基础，故而是相通的，这不能不说是他美学家的独特眼光使然。乐不仅被认为是一切艺术的起源："乐是最原始的艺术，感人不但最深，也最普遍"[6]，而且还作为"最高的艺术"被运用于对"和"与"序"的解释：

> 和的意义源于音乐，就拿音乐来说，"声成文谓之音"，一曲乐调本是许多不同的甚至相反的声音配合起来的，音乐和谐与不和谐，就看这配合有无条理秩序。音乐是一种最高的艺术，像其他艺术一样，它的成就在形式，而形式之所以为形式，可引起具有条理秩序，即中国语所谓

1　朱光潜：《乐的精神与礼的精神》，《朱光潜全集》第9卷，第109页。
2　同上书，第111页。
3　同上书，第105页。
4　参见马一浮：《复性书院讲录卷二·论语大义》，刘梦溪主编：《中国现代学术经典·马一浮卷》，石家庄：河北教育出版社，1996年，第142—158页。
5　朱光潜：《乐的精神与礼的精神》，《朱光潜全集》第9卷，第101页。
6　同上书，第105页。

"文"。就一个人的内心说，思想要成一个融贯的系统，他必定有条理秩序，人格要成一个完美的有机体，知情意各种活动必须各安其位，各守其分。就一个社会说，分子与分子要和而无争，他也必有制度法律，使每个人都遵照。世间决没有一个无"序"而能"和"的现象。[1]

在"和"与"序"的意义上，艺术、人格与法律制度之间的关系得以建立：人格与社会的条理有序类同于音乐形式上的条理有序。由此不难看出，朱光潜之所以在礼与乐中偏爱乐，乃是其审美主义视野所决定；反过来，朱光潜的情感论美学构建同样可以从礼与乐的角度获得说明："谈到究竟，德育须从美育上做起。道德必由真性情的流露，美育怡情养性，使性情的和谐流露为行为的端正，是从根本上做起。唯有这种修养的结果，善与美才能一致。明白这个道理，我们就会明白孔子谈政教何以那样重诗乐。诗与乐原来是一回事，一切艺术精神原来也都与诗乐相通。孔子提倡诗乐，犹如近代人提倡美育。……他不但把诗乐认为教育的基础，而且把它们认为政治的基础，实在政教是不能分离的，世间安有无教之政呢？"[2]把儒家礼乐传统嫁接到近代西方人所开创的美育上并视其为政治根基的做法，可以说集中显示了朱光潜对儒家政制的审美主义解释。在抗战时期对儒家文化的各种解释中，这一独特视野使得朱光潜足以称得上是"儒家审美主义"的开创者。[3]

四、构造民族国家：接近民众与恢复传统

将儒家政制阐述为"以教统政"模式的典范，并非意味着朱光潜就是一位复古主义者，恰恰相反，他对儒家政制的阐发乃是在审美主义这一现代视野中进行的。这种源自西方的审美主义话语一方面从反政治的意义上重塑了关于政

---

1 朱光潜：《乐的精神与礼的精神》，《朱光潜全集》第 9 卷，第 97 页。
2 朱光潜：《音乐与教育》，同上书，第 144 页。
3 刘小枫曾经用"汉语审美主义"来指称中国审美主义区别于西方审美主义的独特性，并认为王国维、蔡元培、梁漱溟、宗白华、李泽厚等身上都体现出这种"汉语审美主义"特质，其中对梁漱溟的阐述同样是从礼乐与艺术之关系入手，但遗憾的是，这一讨论恰恰忽视了朱光潜。参见刘小枫：《现代性社会理论绪论》，上海三联书店，1998 年，第 308—320 页。

治的理解，另一方面也重新激活了传统在现代思想中的政治生命。在此过程中，审美与政治的关系得以建立，美学不再被认为是"谈风月"，而是时刻关乎现代民族国家构建的成功与否。在此意义上，朱光潜抗战时期的美学构建包括他对儒家政制的审美主义解释，都必须纳入自近代以来就不断出现的各种关于民族国家构建的方案中来加以考察。在朱光潜这里，"政治"被认为是导致构建民族国家的政治任务总是以失败告终的根本原因，因而从反政治的意义上来重塑政治也就成为构想民族国家的前提，而审美主义话语不仅被运用于对政治的重塑，也通过对儒家政制的解释提供了民族性的来源，其具体体现便是民众与传统两大要素的凸显。

作为抗战时期文艺论述的共通原则，对民众的重视直接导源于战争动员的需要，朱光潜亦不例外。在写于抗战爆发一年后的《文学与民众》一文中，朱光潜便把文学视作民族生命力的体现："一个民族的生命力最直切地流露于它的文学和一般艺术，要测量一个民族的生命力强弱，文学和艺术是最好的标准之一。……没有同情共鸣的民众，一个作家在天才方面纵然有达到伟大境界的可能，也会因为营养刺激和鼓励的缺乏，以至于窒息枯死而无所成"，并由此产生了对精英主义趣味的否定："我认为文学的窄路是亚历山大时期希腊人和近代欧洲象征派所走的路，是李长吉和姜白石所走的路，是少数口味过于精巧的文人所特嗜而不能普及与大众的路。"[1]然而，对天才的否定和对民众的重视并不等于完全遵从民众的文学趣味。在随后的《流行文学三弊》一文中，朱光潜便痛贬流行文学的三种弊端：陈腐、虚伪与油滑，并由此呼吁"具备丰富内心生活的伟大文学"。

朱光潜这种对待民众趣味的美学态度恰与其对待群众运动的政治态度遥相呼应：一方面他认为中国政治的危机在于人心的涣散，"一般人民对于政府已失去信心，对自己也已失去信心"[2]，另一方面却又对民众运动怀有警惕，"民众是一种有力的武器，但是不宜轻于使用，轻于使用，有自伤的危险。……要使一个运动能够真正成为民众的运动，民众必须教育，必须训练，必须组织。"[3]《谈群众

1　朱光潜：《文学与民众》，《朱光潜全集》第9卷，第16页。
2　朱光潜：《挽回人心》，同上书，第341页。
3　朱光潜：《五四运动的意义和影响》，同上书，第115页。

培养怯懦与凶残》一文同样表明了这种态度："团结分子可能是良，是莠，或是良莠不齐；动机可能是纯正，不纯正，或是二者参半；方式可能凭理，或是任情感的冲动；结果可能有济于事，可能决裂偾事，也在已经紊乱的社会上增加紊乱"[1]，甚至在面对群众运动的风起云涌时，朱光潜忍不住批评道："今日世界所需要的是清醒，和爱与沉着，而今日群众所走的是疯狂，怨恨浮躁，与怯弱的路。"[2]这种重视民众却又警惕民众的态度同样是其"反政治的政治"思路的体现。

如果说民众为民族国家构建提供了政治主体，那么传统则成为民族国家构建的文化根基。在《从禁舞说到全国性的消遣》一文中，朱光潜便批评了交际舞与中国文化的脱节："这种舞——普通所谓交际舞——既是外来的、仿效的，不是中国民族的艺术的创造，当然也就不是中国民族精神的表现。而这种舞在西方是从宫廷与贵族社会产生的，意在酬宾娱友，是一种娱乐也是一种礼节。在近代工商社会中，当时那种雍容揖让的交际情景已不存在，交际舞多少已变了质。到了末流，它不免是骄奢淫逸的表现。它移植到中国，西方从前那种交际情境更不存在，这末流的弊病又变本加厉，舞于是成为繁华世界中的一种粗俗的肉感刺激，一种可买可卖的娱乐。"[3]据此朱光潜进一步指出，禁并不能解决问题，关键在于能否创造出适合本民族性格的全国性消遣。类似观点同样出现在其关于现代文学的评述中。在总结五四运动以来现代文学的得失时，朱光潜指出：

> 西方影响的输入使中国文学面临着一个极严重的问题，就是传统。我们新文学可以说是在承受西方的传统而忽略中国固有的传统。互相影响原是文化交流所必有的现象，中国文学接受西方的影响是势所必至，理有固然的。但是，完全放弃固有的传统，历史会证明这是不聪明的。文学是全民族的生命的表现，而生命是逐渐生长的，必有历史的连续性。所谓历史的连续性是生命不息，前浪推后浪，前因产后果，后一代尽管反抗前一代，却仍是前一代的子孙。历史上还没有一个先例，让我们可以说某一国文学在某一个时代和它的整个的过去完全脱节，只承受

1　朱光潜：《谈群众培养怯懦与凶残》，《朱光潜全集》第9卷，第355页。
2　同上书，第357页。
3　朱光潜：《从禁舞说到全国性的消遣》，同上书，第308页。

一个外国的传统，它就能着土生根。[1]

在朱光潜看来，五四运动激进的反传统主义不仅使现代文学面临失去根基的危险，同样也会对建筑在这一文化根基上的民族国家造成威胁。因此，当务之急在于把文学从西化的潮流扭转到对自己文化传统的尊重上来："生活随着环境变易，但其中有不变者在。这便是一个民族生命的历史传统。这种传统是随着历史渐渐成长的，而不是可以突然改换的，政治思想制度与教育形式方法足以帮助它成长，却不能截断它。"[2] 在朱光潜看来，无论是政还是教都必须植根于民族文化的历史传统土壤，这种传统必须突破文化变动不居的表层，从位于民族文化最深处的诗中才能获得，正是一个民族的诗（广义地讲也就是文学）为一个民族的政治连续性提供了根基。到了发表于 1948 年的《诗的普遍性与历史的连续性》一文中，民众与传统首次被集中表述为民族文化的两大决定性因素：

> 一个文化是一个有普遍性与连续性的完整的生命；惟其有普遍性，它是弥漫一时的风气；惟其有连续性，它是一线相承的传统。诗也是如此。一个民族的诗不能看成一片大洋中无数孤立的岛屿，应该看成是一条源远流长的百川贯注的大河流。它有一个共同的一贯的生命；在横的方面它有表现全民众与感动全民众的普遍性，在纵的方面它有前有所承后有所继的历史连续性。[3]

作为对朱光潜美学与政治关系的理论总结，这段文字集中阐明了诗 / 文学与民族国家构建的关系。虽然诗由于具备了民众所代表的普遍性与传统所代表的历史连续性而被阐明为民族国家之政治生命的体现，然而朱光潜一直以来的"反政治的政治"思路所导致的对现实政治的警惕与反感，却使得这一民族国家构建的任务只能委之于文学与文化。在朱光潜这里，民族国家的构建与其说体现为政治国家的确立，不如说更多的是由文学与文化的"想象的共同体"所提供。正是基于这样的理由，抗日战争与国共内战时期的政治危机也就被朱光潜解释为文化和文学上的危机，并相应地从文学与文化的层面来提供政治危机的解决方案："一个民族的诗到了颓废，原因在它落在了一些老鼠钻牛角似的诗人们的

---

1   朱光潜：《现代中国文学》，《朱光潜全集》第 9 卷，第 330 页。
2   朱光潜：《〈近代中国文学〉序》，同上书，第 408 页。
3   朱光潜：《诗的普遍性与历史的连续性》，同上书，第 336 页。

手里，就横的方面说，它失去普遍性，脱离群众，就纵的方面说，它与最好的传统脱节，没有历史的连续性。所以想由颓废而复兴，也只有两个办法：接近民众和恢复传统。"[1]

事实上，"接近民众"和"恢复传统"绝非朱光潜的专利，抗战时期的毛泽东同样在文学与文化的层面将这两点阐发为中国革命走向胜利的重要因素。在著名的《新民主主义论》中，毛泽东对新民主主义文化的构想便不仅指出应以"全国百分之九十以上的工农劳苦民众"为服务对象，同时也指明了要以科学的态度来对待传统文化，"剔除其封建性的糟粕，继承其民主性的精华"[2]。更重要的是，新民主主义文化与新民主主义政治、经济乃是作为一种整体实践出现的。这种对民众与传统的强调，不仅提供了构造民族国家的基础，也为向社会主义的过渡创造了条件。朱光潜的方案虽然看到了民众与传统的重要性，却因为对现实政治的不信任与排斥，无法将之转化为有效的政治能量，于是只能天真地寄希望于"民主自由与共产主义的结合与改善"[3]。即便如此，朱光潜在剧变的历史关头仍然保持了清醒与审慎，虽然名列国民党抢救专家名单的显赫位置，却没有追随国民党赴台，而是选择了留在大陆，这未尝不得益于从对儒家政制的审美主义解释中获得的洞见。

---

1 朱光潜：《诗的普遍性与历史的连续性》，《朱光潜全集》第 9 卷，第 339 页。
2 毛泽东：《新民主主义论》，《毛泽东文集》第 2 卷，北京：人民出版社，1991 年，第 706—708 页。
3 朱光潜：《世界的出路——也就是中国的出路》，《朱光潜全集》第 9 卷，第 526 页。

丸山真男的"国体"批判

谢 辰 *

内容提要：日本著名政治思想家丸山真男（1914—1996）曾对日本"国体"问题进行过深入思索与探讨。他认为，近代日本国体通过集中占据至高的国家权力和至上的道德价值，严重阻碍了个人主体性的成长与健康的国家主义的发展（20世纪40年代）；而后他进一步认为，国体的思想来源，存在于明治建国初期对日本"无构造思想传统"之中，并继承了这种"思想传统"的内向封闭性和异端排斥性，在战后依然限制着民主政治的健康发展（50—60年代）。对此，丸山认为唯有以个体的"精神革命"才能实现对"国体"思维方式的根本抵抗，并借福泽谕吉的"国体论"，提示重塑"国体"理解的可能性，试图寻找"国体"在塑造健康的国家与个人关系方面的建设性意义（80年代）。在此过程中，丸山的"国体"思考始终贯穿着他对国家与个人平衡关系的不懈追求。

关键词：丸山真男 国体 超国家主义 福泽谕吉

---

* 作者谢辰，1988年生，日本东京大学综合文化研究科在读博士，研究方向为日本近代思想史、东亚国际关系论。

前 言

（1）日本近代的“国体”问题

日本近代的“国体”[1]究竟为何物？是法律层面上的明治日本的君主立宪制，还是指万世一系的天皇制，抑或是一个并不存在的国之体制？19世纪后期至20世纪中叶的日本历史上，以“国体”为关键词的事件无不重大，且深刻影响了日本今日社会思想和历史的进程。

19世纪50年代，目睹了美国黑船来航的幕末兵学家吉田松阴（1830—1859）就曾强调日本“国体”之独特性[2]，认为日本应举国攘夷，抵抗外来侵略，以维持日本“三千年独立不羁”的国体[3]。“国体”护持由此堪称攘夷论者的一个重要逻辑出发点。明治维新后，帝国政治学者加藤弘之（1836—1916）在《国体新论》（1874）中把以往的神权政治、君臣体系视为“鄙陋野蛮之国体”，以欧洲的君民分立的政治体制为“公明正大之国体”[4]，其“国体”概念在很大程度上接近了现代人对“政体”的理解。

然而随着120年前日本在甲午战争中的胜利（1895）和治外法权的依次停废（1894—1899），明治政府的“国体”解释开始出现要求臣民对皇室权威表达忠孝的内容。明治天皇在其颁布的《教育敕语》（1890）中称：“朕惟我皇祖皇宗，肇国宏远，树德深厚。我臣民，克忠克孝，亿兆一心，世济其美。此我国体之精华，而教育之渊源，亦实存乎此。”[5]由此，皇室中心主义的国体论被作为官方意识形态确立下来。

1　“国体”，一般可以认为是一国特有的体制，中国的“国体”，被界定为“中华人民共和国是工人阶级领导的、以工农联盟为基础的人民民主专政的社会主义国家”，与作为“政治组织形式”的“政体”相区别，注重国家统治权归属的“阶级性”，认为统治体制的形式受国体所决定。相对来说，西方的“国体”与“政体”并没有明显差异，皆指政权的组织形式（national polity、system of polity），注重强调政权的运行方式，故议会制、共和制、立宪君主制之类皆为一种“国体”。近代日本的“国体”则既不强调阶级性，又不强调政权组织形式，而更倾向于强调日本国体的独特性与优越性。“二战”后，除个别政客外，日本人几乎不再以此种含义使用“国体”一词。

2　吉田松陰著，広瀬豊校訂《講孟余話》，岩波書店，1983年，第272—273页。

3　吉田松陰《対策一道》，山口県教育会編《吉田松陰全集》第五卷，岩波書店，1939年，第139页。

4　加藤弘之《国体新論》，谷山楼，1874年，第二章，第10页。

5　文部省《漢英仏独教育勅語訳纂》，1909年12月，近代デジタルライブラリー。http://kindai.ndl.go.jp/info:ndljp/pid/899326/1

在此基础上，倡导君权绝对主义的法学家穗积八束（1860—1912）进一步提出"国体乃由主权所在所规定"[1]，并主张"天皇主权"的国体论，认为"天祖为国民之始祖，天皇为国民之宗家"。[2] 与之相对，同为东京大学教授的美浓部达吉（1873—1948）则提出了著名的"天皇机关说"，认为天皇只是国家元首，应在发挥政治机构作用的同时接受宪法的制约。因此美浓部指出："基于固有之国体的君主主权主义"与"西方传来的立宪主义"的结合，才是日本宪法的"基本原则"[3]。"天皇机关说"之争由此发轫。

但是，上述针对国体问题的学术争论，在昭和日本的时代空气中被赋予了超越争论本身的政治性。1925年，日本政府颁布《治安维持法》，规定"我帝国，以万世一系之天皇君临之总揽统治权为国体"，"组织以变更国体或否定私有财产制度为目的的团体，或者明知其性质而加入者，处十年以下有期徒刑或禁锢。"[4] 由此，"变更国体"、"有违国体"的表达开始成为极具攻击性的政治斗争武器。

此后，法西斯主义倾向的议员、意欲倒阁的政党、军部、民间法西斯团体、在乡军人会等都在以"天皇机关说"有违"国体"为口实进行政治攻讦，要求政府处置美浓部及其学说，并"明征国体的本意"。全国范围的"国体明征运动"由此兴起。迫于重压，当时的冈田启介内阁（1934—1936）不得不两次发表"国体明征声明"，明确强调：日本帝国统治大权属于天皇，天皇为统治权的主体乃是"国体的本义"，"天皇机关说"有违日本的"神圣国体"，应予刈除。[5] 1937年，日本文部科学省进一步发行国民性教科书《国体之本义》，明确指出："大日本帝国乃奉万世一系之天皇皇祖之神敕永远统治之国家，此乃我万

1　穂積八束《修正増補 憲法提要》，有斐閣，1936年，第30、107—108页。
2　穂積八束《国民教育 愛国心》，有斐閣，1910年，第一编，第1页。
3　美濃部達吉《逐条憲法精義》，有斐閣，1926年，第15—16页。
4　《治安维持法》，1925年4月22日法律第46号。后改为《治安维持法中ノ改正ノ件》，1928年6月29日緊急勅令第129号和1941年3月10日法律第54号。参考 http://tamutamu2011. kuronowish. com /tiannijihou.htm
5　《国体明徵に関する政府声明》1935年8月3日（第1次国体明徵声明）、1935年10月15日（第2次国体明徵声明），参见《国体明徵ニ関スル再声明ヲ通牒ス》（国立公文書館 公文類聚・第五十九編・昭和十年・第二巻・政綱二・地方自治二（台湾・統計調査）・雑載）アジア歴史資料センター　レファレンスコード：A01200686500；《国体明徵問題に関する件》（陸軍省昭和十一年密大日記第2冊）アジア歴史資料センター　レファレンスコード：C01004163700；《国体明徵問題に関する件》（海軍省公文備考昭和十年P会議卷1）アジア歴史資料センター　レファレンスコード：C05034588200　第1—10页。

古不易之国体。"[1] 该《国体之本义》使皇室为中心的"国体"论最终成为国体认识的主流，这不仅便利了战时的军国主义思想宣传，更深刻扭曲了几代日本人对国家与个人关系的理解。

然而即便"国体"有如此威力，但其具体内容所指，却几乎至终都未有明确的定义。1945年战败的日本在即将接受波茨坦公告之际，关于盟军电报中天皇及日本政府对国家统治的权限"subject to"（"从属于"或"受控于"）盟军最高司令官的表达，是否损害了日本的国体一事，御前会议参与者因对"国体"内涵的理解存在明显分歧，故对是否接受停战公约进行了激烈的争论。"国体"内涵问题再次成为争论的焦点。其最终结果是天皇出面做出"圣断"，认定波茨坦公告于国体无损，并接受条件宣布投降。然而这次决策层的国体之争，再次向人们提出了这样一个问题：具有决定日本命运意义的"国体"，其内涵何以如此难于界定？

（2）丸山真男及其"国体"批判

"国体"之所指的暧昧程度与它所引起的争议之剧，触发了日本著名思想家丸山真男（1914—1996）[2] 的讶异与深思。他对日本"国体"的分析批判也由此出发。

1946年，正在日本东京大学任教的丸山真男发表了其对日本军队的前近代性和超国家主义的大胆评论。他以敏锐深邃的洞察力和精妙犀利的文笔，完成了对日本天皇制国体的精神结构的一系列考察和批判，给整个日本思想界以强烈冲击。他认为，日本国民主义与国家主义的早熟性格的形成原因，很大程度上存在于以"国体"为核心的日本近代的体制和思维传统上。虽然他在战后初期一度认为，"国体"废止之后，真正的自由主体就已经确立，但随着"冷战"格局的形成和日本民主改革进程的逆转，丸山在50—60年代的文本中重新且反复地追问起"'国体'究竟是什么"，"它是怎样地发挥了'魔术般的'作用的"等问题。他追溯"国体"在近代的成立过程，考察它当时在体制和精神两个层

1　文部省编集《国体の本義》，1937年，J-TEXTS日本文学電子図書館。http://www.j-texts.com/showa/kokutaiah.html

2　丸山真男（1914—1996），思想史家、政治学者。曾任东京大学教授、日本学士院会员，并被普林斯顿大学、哈佛大学授予名誉博士学位，还曾被选为美国历史学协会外国名誉会员、英国学士院外国会员。丸山的学问被称为"丸山政治学"、"丸山思想史学"，同时，丸山作为日本进步知识分子的代表人物，对战后日本社会思想舆论也有着重要影响。

面上发挥作用的方式，分析"国体"怎样地限制了近代主体性人格（自由认识的主体、责任的主体、确立秩序的主体）的形成[1]，从而形成了其独特的"国体"认识与批判论。

作为思想史家、社会活动家的丸山真男，曾在战后日本思想界保持了长久的活力和深远的影响力。他留下了诸多类似传统与近代、个人与国家、封闭与开放、忠诚与反逆、制度与人情等非常重要的思想课题，这些问题继而引发了众多丸山的后继者及其反对者的丰富的思索与争论。而在丸山众多的思想课题中，其对"国体"及其思维方式的剖析与论断，很大程度上是其诸多问题关心的集中体现，故尤其值得我们对此加以深入探讨。明确丸山真男对"国体"的批判脉络及其批判观点的形成过程，可以帮助我们更好地理解日本社会精神结构的问题性所在，并帮助我们在东亚政治局势日益局促的当下，理性地审视、应对邻人日本的举动，思考举动背后的思想根源。

目前，学界关于丸山真男思想研究已有相当丰富的成果[2]，但对丸山的"国体"批判问题的综合性研究尚不多见。本文试图在借鉴前人研究成果的基础上，探讨、明确丸山真男对日本近代"国体"的认识与批判框架，梳理丸山对以下问题的回答："国体"何以对日本的军国主义战争产生巨大的号召力，又是何以在"二战"后仍对日本社会的精神状态产生负面影响的？"国体"是否在战后被真正否决，

1　丸山真男著，区建英、刘岳兵译：《日本的思想》，北京：生活·读书·新知三联书店，2009年，第64页。

2　中国学界对丸山真男的思想史研究和学问方法论等日渐重视，并已取得部分研究成果，诸如对丸山真男的自由主义、民主主义、政治思想史研究的特征、古层论等问题，已有触及，可参考吴晓林：《论丸山真男的民主主义思想》（《日本学刊》1988年第6期）；唐利国：《超越"近代主义"对"日本主义"的图式——论丸山真男的政治思想史学》（《文史哲》2010年第5期）；韩东育：《丸山真男学术立论中的事实与想象——"原型论"与"日本主义"情结》（《日本学论坛》2002年第21期）；徐水生：《丸山真男的日本思想古层论初探》（《武汉大学学报》[人文社会科学版]2000年第3期）等。但是，对丸山真男的思想本身的研究尚属起步阶段，主要代表性成果为陈都伟的概述性论著《日本战后思想史研究：以丸山真男为中心》（海南出版社，2011年）。此外，也有不少学者对近代日本的"国体"问题进行探讨，例如庄娜《战前日本的极端民族主义——以"国体明征运动"为中心的考察》（《外国问题研究》2010年第1期）等。关于丸山真男的"国体"认识的研究，目前仅见中岛隆博《法と正義を語る場所——"戦中"の人、丸山真男の"正統"と"国体"》（特集《戦後》再考）（《前夜》第1期[3]，77-88，2005-04）对此有所触及，该文认为丸山真男对"国体"的批判在50年代前后出现了一定重心转移，前期强调国体因缺乏形式的合法性而存在问题，后期则转而认为兼具形式合法性与内容合理性的重要性。中岛的研究可以看作是对丸山这个战争经历者的时代再定位，他以法与正义的法哲学理论为分析工具，意图批判丸山思想的时代局限性。

还是以另外的方式依旧存续？"国体"的破坏性的作用机制是什么？使日本国家乃至个体深陷"国体"之中的根源是内在于传统之中的，还是萌发于外来冲击之下的？换言之，国体的神秘的本质及其神秘性的根源何在？是否存在一种真正克服并摆脱"国体"的方式与可能，以及这种可能性应该是怎样的？

一、对战时"国体"的极端特质的批判：占据绝对价值的"实体"

从前述的基督教与教育敕语的问题[1]开始，到神道祭天古俗说[2]、咢堂共和演说[3]，乃至天皇机关说，只要一论及国体，就直接转变为政治问题，并出现政治的对立。"国体明征"不是自我批判，而几乎总是一种为了压倒对手的政治手段。[4]

……当他们（右翼——引用者）举起"国体"这一面锦旗的时候，除了一小撮宗教家、无政府主义者和共产主义者之外，几乎所有的党派和集团自身都不具备与之进行正面对抗的思想依据。面对"右翼"的攻击，无论是基督教徒还是"自由主义者"、"民主主义者"，都要首先辩明自己的思想和行动与"国体"决不矛盾才行，因此争论必然容易变得被动。如果不把这样的情况考虑在内，那像1935年如暴风骤雨般横扫日本的"天皇机关说"事件等，就无法彻底理解。[5]

1　内村鉴三不敬事件：1890年颁布的《教育敕语》，确立了臣民服从于天皇统治的"国体"意识形态。1891年东京第一高等中学讲堂举行教育敕语奉读仪式，作为基督教无教会主义者的内村鉴三拒绝对《教育敕语》行"最敬礼"，该举动使内村受到"不敬"的非难，其在第一高等中学的讲师职位也被解除。

2　神道祭天古俗说：近代历史学家久米邦武于1892年《史海》杂志上发表论文，认为"神道乃祭天之古俗"，但因其对"神道"和"国体"的分析说明与国体意识形态不符，故遭到撤销论文和被辞去帝国大学教授职务的处分。

3　尾崎咢堂的共和演讲事件：明治三十一年（1898）、第一次大隈内阁文相尾崎咢堂（即尾崎行雄）在当年8月21日的演讲中批判以财阀为中心的腐败的金权政治风潮，但其言论被视为"不敬之言"，尾崎被迫辞职，内阁瓦解。

4　丸山真男《超国家主義の論理と心理》,《現代政治の思想と行動》增補版，未来社，1964年，第18页。

5　丸山真男：《战前日本的右翼运动——莫理斯博士著作序文》，林明德译《现代政治的思想与行动——兼论日本军国主义》，联经出版事业公司，1984年，第142—152页。

经历了战时思想统制时代的丸山真男，屡屡在回忆中为国体的战时角色定位。他看到，教育敕语颁布之后，"国体"在很大程度上作为政治势力之间相互压制的"武器"或"手段"，并被运用至极致：一旦某个个人或团体被批评为"反国体"，则几乎等于被认为犯下了最重的罪行，不仅言论立场不保，还须谢罪、受惩。美浓部达吉是如此，津田左右吉[1]是如此，井上哲次郎[2]也是如此，而丸山真男自身也曾因被怀疑对国体不敬而遭到思想警察的审查与暴打。

　　1933年，十九岁的丸山真男在唯物论研究会的讲演会上听讲时，警察署长突然闯入会场，强行解散了演讲会。随后特高[3]对丸山进行检查，并在他随身携带的笔记中，发现了他对国体的"质疑性评价"："陀思妥耶夫斯基称自己的信仰经受了在怀疑之坩埚中的锻造，那么日本的国体……是否经历了怀疑之坩埚的锻造了呢？"对于这样一个以疑问句的形态写下的"国体"思考，丸山在未及辩解的情况下，就遭到了特高警察一番猛烈的训斥和铁拳，并且自此之后连续几年，他都被作为思想犯嫌疑人屡次接受传唤，以及警察的来访和宪兵的问训。[4]可以说，这个学生时代的"小插曲"，是丸山对"国体"所具有的攻击力的一次切身体验。其实，同年京都帝国大学发生的泷川事件[5]，以及共产党领导人佐野学[6]与锅山贞亲[7]的转向声明事件（即放弃共产主义信仰），都向人们传达着社

1　津田左右吉（1873—1961），历史学者。日本岐阜县人。早稻田大学教授。他推动了对日本国民思想的实证主义研究，但因其关于古代史的论述被视为"反国体"，于1939年获不敬罪之罪名，遭右翼攻击。次年2月其著作《古事记与日本书纪的研究》被禁止发行，并被早稻田大学辞退。

2　井上哲次郎（1855—1944），哲学者。日本福冈县人，东京大学教授，他试图从国粹主义立场出发排斥基督教，并以内村鉴三等宗教学者的主张"反国体"为由，对之加以激烈攻击；然而极具讽刺意味的是，井上本人也曾因不小心写错了天皇的称呼，受到所谓不敬的非难。

3　特高，即特别高等警察的略称。以1910年的大逆事件（计划暗杀天皇的事件）为契机，警视厅开始设置特别高等警察，目的在于管束政治、思想、言论，对共产主义运动、社会运动加以压制。也称特高警察。1945年被废除。

4　丸山真男《二十世紀最大なパラドックス》，《丸山真男集》第9卷，岩波书店，1996年，第290页。

5　泷川事件：在满洲事变后的思想统制风潮下，1933年，时任文相鸠山一郎将京都大学法学部教授泷川幸辰的《刑法读本》等著作定为共产主义作品，并据此对泷川加以强制罢免。为维护学术自由和大学自治权利，京都大学教授团体和学生展开了反对运动，但遭到镇压，运动被瓦解。也称京大事件。

6　佐野学（1892—1953），社会运动家。日本大分县人。1927年任日本共产党委员长。在四·一六事件中遭到检举，在狱中发表转向声明《致共同被告同志书》，批判共产主义运动与民族运动相脱节，并将民族意识置于阶级意识之上，并赞美皇统一系的天皇，表现出了民族主义、国家主义倾向。

7　锅山贞亲（1901—1979），社会运动家。日本大阪人。三·一五事件后重建共产党之际遭到检举，在狱中与佐野学共同发表转向声明，此后大量共产党人纷纷转向。二次大战后锅山还曾指导反共运动。

会思想统制程度正愈益强化的讯息。在丸山的整个青年时代，"国体"已赤裸裸地暴露出它作为政治武器的思想特质。

丸山发现，对"反国体"的行为的定义往往轻易，但试图明确"国体"含义的行为，不仅阻力重重，而且似乎也并不必要。

> 就如我们在签订波茨坦宣言之际有关国体的大论争中所知道的，其"精神的面积"的实质，到最后都是正体不明的，也就是说，从天皇制的框架里排挤出来的异端是什么这个问题要在不同的情况下，当时地来定义，……但什么是"正统"却到最后都是模糊的。这里表现出了一种特质，即组织论的效果性判断和能否看出"举国一致"的政治性机能的判断，取代了教义的欠缺这样一种特质。[1]

"国体"的"正体不明"非但不会削弱国体的威严，反而有助于强化它的思想钳制作用。其强大的思想攻击力和精神统合力的特质，很大程度上就源于它的思想内质的缺失与不明。

然而，完全没有思想内容的思想是令人难以想象的，丸山真男必须对战时"国体"惊人魔力的能量来源作出解答。于是，丸山真男在日本国家主义的战时畸变中，发现并阐述了国体通过占据"绝对价值"发挥极端思想统制力的作用机制。

> 国家在"国体"中占有真善美的内容性价值，学问和艺术也只能依存于这种价值实体。而且这种依存绝不是外部的依存，而是内面性的依存。……国法只要是从具有绝对价值的"国体"中流出来的，就可以通过将自身的妥当性依据扎根于其内容的正当性上，从而得以在任何精神领域中自在地加以渗透。[2]

这里所谓"内容性价值"或"内容的正当性"，指的是伦理、道德层面上的价值，例如正义、真理、善良等。在丸山看来，"国体"是占据了真善美等绝对价值的"实体"，这不仅意味着国体能够以其绝对权威，蛮横地处决一切反对者，同时也意味着本应属于"个人"的价值判断权被"国家性的东西"所强

1　梅本克己、佐藤昇、丸山真男《现代日本の革新思想》上，河出书房新社，2002年，第74—75页。
2　丸山真男《超国家主义の論理と心理》，《现代政治の思想と行動》增補版，未来社，1964年，第15页。

占，失去了其独立性。也即是说，道德权威和政治权力的结合是"国体"魔力的来源，这种结合无论对近代人格主体的形成还是日本国家的近代化方式都产生了深刻影响，它很大程度上决定了日本国民主义和国家主义的近代走向。

从国家的政治活动层面来说，丸山指出，一旦国家行为"以国体的形式"把持了内容价值上的正当性的判断基准，那么国家的对内、对外活动就将不再服从"超越了国家的"具有普遍意义的价值标准，其结果就是：作为"真善美之极致"的日本帝国，"因其本质的不能为恶，所以任何暴虐的举动、任何背信的行为，都会得到容许！"[1]

从精神层面来说，"国体"对内容正当性的占据，必然地导致了权力与价值相联结的认识倾向，即人们一方面以力量的大小来判定道德价值的高下，另一方面以距离天皇这个终极价值的远近，来判定地位的高低和权力的大小。

> 这种对终极实体的接近程度，不仅是各个单独的权力支配行为，更是使整个国家机构运转起来的精神动力。制约官僚、军人行为的，至少不是第一义的合法性意识，而是占据更优越地位者、距离绝对价值体更近的存在。
>
> ……整个国家的秩序，就以作为绝对价值体的天皇为中心，连锁性地建构了起来，其自上而下的统治依据，与距离天皇的距离成一定比例，……一切人乃至一切社会集团都处在一方面不断承受规定，另一方面又施加规定的关系之中。[2]

天皇或者说皇室，在这里被定义为"终极价值"、"终极实体"和"绝对价值体"，以这一"终极价值"为中心的整个国家的秩序，就是日本天皇制的统治秩序，而"国体"就是天皇制统治结构的核心依据。丸山所要指出的是，国体对绝对价值的占有，决定了天皇制的由上至下、由核心至边缘的权威递减体系，同时也必然限制了拥有主体意识的近代个人在这一体制内的生长。

丸山认为，近代性人格形成的前提是"道德的内化"，即个人摆脱宗教思想的价值束缚，以自身的理智来对是非善恶作出判断和选择。同时，丸山还强调

1　丸山真男《超国家主義の論理と心理》，《現代政治の思想と行動》増補版，第17—18页。
2　同上书，第20、23页。

个体只有"将自身由秩序的拥护者提升为秩序的创造者",才算是拥有了"自由人格"。然而,在近代国体下的日本,个人缺乏形成自由主体意识的空间,他们不必受"出自良心的自我制约",而只需接受"上级存在(即距离终极价值更近的人)的规定"。"服从"作为帝国"臣民"的行为准则,甚至连天皇,也只是以皇统继承者的身份,以"绍述统治的洪范"的方式,而被取消了其形成主体意识的必要性。[1]

失去了主体意识的个体,在规定与被规定的秩序中自然而然地产生出"通过转移压制来保持精神上的均衡的现象",即通过"对自上而下的压迫感的恣意的发挥,将之按次序转移下去,并使整体的平衡得以维持"。在丸山看来,这种"压抑的转移体系"是近代日本继承自封建社会的最大遗产之一[2]。它在国际方面的延长,就体现为面向外部的压力转嫁即侵略性战争的倾向,而在国内它又反过来进一步限制自由主体意识的形成,前者最终导致了日本自甲午、日俄战争,至太平洋战争期间的日本国家主义的极端化发展,后者则不断限制着个人主义的成长,并成为战后日本亟须应对的民主化的课题。

要言之,丸山认为:日本的国家主义之所以极端化,并最终以"超国家主义"(Ultra Nationalism)的面貌出现在历史舞台,其根源就在于国家利用"国体"这样一个万能载体,占据了道德的正义性依据,拥有对真善美的绝对解释权。它导致法律和个人缺乏反对国权的依据和力量。而且,由于国家或者说天皇统合了权力与道德,成为力量和价值的终极的至高的代表,所以在日本的国家体系中,力量与价值高下的判断依据只能被归结于距离"天皇"即绝对权威的距离。由此所导致的支配方式,就是通过自上而下的压力转嫁即"压抑的转移"来保持社会力量与精神平衡的体制。这种天皇制支配结构被丸山认为是限制自由主体形成,并导致扩张性战争爆发的根源所在。

丸山真男在战后初期的"国体"批判中,也曾一定程度上乐观地认为,"终战"将成为日本国民与国家摆脱"国体"束缚,重获新生的节点。他曾积极地指出:"日本的军国主义被打上终止符的八一五,也同时是作为超国家主义整个

---

1 丸山真男《超国家主義の論理と心理》,《現代政治の思想と行動》増補版,第 25、27 页。
2 同上书,第 25 页。

体系的根基的国体，失去其绝对性，并将其命运开始委之于终于成为自由主体的日本国民之日。"[1]然而，日本军国主义是否被彻底打上了休止符，"国体"是否的确已经一去不返，日本的国民是否终于成为了自由的主体？对这些问题，战后日本的现实发展给出了并不乐观的答案。

二、对近代"国体"本质的反思：无构造的思想传统与天皇制支配方式

（1）战后初期"国体"的破坏性残留

战后不久，伴随着1947年"冷战"的开幕，日本国内的政治开始日趋反动，这种"反动"从表面上看，是军需工业带动下的经济复苏和再军备战略的起步，但从精神层面上看，则是旧的国家主义情绪的涌动，和战后日本国民主体形成的困境重重。

丸山真男对这种国民精神的困境始终有所察觉，他意识到，战争的终结和战后有限的民主化改革，并不意味着国体的精神束缚力会必然地随之消亡。在民主主体意识不足的情况下，再健全的民主制度、法律规章也不能真正发挥其应有的作用而变得徒具形骸；同时，未被民主观念占据的国民精神，其抵抗其他反动观念的能力虚弱，并容易被传统的家族主义、军国主义观念所再度侵占。

他在《日本的Nationalism——其思想的背景与展望》（1951）中指出，战败对于日本皇国"国体"的否定，造成了对日本"国民使命感"的决定性打击，而"使命感"的失落又致使精神领域出现大面积的真空状态，这种真空，为旧意识的分散性残留甚至复发提供了空间。

米歇尔（Robert Michels）将使命感分为全体使命概念（Integral missionsbegriff）和部分的使命概念（Teil-missionsbegriff）（如艺术、产业等特殊领域的对国家的使命感）。日本在维新后，将"东洋精神文明"与西洋"技术·物质文明"相综合，在其中加入日本固有的"尚

1　丸山真男《超国家主義の論理と心理》,《現代政治の思想と行動》増補版，第28页。

武"文化后，发展出了典型的全体的使命感。"国体"即是如此所有价值的综合体。

部分的使命感，如果在一个领域受挫，则可以转换至其他领域而重新振作。但日本的全体性使命感一旦崩坏，其导致的精神真空必然巨大。[1] 也即是说，由于"国体"以其暧昧的思想接纳能力，整合了东洋的精神文明、西洋的器物文明和日本的尚武文化，已然化身为"全体性"的国民使命感。这种全体性使命感的战后幻灭，引发的必然是严重的"精神真空"。

由于精神上的真空需要有新的价值使命感来填充，而"国体"所代表的忠诚观念、家族情感、国家意识等精神内容没能及时地为人民主权的观念所替代、更新，因此旧的伦理价值能够以分散化的形态重新占据人们的精神空间，并照旧发挥作用。

地方乡党的感情，家父长的忠诚等传统道德乃至通过社会惯例（mores）组织动员起来的国民的国家意识一旦遇到中央的集中力松弛的情况，就会直接自动地分解，回到构成社会底边的家族、村落、地方小集团……过去的 Nationalism 的精神构造与其说是消失了或是发生了质变，不如说是在数量上被分子化，散置于社会底层而隐没于政治表面了。[2]

因此，从某种意义上说，国体的废除成了把旧伦理价值释放到社会基层的契机，从而为右翼思想和右翼组织的再复兴提供了可能，而"冷战"的开幕和朝鲜战争的爆发无疑加速了这种复兴的步伐。1951 年的丸山真男已经从"日之丸的悬挂、君之代的复活、神社参拜以及国民教育中旧象征的再兴"，以及"警察预备队的设置、海上保安队的增强、日本再武装"等政治动向中，看出了旧国家主义故态复萌的危险。[3]

丸山真男不能不对"国体"加以重新审视和思索：既然"国体"能够在战时最大限度地集中国民精神，又能在战后破坏性地制造出巨大的精神真空，并

1　丸山真男《日本におけるナショナリズム—その思想的背景と展望—》，《现代政治の思想と行動》增补版，第 166 页。
2　同上书，第 167 页。
3　同上书，第 169 页。

长久地对国民精神产生影响，那么，它的魔力也就不仅来源于对"价值"的占有，而更在于它在思想层面上的惊人的"收纳能力"。是什么赋予了"国体"这种特性？为了回答这个问题，丸山真男只有上溯到近代"国体"形成之初，对"国体"在近代是如何形成、以什么方式发挥作用、具有怎样的属性、其属性由什么所决定，以及其本质究竟是什么等问题进行更为深入的探讨。

（2）近代"国体"的创出与日本思想的"传统"

明治政府在建国初期所面临的问题是，如果说来自外部的知识、技术、法律、制度能够为明治国家在相关方面的近代化建设提供工具性的辅助的话，那么来自日本本土的长久沉淀于日本人体内的思想传统，在明治国家的近代化过程中，是否能够发挥积极的精神支柱作用？

然而，丸山真男曾指出，明治建国的先驱在开始构建日本近代化国家之际，"首先就明确地承认了一个现实，即日本既有的'传统'宗教并没有形成可作为精神内部的'机轴'而起作用的传统。"[1]

关于对日本思想"传统"问题的认识，丸山曾在《日本的思想》一文中进行过论述，他的基本观点是：日本的确缺乏类似于中国儒教传统的思想传统，但在日本人的内在生活中，仍然存在着一种"思想的存在与接纳方式"层面的历史性"传统"。这种"传统"的典型特点在于：①对以往的思想，只继承而不"扬弃"；②对外来的思想，只拿来而不理解体认。其结果就是，日本的既有传统不能将各种新思想从内部进行重新构建，也不能作为与异质思想断然对抗的原理发挥作用，从而无法形成真正的思想传统；而外来思想也被割断了思想史的前提，仅作为零件被吸收并被庸俗化为已有的"常识"，从而失去了形成传统的活性。据此，丸山把这种对形成思想传统具有破坏力的"思想存在及接纳方式的传统"，称为"无构造的思想传统"。[2]

由于缺乏实质性传统，日本在近代建设明治国家时不得不"创设"一个可以作为统治依据的"传统"——也即所谓"机轴"，而这正是近代"国体"被创

1　丸山真男：《日本的思想》，第31页。
2　同上书，第8页。

立的重要契机所在。

伊藤博文曾对明治宪法根本精神表明如下信念："当今要制定宪法，首先需要寻求我国的机轴，确定此机轴究竟为何物。如果没有机轴，而任由人民妄议政治，则政治将失去统治规则，国家也将因之灭亡。"基于此，明治初年的政治家们认为"惟有皇室"，"在我国可以作为机轴"。[1]近代日本"国体"的创设目的由此暴露无遗：作为国家统治机轴，强化君权、抑制民权。

"国体"何以成为这种统治"机轴"？其能够被塑造为"机轴"的独特的"素质"何在？对此，丸山真男作出了两个层面的回答：第一，原本，以天皇为中心的、类似宗教信仰的"国体观念"其实是早已存在于日本思想内部的一个"传统性"资源，它只不过是在明治初年被建国先驱们重新发现，并被重新赋予了"传统"的身份角色。第二，这种角色的再赋予，也依靠了国体本身对思想的无限的接收与包容的能力。"国体"中既包含了"堪称传统"的神道、儒教的皇国观念、忠君思想，也吸纳了来自西方的君主立宪的政治体制主张，它的思想"拥抱性"生动地表现了前述"无构造的思想传统"的特点。因此以"国体"这样一个日本思想"传统"的实体，作为日本近代建国之统治依据，的确是一个堪称完美的设计。

这种设计的精妙之处还在于，"国体"能够在精神和制度两个层面发挥其作为"机轴"的双重作用。既然明治国家塑造出了既要促进器物制度上的近代化，又要实现外来与传统思想妥善融合的"国体"，那么"国体"也就不得不既是国家秩序的核心，又是国民的精神机轴。[2]前者表现为天皇制的统治制度，后者则是一种"非宗教的宗教"；前者维护着主权在君而不在民的政治底线，后者则以万世一系的皇国、神国的观念传统构成近代日本国民认同的精神支柱。丸山真男认为，"国体"的双重角色对日本的"近代"具有深刻的决定意义，并关乎"日本精神史的基本形态"。[3]

（3）作为精神机轴和统治机构的近代"国体"：个人主体性成长的桎梏

丸山在 1957 年完成的《日本的思想》中再次追问"称为'国体'的这种非

---

1 清水伸：《帝国宪法制定会议》，第 89 页，转引自丸山真男：《日本的思想》，第 32 页。
2 丸山真男：《日本的思想》，第 32 页。
3 同上。

宗教的宗教，是如何发挥了魔术般的力量"[1]这一问题，为此，他进一步上溯到大正自由主义时期对"国体"进行考察，并指出，即便是在民主主义思潮看似最盛的大正时期，"国体"的惊人魔力也丝毫未打折扣，并在"对责任的漫无边际的承担方式"中显露无遗。

> 大正十二年末发生的难波大助的摄政官狙击事件（虎之门事件）……从警察总监到路边执勤的警察等一连串的责任者都受到了免去官职的惩罚，不仅如此，而且连犯人的父亲也被辞去众议院议员之职，在门前围起竹栅栏，足不出户；乡里的人们也取消了正月的庆祝，进入"丧"期；连大助曾经毕业的小学的校长乃至班级训导都因曾经教过如此不法之徒而辞职。[2]

在丸山看来，这种连坐式的责任的承担方式，其形成根源存在于"近代日本的'精神'和'机构'"本身。[3]

从精神层面来说，丸山批判的是"国体"对精神内部的渗透性问题。他指出：由臣民的无限责任所支撑的"国体"，在意识形态方面继承了"固有信仰"以来的无限的拥抱性。[4]（所谓"固有信仰"，在丸山的定义中即指"无构造传统的原型"。其特点是，它缺乏"宗教"所应有的"始祖和经典"，但具有对其他教义的"无限拥抱"性。[5]）在明治的统治层看来，"国体"存在的意义就在于它的无内容性和对任何内容的无限包容性，也唯其如此，它才能在一方面作为政治武器对"反国体"者进行打击，而另一方面发挥"魔术般的"精神统合作用。

与此同时，"国体"作为"统治机构"的属性及其弊病，也构成了责任承担体制的另一重要根源。由是，"天皇制"的支配方式再次成为丸山的矛头所指。

> 天皇制作为近代日本思想的"机轴"所起的作用，并不只限于对国

---

1 丸山真男：《日本的思想》，第32页。
2 难波大助（1899—1924），无政府主义者，"虎之门事件"的肇事者。1923年，在关东大地震后许多社会主义者遭到仇视并被杀害，难波大助对此深感愤慨，遂携带父亲难波作之助（山口县议会议员）的杖枪赴东京，于1923年12月27日在虎之门附近，对出席第48次议会开幕式的摄政宫裕仁亲王（即后来的昭和天皇）进行狙击，狙击未遂，难波大助于1924年11月13日在大审院接受死刑判决，两日后刑死。丸山真男：《日本的思想》，第33页。
3 丸山真男：《日本的思想》，第34页。
4 同上。
5 同上书，第21页。

体观念的教化和渗透。它无论是作为一种政治结构，还是作为包括经济、交通、教育、文化的社会体制，都不能缺乏机构这一层面。[1]如何理解"机构"这一定位？如果说思想的"机轴"意指天皇制在近代日本思想的"中心轴"和"发动器"，那么作为政治机构和规定了社会秩序体制的天皇制，则是在体制上保障近代日本的社会运作的支撑性"框架"和"载体"。

丸山真男曾特别强调指出，制度会由于人的介入和文化的不同而别具个性，制度中的精神结构特征会从根本上决定制度运行的差异[2]，所以，对"国体"的考察必须放在制度与精神这二者在日本近代化过程中的相互关联之中。[3]

日本近代的制度体系，即明治的宪法体制。明治体制的创立者努力按照绝对主义国家的模式确立"大权中心主义"和"皇室自律主义"，然而在制度的具体运作时，却造就了必须通过重臣们的"共同谋议"才能作出决断的体制，政权的责任主体因此变得模糊暧昧，并跌入丸山概括下的"无责任体系"之中[4]。而与这种回避责任决断的"无责任体系"相对的，是明治宪法从制度层面对天皇拥有绝对权力的明确规定。

对天皇权力的赋予，曾引发森有礼与伊藤博文之间有关"君民权责范围划分问题"的著名争论。伊藤博文主张宪法应明确规定人民的权利和责任；而森有礼则认为，人的自然权利不可受到宪法限制，因此宪法中只需规定臣民对天皇的分限与责任。[5]对此，丸山真男指出，森有礼虽主张国权与民权的二元并立框架，但试图将"国体"——天皇拥有绝对权力的国体——纳入其中；而伊藤博文主张天皇拥有绝对自由，由于其宪法体系内的"国体"——作为思想统制机轴的国体——具有"保护监察"思想自由的资格，所以终究"不可能成为对自由的原理上的保障"。[6]也就是说，在丸山真男看来，森有礼和伊藤博文，在制定宪法的权责体系时都无法绕开"国体"，也无法确立这样一种想法："为了保障个人的、日常的自由不受权力的侵害，国民必须确保自己手中拥有对整个权

1　丸山真男：《日本的思想》，第 37 页。
2　同上书，第 38 页。
3　同上。
4　同上书，第 40 页。
5　同上书，第 42 页。
6　同上书，第 43 页。

力体系的正当性进行判定的根据。"[1]

所谓国民对权力体系正当性的判定依据，其根源在于对创建权力体系这一制度创造过程的理性认识。即一方面，认识到制度是"虚构的"、"人为的"，因而是有"局限的"；另一方面，也自觉意识到制度与个体自由之间的紧张关系是始终存在的。丸山真男指出，如果缺乏这种理性认识，或是缺乏对"多数人服从于少数人"这一政治"怪现象"的清醒意识，那么真正的市民社会就不可能形成，"不断地对权力正当性的根据进行质疑"的能力也将得不到培养。[2]在日本明治初年，建国元勋们对"国体"的再生性塑造恰好限制了这种民主意识的生长与发展。

使"国体"在制度层面的再塑造成为可能的，是日本传统社会构造中的"部落共同体"的存在。位于社会底端的"部落共同体"往往通过对情感关系的直接维系，避免明确决断主体和露骨的利害冲突，并将权力和恩情作为人际关系的运转纽带，从而悄无声息地限制了个体的独立性，因此堪称是"国体"最末端的"细胞"。

> 部落共同体正是与顶端的"国体"相对应，……尽一切办法遏制伴随近代化而发生分裂、对立等政治状况的要求，防止其向顶端的"国体"和底层的……"自治体"内部渗透，这是从明治到昭和期间令统治阶层一直煞费苦心的事。[3]

丸山分析指出，日本近代化发展的机制是双向动态的，一方面是中央推动的自上而下的社会制度、机构的近代化，另一方面是"村落"或"乡党社会"式的人际关系与制裁样式自下而上地向国家机构与社会组织内部的转移，二者无限、反复交替。[4]然而自上而下的制度化的推进，与自下而上的"实感心情"之间难以长期保持动态平衡，于是天皇制国家的"统治技术"便发挥作用，通过自上而下地进行国体思想灌输和从民间吸收"共同体心情"来不断进行调整，从而在近代以来的很长时间成功地维持了这种平衡。因此，明治以至昭和的政治家

---

1   丸山真男:《日本的思想》，第 43 页。
2   同上书，第 45–46 页。
3   同上书，第 47 页。
4   同上书，第 49 页。

们，恰是希望通过维持顶端机构和底层组织双方面的"国体"性格，以有效便捷地推进日本国家的近代化。[1]

在制度与精神的相互作用过程中，丸山真男对近代"国体"批判最甚的地方，或许就在于"国体"对个人主体性的束缚方面。

> 因国体是以杂居性的"传统"本身作为自身的实体的，所以，它并不能成为将我们的思想进行实质性整合的原理，而只在否定性的同质化（异端的排除）作用方面发挥了强大作用，它对于人格性主体——无论是自由认识主体上的意义、伦理责任主体的意义，或是秩序形成的主体的意义——的确立，从一开始就包含着成为决定性桎梏的命运。[2]

也即是说，在"国体"的束缚之下，个人对于世界的认识将是不自主的、被动的，甚至是漠然的；其对自身存在的定位往往是从属性的，其责任意识也因此是淡漠的；个人由此变得愈发微小，以至于几乎丧失了主动确立一种秩序的勇气，而这一切都偏离了近代自由独立的"人"的形象，偏离了作为"万物的尺度"的"人"的价值。这或许是"国体"最令丸山痛恨之处。

表面上看，国体作为制度设计的产物，并无所谓传统可循，但本质上说，"国体"却是最具传统的"传统"。在精神传统上，它继承了神道的无限包容性；在制度传统上，它复制了部落共同体的无责任和无限责任的权责体制。作为精神机轴的"国体"，进可收集人心，退可钳制思想；作为统治机构的"国体"，则既可借近代的组织规章使国家进化，又可凭前近代的关系人情整合社会。其作用最终限制、束缚了日本人个体主体性的成长，并贻害深远。

丸山真男对于如何克服这个作为思想桎梏的"国体"、如何塑造真正具有主体性的个人这一战后日本思想重建的重大难题，也给出了自己的回答：既然"国体"是植根于日本"传统"的东西，那么克服"国体"，就应该首先从克服日本"传统"本身的弊病着手，而要克服长久浸润其中的"传统"，必须始于深思与理解。

1　丸山认为，日本的近代化过程，一方面是中央推动的自上而下的社会制度、机构的近代化，另一方面是"村落"或"乡党社会"式的人际关系与制裁样式自下而上地向国家机构与社会组织内部的转移，二者无限、反复交替，实现了天皇制社会的不断延续和再生产。丸山真男：《日本的思想》，第47、49、51页。

2　丸山真男：《日本的思想》，第64页。

三、对"国体"思维构造的反思与溯源

（1）战后民主的困境与"国体"批判的重心转移

20 世纪 50—60 年代，东亚的局势因中国解放战争和朝鲜战争而产生变动，美国遂着手修改其对日占领政策，试图将日本塑造为反共产主义的前沿基地。受此影响，日本政治保守化倾向日益明显，民主运动也遭受挫折。而与此相对，当时已经身患重病的丸山真男依然执着于捍卫日本国宪法中确立的民主主义、和平主义等原则，他积极声援并参与到日本战后规模最大的民主运动"六〇年安保斗争"[1]中，用他特有的批判理性为战后走向僵化的民主制度敲响警钟。

1959 年丸山曾讽刺性地批判当时的议会政治竟"如同过去日本的'国体'一样"，"强迫人们去信奉"，以致要用"禁令"来对"民主"加以保护。[2]

> 在战前的日本，人们常说某某思想、某某观念是"反国体的"，现在则已不使用这个语言，而用别的语言来表现。如"反民主的"、"托洛茨基主义的"等等。……若深入观察其背景下的状况，会意外地发现这两个相异的语言表现是处于同一种状况，表现同一种要求的。[3]

60 年代舆论中的"反民主"与 30 年代所谓的"反国体"有着惊人的相似之处，这一发现，使丸山的"国体"批判出现了重心上的转移。如果说，对作为天皇制支配方式的"国体"的批判，针对的是"国体"的近代实体本身，那么对

1　"安保斗争"，或称"安保反对运动"，是 1959—1960 年在日本全国范围内展开的民主运动，也是日本近代史上规模最大的大众运动。起因于岸信介政府准备与美国政府签署《日本国与美利坚合众国相互合作与安全保障条约》以修订 1952 年双方缔结的《日本国与美利坚合众国安全保障条约》一事。相比于 1952 年的安保条约，新安保条约强化了与美国的军事、经济方面的盟友关系，其"远东条款"中规定"为维护日本国的安全以及远东的国际和平和安全，美国的陆、海、空军获准使用日本国内的设施及区域"，从而使日本承担起了美国的"国际警察"任务。对此，日本社会各党派、组织、团体乃至一般民众都对新安保条约的签订进行了强烈抵抗，学生静坐、工人罢工、群众游行示威、各团体请愿。丸山真男为代表的众多知识分子也参与到运动中，通过讲演、座谈、发表时评等方式反对新安保条约。然而，1960 年 5 月 19 日岸信介政府在排除在野党和反主流派的情况下强行通过了新安保条约，这进一步引发了五六个月间，数万人连续多日的游行示威活动，但示威未取得实质性成果。日本战后民主运动的热情自此低落。
2　丸山真男《〈である〉ことと〈する〉こと》，《丸山真男集》第 8 卷，岩波书店，1996 年，第 37 页。
3　丸山真男：《思想史的思考方法——类型、范围、对象》，引自《日本的思想》，第 86 页。

"民主"的"国体"化的指摘，则针对的是"国体式的思维方式"的批判。

战后的民主改革虽然在事实上瓦解了实体的"国体"（近代天皇制），但却没有撼动深深植根于人们内心的国体的思维样式（僵化的制度理解、内向封闭、异端排斥的思维模式、臣民心情等等）。丸山认为，这种思想残留是导致日本战后出现各种"思想问题"的根源所在。

> 虽然国体作为全体构造明明已经烟消云散了，但支配层却并未试图使民主的精神，作为来自下面的心情的契机，取代国体，并使之固定下来，反而甚至在实质上，试图将法律的民主主义的制度装载在对默从性的臣民意识之持续的期待之上。因此，对于民主主义本身的想法，恐怕也就变得不得不倾向于形式的法律主义。在新宪法制定之际，对于国民内心的国体式的心情仍然深深扎根的期待是存在于支配层之中的。[1]

也即是说，"国体"，明明已经被"废弃"，但统治层对臣民精神或所谓"国体式的心情"的期待却未曾消弭，民主政治和法律条文似乎也没有在事实上成为统治者乃至大众的行动依据。"占领下的民主"的不彻底性由此暴露无遗。

丸山曾在安保斗争后不久指出，战后的民主化，使日本近代的"臣"以两种方向回流为"民"。但其产生出的个体要么对政治不关心，要么过于关心，前者注重"私"生活的满足，后者则倾向于"灭私奉公"，试图以激进的"运动"的方式来进行政治活动。然而二者的分化却便利了统治层对民众的管理。因为支配者可以一方面利用并引导"私利私欲"，在拉动国民经济增长的同时，鼓励享乐主义，进一步削弱国民的政治关心；另一方面利用职业伦理（对企业、政府秩序的忠诚或归属意识）、职场奉公（对保持所指定的地位的、固定化了的秩序意识）的观念，限制、瓦解具有个人独立性的民主运动，并使之流于形式。于是，在统治层的"国体式民主"的体制管理下，这种双重构造得到了延续和利用，并对真正的"民主主义"构成了根本性的限制。[2]

---

[1]　丸山真男《八・一五と五・一九——日本民主主義の歴史的意味》，《丸山真男集》第 8 卷，第 370 页。

[2]　"公"（おおやけ）原本写作"大宅"或"大家"，意为大的建筑物，而后转意为宫殿、皇居，并进一步指代朝廷、中央政府、幕府，甚至天皇；"公"由此便产生了区别于"个人"的，政治上的"公共"之意；与之相对的"私"（わたくし），则指与个人有关的事物、感情，往往带有贬义，现

无论是对政治的狂热还是对政治的漠然，在本质上都不是一种积极健康的政治参与态度。激进者的问题出在"过度美化某种现实政治"[1]；而大众政治感觉中的"政治的无关心"（political indifference, apathy）[2]状态，则既是一种"传统的"政治不关心（臣民意识作用下的"默从"）的延续，也同时是在现代物质社会日趋发达后的政治疏远的表现（以私生活为中心的脱政治倾向）。[3]二者的病理根源再次与国体及国体思维样式的作用相关。

（2）国体思维方式的封闭构造：对内的封锁与对异端的排斥

丸山在 50 年代末、60 年代初的文本中，大多贯穿着"超越壁垒"、"扩大沟通"的主张。丸山企图对日本现实所表现出的沟通不畅进行说明和克服，并以此作为解决主体塑造问题的一个重要前提和途径。这里，"国体思维样式"作为丸山真男的搏斗对象显露出了其最根本的问题性，即强调内外界分的封闭性构造。这种构造的特点在于：由于是封闭的，所以内部的东西出不来，外部的思想进不去；"内部化"了的思想、理念容易被绝对化、神圣化，而不受批判；"外部"的观念、价值则会被视为异端，遭到排斥、否定；横向的沟通被阻隔；独立思考、行动的自由被剥

（接上页）延伸为日文的第一人称"我"。日语的"公"与"私"不是并列共存关系，而是大与小、上与下、包括与被包括、甚至好与不好之间的相对关系，"公"不同于"public""commonwealth"，其内涵中并没有"民"的存在。丸山真男指出，"灭私奉公"是日本近代"臣"的心态与意识形态的概括。参考丸山真男《八·一五と五·一九——日本民主主義の歴史の意味》，《丸山真男集》第 8 卷，第 371—372 頁；佐々木毅、金泰昌编：《公と私の思想史》，東京大学出版会，2001 年，第 152 頁。

1　丸山真男《民主主義の歴史的背景》，《丸山真男集》第 8 卷，第 90 頁。

2　丸山真男曾于 1954 年参与《政治学事典》编纂时负责对"政治的无关心"进行解释说明："……对任何权力（及象征），都不积极地表示忠诚，也不表示积极的反抗的'政治态度'——也可以说是非政治的态度，这在广义上就是政治的无关心。是所谓的从权力过程的引退"，丸山介绍称，这种引退的形态可以分为脱政治的 depolitical、无政治的 apolitical、反政治的 antipolitical 等类型。同时丸山还借李普曼对"高度资本主义之下的'大社会'中的市民的行动方式的固定模式化与能动性的降低等现象"的批判，指出现代社会关系的"政治化"会助长国民对权力的自我放弃和由此导致的对权威的盲目归附。参见丸山真男《政治の無関心》（政治学事典执笔项目），《丸山真男集》第 6 卷，第 111 頁。

3　"1959 年 6 月 25 日，全国统一的 10 万人大规模抗议行动举行的同时，在东京都中心地带的后乐园娱乐中心，万余名观众正在观赏棒球优秀选手选拔赛；而在国会前刚参加国示威活动转而就到后乐园去娱乐的行为模式在安保运动期间并不鲜见。这种对政治的参与与私生活的享乐并行不悖的模式，是观察群众参与民主的真实状态的一个有效视角，它可以防止我们把群众的民主参与行动与政治意识形态简单地等而视之，也有助于防止将群众运动神话化。"孙歌：《竹内好的悖论续篇》，《西方现代型的曲折与展开》下，吉林人民出版社，2011 年，第 496 頁。

夺。于是，具有主体性的个人无法成长，具有活力的民主政治无法成行。

这种国体式思维模式的典型象征，就是丸山所说的"瓮壶"构造[1]。所谓"瓮壶"构造，即指由一个个孤立的罐子层叠、嵌套而形成的结构。丸山真男使用"瓮壶"型的比喻形容日本的学术、文化以及各种社会组织之间缺乏横向交流和共通根基的团块状态。

> 在日本，集团的瓮壶化现象十分明显。各个集团处于封闭状态，将属于其中的人整个吞噬、裹挟。劳组也罢，公司的集团也罢，或者是大学也罢，所有的集团都是这种瓮壶型……[2]

也就是说，近代以来，日本的每一个家庭、村社、企业，或是组织、集团，都作为一个一个孤立的"瓮壶"，被包摄在天皇制国家这样一个最大的"瓮壶"之中。同时，瓮壶还不断分化出更多封闭性的瓮壶，以致社会各组织集团日益陷入难以互相理解的分裂状态。个体被捆绑、吞并于瓮壶之中，受到各组织内部独有的"语言"和"价值标准"的约束，难以与外部相沟通，更"极其缺乏自下而上地自发形成共同的语言、共同的判断标准的机会"[3]。于是，各"组织越是近代化、巨型化，反而越会将人捆得更紧，变得缺乏社会流动性"，因此丸山指出，"瓮壶"一词，可以"与封闭社会一词相对换"。[4]

战前的封闭社会可以说是由"国体"的封闭构造（天皇制支配模式）所维持的，它在战败这个时间点被第三次"开国"所"终结"。[5]然而，为日本近代留下深刻烙印的内外意识或者说是封闭的"国体思维方式"，仍然在"后国体时代"持续作用，并决定着现代日本的困境所在。丸山指出，正是在"国体"这根支柱被拆除，在所谓"大众社会"的各种特征迅速蔓延的战后，"日本自文明开化以来一直蕴蓄的矛盾"才"到处爆炸性地暴露出来"。[6]也即是说，由于"国体"构造所

1　参见丸山真男《思想の在り方について》，《日本の思想》，岩波书店，1961年。

2　丸山真男《安保闘争の教訓と今後の大衆闘争—青年労働者の報告をもとにして—》，《丸山真男集》第8卷，第334页。

3　丸山真男《思想の在り方について》，《日本の思想》，第138页。

4　同上书，第139—141页。

5　丸山真男认为日本拥有三次"开国"的机会，第一次是室町末期到战国，第二次是幕末维新，第三次是战败后，他认为"开国"的意义就在于通过接纳外来文化、打破封闭社会中的纵向秩序，为横向的社会联结创造条件。参见丸山真男《開国》，《忠誠と反逆　転形期日本の精神史的位相》，筑摩书房，1992年，第160页。

6　丸山真男《〈である〉ことと〈する〉こと》，《丸山真男集》第8卷，第41页。

导致的问题恰是在近代日本的"国体"被废除之后，集中表现出了严峻性。

丸山在这里所谓的"文明开化以来一直蕴蓄着的矛盾"指的就是近代以来由传统和外来相互交织中延续至今的前近代性与近代性的矛盾。例如"国体"曾以精神机轴发挥统制力，一面进行精神集中，一面自上而下地传播技术文明（限制了部分政治文明例如民主思想的启蒙），从而弥合了上述矛盾，但在"全盘开国"的现代，"国体"构造虽然仍具有小范围的"封闭效力"，但无法在国家层面发挥统治机构的效力，上述矛盾也就无法掩盖下去了。

那么，为什么恰是在"大众社会"的各种特征之下，近代积蓄的矛盾才会集中暴露出来，在丸山看来，"现代"的问题性究竟何在？

丸山在《现代的人与政治》中指出：现代是一个"颠倒的时代"。[1]

所谓的"颠倒"，说的即是在大众传媒急剧发展的当下，人们在希望借以扩大沟通的同时，却不得不接受大众传播带来的"令人惊异"的思想单一化宣传[2]，个体仅仅被赋予了"拥有自由"的名目，却失去了对提供"自由"这一选项的政府、舆论宣传者的质疑和抵抗的自由。例如安保斗争过程中民众的民主示威遭到暴力攻击，却反被指责为是试图"破坏民主议会政治，以推翻日本现存的社会秩序"的暴行。[3]也即是说，现代政治中的言论的"自由"，其内容一旦被视为"异端"，照样会被排斥为"正统"价值的对立物，其严厉程度与集权时代并无不同。这种价值颠倒，再次显现了对异端具有强大排斥力的"国体"思维逻辑的特质。

对此，丸山真男指出，"现代"的价值颠倒，需要现代人努力"把颠倒了的价值再颠倒回来"[4]，需要拥有智识的人们把封闭性的"价值壁垒"打破，把所谓正统与异端之间的断裂再重新弥合[5]。而实现这一工程的"切实须要"，就在于"精神的革命"，在于"彻底的精神的贵族主义和彻底的民主主义内在地结合在一起"这一点上。[6]反过来说，只有打破国体思维的封闭性构造，实现横向的社会沟通、意见表达，才能促进个体对于自身政治利害的意识和关心，这是独立

1　丸山真男《现代における人間と政治》，《现代政治の思想と行动》增补版，第463页。

2　丸山真男《思想の在り方について》，《日本の思想》，第146页。

3　升味准之辅：《日本政治史》第四册，上海译文出版社，1982年，第1065页。

4　丸山真男《〈である〉ことと〈する〉こと》，《丸山真男集》第8卷，第44页。

5　丸山真男《现代における人間と政治》，《现代政治の思想と行动》增补版，第492页。

6　丸山真男《〈である〉ことと〈する〉こと》，《丸山真男集》第8卷，第44页。

与自由的主体性人格的形成前提，也是真正生机盎然的民主政治的必然要求。

（3）主体性的"抵抗"与精神上的"不断革命"

在安保斗争后不久，丸山既已认识到精神"抵抗"的困难之处。形式上的民主制度即便已然确立，民主运动或许也已然如火如荼地展开，但内在于精神世界的壁垒结构是否已经被推倒，这仍然是一个疑问。丸山真男在《忠诚与叛逆》（1960）中深为质疑的，就是近代以至当今日本精神层面的"谋叛"，究竟在多大程度上具有其内发性。

丸山认为，真正的"革命"需要个体的"主体意识"的参与，甚至可能需要个体在对以往忠诚对象的全盘否定的过程中，经历内心的纠葛与痛苦。然而，在日本，个体的"反抗"往往被对象暧昧的"革命"印象所收编[1]，以致个体内心未经历所谓"忠诚相克"的过程，便服从了革命集团内部的"正统性"，这种非理性的谋叛反过来又"强化了对组织的忠诚和对原理的忠诚的黏结倾向"。[2]

在这个过程中，国体思维方式以封闭式的结构强化了对个体的精神封锁，强化了"臣民"式的"随顺"，强化了"异端排斥"的非此即彼的思维逻辑，从而轻而易举地转换了大众内心的"忠诚"对象。这里的"忠诚"自然也就称不上个体发自精神信仰的"忠诚"，其"转移"自然也不会引发太多的痛苦。在日本，国民将忠诚对象由天皇转向民主制的这一过程完成得太过轻易，以至于在民主精神和民主运动的层面[3]遗留了太多似是而非的问题。

为此，丸山提出其"不断革命"或"永久革命"的主张，要求个体要认识到"真正的民主主义在现实上并不存在"，从而"不把民主主义当作既成的制度，或是固定的方针原则，而将之作为不断地民主化的过程来思考"，并"保持对政治权力难以避免的恶魔性的清醒的现实的认识"，不断地"试图控制权力"，在此基础上，对民主权力加以日日行使，从而塑造健全的民主体制，保全"民

1　丸山真男《忠誠と反逆》,《丸山真男集》第 8 卷，第 260 页。
2　同上书，第 276 页。
3　丸山真男将民主主义区分为三个层面，包括精神层面、运动层面和制度层面，并认为制度化的民主徒有形式，只有发自精神的持续不断的民主运动才能保持民主的活力。参见丸山真男《民主主義の歴史的背景》,《丸山真男集》第 8 卷，第 91 页。

主"的新鲜生命。[1] 在这里，"精神的不断革命"已经被丸山真男提升到对抗僵化的国体思考模式的根本方策的层面，并为丸山坚持始终。

（4）国体思维方式的本质与"理解"的意义

"变革"始于"理解"，丸山真男的"国体批判"从开始的对问题的认识，到病理剖析，在经历了究因和溯源后，又回到再认识和理解的层面，但这似乎又是一个没有终点的认识过程。在持续地对国体及国体思维样式进行审视与思考的过程中，丸山从战后初期对战时日本法西斯主义和对战后责任主体的批判研究，逐渐转向了对日本思维构造中不断再生产的某些思维模式的探讨。丸山真男在追索日本精神痼疾的解决之道的时候，发现传统思维模式在近代之后的不断延续，于是丸山提出了"原型"（Prototype）、"古层"、"执拗低音"（Basso ostinato）的表述框架，试图解明这种反复出现于日本人精神结构底层的模式。

所谓"原型""古层"和"执拗低音"，在含义上是基本一致的[2]，它们指的是深藏于日本精神深处，虽不具有内容性，但却可以作为接纳外部思想的基底，次第不断地摄取儒教、佛教乃至西欧思想，以其自身固有的底色、低音与外部思想的主色、主旋律相结合，形成具有日本精神之"个性"[3]的思想构造。[4]可见，丸山的"原型"、"古层"几乎就是基于丸山在《日本的思想》中提出的"无构造的传统"的进一步阐释，它不是任何思想体系或意识形态本身，而是

1　丸山真男《民主主義の歴史的背景》，《丸山真男集》第 8 卷，第 95 页。

2　丸山真男在 1963 年的《丸山真男讲义录》中最初使用"原型"一词，但感觉它给人强烈的宿命论印象，容易招致日本人的世界观在古代就被决定了的误解。于是他在 1972 年《历史意识的"古层"》论文里使用"古层"一词，借用地质学的比喻，将思想进入日本并与日本传统思维模式发生相互作用的过程描述为思想的堆积和古层的隆起等，古层说能够鲜明地表现出传统思维模式跨越时代的、不断产生作用的一种状态方式；但为了避免"古层"概念和马克思主义中表达生产关系的"经济基础"概念相混淆，丸山在此后又开始采取"执拗低音"表达，并指出"原型"或"古层"就像一种执拗地反复出现的低音音型，通过不断改变形态对主旋律进行"修正"。总之，原型、古层、执拗低音的不同表达在表意对象和含义上是基本一致的。参见丸山真男《原型·古层·執拗低音》，《丸山真男集》第 12 卷，第 146—153 页。

3　丸山强调日本思想的"个性"并非"特殊性"，后者容易引发"日本主义"的误解。丸山真男解释称："我所说的不是那种特殊性，而是作为一个整体构造的日本精神史中的'个体性'。我想从这个观点出发，把日本思想史作为……外来文化的压倒性的影响，与所谓的'日本式的东西'的执拗的残存——的矛盾统一来加以把握。"参见丸山真男《原型·古层·執拗低音》，《丸山真男集》第 12 卷，第 138 页。

4　丸山真男《歴史意識の〈古層〉》，《丸山真男集》第 10 卷，第 45 页。

存在于思想深处的对外来思想进行日本式吸收和修正的方式。

近代日本的"国体"也是如此，它本身虽没有实质性内容，但杂糅兼具了近代西方的政治制度理念和前近代的皇统皇国观、儒家德治主义等"教义"，其在本质上显露出了"古层"式的性格。尽管"国体"在战后被否定，但仍然在观念的"拥抱力"方面拥有活性，并以官宪主义[1]或僵化的民主制度的形态，一如既往地发挥着抑制个人主体性与独立性的作用。可以说，不论是在近代的"古层隆起"，还是到现代的"执拗低音"，"国体"思维构造堪称日本式思维样式的典型代表。

需要明确的是，丸山提出"原型·古层·执拗低音"论[2]的目的，并非是为做单纯的概括性描述或范式说明，而是期望以彻底的理解来实现彻底地摆脱。他不仅承认"古层"的存在，而且试图在明确其属性和问题性的同时，寻找突破"古层"的契机。因此，他尽可能全面地提示、说明日本式的思维方式这个东西"是什么"、"是怎样的"，以及它是"何以形成至今这一形态的"，他希望人们能够对以往不曾意识到的东西有所意识和理解，并据以更好地把握自身，确立真正具有"主体"精神的自我。这几乎构成了丸山晚年最重要的"超学问动机"。

> 我认同黑格尔式的思考方法。这种思考方法即如果能把"自己是什么"这个问题，把自己对象化地加以认识的话，就能相应地将自己内心无意识的东西提升到有意识的层面，从而可以减少被突然地喷出的无意识的东西反制的情况。也就是说，如果能把"日本自古至今的存在是什么"这一问题提升到整体性认识的层面，就可以控制那种思考样式，克服其弱点。……哲学往往是在接近某个时代的终结之际迟迟登场而后把握整个时代。……如果对一个时代的彻底认识能够取得成功，那么这本身就预示着时代的终结的靠近。……如果将这一命题适用于日本的思想史，说句僭越的话，要是能将日本过去的思考样式的"构造"加以整体解明的话，那就正是突破

1　所谓官宪主义，即区别于"rule of law"的"法治主义"，即要求民众必须服从统治者及其所制定的法律，权力却不受法律限制。丸山真男《安保闘争の教訓と今後の大衆闘争—青年労働者の報告をもとにして—》，《丸山真男集》第8卷，第336页。

2　关于提出"原型·古层·执拗低音"的方法论：丸山真男通过《古事记》、《日本书纪》、《古语拾遗》、《延喜式》、《万叶集》等日本古典，寻找可以发现日本"原型"的素材线索，并以"消去外来思想"的方法提炼"原型"。参见丸山真男《原型·古層·執拗低音》，《丸山真男集》第12卷，第147页。

basso ostinato（执拗低音）的契机了。我在认识论上有着这样的动机。[1]
正如马克思试图彻底究明资本主义，并预言它的必然灭亡一样，丸山也试图彻底解明日本思想的执拗构造，以实现对这种思维样式的突破。

可见，战后初期的丸山在对近代"国体"进行批判之际，虽尚未明确论及日本传统思维模式的根本问题性所在，但自彼时起，他就已经片段地发现了日本精神中某些致病性的思想基因，诸如责任主体不明的压力转移体系，以家族乡土主义为代表的封闭的"场域性"思考方式等；至50年代末60年代初丸山在溯源国体的本质及其来源之际，日本思想的"无构造的传统"就已经清晰出现在他的头脑之中，它成为解答近代乃至现代日本精神结构中出现的内与外、上与下等对立性问题的症结所在；70年代后，丸山进一步整体性地归纳了传统对外来思想的修正主义倾向和这个过程的"不断次第的形成之势"，[2] 他更深刻地意识到思想发展的困境，但同时也强调认识与理解这种困境的积极意义；而80年代后他对幕末知识分子福泽谕吉思想的重读，对健康"国体"的可能性的提示，正是其致力于"精神革命"的又一轮努力。

四、对"国体"的重读与再构建

（1）健康国体的可能性：福泽谕吉的"国民共同体"（Nationality）

80年代中期，丸山真男通过对近代著名知识分子福泽谕吉《文明论概略》的解读，进一步拓宽了对"国体"的理解方式和解读可能性，并在这一过程中体现了其试图在思想最初的发展中寻求可能性的思想史研究主张。

> 日本思想史是由多种思想相杂居的，那里不存在本来有条理的传统结构。要从日本思想史中抽出具有生产性的思想传统，就不能忽视其思想发端时的多重价值所包含的可能性。[3]

丸山曾在论及反动思想的时候明确指出，国体思想是在明治三十年（1897）之后，

1　丸山真男《日本思想史における〈古層〉の問題》，《丸山真男集》第11卷，第222—223页。
2　丸山真男《歴史意識の〈古層〉》，《丸山真男集》第10卷，第45页。
3　丸山真男：《思想史的思考方法——类型、范围、对象》，《日本的思想》，第96页。

丸山真男的"国体"批判　　251

"在一定的政治目的和动机下，表现出一定的发展形态时，才成为反动思想的。"[1]也就是说，作为反动思想肆虐一时的"国体"在形成之初也曾具有多重价值，倘能对"国体"自身的可能性加以重新发掘，或许将有助于战后的日本人从这个具有负面色彩的思想遗产中找出"具有生产性"的思想传统，重塑日本人的思维方式。

或许是出于上述考虑，丸山在《读〈文明论概略〉》中对福泽谕吉的"国体论"进行了重新发掘，并高度评价了福泽谕吉对"国体"的定义：

> 国体，就是指同一种族的人民在一起同安乐共患难，而与外国人形成彼此的区别；本国人的互相照顾，比对待外国人要笃厚；本国人互相帮助比对外国人尽力；在一个政府之下，自己支配自己的命运，不受外国政府的干涉，祸福都由自己承担而能独立自主。西洋人所谓"Nationality"就是这个意思。[2]

福泽所论及的"国体"全然没有在昭和时期的险恶形象，是单纯的"Nationality"的日文译文，表达的是"聚合国民之体"、"民族共同体"的含义。据丸山真男的分析，福泽如此定义"国体"，其用意是对抗当时皇室中心主义的"国体论"。

> 在明治八年的时候，"国体论"已经开始出现成为禁忌的征兆了。……于是，他（福泽谕吉——引用者）对于正要变成禁忌的当时的国体议论，……仍表示拒绝，并反过来从正面提出了他的国体论。原本，此时国体这个词汇比明治后半期之后还是具有相当的流动性的。从教育敕语和帝国宪法确立下来的明治二十二、二十三年开始，无论是在制度上还是意识形态上，"国体"都明确地成了日本帝国的"正统"（legitimacy）。[3]

正如本文前言中所提到的，"国体"这个表达在明治初年的时候是具有"流动性"、非固定性的，但与此同时，明治初年也是"国体"一词开始变得敏感，并开始"固定化"的阶段。随着明治二十二年（1889）帝国宪法确立和明治二十三年《教育敕语》的颁布，"国体"就迅速被"凝固"，成为日本帝国的"正统"。福泽谕吉作为这个时代的最杰出的知识分子，不仅敏锐地感受到了这

---

1 梅本克己、佐藤昇、丸山真男《现代日本の革新思想》上，岩波书店，2002年，第68—69页。
2 福沢諭吉《文明论之概略》，岩波文库，1962年，第27页。
3 丸山眞男《〈文明論之概略〉を読む》上，岩波书店，1986年，第162页。

种国体概念失去活性的过程，而且对此"从正面"予以反对，并提出了自己的国体定义："独立自主的国民统合体"——Nationality。

在丸山真男的解读中，福泽提示了"国体"在近代最健康最积极的一种可能性，它要求本国人民应掌有本国的统治权而不受他国支配。福泽谕吉称"即使语言、信仰还存在，而人民丧失政权，受到了外国人的统治，这就是国体的灭亡"[1]，也即是说"只要日本人在日本的领土上进行着支配，国体就持续着，如果别国人统治了日本的领土，国体就断绝了"。据此，丸山真男几乎半开玩笑地指出，"（日本）接受波茨坦宣言，主权者天皇从属于麦克阿瑟司令部的力量之际，国体就断绝了。"[2]

"国体断绝"本身并不具有建设性的意义，这种断绝毕竟也只是福泽谕吉语境下的逻辑推论，丸山真男对这个逻辑的延伸，更多的是希望表达这样一种批判性的观点：战后的日本，依然在精神的某些方面是有国无民，甚至依然是有君而无国、有臣而无民的。在丸山看来，最具"生产性"的"国体"，应是本质上实现了健康的国家与个人关系的国家之体。

（2）福泽谕吉对近代"国体"论的抵抗

丸山曾在思考日本近代的自我矛盾之际指出，"近代日本的'国体论'，实际上不单是狭义的政治意识形态，而且包含着日本民族的自我保存问题。"[3]在异质文明不断涌入之际，日本究竟"欧化"到哪一步才能依然是日本？这个困扰了近代日本人的问题，在战后似乎仍未得到回答，这使丸山不能不再次以福泽的国体论作为观鉴。

幕末内外交困时期的"国体"论，诸如平田派国学[4]和后期水户学[5]，往往倾

1　丸山眞男《〈文明論之概略〉を読む》上，第162页。
2　同上书，第167页。
3　丸山真男：《幕末的知识分子》，区建英译：《日本近代思想家福泽谕吉》，北京：世界知识出版社，1997年，第21页。
4　平田派国学：江户时代兴起的研究日本古典的学问"国学"的派别之一。国学通过文献学地研究《古事记》、《日本书纪》、《万叶集》等古典，试图探究日本固有的文化，其代表人物有荷田春满、贺茂真渊、本居宣长和平田笃胤。由平田笃胤及其弟子发展出的平田派国学试图使日本固有的、缺乏教义教典的信仰体系"神道"独立于中国的"佛教""儒教"体系，并发展出了杂糅了法华宗、密教、基督教等其他宗教和神仙道的"复古神道"。平田派国学对江户后期的尊皇攘夷思想产生了重要影响，并为寻找日本固有文化和日本优越性的国粹主义和皇国史观提供了思想资源。
5　后期水户学，始于水户藩第六代藩主德川治保对大日本史修史事业的复兴。藤田幽谷的《正名

向于强调日本作为皇国的"正统性",即认为天皇皇统一系,具有皇室血脉的连续性和作为天照大神子孙后裔的神圣性;认为日本民族具有独特的优越性。这种国体论主张其实是处于时代转换期的日本知识人在面临内外危机时,对日本自身民族的存在加以重新确认的表现。然而"国体"的近代形成,却在日本民族的自我保存方面"走过了头",以致出现了对外的独立与对内的改革、国权与民权、制度革命与精神启蒙、集中与民主等等内在于近代日本的深层矛盾。

在这些矛盾尚未彻底激化,并完全显露出其病态的面目时,幕末知识分子福泽谕吉便开始对这些近代问题有所意识甚至抵抗。[1] 在这种"国体"论中,"国体"虽被视为"Legitimacy"(作为统治"合法性"的"正统"),但其正统性依据却被设定在皇统(血统)的延续性和伦理价值的高下等方面。[2] 福泽谕吉对幕末国体论的抵抗,也就始于对这种正统性依据的解构和重构。

丸山指出,福泽率先有意识地将"Legitimation"直接译为"政统",将民主制、立宪君主制都视为"政统"的一种形态,并称只要"以本国人民施政",那就"于国体无有损伤"。[3] 在丸山真男看来,福泽意在说明:无论"政统"的具体形态如何,都不会影响 Nationality 意义上的"国体"的存续[4]。据此,福泽大胆否定血统或皇统作为政治正统性依据的意义,提出了"有国体才有血统、皇统的延续"这一颠覆性的命题[5]:

> 听闻古今通论,皆称我邦乃金瓯无缺,冠绝万邦,如得意洋洋之

（接上页）论》（1791）是其发轫之作,其后,会泽正志斋著《新论》（1824）,将尊王攘夷的思想加以理论体系化,藤田东湖则以记纪中的建国神话为基础试图明确日本固有的秩序,他起草的《弘道馆记述义》（1846）中首次出现了"尊皇攘夷"的表达。后期水户学的尊皇思想对王政复古的幕末政治运动产生了重要影响。

1　丸山真男:《幕末的知识分子》,区建英译:《日本近代思想家福泽谕吉》,第 21 页。

2　丸山真男曾界定性地指出"正统"的两种含义及其区分:一个是以一定的教理、教养为前提的,学问乃至意识形态层面上的"正统"（Orthodoxy）,一个是特定的统治者或是统治体系为了取得成员的服从而附加的资格上的,政治学和社会学所说的统治支配的"正统"（Legitimacy）。丸山在《闇斎学与闇斎学派》（1980）中,将前者,即以教义、世界观为核心的 Orthodoxy 问题略称为 O 正统,同时把后者,即以统治者或统治体系作为主体的正统称为 L 传统。他还进一步指出,与 O 正统相对的反义语,往往是异学、异端、异教、邪说等,其意义在儒学史上往往可以与英语中的 Heresy 相替换。而与 L 正统论对立的用语,则是宋学中多次使用的霸统、闰统、僭伪、篡贼等。参见丸山真男《闇斎学と闇斎学派》,《丸山真男集》第 11 卷,第 251—252 页。

3　丸山眞男《〈文明論之概略〉を読む》上,第 182 页。

4　同上。

5　同上书,第 187—188 页。

貌。所谓冠绝万邦，唯以皇统绵延而自负乎？皇统绵延非难事，纵如北条、足利之不忠者[1]，尚可保其连绵。或存于政统之绝于外国之处乎？我邦政统古来屡经变革，其状不与外国相异，不足夸耀。然则所谓金瓯无缺，只在于自开国以来，保全国体而不为外人夺取政权此一事尔。故国体乃国之本，政统与血统皆须从之而与之共盛衰。[2]

对于福泽谕吉这番有力的陈述，目睹了战后天皇制存废之争的丸山真男非常赞赏地指出，这是对"金瓯无缺，冠绝万邦"的精彩重读：日本国体的存续与否，或是一个政权是否具有正统性，其依据虽然可能有很多，但本质上与Nationality意义上的"国体"的存续与否并无必然关联，只有国家的"独立自主"才是国家权力获得统治合法性的必要条件。这是福泽谕吉在《文明论概略》中所表达的，也是丸山真男试图借以强调的。

其实，福泽的"政统"定义，不仅对日本，对其他国民国家也有意义。他将政治权力的统治依据只归结于"独立自主"，这无疑是东亚诸国在近代化需求上追求的重点。而且也正如丸山真男对福泽的评价中所指明的，"保持日本的独立，抵抗欧美列强的压力"是福泽谕吉的Nationalism的"一贯的课题"，更是其"一身独立而后一国独立"之论的一个重要方面。[3]

（3）"国体"的应有之义："一身之独立"与"一国之独立"

福泽的最终目标是国家的自主性，然而，他认为"一身独立，才能一国独立"，没有个人自主性的国家，自立在他那里是不可想象的。国家若要成为不是单纯地对个人实行外部强制的存在，必须通过确立人格内面的独立性才能实现。福泽力图使国民每个人能以自己自发的决断来与国家结合。从这个意义上看，"独立自尊"绝不是那么浅显、那么轻

1　北条氏世代任镰仓幕府执权，第14代执权北条高时（1303—1333）曾于元弘元年（1331）流放后醍醐天皇，拥立光严天皇。此举招致反北条势力的反击，足利尊氏（1305—1358）借此机会举兵攻陷镰仓，重新拥护后醍醐天皇。足利后来与后醍醐天皇反目，辗转举兵京都，逼逃后醍醐，拥立光明天皇（北朝），由此开室町幕府时代，与南朝相对峙。

2　福沢諭吉《文明論之概略》，第31—32頁；丸山眞男《〈文明論之概略〉を読む》上，第192頁。

3　丸山眞男《〈文明論之概略〉を読む》上，第188頁。

易能实现的主义，它是一个很严峻的思想课题。[1]

丸山在战时就曾指出"内在的解放与对外的独立是同一个问题"，并认为福泽是在这一逻辑中取得了出色平衡的代表性人物。[2] 在丸山的理想中，国家与个人间的真正的平衡关系，其实就是"正确意义上的"Nationalism 与 Democracy 的结合[3]。

Nationalism 强调对外的独立和自主，而 Democracy 强调对内的理性和自由，个人与国家的结合要达到内外平衡的健康状态，所需要的就是这二者的结合；打破"国体"对个人独立判断的钳制，所必要的也是这二者的力量。

可以说，战后初期的丸山真男曾带着急切的心情反复地论述着国家与个人关系问题，因为在他看来，战败是日本精神史的一个转机，战后的日本人有必要迅速抓住这一转机，重塑健康的国民意识和国家意识。1946 年，丸山真男发表《明治国家的思想》一文，认为明治时代的日本国权虽然吞噬了民权，但与其之后的时代相比，仍保存着某种根本上的健康性，因为即便在国权最为伸张的时期，民权的声音也始终存在。同年，他又在《超国家主义的逻辑与心理》中批判国家主义背离国民主义所导致的极端化。1947 年，他在《陆羯南——人与思想》一文中发出了这样的呼吁：

> 陆羯南的日本主义，如上所述，是意图综合 Nationalism 和 Democracy 的。即便那是多么不彻底的东西，但都是对日本的近代化之方法的本质上正确的预见。由于落后于国际而处在殖民地乃至半殖民地化危机之中的民族的活路，除此以外别无他途。不幸的是，日本在过去在这个综合上是失败了。……而摆脱了长期的超国家主义支配的现在，正是必须将正确意义的 Nationalism 和正确的国民主义运动与民主主义革命相结合的。[4]

---

1 丸山真男：《福泽的"秩序与人"》，区建英译：《日本近代思想家福泽谕吉》，第 81 页。
2 丸山真男：《近代日本思想史中的国家理性问题》，区建英译：《日本近代思想家福泽谕吉》，第 157 页。
3 丸山真男《陸羯南——人と思想》，《戦中と戦後の間》，みすず書房，1976 年，第 294 页。
4 陆羯南（1857—1907），新闻记者、评论家。创办《日本》报纸，批判藩阀政治、官僚政治，主张基于立宪政治的日本主义。丸山真男《陸羯南——人と思想》，《戦中と戦後の間》，みすず書房，1976 年，第 294 页。

然而，50年代的丸山真男已经察觉到许多阻碍 Nationalism 和 Democracy 结合的阻力，并预见到日本 Nationalism 在战后的消极走向，称"如果今天国民的爱国心再次为外部的政治目的所动员，就是对国民独立这一 Nationalism 最高命题的放弃"。[1] 遗憾的是，现实政治的发展愈发令丸山真男感到失望，他在《读〈文明论概略〉》中多次论及战后日本"国体的断绝"、Nationality 意义上的国体的"中断"，并表达其对日本对美国的"从属性 Nationalism"[2] 和国民意识呈现出的"倒退"现象的忧虑。丸山不安地看到，战后出生的日本人，似乎越发失去了对国家与个人问题的敏感与自觉。

由此我们也就不难理解丸山真男对 Nationality 意义上的"国体"一词和 Legitimacy 意义上的"政统"一词成为"废语"[3] 的遗憾之情了。福泽所提示的，"国体"理解的最健康的"可能性"终于消失于日本近代思想发展的进程中。人们对"金瓯无缺的国体"中所包含的双重"正统性"（皇统、血统的正统与伦理价值的正统），也终究没能像明治初年的福泽谕吉一样对之有所省察和意识，而任由其完全占据至高的权力与伦理价值，导演了日本近代的超国家主义故事；至战后，"国体"依然保持着一定思维方式上的影响力，抑制着个体对权力和权威的质疑与挑战能力。可以说，从福泽对"国体"的颠覆到丸山对"国体"的解构，都在日本现实政治面前遭遇挫折。但是，丸山在1986年的"国体"重读仍体现着其试图对战后思想加以"重建"，并唤醒个人作为政治参与主体的自觉的深刻用意。

结　语

丸山真男从战后初期对"国体"表象问题的批判，转而进入对"国体"成立过程、作用机制的考察，而后又深入到"国体"思维构造的本质、形成及其

1　丸山真男《日本におけるナショナリズム—その思想的背景と展望—》，《现代政治の思想と行動》増補版，第170页。
2　丸山真男《日本思想史における〈古層〉の問題》，《丸山真男集》第11卷，第211页。
3　丸山对"政统"一词的废语化感到非常惋惜，并在《读〈文明论概略〉》中详细说明了"政统"一词的存在意义，参见丸山眞男《〈文明論之概略〉を読む》上，第173—177页。

影响的探究，最后回到近代起点，试图寻找"国体"在塑造健康的国家与个人关系方面的建设性意义，确立了体系化的"国体"批判论。丸山的这一问题思考过程与他所处的历史背景和时代经历不无关系，同时也体现了丸山具有内在连续性的学术与现实关切。

战后初期，丸山以尖锐的笔触批判战时日本的"国体"因集中一元地占据了伦理价值和国家权力，而便利了国家对个人的侵犯，致使国家主义走向了侵略扩张的"超国家主义"。50 年代，丸山进一步对近代"国体"加以溯源，思考"国体"的本质。他认为"国体"乃是明治政府通过对"无构造的思想传统"再生性利用所"创造"出的"传统"。"国体"不仅在精神层面发挥了政治攻击和思想统制的作用，在制度运行层面也配合了天皇制的"无责任体制"，是日本国家近代化和军国化的核心依据。而对于个人来说，"国体"既限制了个体对权威的质疑能力，也限制了个体自发的爱国情绪；既限制了具有独裁意识的领导决策，也限制了具有责任意识的效率行为；既限制了具有破坏性的体制革命，也限制了具有创造性的秩序建设。因此在丸山看来，它是近代个人"主体性"形成的最大障碍，也是近代性国家体制形成的严重桎梏。

战后至 1960 年安保斗争前后，丸山注意到"国体思维模式"的延续。这种思维模式主要体现为领导层对"臣民"意识的期待，和国民自身对政治参与的不自觉，它在更深层次上暴露了日本人精神结构"传统"中的"内""外"界分意识。享乐主义与私生活追求关乎内，政治与国家事务关乎外，个体将精神情感奉献于内，而仅将制度规范作为外部限制，这造就了个体对政治的不关心和对制度的盲从。民主斗争中的个体很可能只有行民主制度之姿态，却未有发自内心的关心政治、向政府追问其权力合法性、向体制谋求自身不可侵犯的自由权利的强烈愿望。

"内""外"意识的形成，恰是"国体"式思维模式的封闭性结构的另一种体现。在 60、70 年代的经济高速增长期，"国体"思维中对内的家族主义、集团主义，发挥着强化企业效率和限制拥有决断力的个体的作用；而"国体"思维对外部的"异端排斥"性，则继续在集团和集团、个人与个人、政府与大众等层面发挥阻隔作用。对此，丸山主张个体应在充分认识、理解"国体"的基础上，释放其自我解放的欲求，对抗"国体"的封闭性思维模式，通过有意识地进行精神上的"不断革命",实现真正的民主。

"精神革命"的主张,同时也体现了丸山真男在思想史研究上的思想深化。丸山意识到日本精神底部构造的特殊性是造成种种精神革命陷入困境的根源所在,于是,丸山将国体思维构造为代表的日本思想的形成方式,抽象为日本思想的"原型"、"古层"和"执拗低音",试图彻底地究明它的面目,从而以彻底的理解实现彻底的思想突破。

至七八十年代,丸山对日本民主政治的发展不无失望,他开始致力于寻找出思想本身所具有的"生产性"或称积极性,并通过重新解读福泽谕吉的《文明论概略》,探究"国体"思想的可能性并试图予以"重建"。丸山真男认为,福泽谕吉故意将国民共同体意义上的"Nationality"即译为"国体",是意在表明真正健康的"国体",应以国家的独立自主为前提,而国家的独立自主又应以个人独立性、主体性的确立为前提。丸山重建的健康的"国体"思想的实质,也就在于 Nationalism 与 Democracy 的平衡性的结合。这个看似毫不新鲜的命题,放在今天日本或更广泛的地域来看,仍有深意。

从研究特点上说,丸山真男"国体"批判论充分显示了其对思想问题剖析的深刻性。他不仅论述了"国体"在表象中的破坏性,而且不断深挖"国体"在来源和本质上的问题性所在;他不仅着力对日本的传统的缺陷进行反思,更不忘对日本思想传统根部的结构性问题进行彻底的病理剖析。而其思索的深刻性来源于丸山思想研究两个方面的特点。

一方面,丸山善于以西方政治学、社会学的分析工具反观日本的近代化。他通过借鉴西学理论对国家与个人的权限关系、精神与制度的作用关系的主张,反思日本的国家·国民主义的发育不良、社会的封闭结构难以被瓦解等问题。他对日本思想问题批判的彻底性,很大程度上源于"他者"视角对既有观念的超越。

另一方面,丸山注重对传统的回溯和再造。丸山在晚年解读日本思想的"古层"、"原型",并试图重新将福泽谕吉的主张作为突破日本思想困境的方法或途径,这一学术举动往往被部分学者视为他由近代主义向日本主义的转向。然而,丸山从其近代主义理念出发的主张终其一生都未改变,这是其坚持对国体进行批判的根源所在,同样,也正因为他对日本思想进行了深刻的洞悉和超越性理解，故而在民主政治始终不尽如人意的现实发展状况下，开始试图从日本思想本身的资源中寻找治疗日本思想结构深层病理的良药。这种对外部视角和内部结构的整合性考察，恰是丸山思想的重要成就所在。

在思想问题分析方式方面，丸山倾向于强调精神结构本身的问题性及其对社会经济结构的辐射影响，并擅长以"思想构造→社会经济基础"这一思维路径来解释、批判日本的社会现实以及现实状况下的思想状况。对于这种研究倾向，丸山自身也有明确意识，他承认自己不满足于马克思主义史学对基于社会经济基础的思想分析，因此在同时代的学者中，他尤其鲜明地提出了自己对国体思维构造、对日本思想的深层结构等精神或思想问题的关注倾向，这种研究的倾向性使其作品在战后的日本学界始终带有某种独特性甚至"异端性"，也在很大程度上彰显了他的意义。但不可否认的是，"国体"观念在日本的流变，仍然在很大程度上取决于日本社会现实的背景转换，不论是近代开国后"国体"理解的多元化，还是战后民主化改革后"国体"意识的松动，甚至丸山对国体批判的深化过程本身，也都是深深植根于社会现实的东西。

在学界对丸山的热议中，既有主张对其加以继承的声音，也有对其"近代主义"理念或传统"复归"加以批判的讨伐声。但无论是从哪个方向出发的对丸山真男思想的"接近"，都能够碰撞出思想探究层面的活力和意义。对于丸山真男的种种解读，不会丝毫改易他作为一名自由主义、和平主义、民主主义斗士的角色价值，也无法否定他在精神革命遭遇现实挫折之际，对知性的执着。丸山不曾以万事徒劳的哀叹，放弃对"国体"的批判、对精神革命的呼吁、对国家·个人之间平衡关系的求索，或许恰是因为他始终不曾失去对"错"的敏感，才始终不敢怠于对"恶"的抵抗，这种来自知性的苦斗，本身就有"精神革命"层面的意义。

生命哲学、少数政治与差异本体论

——论德勒兹的《柏格森主义》

内容提要： 伊丽莎白·葛蕬在《德勒兹的柏格森》一文中曾指出，吉尔·德勒兹论柏格森主义的著作"或许会为女性主义理论提供一个重要的指南，使它能发展出一种较为精密细致的理解，以处理物质和精神、时间和生成、历史和未来等种种辔辖"。她并进而阐述了，德勒兹在《柏格森主义》一书中的哲学探讨，在何种意义上能帮助女性主义理论，获取"其作为一种未来政治的实践效力"。受益于葛蕬的研究观点和洞见，我尝试在本文探讨，德勒兹如何透过其对昂利·柏格森的"生命哲学"既创新又巧妙的诠释，一步一步建构出一种差异本体论，藉此支持少数政治的实践。

关键词： 德勒兹　柏格森　生命哲学　少数政治　差异本体论

　　确定多数（majority）的东西，是一种必须与之相符的类型，譬如说，一般的欧洲成年男性城市居民……而少数（minority）是没有类型的，少数是一种生成，是一个过程。……但是少数的力量来自少数能够创造的东西，这种东西将或多或少地走向类型，不过它并不依附于类型。人民总是

---

* 作者张历君，（1977—　　），香港中文大学文化及宗教研究系助理教授，研究方向为现代中国文学与文化、文学理论等。

富有创造性的少数，人民即使赢得多数，也仍然是一个富有创造性的少数：二者可以并存，因为二者并不在同一个平面（plane）上。

——德勒兹（Gilles Deleuze）[1]

一、《柏格森主义》与少数政治

在《致一位严厉批评家的信》（"Letter To a Harsh Critic"）中，德勒兹曾这样描述他的柏格森（Henri Bergson）研究："然而，我认为，我当时摆脱羁绊的方式是把哲学史设想成一种鸡奸，或是一种圣母无玷始胎——二者归根到底是一回事。我想象自己来到一位哲学著作者的背后，使其生子，那是他的儿子，是畸胎。那确实是他的儿子，这一点至为重要，因为确实需要哲学著作者说出我让他说出的一切。而孩子是畸形的，这一点也十分重要，因为哲学著作者应该经历那各种各样令我高兴的偏移、滑脱、断裂、散逸。我觉得我关于柏格森的著作便是这样一本书。"[2] 上述的德勒兹告白是论者在谈论《柏格森主义》（*Bergsonism*）一书时经常引用的文字。然而，却甚少有论者留意到，紧接着这段文字之后，德勒兹对《柏格森主义》一书所作的文化政治定位：

现在有人嘲笑我居然写了柏格森。这是因为他们不甚了解历史。他们不知道柏格森最初曾在大学院校中惹起了何等的仇恨，他曾怎样充当了集合各式各样恰好遍布于整个社会光谱的狂人和越轨者的旗帜。他是有心如此还是无意而为，这并不重要。[3]

1 　德勒兹：《哲学与权力的谈判——德勒兹访谈录》，刘汉全译，北京：商务印书馆，2000年，第198页。Gilles Deleuze, *Dialogues*, trans. Hugh Tomlinson & Barbara Habberjam, New York: Columbia University Press, 1987, pp. 173–174.

2 　德勒兹：《哲学与权力的谈判——德勒兹访谈录》，刘汉全译，第6—7页。Gilles Deleuze, *Dialogues*, trans. Hugh Tomlinson & Barbara Habberjam, p. 6.

3 　德勒兹：《哲学与权力的谈判——德勒兹访谈录》，刘汉全译，第7页。Gilles Deleuze, *Dialogues*, trans. Hugh Tomlinson & Barbara Habberjam, p. 6. 有关柏格森哲学与19世纪末、20世纪初欧陆的政治运动之间的关系，可进一步参阅张历君：《从创造进化论到辩证唯物论——论瞿秋白与葛兰西对柏格森生命哲学的接受》，文艺的世界主义 VS 国际主义——左翼文学工作坊论文，台北，2012年10月，第9—11页。

在这段自辩文字中，德勒兹明确地把他的《柏格森主义》置放在少数群体的文化政治议程中，清晰表述了其写作的文化政治定位。然而，《柏格森主义》作为一本讨论柏格森哲学的专门论著，又如何可能有效地介入少数群体的文化政治议题呢？

对于这个问题，伊丽莎白·葛蕊（Elizabeth Grosz）曾提供一个值得参考的答案。她在《德勒兹的柏格森：绵延、潜在以及一种未来的政治》（"Deleuze's Bergson: Duration, the Virtual and a Politics of the Future"）一文的末尾这样说道：

> 这些对于绵延的较为抽象的反思跟女性主义理论有何关联呢？它们或许（至少）拥有一个重要的意涵，即除非女性主义理论更加自觉于自身所依恃的知识和政治资源，并意识到这样的潜能——这些潜能能产生可以推动现在（the present）迈向一个它无法完全包纳的未来的推动力（impetus）；否则女性主义理论便会面临这样一种危机，即陷身于那些与其说适合"未来"倒不如说适合"过去"的政治策略和概念两难而无法自拔。除非女性主义理论有能耐思考时间和生成（becoming）的诸种复杂性（complexities）——其中包含了对过去、现在和未来三者之间相互纠缠的各种方向的深思熟虑；否则它必将面临丧失其作为一种未来政治的实践效力的危机。（在德勒兹写作中开展的那种）柏格森主义或许会为女性主义理论提供一个重要的指南，使它能发展出一种较为精密细致的理解，以处理物质和精神、时间和生成、历史和未来等种种缪辖。[1]

葛蕊清楚地给我们点明，德勒兹有关柏格森哲学的专门讨论，对于女性主义运动等少数群体的政治所能带来的助益。正如她所指出的，如果少数政治运动无法建立起与其文化政治议题相应的世界观或理论，便会有陷入常识意识形态的概念迷阵中的危险，以致无法发展出突破现有政治困局的创造性策略。

葛蕊无疑把握住了德勒兹的写作取向。事实上，德勒兹在《柏格森主义》一书中所展示的政治野心，并不在于介入一时一地的政治实践或议题，而是在

---

1 Elizabeth Grosz, "Deleuze's Bergson: Duration, the Virtual and a Politics of the Future," in *Deleuze and Feminist Theory*, edited by Ian Buchanan and Claire Colebrook, Edinburgh: Edinburgh University Press, 2000, pp. 230–231.

于为新的文化政治和社会生活构筑相应的"形而上学"。正如他在为《柏格森主义》一书所写的"英文版后记"中所指出的："'回归柏格森'并不仅仅是说重新赞颂一位伟大的哲学家，而是相应于生活和社会的变化，在今天重新复活和扩展他的工作。柏格森自认为他使形而上学成为了一门严格的科学，这种科学能够在不断出现于世的新的道路上延续不止。"[1]葛蕬的《德勒兹的柏格森》一文，把德勒兹所理解的"柏格森主义"重新置放于当前女性主义甚至各种少数政治所共同关涉的理论议题中重新阐释，可以说，正好配合了德勒兹那"回归柏格森"的呼求。

葛蕬认为，"革命"（revolution）、"转变"（transformation）和"激进的未来"（radical futures）等议题，是女性主义政治不言而喻的核心课题。她并指出，女性主义政治作为一种政治和理论的实践，其核心任务便是要为大家提供一种甚或多种能带来实质转变和超克（overcoming）的逻辑。[2]依循这一思路，葛蕬为《德勒兹的柏格森》一文定下这样的问题意识："或许女性主义应该放弃把自身置放在朝向新天新地（the new）的道路上，取而代之，把其重点放在跟我们寓居其中的复杂和含混的结构相共存或展开谈判（就如福柯式的实用主义所意味的那样）？但当女性主义者正要甩开那些（环绕于与'未来性'［futurity］概念相联结的政治斗争周边的）令人厌烦的论述和仪式化的实践时，女性主义者又应否跟从德勒兹在阅读柏格森时所提供的某些策略……为重申'未来性'概念提供更多的动力和能量呢？'未来'（future）概念真的能够与乌托邦分子（utopian）和无托邦分子（atopian）一刀两断吗？"[3]葛蕬正是依据这一问题意识，从"物质及其相关的记忆"、"过去、现在和未来三者之间的关系"以及"潜在（the virtual）与可能（the possible）的分别"三大方面入手，重新阐释"德勒兹的柏格森"。[4]

葛蕬对"德勒兹的柏格森"的这一阐释进路，最终指向的是"未来性"，或

1　德勒兹:《康德与柏格森解读》, 张宇凌、关群德译, 北京: 社会科学文献出版社, 2002 年, 第206 页。Gilles Deleuze, *Bergsonism*, trans. Hugh Tomlinson & Barbara Habberjam, New York: Zone Books, 1991, p. 115.

2　Elizabeth Grosz, "Deleuze's Bergson: Duration, the Virtual and a Politics of the Future," in *Deleuze and Feminist Theory*, edited by Ian Buchanan and Claire Colebrook, p. 217.

3　Ibid., p. 215.

4　Ibid., p. 217.

以另一种方式说，政治运动中的"变革"问题。这无疑是葛蕬在特定的女性主义政治境况中所作的诠释选择，而并非对德勒兹论点的简单重述。事实上，作为一个异质的参照点，葛蕬的文章使《柏格森主义》一书对少数政治问题的独特切入角度，更为清晰地显露在我们的眼前。

二、直觉与多样性

纵观《柏格森主义》一书的编排，首先提出一种哲学方法——直觉（intuition），其次探讨记忆、潜在以及时空的多样性（multiplicities）问题，最后则讨论生命冲力（élan vital）和社会的关系。不难发现，葛蕬的文章所集中讨论的，是《柏格森主义》一书中间部分所探讨的问题。正是基于这一选取，葛蕬的文章没有触及的，恰好是《柏格森主义》中所展示的社会观。而要了解这一社会观，便得从"直觉"谈起。

在《柏格森主义》的"英文版后记"中，德勒兹曾说："对于柏格森来说，科学从来不是'归纳论的'，相反科学倒是要求一种形而上学，没有这种形而上学，科学就仍然还是抽象的、缺乏意义、缺乏直觉的东西。在今天继续柏格森的工作也就意味着，例如构建由大脑分子生物学发现的对应于诸种新的线、开端、踪迹、跳跃、动力的形而上学形象，亦即思想中的种种新联结和再联结。"[1]如果说，德勒兹以实践作为重新构想一种新型的"形而上学"的出发点，那么，他在《柏格森主义》中所关注的"实践"肯定是科学。因为真正是不断变化的科学实践，从根本上改变了我们对世界的理解。而与这种不断变化的科学相配合的形而上学方法，则是被德勒兹称为"具有类似于科学的精确性的"直觉。[2]

对于德勒兹来说，"直觉既非感觉，也非灵感，更不是一种模糊的感应"，而是一种"精心设计的哲学方法"。[3]那么，何为"直觉"？实际上，所谓"直

1　德勒兹：《康德与柏格森解读》，张宇凌、关群德译，第208页。Gilles Deleuze, *Bergsonism*, trans. Hugh Tomlinson & Barbara Habberjam, pp. 116–117.

2　德勒兹：《康德与柏格森解读》，张宇凌、关群德译，第100页。Gilles Deleuze, *Bergsonism*, trans. Hugh Tomlinson & Barbara Habberjam, p. 14.

3　德勒兹：《康德与柏格森解读》，张宇凌、关群德译，第99页。Gilles Deleuze, *Bergsonism*, trans. Hugh Tomlinson & Barbara Habberjam, p. 13.

觉"，与德勒兹所说的"经验主义"（empiricism）是同一回事。在《对话》（*Dialogues*）的"英文版前言"中，德勒兹曾借用怀特海（A. N. Whitehead）的话界定"经验主义"："抽象（the abstract）不能辩解，它只能被阐释；阐释的目的不是要重新揭露永恒和普遍，而是要寻找新事物得以产生的条件（亦即**创造性**）。"因此，经验主义的任务是要分析事物的状态（states of things）。"事物的状态不是单一性（unities），不是整体性（totalities），而是**多样性**（*multiplicities*）。"从经验主义的角度看来，重要的是作为名词的多样性（multiplicity）。换言之，"多样性"的意思不是说存在着数种事物的状态，也不是说事物的状态本身是多种多样的（multiple），而是说万"事"万"物"（Every "thing"）都是由一系列无法化约的线和面（lines and dimensions）所生成的。所以，多样性所考虑的不是项（terms）和元素（elements），而是"间际"（"between"），亦即一系列相互缠结的关系。[1] 换句话说，多样性便是一个包含着一系列无法化约的线和面的领域，是事物生成的条件。而经验主义或直觉的任务则是，重新在事物或混淆的经验中离析出各种不同的多样性和事物的状态。

因此，德勒兹在《柏格森主义》中为"直觉"下了这样的定义："直觉使我们超越经验的状态而接近经验的条件。然而，这些条件既不是普遍的，也非抽象的，它们不比被限制之物更宽泛，它们是实际经验的条件。"[2] 易言之，直觉必须把每一条多样性的线推进到超越经验"转折处"（the turn）之外，并重新构建延伸到经验后面没有被看到的曲线本身的形式。[3]

然而，我们又如何能够掌握"直觉"呢？为此，德勒兹订立了三条规则：一是检验问题本身的真假，在问题的层次上协调真实和创造；二是同幻觉作斗争，发现真正的性质差异或实在的表达；三是按照时间而非空间提出问题和解

1　Gilles Deleuze, *Dialogues*, trans. Hugh Tomlinson & Barbara Habberjam, New York: Columbia University Press, 1987, pp. vii–viii.

2　德勒兹：《康德与柏格森解读》，张宇凌、关群德译，第 113 页。Gilles Deleuze, *Bergsonism*, trans. Hugh Tomlinson & Barbara Habberjam, p. 27.

3　德勒兹：《康德与柏格森解读》，张宇凌、关群德译，第 114 页。Gilles Deleuze, *Bergsonism*, trans. Hugh Tomlinson & Barbara Habberjam, p. 27.

决问题。[1]

我们往往会错误地认为，真和假只涉及答案。因此，我们不会怀疑问题，而只会检验答案的真伪。但德勒兹却认为，这是一种社会性的偏见。对于他来说，"真正的自由在于有决定的能力，有提出问题的能力：这种'半神性的'（semi-divine）能力不但意味着假问题的消失，而且意味着真问题的创造性涌现。"[2] 因此，发现和提出真问题，便成了一种创造性的行为。再推远点说，我们也可以视"人类的历史就是提出问题的历史"。[3]

然而，我们又可以依据什么原则来分辨问题的真伪呢？为此，德勒兹提出了两种假问题的类型以助我们判别：一是术语的混淆，一是不适当地分析的混合体。关于前者，德勒兹所提供的例子是："为什么有某种东西而不是什么也没有？""为什么是有序而不是无序？""为什么是这而不是那（那也有相同的可能性）？"在这些问题中，我们都倾向否定可能、无序和非存在，并把实存、有序和存在物视为真理。但对于德勒兹来说，这些问题实际上都是一些假问题或"不存在的问题"（nonexistent problems）。[4] 因为：

> 当人们只记住秩序的普遍观念，只满足于反对无序和联系无序的观念来进行思考，而不是认为有两种或多种不可还原的秩序……时，无序的观念就会出现。当我们不是把握不断地相互替代的不同实在，而是把不同的实在糅合在同质的、只能和虚无相对、只是和虚无相关的普遍的存在之中时，非存在的观念就会出现。当人们把整个存在和通过简单的"实现"而来的预先形成的要素联系起来，而不是在事物的变化中把握每一个存在物时，可能的观念就会出现。[5]

归根到底，正是人们忽视了两种秩序，或诸种存在，或诸种存在物之间的性质

1　德勒兹：《康德与柏格森解读》，张宇凌、关群德译，第 101、108、118 页。Gilles Deleuze, *Bergsonism*, trans. Hugh Tomlinson & Barbara Habberjam, pp. 15, 21, 29.

2　德勒兹：《康德与柏格森解读》，张宇凌、关群德译，第 101 页。Gilles Deleuze, *Bergsonism*, trans. Hugh Tomlinson & Barbara Habberjam, p. 15.

3　德勒兹：《康德与柏格森解读》，张宇凌、关群德译，第 102 页。Gilles Deleuze, *Bergsonism*, trans. Hugh Tomlinson & Barbara Habberjam, p. 16.

4　德勒兹：《康德与柏格森解读》，张宇凌、关群德译，第 103—106 页。Gilles Deleuze, *Bergsonism*, trans. Hugh Tomlinson & Barbara Habberjam, pp. 17–19.

5　德勒兹：《康德与柏格森解读》，张宇凌、关群德译，第 106 页。Gilles Deleuze, *Bergsonism*, trans. Hugh Tomlinson & Barbara Habberjam, pp. 19–20.

差异，才会产生上面所说的否定性的概念和假问题。若我们能进一步推论，不难发现，无序的观念和第一类假问题，其实源于一种被不适当地分析的混合体的普遍秩序的观念，亦即第二类假问题。[1]德勒兹曾举例说明第二类假问题："例如，有人问到幸福是否可以归结为愉悦；但是，愉悦这个术语也许包含多种不能进一步还原的状态，幸福的观念也是如此。"[2]在探讨"幸福"和"愉悦"这些混合体时，我们往往会问这样的问题："感觉增加了多少？"但这样的问题与有序、无序的问题一样，都是把不同的秩序、存在和多样性，不适当地并合进一个单一的混合体或普遍的秩序中。

所以，"直觉"的任务便是，从这些混合体或日常经验的幻觉中，"发现真正的性质差异或实在的表达"，亦即德勒兹给直觉订立的第二条规则。而这一规则要求"直觉"发现的"真正的性质差异"，实际上便是各种不同的多样性；因此，第二条规则所说的"发现真正的性质差异"，也可以理解为，我们前面讨论过的、在"转折处"之外发现经验的条件或事物的状态的做法。

德勒兹认为，柏格森划分了两种不同的多样性：一是时间的多样性，一是空间的多样性。时间的多样性亦即"绵延"（duration），它是所有性质差异的总和，因此我们只有通过时间（亦即"绵延"）才能思考和领悟"改变"。因为时间包含了所有的性质差异，所以空间的多样性不能是性质差异的多样性，而只能是"程度"差异的多样性。如此一来，空间中便只能有事物的大小、形状和位置的不同，而不能有性质方面的不同。据此，德勒兹认为，所谓不适当地分析的混合体所混淆的，正是时间和空间两种不同的多样性。这种混淆往往以"多少"、"有无"等程度的差异掩盖了真正的性质差异。因此，所谓"发现真正的性质差异"，亦即从程度的差异的掩盖之下，重新发现属于时间和绵延的性质差异。而这也是直觉的第三条规则的意思："按照时间而非空间提出问题和解决问题。"[3]至此，我们已进入了德勒兹有关绵延和时间的讨论。

---

1 德勒兹：《康德与柏格森解读》，张宇凌、关群德译，第 106 页。Gilles Deleuze, *Bergsonism*, trans. Hugh Tomlinson & Barbara Habberjam, p. 20.

2 德勒兹：《康德与柏格森解读》，张宇凌、关群德译，第 105 页。Gilles Deleuze, *Bergsonism*, trans. Hugh Tomlinson & Barbara Habberjam, p. 18.

3 德勒兹：《康德与柏格森解读》，张宇凌、关群德译，第 118—119 页。Gilles Deleuze, *Bergsonism*, trans. Hugh Tomlinson & Barbara Habberjam, pp. 31–32.

三、记忆与潜在

德勒兹曾为时间和空间下过一个明确的定义：空间是"一种外在性、同时性、并置排列、秩序、数量差异、**程度差异**的多样性，是一种数的、非连续性的和现实的多样性"。至于时间则"在纯粹的绵延中呈现；这是一种连续、融合、构成、异质性、性质差异或**本质差异**的内在多样性，是一种潜在而连续的、不能还原为数目的多样性"。[1] 依据这一定义，我们日常生活中所理解的"时间"，其实只是一种不纯粹的混合体。因为依据年月日时分秒所划分、量度的时间，已被具备程度差异多样性的空间所同化，而无法保持其内在的纯粹性。"因此，我们能够'保持'空间的瞬间状态，并能在一种'辅助空间'中把这些状态并置起来；但是我们也把一些外在区别引入到我们的绵延中，我们把绵延分解为外在的各个部分，并且把它们排列在一种同质的时间中。"[2] 可以说，没有了这个把时间空间化的"辅助空间"，我们根本不能把各种不同的瞬间排列在一种同质的时间中。

然而，我们又可以如何**别样地**理解时间呢？依据德勒兹的说法，时间是一种连续的绵延。但说它是"连续的"，并不代表它是"不可分的"。恰恰相反，它就像爱和恨，以性质的差异相划分。比方说，一种爱和恨的复杂情结，在意识的领域中并不代表它是有意识的。而只有当爱和恨在性质上跟潜意识的情结区分开来，甚至它们自身也相互区分开来，才能成为有意识的爱和恨。德勒兹以爱和恨的例子来解释时间不无道理，因为情感虽然不是纯主观性的，但毕竟它和时间都属于潜在的领域，需要经历现实化（actualization）的过程。时间和空间的一个分别是：在空间中，一切都是现实的，无须经历现实化的运动；时间或绵延则需要通过现实化从潜在走向实在。在这一运动中，时间不断分化，不断创造不同的线来对应和实现在自身中性质各异的不同层面。[3] 诚如德勒兹所

1　德勒兹：《康德与柏格森解读》，张宇凌、关群德译，第 125—126 页。Gilles Deleuze, *Bergsonism*, trans. Hugh Tomlinson & Barbara Habberjam, p. 38.

2　德勒兹：《康德与柏格森解读》，张宇凌、关群德译，第 125 页。Gilles Deleuze, *Bergsonism*, trans. Hugh Tomlinson & Barbara Habberjam, pp. 37–38.

3　德勒兹：《康德与柏格森解读》，张宇凌、关群德译，第 129—130 页。Gil.es Deleuze, *Bergsonism*, trans. Hugh Tomlinson & Barbara Habberjam, pp. 42–43.

言，时间或绵延"是纯粹的运动，这种运动是**变化**，是质的潜在多样性，就像阿基利斯的路程（the run of Achilles）被分成一步一步，它每一次被分时都改变了性质"。[1]事实上，亦只有通过这种"纯粹运动"的观念，我们才能真正了解时间和变化。

但我们仍须把情感与时间区分开来。因为在德勒兹的构想中，时间和过去或记忆是属于本体论而非心理的范畴的。[2]正因为绵延不属于心理的范畴，他才是一个完全独立于空间的领域，或"一种没有外在性的纯粹内在的连续"。[3]在这种意义之下，所谓"纯粹绵延"实际上也就是"纯粹回忆"（"pure recollection"），因为只有记忆或过去才会处于不动的、潜在的本体论领域。事实上，我们也很难想象记忆或过去能在物质空间中占据任何位置。因此，对于德勒兹来说，现在和过去是完全不能混淆的两回事。如果说过去是存在者（Being），那么现在便是现存（being-present）。所以，过去虽然是无用的、不活跃的和僵固的，但它却是存在者；而现在却是一种非存有，"它是纯粹的生成（pure becoming），总是在自身之外。它是不是，但它却在行动（It is not, but it acts.）。"[4]可以说，过去是潜在和纯粹的绵延，而现在则是现实化的过程。如此一来，我们便不能把过去、现在和未来想象成，分派在同一条线上的不同部分。因为每一个现在的瞬间，都携带着一整个有待通过它而现实化的潜在的过去，亦即是说，现在和过去是同时的。正如德勒兹所言，"在关于'记忆的错误'（假的认知）的著名文章中，柏格森求助于形而上学而显示记忆为何不是在现时的感知之后而被构成，而是和现时感知完全同时的，因为在每一个瞬间，绵延就分为两个同时的倾向，一是走向未来，另一是回到过去。"[5]这也就是德勒兹所说的"双重的时间"（two-fold time）的意思。

1　德勒兹：《康德与柏格森解读》，张宇凌、关群德译，第 136 页。Gilles Deleuze, *Bergsonism*, trans. Hugh Tomlinson & Barbara Habberjam, p. 47.

2　德勒兹：《康德与柏格森解读》，张宇凌、关群德译，第 144 页。Gilles Deleuze, *Bergsonism*, trans. Hugh Tomlinson & Barbara Habberjam, pp. 55–56.

3　德勒兹：《康德与柏格森解读》，张宇凌、关群德译，第 124 页。Gilles Deleuze, *Bergsonism*, trans. Hugh Tomlinson & Barbara Habberjam, p. 37.

4　德勒兹：《康德与柏格森解读》，张宇凌、关群德译，第 143 页。Gilles Deleuze, *Bergsonism*, trans. Hugh Tomlinson & Barbara Habberjam, p. 55.

5　德勒兹：《康德与柏格森解读》，张宇凌、关群德译，第 209 页。Gilles Deleuze, *Bergsonism*, trans. Hugh Tomlinson & Barbara Habberjam, p. 118.

记忆或过去又是怎样被现实化的？就此，德勒兹为我们描述了一个双向的过程：首先，"根据现在形势的要求或需要，一种召唤从现在出发。我们进行'跳跃'：我们不仅置身于一般过去的成分之中，而且置身于这样或那样的区域之中，这就是说，在这样或那样的层面，我们认为是处于一种和我们的现实需要相适应的回忆之中。每一层面实际上都包含着整个过去，只不过是一个多少有些凝缩的状态。"[1] 依据柏格森的构想，德勒兹把潜在的记忆领域理解为一个倒转的圆锥体。这个圆锥体包含了无数平衡的切面（segments）或平面（planes），而每一个切面或平面都包含了整个过去，但由于记忆的领域呈圆锥体状，所以每一个切面或平面都相对地使整个过去收缩或膨胀。[2] 因此，德勒兹所说的"跳跃"（leap），指的正是我们一下子脱离现在，并置身于记忆的状态。或许我们可以通过普鲁斯特（Marcel Proust）的《寻求失去的时间》（*A la recherche du temps perdu*）中的一段描述，更为形象地理解这一过程：

> 虽然我当时并不知道——得等到以后才发现——为什么那件往事竟使我那么高兴，但是我一旦品出那点心的滋味同我的姨妈给我吃过的点心的滋味一样，她住过的那幢面临大街的灰楼便像舞台背景一样呈现在我的眼前，而且同另一幢面对花园的小楼在一起，那小楼是专为我父母盖的，位于灰楼的后面……随着灰楼而来的是城里的景象，从早到晚每时每刻的情状，午饭前他们让我去玩的广场，我奔走过的街巷以及晴天我们散步经过的地方。[3]

换句话说，当我们回忆的时候，不是选择性地撷取某些片段而忘记另一些片段；恰恰相反，我们一下子跃进某一整个记忆的凝缩层面中，置身于整个过去之中。我们之所以在不同的时刻获得不同的记忆，只因为我们进入了相对地收缩或膨胀了的记忆层面。

1　德勒兹：《康德与柏格森解读》，张宇凌、关群德译，第 151 页。Gilles Deleuze, *Bergsonism*, trans. Hugh Tomlinson & Barbara Habberjam, p. 63.

2　德勒兹：《康德与柏格森解读》，张宇凌、关群德译，第 148—149 页。Gilles Deleuze, *Bergsonism*, trans. Hugh Tomlinson & Barbara Habberjam, pp. 59–60.

3　普鲁斯特：《追忆似水年华》上册，李恒基等译，南京：译林出版社，1994 年，第 30 页。Marcel Proust, *Remembrance of Things Past* (*Volume one*), trans. C. K. Scott-Moncrieff, New York: Random House, 1934, p. 36.

但是只有这一"跳跃"或回忆的吁求（the appeal to recollection）还不能使记忆现实化，因为这一过程只能使我们进入记忆的纯粹本体论的维度。在这一过程之后，我们需要一个从过去或记忆走向现在的过程，才能使记忆完全现实化。这一过程便是"形象召唤"（recall of the image）过程："一旦我们置身于回忆所在的层面，回忆——这时而且只有这时——就倾向于实现。在现在的召唤下，回忆不再具有构成纯粹回忆的无效性和无动于衷；它们变成能够被召回的形象—回忆。它们会现实化和具体化。这种现实化有各种各样的形态、阶段及不同程度。然而正是（而且仅是）这种现实化通过这些阶段和程度构成心理意识。"[1] 如此一来，回忆便不再像我们一向所理解的那样，由现在走向过去。恰恰相反，整个记忆的凝缩层面，由潜在的本体论维度落实到现在的瞬间，亦即由过去走向现在。

四、宇宙记忆与人类的自由

《柏格森主义》第三章的题目是"作为潜在共存的记忆"（"Memory as Virtual Coexistence"）。所谓"潜在的共存"指的正是，无数过去的凝缩层面都共存于一个潜在的本体论领域之中。这些层面既因各自包含了整个过去而相互重复，也因是圆锥体的不同凝缩层而相互差异。然而，这也不是共存的极致，在第四章中，德勒兹给我们揭示了另一个更为广阔的共存领域。

德勒兹说："沿着几条不同的'线'到达**转折处之外**后，这些线应该交汇到一点，不过不是我们出发之点，而是一个潜在之点，它是处于经验的转折处之外的起点的潜在形象，这种形象最终给予我们以事物的充足理由、混合体的充足理由、起点的充足理由。……因此，二元论只是一个应该导致一元论重构的时刻。"[2] 这是德勒兹在第一章所展示出来的推论进程，但他却延搁到第四和第五

1　德勒兹：《康德与柏格森解读》，张宇凌、关群德译，第152页。Gilles Deleuze, *Bergsonism*, trans. Hugh Tomlinson & Barbara Habberjam, p. 63.

2　德勒兹：《康德与柏格森解读》，张宇凌、关群德译，第115—116页。Gilles Deleuze, *Bergsonism*, trans. Hugh Tomlinson & Barbara Habberjam, pp. 28–29.

章才充分开展之。在第四和第五章中，所谓"一元论重构的时刻"包含了两个方面：一是时间和空间的共存性，一是各种不同的绵延的共存性。

关于前者，德勒兹认为，在空间和时间之间根本不存在性质的差异。因为在前者集聚了所有的程度差异，在后者集聚了所有的性质差异。"因此，在两种倾向之间不再有性质差异，但是在符合一种倾向的诸种性质差异和涉及另一种倾向的诸种程度差异之间存在着差异。"[1] 但这两种多样性之间的差异却没有使它们产生对立或矛盾，也没有妨碍它们的共存。原因一如德勒兹所指出的：记忆若要在现在现实化，其终点只能是空间。亦即是说，如果过去或记忆需要把自身紧缩起来以便进入物质的现在，那么，物质本身便可以被理解为过去重新开展和膨胀的据点。[2] 所以，物质是绵延在不同瞬间的开展和膨胀，是过去沿着不同的分线现实化的结果。而"空间实际上不是物质或膨胀，而是物质的'图式'，即膨胀运动将达到的终点的表象，就像一切可能膨胀的外表"。[3] 正是在这一点上，两种不同的多样性得以联结起来。

关于"各种不同的绵延的共存性"这个问题，德勒兹借用了柏格森的例子加以说明："当我们坐在河边，水的流动、船的滑行或鸟的飞翔、我们内在生命不断的低语对于我们来说是三种不同的东西或一种随心所欲的东西……"在这一情景中，水的流动、鸟的飞翔、我生命的低语构成了三种不同的流，并具备同时性。而这三种流之所以具备同时性并得以共存于这一情景中，实源于"我"。因为正是在"我"的冥思玄视中，衍生出一种能包容三种不同的流的绵延。据此，我们可以进一步分析出绵延或流的三重性：首先，我的绵延（即一个旁观者的绵延）必然既是一种流、又是总体时间的代表。这样，坐在河边低语的"我"，才能意识到水的流动、鸟的飞翔、我生命的低语三者的同时性。这已隐含了流的两重性。其次，既然我们可以担当一种总体时间的代表，这便意味着一种所有的流都沉没其中的时间，至此，我们已进入了第三重的绵延，亦

1　德勒兹：《康德与柏格森解读》，张宇凌、关群德译，第182—183页。Gilles Deleuze, *Bergsonism*, trans. Hugh Tomlinson & Barbara Habberjam, pp. 92–93.

2　德勒兹：《康德与柏格森解读》，张宇凌、关群德译，第163—164页。Gilles Deleuze, *Bergsonism*, trans. Hugh Tomlinson & Barbara Habberjam, p. 74.

3　德勒兹：《康德与柏格森解读》，张宇凌、关群德译，第178页。Gilles Deleuze, *Bergsonism*, trans. Hugh Tomlinson & Barbara Habberjam, pp. 86–87.

即"非人的时间"（impersonal time）。德勒兹称这种"非人的时间"为"象征"（symbolic），因为它不是任何一种特殊的流，它不是个人以至任何活物的特殊经验，而只是各种相互差异的绵延得以同时展露的唯一时间的"象征"。[1] 据此，我们可以说："柏格森的**同时性**理论是要确认绵延的概念是指所有的程度在唯一的和同一的时间潜在**共存**。"[2]

从以上的例子，我们可以看到德勒兹的推论的一个重要转折，因为当他谈论一种包含各种不同的流的"非人的时间"时，他的讨论已经脱离了个人心理的范围，而进入到对宇宙大全（the Whole of the universe）的讨论。事实上，所谓"非人的时间"指的是这一意思："只会有一种时间、一种绵延，所有的东西都会参与进去，包括我们的意识，包括各种生物，包括物质世界的一切。……柏格森最满意的正是这种假设：一种时间、一、普遍的、非个人的。总之是一种时间的一元论……"[3]

从第一到第三章，德勒兹无论怎样谈论一种本体论意义的过去或记忆，他的讨论始终没有越过人类意识或心理的范围。所谓记忆的现实化，也不过是个人记忆的现实化而已。但当进入第四章的讨论时，他却说："心理学只是本体论的开始，只是'进入'存在的跳板。不过，只要一进入，我们就会觉察到，存在是多样的，绵延也非常多，我们的绵延处于比较松散的绵延和比较紧张、强烈的绵延之间。"他并进而指出："所有过去的层面和所有紧张的层面潜在共存的观念因此被扩展至整个宇宙：这个观念不再仅仅表示我和存在的关系，而且表示所有事物共同存在的关系。一切的发生就像宇宙是一种巨大的记忆。"[4] 在这里，德勒兹首次把宇宙理解为记忆，这一理解在第五章中获得了呼应。在这一章中，德勒兹甚至径直谈论一种"宇宙的记忆"（cosmic memory）。[5] 循此，他得

1　德勒兹：《康德与柏格森解读》，张宇凌、关群德译，第170—173页。Gilles Deleuze, *Bergsonism*, trans. Hugh Tomlinson & Barbara Habberjam, pp. 80–83.

2　德勒兹：《康德与柏格森解读》，张宇凌、关群德译，第176页。Gilles Deleuze, *Bergsonism*, trans. Hugh Tomlinson & Barbara Habberjam, p. 85.

3　德勒兹：《康德与柏格森解读》，张宇凌、关群德译，第168页。Gilles Deleuze, *Bergsonism*, trans. Hugh Tomlinson & Barbara Habberjam, p. 78.

4　德勒兹：《康德与柏格森解读》，张宇凌、关群德译，第166—167页。Gilles Deleuze, *Bergsonism*, trans. Hugh Tomlinson & Barbara Habberjam, pp. 76–77.

5　德勒兹：《康德与柏格森解读》，张宇凌、关群德译，第203页。Gilles Deleuze, *Bergsonism*, trans. Hugh Tomlinson & Barbara Habberjam, p. 111.

以真正从认识论进入到本体论的讨论，并透过一种类似神秘主义的说法，摆脱偶然多元论的束缚，进入一种真正的多元或差异本体论。

正是在这一点上，我们可以看到葛蕬和德勒兹的分歧。在《德勒兹的柏格森》一文中，葛蕬把"记忆"和"过去"划分开来。她说："记忆—形象（memory-images）使自身成为对我们有用之物，以备表象之用，因此它们不能跟过去相混同；相较之下，过去更是在记忆中实现自身的种子。记忆是现在接近过去的模式。过去在时间中被保存，而众多记忆—形象中的一个形象或元素则被人依据现在的需要或兴趣选取出来。"[1]这一划分把记忆局限于心理的层面中，而无法获得一种本体论的意义。这一划分也使葛蕬忽略了德勒兹对宇宙记忆的讨论，并进而把由潜在到现实（the actual）的运动仅仅理解为人类个体的认知过程。正因为欠缺了一个宇宙本体论的框架，葛蕬只能把现实化运动和生命冲力理解为"偶然"（contingent）的生命分化运动。[2]

但这一理解却是德勒兹最为反对的理解。他并举出三个反对的理由："人们肯定可以把这些差异或生命变化设想为纯粹偶然的。然而，对这种解释产生了三种反对意见：一、这些变化尽管很小，但由于是偶然的，所以一直是外在的，彼此'互不相关'；二、由于是外在的，所以这些变化从逻辑上讲只能一起进入联结和相加的关系中；三、由于互不相关，所以这些变化甚至没有办法真正进入这样的关系中（因为，没有任何理由能使相继发生的微小变化在同一方向互相联结、增加；也没有任何理由能使突然的和同时性的变化在一个可存在的总体之中协调一致）。"[3]换言之，在"纯粹偶然"的差异论中，我们依然是按照一种纯粹外在的因果性角度来解释差异。因此，差异只能被理解为被动的结果，只包含可随意组合和相加的抽象成分。这样一来，差异无法以"整合为一"的方式起作用，因此也无法主动地作出任何举措。[4]

1　Elizabeth Grosz, "Deleuze's Bergson: Duration, the Virtual and a Politics of the Future," in *Deleuze and Feminist Theory*, edited by Ian Buchanan and Claire Colebrook, p. 223.

2　Ibid, pp. 228, 227.

3　德勒兹：《康德与柏格森解读》，张宇凌、关群德译，第189—190页。Gilles Deleuze, *Bergsonism*, trans. Hugh Tomlinson & Barbara Habberjam, pp. 98–99.

4　德勒兹：《康德与柏格森解读》，张宇凌、关群德译，第190页。Gilles Deleuze, *Bergsonism*, trans. Hugh Tomlinson & Barbara Habberjam, p. 99.

正是在这一反对"纯粹偶然"的差异论的语境之中，德勒兹向我们重申生命哲学（philosophy of life）的三个要求："一、生命差异只能作为内在差异被经历、被思考；只有在这种意义上，'变化的倾向'才不是偶然的，变化本身才在这种倾向中发现一种内在的原因。二、这些变化不进入联结和相加的关系中，而是进入分解或划分的关系中。三、因此，变化包含着一种潜在性，这种潜在性沿着不同的线现实化；因此，进化不是在一个片面同质的系列中从一个现实的项走向另一个现实的项，而是从潜在的项走向异质的项，这些异质的项沿着多分支的系列现实化。"[1] 对于德勒兹来说，生命冲力或生命差异的变化，无论如何也不能被理解为"偶然"的创造和生产。因为这种生命冲力的创造，更是一种展开潜在实体或内在差异的过程。所以，在生命哲学的构想中，必然包含着一个统一、单一、潜在的整体或一个实在的宇宙记忆本体，作为分化运动和生命冲力的依据。因此，德勒兹对绵延和生命的关系作了如下的界定："绵延是通过一种内在爆发力在自身之中自我分化的：它只在多分支或多分支的系列中得到肯定、延伸、前进。确切地说，绵延在这一运动中出现时，就被称为生命。"[2] 如果绵延不是一个实在的潜在领域，我们便很难想象这种内在的爆发。

再进一步想，如果不把潜在设想为一种本体论意义上的实体，我们也很难理解，为何德勒兹会把潜在设想为拥有实在性（possesses a reality）的存在者。而如果潜在没有实在性的话，它便只会与"可能"（the possible）一起，在实现（realize）的过程中成为被"真实"（the real）同化或排斥的幻影。与此相反，正由于潜在是实的，它"不可能通过排除或限制得以实现，而是要在实际的行动中创立自己特有的现实化的线"。[3] 这样一来，我们才能理解，为何德勒兹会说，柏格森重潜在和现实（the actual），却轻可能和真实。总之，潜在必须分化并建立各种分化线，以便现实化；而"现实化"一词则意味着，潜在是一个统一的原始整体。这个统一整体最终会在每一条不同的分化线中，显示其统一性和整

---

1 德勒兹：《康德与柏格森解读》，张宇凌、关群德译，第 190—191 页。Gilles Deleuze, *Bergsonism*, trans. Hugh Tomlinson & Barbara Habberjam, pp. 99–100.

2 德勒兹：《康德与柏格森解读》，张宇凌、关群德译，第 185 页。Gilles Deleuze, *Bergsonism*, trans. Hugh Tomlinson & Barbara Habberjam, pp. 94–95.

3 德勒兹：《康德与柏格森解读》，张宇凌、关群德译，第 187—188 页。Gilles Deleuze, *Bergsonism*, trans. Hugh Tomlinson & Barbara Habberjam, pp. 96–97.

体性。[1]

如果说，在自然或绵延中，万物各个专注在其分化线上现实化宇宙记忆不同的潜在层面，并无视于在另外那些层面上发生的一切；[2] 那么，人类的自由便体现在这种能力上，即他们"能够打乱各个层面，超越作为其特有条件的特有层面，以便最终揭示原生的自然"。[3] 但人类又怎样获得这种自由呢？这要从柏格森对大脑的独特理解谈起。

德勒兹在谈论柏格森对大脑的理解时指出："大脑不产生表象，而只是使思维活动（刺激）和实施的活动（回答）之间的关系复杂化。它使两者之间有某种差距。这种差距或者无限地划分被认可的活动，或者使运动延伸为多种可能的反应。"[4] 因此，大脑不可能是记忆的储存库，它的作用只在于引入一种间隔或延缓，以使我们获得"选择"的可能性。[5] 可以说，大脑就是间隙，正是这一间隙使记忆的全面现实化（而非储存）得以可能，最终使包含在记忆中的自由潜能发挥到极致。于是，"在人类的分化线上，生命冲动能够用物质创造自由的工具，'创造一种战胜机械论的机械'，'运用自然的决定论穿越它所张开的网眼'。自由恰恰具有这种物理意义：使爆炸物'爆炸'，把爆炸物用于越来越强大的运动。"[6]

德勒兹认为，在这一间隙中会使实用的记忆现实化，并引入作为支配和利用物质的手段的"理智"（intelligence）。而自然和"潜在的本能"（virtual instinct）则会相对地引入"社会"以作为这一片面的理智的补充物。所以，对于德勒兹来说，社会和义务都不是理性的产物。恰恰相反，它们跟宗教与本能一样，是一种非理性的"说故事功能"（story-telling function）的产物。他说：

1　德勒兹：《康德与柏格森解读》，张宇凌、关群德译，第 185 页。Gilles Deleuze, *Bergsonism*, trans. Hugh Tomlinson & Barbara Habberjam, p. 95.

2　德勒兹：《康德与柏格森解读》，张宇凌、关群德译，第 192 页。Gilles Deleuze, *Bergsonism*, trans. Hugh Tomlinson & Barbara Habberjam, p. 100–101.

3　德勒兹：《康德与柏格森解读》，张宇凌、关群德译，第 198 页。Gilles Deleuze, *Bergsonism*, trans. Hugh Tomlinson & Barbara Habberjam, p. 107.

4　德勒兹：《康德与柏格森解读》，张宇凌、关群德译，第 110—111 页。Gilles Deleuze, *Bergsonism*, trans. Hugh Tomlinson & Barbara Habberjam, p. 24.

5　德勒兹：《康德与柏格森解读》，张宇凌、关群德译，第 140—142 页。Gilles Deleuze, *Bergsonism*, trans. Hugh Tomlinson & Barbara Habberjam, p. 52–54.

6　德勒兹：《康德与柏格森解读》，张宇凌、关群德译，第 199 页。Gilles Deleuze, *Bergsonism*, trans. Hugh Tomlinson & Barbara Habberjam, p. 107.

"人构成的社会的封闭不亚于各类动物；人类社会是自然计划的一部分；人类在他们的社会中打转，就如同各类动物在自身中，或者蚂蚁在它们自己的领域中打转一样。"[1]因此，不能把社会视为人类自由的体现。然而，这也并不是说理智是人类自由的代表。因为理智对社会压制的反抗，"首先是以自我中心主义（egoism）的名义试图抵御社会的要求。"而且，如果社会表面上屈服于理智，那也不过是社会透过"说故事功能"，使理智相信认可社会义务会对其有利。[2]

因此，德勒兹认为，在社会的压制和理智的对抗这两极中，都无法落实人类的自由；他并进而指出，有一样东西能透过把自身嵌入这一两极对立的间隙中，而打破整个两极循环。而这东西便是情感（emotion）。他认为："情感实际先于任何表象，它本身是新观念的发生器。严格地说它没有对象，而只有分散在不同的对象——动物、植物以及整个大自然——之上的一种**本质**。"[3]他并将之喻为一种"超验的音乐"。这种音乐像处于我们中间的神一样，把我们引入创造性情感的氛围。"当音乐哭泣时，整个人类、整个自然都和它一同哭泣。"创造性的情感就像神的信使，这个信使并不陷身于社会的利害争斗。恰恰相反，它利用社会争斗的循环游戏，打破循环。它穿越社会封闭的荒漠，从一个灵魂跳到另一个灵魂，传递着宇宙的记忆，并开展其中所包含的自由和解放。因此，"对于一个封闭社会中的每一个成员来说，如果他向情感开放，情感就传达一种回忆、一种他可以一直保持的激情。从灵魂到灵魂，情感勾勒出一个**开放**的社会、一个创造者的社会，在这样的社会里，人们通过门徒、观众或听众的中介从一个天才通往另一个天才。"[4]

所谓生命冲力和分化的线，亦即德勒兹所说的"根茎"（rhizome）或"逃逸路线"（line of flight）。因此要实践一种逃逸政治或德勒兹所谓的"少数政治"，首先需要有一个以直觉和情感参与创造行动中的"艺术家和神秘主义者的

1　德勒兹：《康德与柏格森解读》，张宇凌、关群德译，第 199—200 页。Gilles Deleuze, *Bergsonism*, trans. Hugh Tomlinson & Barbara Habberjam, p. 107–108.

2　德勒兹：《康德与柏格森解读》，张宇凌、关群德译，第 201 页。Gilles Deleuze, *Bergsonism*, trans. Hugh Tomlinson & Barbara Habberjam, p. 109.

3　德勒兹：《康德与柏格森解读》，张宇凌、关群德译，第 202 页。Gilles Deleuze, *Bergsonism*, trans. Hugh Tomlinson & Barbara Habberjam, p. 110.

4　德勒兹：《康德与柏格森解读》，张宇凌、关群德译，第 203 页。Gilles Deleuze, *Bergsonism*, trans. Hugh Tomlinson & Barbara Habberjam, p. 111.

灵魂"。因为只有"神秘主义的直觉"，才能使我们不致陷身于"哲学家的玄思冥想"以及"社会的压制和理智的对抗两极之间的循环游戏"这两种蛊惑，使我们重新了解真正的潜在差异，并投入到分化创造的运动中。那么，什么才是"神秘主义的直觉"呢？德勒兹在《柏格森主义》中没有再作任何详细解释。或许以下两段普鲁斯特的文字会给我们带来一点启发，帮助我们稍稍领会德勒兹的弦外之音：

> 我觉得凯尔特人的信仰很合情理。他们相信，我们的亲人死去之后，灵魂会被拘禁在一些下等物种的躯壳内；例如一头野兽，一株草木，或者一件死物，将成为他们灵魂的归宿，我们确实以为他们已死，直到有一天——不少人碰不到这一天——我们赶巧经过某一棵树，而树里偏偏拘禁着他们的灵魂。于是灵魂颤动起来，呼唤我们，我们倘若听出他们的叫唤，禁术也就随之破解。他们的灵魂得以解脱，他们战胜了死亡，又回来同我们一起生活。

> 往事也一样。我们想方设法追忆，总是枉费心机，绞尽脑汁都无济于事。它藏在脑海之外，非智力所及；它隐藏在某件我们意想不到的物体之中（藏匿在那件物体所给予我们的感觉之中），而那件东西我们在死亡之前能否遇到，则全凭偶然，说不定我们到死都碰不到。[1]

---

1 普鲁斯特：《追忆似水年华》上册，李恒基等译，第 28 页。Marcel Proust, *Remembrance of Things Past* (*Volume one*), trans. C. K. Scott-Moncrieff, p. 34.

ZHI 知 AS UNCEASING DYNAMISM AND PRACTICAL EFFORT：

The Common Root of Knowledge and Action in Wang Yangming and Peter Sloterdijk

（"知"作为无止之动力与实践之努力：从知行同源论王阳明与施洛特狄克的哲学观）

Gabriella Stanchina（唐霄芳）*

内容提要：本文之目的，在分析王阳明于《传习录》中对良知一词的概念与语意叙述。并参考近来德国哲学家施洛特狄克为"践行"概念所进行的哲学及知识论重构，为阳明思想之意涵提供有机而统整性的架构，以参与当代哲学背景中之论辩。本文第一部分批判性地检视柯雄文与秦家懿对王阳明知行合一之诠释，指出有别于这些学者以道德知识所进行的诠释，"知"的概念实际上要宽广得多。意指与世界所进行的情境式交往，其中涉及情感、感觉、知性以及伦理要素。在第二部分，将透过对王阳明"心"之虚灵明觉特性之分析，为此观点提供进一步支持。最后，再藉由王阳明"致知"与施洛特狄克"践行"概念之对比，强调后者对践行中分隔、自我省察、去私我、恢复对最高善的持守等阶段的说明，实为王阳明知行合一说之最佳注解。

关键词：王阳明　施洛特狄克　新儒学　修身　良知　比较哲学

In this article I aim at analyzing the conceptual and semantic articulation of the term *zhi* 知 in Wang Yangming's work *Chuanxilu*, providing the hermeneutic framework

---

* 作者 Gabriella Stanchina（唐霄芳），意大利米兰天主教大学西方哲学博士，研究方向为比较哲学、宋明儒学、现代新儒学、古典与当代德国哲学。

for an organic and comprehensive appreciation of its significance in Wang's thought as well with reference to the radical rethinking of philosophy and epistemology in terms of "exercise" recently offered by German scholar Peter Sloterdijk to the contemporary philosophical debate. In the first section of this work I will critically examine Wang's doctrine of *zhi-xing-he-yi* 知行合一 in the light of the interpretations advanced by scholars expert in Wang's thought like Antonio Cua and Julia Ching. My claim is that in this context the notion of *zhi*, circumscribed by these scholars to the meaning of "moral knowledge" may imply a broader conceptual function as situational engagement with the world that originally involves affective, sensorial, intellectual and ethical factors. In the second section I will try to provide a further foundation to my understanding through an analysis of Wang's perspective on mind (xin 心) as perpetually watchful, lively and dynamic focus. Finally, I will attempt a comparison between Wang Yangming's "effort to extending *liangzhi*" and the general theory of exercise and practicing life elaborated by Peter Sloterdijk, emphasizing how the field of praxis and effort may reveal itself as a hidden root for both knowledge and productive action.

I. Wang's Doctrine of *Zhi-xing-he-yi*: A Critical Survey

Wang Yangming formulates the doctrine of *zhi-xing-he-yi* 知 行 合 一 (commonly translated as "unity of knowledge and action" [1]) in a dialogue with the disciple Xu Ai, in the first part of *Chuanxilu* [2]. Wang's argument here may be summarized in three points:

Zhi and action are one in their original substance, only the selfish wishes may

---

1   I have chosen to transliterate the word *zhi* 知 instead of translating it as "knowledge" like most scholars, and in particular the translator of Chuanxilu, Wing-Tsit Chan do. In my opinion the semantic spectrum of *zhi* in Wang's work goes far beyond the mere epistemological and theoretical meaning suggested by the word "knowledge", whose usage in Western philosophy may be misleading. In this essay I advocate for a structural rethinking of the word *zhi*, underlining its practical-oriented and ethically involved connotation.

2   For the English translation I used: Wing-tsit Chan (ed. by), *Instructions for practical living and other Neoconfucian writings by Wang Yang-Ming*, Columbia University Press, New York and London, 1963.

interpose between the knowledge of the good and its implementation, in which case the real meaning of *zhi* and action gets lost.

In their original substance, *zhi* and action merge together in a single act. This spontaneity is immediate like the link between the perception of a beautiful thing and its appreciation, or between the experience and the awareness of pain.

This truth is worth expressing and emphasizing, because among Wang's contemporaries has spread the false belief that *zhi* must precede action. In a further passage, Wang calls this false belief, derived from Zhu Xi's doctrine, an out-and out moral sickness, since it is not simply a theoretical fault, but a hindrance to the actualization of virtue.

I.1 *Zhi-xing-he-yi*: Descriptive Statement or Prescriptive Ideal?

Some scholars claim that the doctrine of the unity of *zhi-xing-he-yi* has only a prescriptive meaning, that is, that it indicates to us a *telos*, an ideal purpose to achieve. I will here shortly examine the interpretation of two scholars, A.S. Cua and J. Ching.

A.S. Cua, in his essay *The unity of knowledge and action. A study in Wang Yangming's moral psychology*, distinguishes between prospective and retrospective moral knowledge. In the first our acknowledgement of the value of an objective comes prior and lead our action and our commitment to implement it. Since it covers not only intellectual but also affective and volitional aspects, this knowledge is already in itself a sort of action; however, egoistic wishes may divert it from its practical culmination. Retrospective moral knowledge, in contrast, is the personal experience that arises from our involvement in human affairs, the often unreflective awareness of the fulfillment of our action and of our status as moral agents. Cua argues that in the statement, "*zhi* is the direction of action and action is the effort of *zhi*", Wang refers to prospective-anticipatory knowledge alone, whereas in the second statement, "*zhi* is the beginning of action and action the completion of *zhi*", is outlined the process that leads from prospective to retrospective moral knowledge. Cua writes: "The process for Wang is not a temporal process consisting of discrete stages ordered in terms of before and after but a continuum of prospective moral knowledge through successful efforts eventuating in retrospective moral knowledge" (Cua 1982: 18) . This continuum is indicated by Cua as to be a non-contingent link between two mutually dependent notions. Yang Xiaomei, analyzing this interpretative suggestion of Cua, remarks nonetheless that "such an elucidation does not entail the doctrine of identity of action and knowledge. On the contrary, it suggests a difference between the two: a task and its accomplishment. [...] Realization of prospective knowledge differs from prospective knowledge. Realization of prospective knowledge, i.e., action, can be interrupted by selfish desires, weakness of the will, etc., that is, the acknowledgment of a moral obligation does not guarantee that the obligation will be fulfilled. Action or realization of prospective knowledge in Cua's interpretation serves as the glue, which brings together prospective and retrospective knowledge. The problem is that the glue is an element different from the things it is intended to bring together, and the glue cannot be dissolved without a trace" (Yang 2009: 180−181) . Moreover, it is to be noticed that there is no textual evidence in *Chuanxilu* of a distinction between two types of *zhi* or of a change in *zhi* after and before the fulfillment of an action. On the contrary, we may find a steady and reiterate emphasis on the oneness and identity of *zhi* and action.

Julia Ching suggests that *zhi-xing-he-yi* has to be read in a prescriptive, not in a descriptive sense. Wang, in this hermeneutical approach, is not dealing with the analysis of a psychological or behavioral process, but instead with the indication of a moral ideal, as embodied in the person of the Sage. Wang's aim is then to define a universal moral rule: exist such that in you *zhi* and action may be one. This presupposes that *zhi* and action have not a general but only an ethical meaning. "Since for Wang Yangming being and virtue are mutually identical, knowledge" (*chih*) refers primarily to moral knowledge, and ultimately to wisdom, by which one's life is ordered in a meaningful manner. On the other hand, the word "action" (*hsing*) , does not simply designate any movement whatsoever, but only that by which one acts in conformity to his "knowledge of the good". In other words, just as true knowledge is always knowledge of virtue, true action should always be virtuous action.

"The unity of knowledge and action is primarily a moral ideal rather than a principle of epistemology." Furthermore, "the perfect unity of moral knowledge and moral action is only a reality in the ideal man, the sage, who acts spontaneously according with his deep moral convictions, which have become for him like second nature" (Ching 1976: 66–68). The ideal to pursue is thus the one expressed by Confucius in the *Lunyu*, where he affirms that in mature age he has been able to act accordingly with the will of his heart without violating the law. According to this "restrictive" interpretation, in "*zhi-xing-he-yi*" *zhi* has to coincide with *liangzhi* and action may be directed only towards the good.

Wang however, in defining the pedagogical-prescriptive intent of his doctrine, explains that a wicked thought too is in itself action. He notes that in their learning people of today separate *zhi* and action into two different things. "Therefore when a thought is aroused, although it is evil, they do not stop it because it has not been translated into action. I advocate the unity of *zhi* and action precisely because I want people understand that when a thought is aroused it is already action. If there is anything evil when the thought is aroused, one must overcome the evil thought. One must go to the root and go to the bottom and not allow that evil thought to lie latent in his mind. This is the basic purpose of my doctrine" (Chan 1963: 201).

I.2 Sensory Knowledge and Moral Knowledge in Wang: An Analogical Relationship

There are also passages in *Chuanxilu* where Wang seems to claim that cognitive acts insofar they are implied in the process of learning, independently from their moral character, entail and are in itself action. For instance: "To learn archery, one must hold out the bow, fix the arrow to the string, draw the bow, and take aim. To learn writing, one must lay out the paper, take the brush, hold the inkwell, and dip the brush into the ink. In the world, nothing can be considered as learning that does not involve action. Thus the very beginning of learning is already action. [...] To inquire is to learn; it is to act. As there is still doubt, one thinks. To think is to learn; it is to act. As there is still doubt, one sifts. To sift is to learn; it is to act. [...] This is precisely where my humble views differ from those of later scholars, that in substance mind and principle are a unity and in our effort *zhi* and action advance simultaneously" (Chan 1963: 100–101) . Furthermore, there are the innumerable analogies that Wang draws between moral and sensory knowledge. As we have seen before, Wang argues that the right or wrong of the influences and responses of Heaven, Earth and all things are the substance of mind in the same way that colors are the substance of eyes, or that knowing the good and practicing it are simultaneous acts - like seeing a beautiful color and appreciating it, or smelling a bad odor and feeling repulsion. In one dialogue with his disciples,Wang quotes a Chan parable that becomes a perfect epitome for his doctrine of *zhi-xing-he-yi*:

"Guan Shi asked the Teacher to describe the condition of equilibrium somewhat. The Teacher said, 'I cannot tell you any more than a dumb man can tell you about the bitterness of the bitter melon he has just eaten. If you want to know the bitterness, you have to eat a bitter melon yourself.' At that time Xu Ai was by the side of the Teacher. He said, 'This is exactly a case where true *knowledge* and action are identical.' All the friends present attained a certain enlightenment all at once." (Chan 1963: 82)

Nivison indicates that this implies that for Wang Yangming there is no effective difference between perceiving a sensible quality with a sense (for example, sight) and "perceiving" a value-quality with the mind (Nivison 1973: 132) . The plausibility of a metaphor lies in the fact that both terms present a similarity or analogical relationship and both are unambiguous examples of the doctrine (here of oneness of knowledge and action) . Furthermore, the combination of the two terms should enrich their meaning through the revelation of their kinship. Moral knowledge, which is Wang's main interest, reveals a law akin to that which presides over sensory-empirical knowledge, and particularly over procedural knowledge, meaning the learning of something that cannot be expressed in words but only assimilated through practice.

Wang nevertheless writes that "there is no *zhi* outside *liangzhi*" (Chan 1963: 150) . Do we interpret this statement in the sense that when Wang claims the unity of *zhi* and action only moral *zhi* is concerned, as for example J. Ching does, or that every kind of *zhi* is directly action, insofar it is a specific manifestation of *liangzhi*?

II. The Everflowing Dynamism of Mind as *Zhi* and Effort

In order to explaining better Wang's conception of *zhi* as structural dynamism of mind (*xin* 心) as principle, it may be helpful to examine in a comparative way Zhu Xi's account about the origin of *zhi* in human mind. The departure point for both thinkers is a passage from the first chapter of *Zhongyong*. This passage plays a pivotal role in Neo-Confucian thought, because it offers the textual anchorage for the development of that genetic analysis of mind that was lacking in early Confucian philosophy, but it was required in order to contrast Buddhist refined and meticulous explanation of the developmental stages of mind. The *Zhongyong* says: "What Heaven imparts to men is called human nature. To follow our nature is called the Dao. Cultivating the Dao is called education. The Dao cannot be separated from us for a moment. What can be separated from us is not the Dao. Therefore the superior man is cautious over what he does not see and apprehensive over what he does not hear. There is nothing more visible than what is hidden and nothing more manifest than what is subtle. Therefore the superior man is watchful over himself when he is alone. Before the feeling of pleasure, anger, sorrow and joy are aroused it is called equilibrium (*zhong* 中) . When these feelings are aroused and each and all attain due measure and degree, it is called harmony (*he* 和) ."

II.1 Zhu Xi's Tripartite Interpretation of Mind

In his "First letter to the Gentlemen of Hunan on *zhong-he*" Zhu Xi emphasizes how difficult and nonetheless crucial the correct hermeneutic rendition of *zhong-he* can be, depicting an important evolution inside his own interpretation. In the beginning Zhu Xi understand this passage in a dyadic way, claiming that the *weifa*未发state corresponds to nature, i.e. the Principle (or Great Ultimate) as it manifest itself in human beings, and is therefore structurally quiet and inactive, whereas the *yifa*已发stage refers to the emersion of mind as plexus of thoughts and feelings. As Zhu Xi notes, this interpretation revealed itself as unsatisfactory, not primarily for a theoretical reason, but for its outcome in meditative and spiritual life: "Right along, in my discussion and thinking, I have simply considered the mind to be the state after the feeling are aroused, and in my daily efforts I have also merely considered examining and recognizing the clues [of activities of feelings] as the starting points. Consequently I have neglected the effort of daily self-cultivation, so that the mind is disturbed in many ways and lacks the quality of depth or purity." Striving to correct and purify the mind only in its affective and cognitive response to things, Zhu Xi at the beginning failed to recognize the irreducible bi-dimensional nature of mind. Human mind is a bridge that crosses the boundary between principle and material force and it is the living intersection of *xing* 性 and *qing* 情 [1].

This intuition leads Zhu Xi to a deeper tripartite rendition of the mind. Considered as embodiment of nature, mind in the *weifa* stage is perfectly quiet and inactive, without emotional or cognitive relation to external world. The task of self-cultivation has to be realized here, preserving with "caution and apprehension" this state in which the mind is coextensive to the nature, sitting in meditation, and, with an expression borrowed from Cheng Yi, "holding fast to seriousness *jing* 敬". The passage of *Zhongyong* refers also to a subtle and hidden dimension which can be perceived by the superior man when he is alone. To describe this state Zhu Xi coins the expression *duzhi* 独知 and interpret it as an intermediate condition between the not yet active mind and the state in which the mind, fully involved in the world, reacts to the exterior stimuli with feelings and thoughts. Only here Zhu Xi introduces the word *zhi* 知. Actually, the *duzhi* represents the genesis of *zhi* and action: "Loneliness is the realm of which is unknown to the others and known only by the subject alone (*duzhi*) : the subtlest and obscurest actions that have not yet acquired an external form (细微之事迹未形 *xi-wei-zhi-shi-ji-wei-xing*), but their motivation is

---

1   Referring to Mou Zongsan's work, Shu-hsien Lu writes: "As prof. Mou Tsung-san pointed out, when Chu Hsi used his scheme of tripartite division into hsin (mind-heart), hsing (nature) and ch'ing (feelings), to interpret Mencius' thought, he was really giving quite a twist of Mencius' philosophy. [...] Lu-Wang's position to hold that mind is principle seems much closer to what Mencius has taught. But Chu His hold that the mind comprises principles, the relation between the two is that of correspondence, as principle is static while the mind is active. Since it is impossible to find the teaching of such a theory in Mencius' thought which implies that principle is the creative source, Prof. Mou feel that although historically Chu Hsi was honored as the orthodoxy, in fact it was a side branch which assumed the position of orthodoxy." (Shu-hsien Lu, "On Chu Hsi's understanding of hsing", *The Tsing Hua Journal of Chinese Studies*, pp.145–146.)

still in movement (几已动 *ji-yi-dong*) ." This primordial activation of mind is realized in intentions and actions that have already a form, but too small to be perceived by other human beings. Nonetheless, the subject is perfectly aware of them as they are close to the core of his mind, so that "there is nothing more visible and manifest" to him. The influence of the physical nature is already present in the sprouts of *zhi*, so that *zhi* can only emerge for Zhu Xi in intermingling with physical nature. Between this state and the full expression of mind in the world of daily affairs there is not a qualitative, but only a quantitative (small subtle forms versus big visible forms) difference.

II.2　The Unity of Mind as Ceaseless Dynamism of Effort in Wang Yangming

Wang Yangming adopts the expression *duzhi* that Zhu Xi introduced in Confucian discourse, but extends its operation to the pristine state of mind. For him in the *weifa* condition, when mind is one with nature, what is "not-seen" and "not-heard" are the original intentions that are invisible and inaudible for the others, but only privately known. "If people do not exert effort toward what is privately known to them and exert it only toward what is publicly known, this is to act hypocritically [...]. This condition of *duzhi* is the root of sincerity (*cheng* 诚) . Hence all thoughts whether good or evil, are genuine. If one step is correct here, all the following steps will be correct, but if one mistake is made here, a hundred mistakes will follow." (Chan 1963: 77) If the pristine state of coalescence between mind and nature is the calmness prior of *zhi*, devoid of any active and knowing subjectivity, claims Wang Yangming, the risk is that it resembles the state of "samadhi", the nothingness at the root of reality which for him is the final goal of Buddhist meditation. This is, from Wang's point of view, a self-contradictory assertion, since "if apprehension is taken separately as appertaining to a situation when things are not privately known, the task will be one of fragmentary and isolated details, and will also be interrupted. [...] If one does not know, who is it that is apprehensive?" (Chan 1963: 78) For Zhu Xi, mind is originally nature only in the sense that mind conforms itself perfectly to nature in its quiet passivity, and then, after activation, "holds fast the mean" and adopt consciously the principle as measure and model. In both case, principle/nature is an exteriority which mind has to grasp or to conform with and thus without conscious activity, and a fragmentation and interruption is introduced in the ceaseless flow of mind. Asserting that mind is one and the same with principle, entails on the contrary for Wang that *xin/li* 心 / 理 is action from the very beginning, because mind as substance (nature, *xing* 性) and mind as function (feeling, *qing* 情) collapse into each other and mind is an uninterrupted continuous self-manifestation, activity-in-calmness and calmness-in-activity. This doctrine, writes Iso Kern, "is directed against Buddhists, who search for spiritual liberation in a meditative sinking down in the calmness without any activity of feeling and thinking, and retire from social affairs, and against [...] Zhu Xi and his disciples who divide ethical praxis into "caution and apprehension" in the calmness of the *weifa*, and actions in the realm of *yifa*" (Kern 2010: 216) . The perpetual activity of mind involves that *duzhi* accompanies mental life from its very beginning, as the task of watching, refining, and rectifying. "Here lies all the spirit and life of many of the efforts of the ancients to make the personal life sincere. Truly, nothing is more visible than the hidden and more manifest than the subtle, and in all places and at all times and from the beginning to the end, this is the only task (*gongfu* 工夫)" (Chan 1963: 78) .

From Wang's hermeneutic torque of Zhu Xi's rendition of *Zhongyong*, we can infer that *zhi* lies in the core of mind insofar mind is incessant action. In this analysis of mind we can find, from my point of view, the root and the metaphysical foundation of the unity of *zhi* and action. Mind is always in the state of *zhi*, because "From morning to evening, and from youth to old age, if one want to be without thought, that is, not to be conscious (*zhi*) of anything, he can't do so unless he is sound asleep or dead like dry wood or dead ashes" (Chan 1963: 78) . This thoughts and this awareness (*zhi*) are never morally neutral, but they are the unceasing task (*gongfu*) that constitutes mind. Even in explaining the practice of *jingzuo*, sitting in meditation, Wang stresses how it is not an experience of mental emptiness, but a constant effort to scrutinize thoughts and wipe out selfish desires. Since wiping out selfish desires is at the same time restoring the unceasing flow of mind (*liu dong* 流动) and allowing the *liangzhi* to shine, *gongfu* reveals itself not only as an ethical but also as a metaphysical generating power: "If a shining mind is always shining, it will always be both active and tranquil. Through this Heaven and Earth operate forever without cease." (Chan 1963: 132)

From these premises it is possible to understand why even sensorial knowledge (the bitterness of melon) , affective/emotional knowledge (the experience of sorrow) and practical knowledge (learn archery) are in itself action and participate of the active nature of mind, since thoughts and perceptions are functions and expressions of *liangzhi*. For example, Wang in his letter in reply to Ouyang De writes: "*Liangzhi* does not come from hearing and seeing, and yet all seeing and hearing are functions of the *liangzhi*. Therefore *liangzhi* is not impeded by seeing and hearing. Nor it is separated from seeing and hearing" (Chan 1963: 150) , and further: "Thinking is the emanation and functioning of *liangzhi*. If one's thinking is the emanation and functioning of *liangzhi*, whatever he thinks about is the Principle of nature" (Chan 1963: 152) . Precondition of this spontaneous irradiation and realization of *liangzhi* in all the shades of *zhi* is the unity of *gongfu*: "For in one's daily life, although there is an infinite variety of experience and dealings with others, there is nothing which is not the functioning and operation of *liangzhi*. Without experience and dealing with others, there will be no *liangzhi* to be extended. Therefore the task is single. If one speaks of extending *liangzhi* and seeking *zhi* in seeing and hearing, in his way of putting it he somehow makes them two things" (Chan 1963: 151) . And, in a more laconic way: "In the task of learning, singleness is sincerity, doubleness is falsehood" (Chan 1963: 154-155) . This doubleness is the splitting of substance and function, nature and mind, mind and things. It is that fracture in the core of mind that Wang recognized in Zhu Xi's partition between *weifa* and *yifa* and which destroys the organic ever-flowing dynamism of the *liangzhi*, the active effort of its extension.

This error produces itself when we search for the principle or substance of the mind outside the mind. The use of the English term "error" is here very close to its Latin etymological root: *errare*, to wander outside the established way or course. In fact, when we separate the active flow of the mind from its principle we are abandoning the *liangzhi* that "is identical with the Way" (Chan 1963: 146) and unceasingly generating. Wang adopts the expression *liuxing* 流行 , course or stream to designate this perpetual activity (*xing* 行) of mind and *zhuo* 着 , attachment, to indicate the interruption of this vital self-realization. "When the seven feelings follow their natural course (*liuxing* 流行) they are all function of *liangzhi*", however, when there is an attachment "they become selfish desires and obscurations to *liangzhi*" (Chan 1963: 229) . This attachment to something perceived as external to the mind, or to the mind itself erroneously identified with a subject separated from the world belongs as doubleness to the realm of falsehood (*wei*) , i.e. is an unsubstantial, transient state of obstruction that does not affect the omnipresent clarity of the *liangzhi*: "As soon as there is any attachment, *liangzhi* is naturally aware of it. As it is aware of it, the obscuration will be gone, and we return to its substance. " (Chan 1963: 229)

In my opinion, the aporias entailed in our grasping of the equation between "knowledge" and "action" may be revised or solved if we accept the challenge that Wang Yangming issues to our epistemological understanding of *zhi* 知 . For Wang, our mind is nature and not merely as the faculty of grasping the principle and preserving itself in a state of non-activation, or following the principle in the state of activation. Mind itself is the activity of the principle, and if not limited by selfish desires, is always in the state of *zhi*, i.e. in situational engagement with the world. Thinking about *zhi* as the act of a subject autonomously constituting and separating from the world that tries to appropriate an objective world means to irreparably lose the dimension of "*zhi*". *Zhi* is beyond doubleness, it is the flowing state of active manifestation that is prior to the artificial separation of subject and object. *Zhi* is "subjective" in the sense that it implies a personal commitment and involvement in the world, and "objective" insofar as it is the constitution itself of the world as a meaningful, ethically appealing situation. *Zhi* and *gongfu* are the same "wondrous manifestation of *liangzhi*", the commitment to constantly overcome selfishness and restore the dynamic openness of mind which is the purest and most perfect epitome of the principle.

III. The Realm of Exercise and Practicing Life: A Comparison between Peter Sloterdijk and Wang Yangming

Many contemporary Western philosophers are challenging the traditional interpretation of philosophy as theoretical and purely rational activity, claiming its practical-oriented and life-changing significance. Among them the arguably most influential are Pierre Hadot, who in *Philosophy as a way of life* [1] reexamines the history of ancient Greek-Roman thought introducing the exegetic proposal of valuing philosophy as "spiritual exercise" that requires effort, training and existential engagement, and Peter Sloterdijk, who in his works *You must change your life* [2], and *The art of philosophy* [3] develops a general theory of exercise and practice applying it to several fields, from Western philosophical and religious thought to anthropology and history of ideas. In this chapter I will synthesize the main points of Sloterdijk's interpretative paradigm, comparing it with the results of my previous analysis of Wang Yangming.

III.1 Peter Sloterdijk's Concept of "Exercise" as Effort of De-automatization

The common thread that runs across Peter Sloterdijk's works is the concept of "exercise". The semantic constellation organized around this core concept, involving expressions like "practicing life", "*askesis*", "vertical ascent", aims to disclose and analyze that constant striving for self-perfection through a regulated physical or spiritual training that for Sloterdijk is the hidden root of both knowledge and action and constitutes the foundational act of civilizations. "The crossing from nature to culture and vice versa has always stood wide open. It leads across an easily accessible bridge: the practicing

---

1   Pierre Hadot, *Exercices spirituels et philosophie antique*, Paris 1987; English trans. *Philosophy as A Way of Life: Spiritual Exercises from Socrates to Foucault*, ed. by Arnold Davidson, Oxford: 1995.

2   Peter Sloterdijk, *Du mußt dein Leben ändern. Über Anthropotechnik*, Frankfurt 2009; English trans. *You Must Change Your Life: On Anthropotechnics*, tr. by Wieland Hoban, Cambridge: 2013.

3   Peter Sloterdijk, *Scheintod im Denken*, Berlin 2010; English tr. *The Art of Philosophy: Wisdom as A Practice*, tr. by Karen Margolis, New York: 2012.

life. People have committed themselves to its construction since they came into existenceor, rather, people only came into existence by applying themselves to the building of said bridge. The human being is the pontifical creature that, from its earliest evolutionary stages, has created tradition-compatible connections between the bridgeheads in the bodily realm and those in cultural programs. From the start, nature and culture are linked by a broad middle ground of embodied practices" (Sloterdijk 2013: 11) . Sloterdijk borrows from Karl Jaspers the notion of "axial age", meaning that "step into the universal" (Sloterdijk 2013: 192) that took place in the five great civilization-China, India, Persia, Palestine and Greece - in the period between 800 and 200 BC. Whereas for Jaspers this accelerated progress was triggered by the discovery of the inner space and the emersion of the notions of reason and personality, which for the Western culture can be synthesized in Socrates' motto "Know thyself !" Sloterdijk claims that this caesura was rather produced by the more basilar discovery of the psychological mechanics of habits and of the possibility to mould it through practices of self-cultivation. The cultures generated by this discovery are characterized by the subdivision of human behavioral field in two polarized levels of value, like knowledge versus ignorance, or illumination versus blindness, where the first value is an attractor acting from above, a "yardstick for vertical tensions that provides orientation in mental systems" (Sloterdijk 2013: 13). This encourages the secession of an elite of ascetics, literati and practitioners from the commonalities. Sloterdijk remarks that Nietzsche, defining Earth in *The Genealogy of Morals* as the "ascetic planet", where the Greek term *askesis* simply means "exercise" or "training", allows us to "encompass the continuum of advanced civilizations, the three-thousand-year empire of mental exercises, self-trainings, self-elevation and self-lowering-in short the universe of metaphysically coded vertical tension-in an unprecedented synopsis" (Sloterdijk 2013: 34) .

From Sloterdijk's viewpoint, we lose the value and meaning of "exercise" if, like in Western spiritual tradition, we separate the realm of active life (*vita activa*) from that of contemplative life (*vita contemplativa*). Actually, the domain of exercise precedes the bifurcation between knowledge and action, outlining the feature of a performative selfshaping that, in contrast with the productive work aimed at producing an external object, intensifies and improves the practicing subject itself. In this horizon, the act of knowing, epitomized by Greek philosophy in the *bios theoretikos*, the life exclusively devoted to the progress of thought, is not primarily an intellectual ideal but an ethos of the lucid life. Sloterdijk advance as examples Plato's discovery that man is a being potentially superior to himself and able, through a training of disembodiment and a therapeutics of passions to identify themselves with the Ideas, Cartesian suspension of the vital evidence of feelings, and Husserl's *epoché* , i.e. the exercise of withdrawing from the utilitarian everyday existence and bracketing any involvement and participation in life in the midst of life. Through these and other examples the history of Western philosophy reveals itself not as a merely epistemological quest for truth but rather as a bimillennial acrobatic training of self-purification and self-effacement, imbued with the awareness that "humans are only a mean to the angels they can be if they make an effort" (Sloterdijk 2012: 75) .If exercise transcends the caesura between knowledge and action, how can we describe its structural dynamics? For Sloterdijk the inward movement that establishes the realm of inner life is not an intellectual-cognitive act, but the exercise to uproot ourselves from our mechanical habits. The human being is a plexus of passive habits, acquired behavioral disposition and compulsive propensities and the goal of every spiritual, religious, or philosophical practice of self-cultivation is to de-objectify and de-automatize ourselves, appropriating through codified sequences of exercises what dominates us, passions, external circumstances, pervasive desires or social anonymity: "each time, the chance lies in the active present participle: in this form, the activated human is celebrated as one who is autonomously feeling, practicing, and imagining in opposition to the felt, the practiced and the imagined. In this manner, a subject human gradually sets itself apart from the object human [...]." (Sloterdijk 2013: 197)This spiritual and ethical attainment will in turn be embodied in higher habits and re-automatized as a second nature.

The realm of exercise as autopoietic subjectification is antecedent to any division body/mind. In this existential athletism the practitioners aim at assimilating and incorporating higher levels of ethical abilities that enable them to execute previously thought impossible tasks in a spontaneous and effortless way: "whoever has practiced properly overcomes the improbability of good and allows virtue to seem like a second nature. [...] They [the artists of virtue] perform the near-impossible, the best, as if it were something easy, spontaneous and natural that virtually happens of its own accord. " (Sloterdijk 2013: 184)

III.2 Sloterdijk's Exercise and Wang's "Effort of Extending *Liangzhi*": A Parallelism?

Before analyzing the progressive stages and the effective achievement of exercise in Sloterdijk's works, we may refer back to Wang Yangming and try to determine in what extent the notion of exercise may find a parallelism in his thought. The attempt to tracing back the dualism knowledge/action to an original performative dynamism of self-cultivation associates both thinkers. The primal epistemological scene depicted by Western philosophy shows a knowing subject, ideally an unbiased observer, in the act of grasping through its perceptive and intellectual categories an object, or a portion of reality separately constituted and partially or totally irreducible, for its material remains, to the subjective field. This abstract reconstruction of our pristine relation with the world is very far from Wang's perspective and predominant ethical interest. Not only our apprehension of events is imbued with volitional, affective and action-oriented significance, but the quality and adequacy of our responsiveness to the world is determined by our constant effort of wiping off any kind of mental stains and manifesting the brightness and universality of *liangzhi*. The effort of extending *liangzhi* (*zhi liangzhi de gong fu*) can be considered as the auroral intuition of Wang's teaching and the final synthesis of an entire existence whole heartedly devoted to spiritual quest, political commitment and ethical self-improvement. In a passage of the *Chuanxilu*, explaining the metaphor of refining and grinding rice, Wang outlines the overarching horizon of effort, connecting the performance of every task and duty of scholarly life to specific stages of cultivation of the moral nature. The external behavior and the spiritual enhancement are represented as an indissoluble twofold process put into effect by the effort: "To study extensively, to inquire accurately, to think carefully, to sift clearly and to practice earnestly are all efforts of refinement for the sake of singleness of mind. As to the rest, to study literature extensively is the effort to be restrained by the rules of propriety, to investigate thing and to extend knowledge are efforts to make the will sincere, to pursue study and inquiry is the effort to honor one's moral nature, and to manifest goodness is the effort to make the personal life sincere" (Chan 1963: 29–30) . On the basis of this common reference to moral effort as undergirding structure of human participation in the world, are we legitimized to establish a comparison between Wang's effort of self-realization and Sloterdijk's general theory of practicing life that exceeds their formal resemblance?

III.3 The Four Requirement of Exercise in Sloterdijk: A Comparison with Wang's Art of Self-cultivation

To verify this, it is necessary to recall in a more analytical way the four structural requirement of the exercise in Sloterdijk's exposition, namely the vertical tension, the dynamics of activation of the acquired and inert layers of our experience, the entanglement of body and mind, and the progressive increment in capability through repeated execution, and to trace the correspondence with the art of self-cultivation fostered by Wang Yangming.

Referring to the vertical tension we may wonder how much this directional metaphor is indebted with the dualism between immanence and transcendence that is characteristic of Western culture. If the elective predilection of Sloterdijk for the imagery of verticality, from the mountain to the acrobat, is probably indebted with an agonistic torque in Western consciousness, nevertheless its meaning, the call to mobilization and self-transcendence is easily traceable in several places of the *Chuanxilu*, enabling for example Eske Møllgaard to speak, in his thorough analysis of Wang's essay "Pulling up the root and stopping up the source" of an "intense perfectionist drive of Wang Yangming's discourse" (Møllgaard 2004: 377) calling to a collective counter-movement with respect to the "sinking" of Chinese civilization after Mencius. The impetus to transcend a condition of spiritual inertia and undertake the ascending path to wisdom is vividly and dramatically emphasized by Wang in these terms: "Here, Gentlemen, all of you must have your minds determined to become sages. At all times and at every moment your effort must be so earnest and strong that 'Every beating on the body will leave a scar and every slap on the face will fill the palm with blood'. [...] If you while away your time aimlessly, you will be like a piece of dead flesh which feels no pain even if it is struck. [...] When you go home, you will find only your old cunning way of doing things. Will that not be a pity?" (Chan 1963: 255-256) This call to remolding themselves is permeated by a sense of urgency, a verticalization of time, where life is measured by the intensity and depth of the repeated training rather than by the plain, straightforward extension that in the unauthentic, not-realized existence separates birth from death [1]. Sloterdijk underlines this metamorphosis of time in the practicing life: "The adventure of advanced civilizations consists in lifting an existential time out of the cosmic, universally shared time. Only in this framework can one call upon humans to cross over from the even years of being into the dramatic situation of a project time. The acceleration whereby existence frees itself from the inertias of the course of the world is characteristic of the existential time. " (Sloterdijk 2013: 243)

Wang's use of body-related metaphors also is not casual, implying that the wholeness of existence has to be revitalized (from dead flesh to vital force condensed in blood) through the effort. The realization of *liangzhi* takes the form of a systematic getting rid of what is inert, non reacting and unresponsive in the habitual stream of everyday existence. This relates to the second aspect of exercise, the conversion from passivity to activity. As we have seen, the uninterrupted dynamization of our existential attitude is embedded in the élan vital that characterizes the *liangzhi* both in its psychical and cosmic-poietic dimension. The polar opposite of this ideal condition, the selfish ego, is produced by the fixation on things, habits, empirical certainties. This standstill of the original pulse is an automatization that transmutes

---

1   See also Wang's claim that "In a single day a person experiences the entire course of history" (Chan 1963: ·
     311) .

mind in a thing among things, a tangle of obstinacy, worldly desires and self-centered thoughts. Borrowing from Mencius the designation of sagehood as "the task of always doing something", Wang specifies that this activity is oriented toward a higher state of awareness and vigilance and even the practice of *jingzuo* has to be accompanied by a sifting close examination of the ceaseless stream of thoughts. As seen above, this activity involves the body-mind as an organic unity, and self-realization is often described through the metaphors of incorporation and embodiment. From a lexical point of view, we may notice that Wang very often uses the expression *tiren* 体认, meaning "personal experience". This has several implications: the identity between the mind and the heavenly Principle has to be directly experienced, *liangzhi* cannot be realized or clearly grasped but through practical knowledge (Chan 1963: 58-59) , and late Confucians had lost awareness of Mengzi's truth regarding *liangzhi* and *liangneng* because they had not experienced it directly in their hearts, due to their choice instead to pursue a dogmatic and abstract mode of knowledge (Chan 1963: 68-69) . Iso Kern claims that *ti* means here the body and all these expressions mean knowledge or comprehension of something through "incorporating" it in our experience. We can translate these expressions as "to experience in our own body", "to understand in our life", "to understand something by implementing it in our daily practice" (Kern 2010: 155) . Even the apical realization of wise man encompasses the entirety of psychophysical existence, expressing itself as empathic capability to feel the pain of the other creatures as his own, as "forming one body with the universe".

Remembering the last requirement of Sloterdijk's "exercise", we may notice that the constant self-renewal of effort make easier any further execution until the task of extending *liangzhi* flows effortlessly: "When after a long time he has mastered the task, he does not need to exert energy, and without any caution or control the true nature will naturally operate without cease." (Chan 1963: 255) There is a stepped path that from pupil leads to the Sage. The Sage is like the adult that, having learned to walk, travels effortlessly for thousand *li*, and needs no particular instruction; while the pupil, in contrast, is like a child who is trying to learn to walk and needs to lean on the wall, getting stronger step by step (Chan 1963: 180) . The point of interest here is that progress in the field of virtue is assimilated to the procedural knowledge, meaning that sort of knowledge that allows us to learn to perform complex operations simply by practicing them. For Wang Yangming the effort that is aimed at surpassing the attrition of habits produces an effective progress-in-being and not only a progress-in-knowing.

III.4 The Stepped Path of Exercise: from Spiritual Conversion to Anthropocosmic Vision

Sloterdijk, examining a broad range of spiritual, philosophical and mystical paths from different cultures tries to delineate in a synthetic exposition the progressive stages of the practicing life. The first stage is defined by Sloterdijk as "spiritual secessionism". "All increases of a mental or bodily kind begin with a secession from the ordinary. " (Sloterdijk 2013: 217) The conversion from passivity to activity implies an uprooting from the everyday certainties and the beginning of a spiritual journey. In world literature, we may find various metaphoric rendition of this turn of the whole being that cuts the continuum of the habitual, ordinary reality through an ethical distinction between those who are immersed in the triviality of the earlier life and those who head for a superior sphere of being. The exit of the freed prisoner from Plato's Cave and the awakening from a state of dream represent two paradigmatic expression of this inner revolution in both Western and Eastern cultures. The splitting between the realm of shadows and the realm of daylight marks the difference between an illusory projection and a stable level of reality saturated with truth, and sometimes the anguished loneliness of the awakened who feels himself unable to recall his fellows to a heightened awareness. In one of his lyrics Wang depicts himself as the only watchful person among a self-oblivious humankind: "The whole world is drowned in sleep / But the lonely man—who is he? —by chance still sober / Cries aloud but cannot stir the others, / who stare at him in great astonishment."[1] The aforementioned

---

1 Quoted in: Julia Ching (Ching 1976: 235) .

discourse on "Pulling up the root and stopping up the source" represents perhaps the most dramatically rhetoric address to his disciples to leave behind a declining world lacerated by greed and selfish ambitions and a false knowledge put into service of the individual eagerness for worldly success. Conversion, stresses Sloterdijk, can be described as a reversal of sight, a reorientation of the whole existence through an inward movement of self-recollection.

This withdrawal of attention from an alienating world to ourselves enables us to discover the unexplored region of the inner being: an enclave where "there is nothing to which I can be indifferent, as I bear responsibility for everything here" (Sloterdijk 2013: 226). No matter if we denote it as Plato's noetic psyche, the mind-soul unaffected by the passage of time, as inner citadel like in Medieval mystic, or as transcendental subject outpost of the absolute spirit in the individual like in German Idealism, in any case we can synthesize this capital discovery with the words of St. Augustine: *in interiore homine habitat veritas*, the truth dwells in the inner human being. The world-relinquishment implies a self-acquisition that discloses a vast, inexhaustible space of improvement: "once the outside world has been separated from me and has become distant, I find myself alone and discover myself as a never-ending task" (Sloterdijk 2013: 227). We may notice here a conceptual and linguistic parallelism with that re-orientation toward *xin* and discovery of *liangzhi* that represented for Wang the alpha and omega of his existence. In a lyric of 1524, Wang condenses for his disciples the meaning of this discovery:

Confucius resides in every man's heart,

Hidden by distractions of ears and eyes.

The real image being now discovered, [1]

Doubt no longer [your] *liang-chih*.

[…]

In every man there is a [mariner's] compass,

---

1 Probable reference to the doctrine of "The original face of Buddha", introduced in Chan Buddhism through the Platform Sutra of the Sixth Patriarch, transmitted in Ming Canon of 1440.

His mind-and-heart is the seat of thousand changes.

Foolishly, I once saw things in reverse:

Leaves and branches sought I outside.

The soundless, odorless moment of solitary self-knowledge

Contains the ground of Heaven, Earth and all beings.

Foolish is he who leaves his inexhaustible treasures,

With a bowl, moving from door to door, imitating the beggar. [1]

Dwelling in the eccentric position of the inner mind I find in the inner core of myself something that transcends my "little self" and is the measure and foundation of the whole universe. Sloterdijk calls it in a provisional way the "Great Self" or the "Great Other", because in the beginning I perceive it as a witness consciousness that reminds me the perfection which I am striving for. A meticulous work of self-vigilance and scrutiny is required to define and preserve the boundaries of this ideal space from the stains of the wicked desires deriving from my intermingling with the world. Sloterdijk outlines two different ways of dealing with this supreme principle: a constant increase in knowledge and spiritual excellence in order to conform with the model, or a self-emptying and removal of any obstacle or selfish attachment in order to allow the supreme brightness to emerge and manifest in me. There is here a similarity with the bifurcating paths of Zhu Xi's progressive and stepped self-improvement and Wang's self-realization. Sloterdijk claims that this two modalities of exercise are hierarchically distanced, the former being only an intermediate stage and the latter the final attainment.

The climax of the practicing life is the identification with the Great Self and the transmutation of the asymptotic approach to an external model in a restoration of my pristine hidden root: "we could never perfect ourselves without already having a share in perfection; indeed, we could not even want to approach the *summum bonum* were it not already within us as a target image, albeit only darkened and broken.

---

1   Quoted in: Julia Ching (Ching 1976: 242) .

The purpose of all practice is to break this breaking, to clear the darkening, and to correct the deviation of the perfect into the imperfect [...]. The wise man, then, is not an artist with visions of something new, but rather a conservator in search of the original state. The restoration of a concealed archetype is his passion. " (Sloterdijk 2013: 251) Iso Kern, analyzing the chronological evolution of the concept of *liangzhi* in Wang's work, claims that after about 1520, we may witness a gradual widening and semantic drift of the term *liangzhi* in Wang's work (Kern 2010: 244-249) . Adopting Kern's terminology, it seems useful to consider this change in terms of the "psychological-dispositional" concept of the innate propensity to the good and the "moral-critical" concept of the conscience broadening into the metaphysical dimension. Wang's sorrow regarding his conviction and the exile, his growing sense of existential vulnerability, and his firm belief that only by getting rid of the fear of death is a man able to accomplish his destiny, lead him to rethink his entire life and the teachings that he has transmitted to his disciples. In this climate of increased sensibility, his ethical doctrine creatively merges with the echoes of his juvenile passage through Buddhism and Daoism, until it flows into a broad anthropocosmic vision, to which Wang often refers using the word "faith" (*xin* 信) . In a letter to his disciple Shouyi in 1520 Wang writes: "For some time now, I have believed that the three words *zhi-liangzhi* are the hidden eye of the true doctrine of the Sages' school. Before, I doubted that they were exhaustive. But now, since I have been involved in a difficult situation, this term '*liangzhi*' is no longer incomplete. It is like when one on a boat takes the helm. When waves are small or the sea is dead calm all goes as desired. But when you have to face the storm wind and the breaking waves only if you have the helm in your hands you can avoid a shipwreck." [1] It is not enough for Wang to know that a person possesses inside his or her mind the germ of the inclination to the good, since it may nevertheless be neglected rather than cultivated; or that he or she has a clear conscience, since it is still susceptible to stains from outer or inner

---

1   A citation from Iso Kern (Kern 2010: 238-239) .

darkness. From these psychologically and empirically rooted points, Wang moves towards something that transcends everyday experience, something that may confer to the Confucian school an unshakeable certainty in the midst of all the storms of the world and blaze a trail to that not only the young Wang, but also several of his contemporaries looked for in the eternal *Dao* or in the nature of Buddhahood [1].

It is worth here noting that the stepped path of self-cultivation outlined by Sloterdijk evokes correspondences not only in the Confucian doctrine but also in the other mainstream schools of Chinese philosophy, namely Daoism and Buddhism. The process of withdrawal from the world, declined by Wang in the ethical sphere as removal of the selfish attachments, covers in Sloterdijk a broader range of human behaviors and disposition, and may as well be interpreted as aesthetical and religious secession from the world, including the movement of spiritual return to the root described in the Daoist classics like the *Daodejing* and the *Zhuangzi* and the concrete withdrawal from worldly affairs, supported by the doctrine of the deceptive and illusory nature of the samsaric world, of the Buddhist monks. The controversy in Chan Buddhism about the priority of the gradual practice through a meditative path of self-perfection, or the sudden enlightenment and extinction of the illusion of enduring self may provide a parallelism with the two ways of progression in perfection and self-emptying of the soul described by Sloterdijk. The "fasting of the spirit" celebrated in the *Zhuangzi* is an example of the self-emptying techniques of Daoism which culminate in the abandonment of the dualist thought and the perfect embodiment of the Dao. The ultimate fall of the boundaries between *samsara* and *nirvana* in the

---

1   Nivison suggests that for Wang the discovery of the eternal essence of the *liangzhi* (the *liangzhi benti*) resolved an ethical enigma (how to adhere to the good even when it is threatened by egoism and the weakness of one's human will) in a way very similar to Plato's solution to the epistemological enigma. How can I learn something new, asks Plato, if not by remembering perennial Ideas and restoring the perfect knowledge, that was from the beginning already in me? How can I put my trust in the ultimate attainment of good, asks Wang, if not due to the fact that the supreme good lies from the beginning inside each man, bright and unaffected by our weaknesses and faults? See David Nivison, "Moral Decision in Wang Yang-Ming: the Problem of Chinese 'Existentialism'", *Philosophy East and West* 23:1/2, 1973, pp.125-126.

Mahāyāna Buddhism's road to salvation may offer a further example of the spiritual goal described by Sloterdijk as "identification with the Great Other". These concise references are only aimed to emphasize that the above analyzed process of self-cultivation constitutes a commonality shared by the three Chinese majors schools of thought, and to suggest how further comparative studies between Sloterdijk's work and the texts and practices of Daoism and Buddhism may constitute a fruitful and promising field of research.

Following Sloterdijk's reconstruction of the different stages of exercise, we can return now to the point in which the descriptive and prescriptive interpretations of the unity of *zhi* and *xing* merge together, since with Kantian terminology, in Wang's universe the starry heaven above me and the moral law within me are from the very beginning one and the same. The exercise of achieving *liangzhi* in the midst of everyday life by overcoming every egoistic attachment - is not an act separate from *liangzhi*, nor should be thought in terms of some imperfect and decayed embodiment of an eternal reality in man's troubles. *Liangzhi* as a dynamic principle is never an immobile and accomplished idea; it is indeed its act of self-externalization in the seven emotions and in the actions. Its nature is thus one of expansion and perennial self-transcendence.The shining void at the core of the human mind is no different from the shining void that allows everything to arise and to decline. The human power of self-transcendence, of getting rid of the hindrance of ego, is one and the same with the cosmic generative force. The realm of exercise described by Sloterdijk finds in Wang's thought a coherent metaphysical foundation.On balance, with a Confucian background in mind, we can easily realize that *zhi zhi* is not so much a cognitive activity as an approach of self-transformation and self-actualization. For Confucianism in general, including Wang, doing moral behaviors is nothing less than the way leading to metaphysical realm. Moral practice is precisely where the metaphysical world converges with the moral world. [1]

---

1   I am grateful for Chang Tzu-li's comment that helped me to develop this interpretation of Confucianism.

Conclusion: self-actualization as responsiveness and responsibility

To summarize the results of this comparative work, we can affirm that knowing and acting are unified and traced back by both authors to an original dynamism of self-activation. Sloterdijk underlines that knowledge, even understood in the strictest epistemological sense of theoretical life, that is dominant in Western philosophy, is nonetheless a systematic exercise of purification from passions and illusory biases and alignment with the universal which involves not only the abstractive faculty, but the entirety of human existence. We noticed how Wang's effort to extend *liangzhi*, that is the apical point of the unity between *zhi* and action shares many features with Sloterdijk's exercise, namely the consideration of human being as a whole, manifesting itself in volitional, affective, intellectual, bodily activities that simultaneously concur to the task of self-realization; the ethical urgency that permeates its manifestation, producing an existential and temporal condensation and intensification; and the self-reinforcing effectiveness of its repetition; that pedagogically aims to an increasing spontaneity in the identification with the endless dynamicity of *liangzhi*. The articulation, proposed by Sloterdijk, of the exercise in the stages of secession, self-scrutiny, emptying of the selfish ego and manifestation of the supreme good as original possession to be restored, may help us, in my opinion, to better analyze the effort of extending *liangzhi* in its multifaceted structure, that not necessarily involves a chronological development, but may contribute to logically reconstruct the ultimate coalescence of subjective effort of extending *liangzhi* and objective dynamism of *liangzhi* itself. The cardinal difference that nevertheless underlies this similarity between exercise and Wang's effort resides, from my point of view, in the ethical character of both concepts. Whereas in Sloterdijk's works ethics is declined as the categorical imperative of changing our lives, that resonates in us as vertical tension toward an individual attainment of perfection, in Wang Yangming the moral appeal to our conscience is always rooted in a social horizon outlined by the interpersonal Confucian value of *ren* 仁 . In a passage aforementioned Wang explains that *zhi* is the substance of the intention and for the intention to function, there must be the thing in which it is to function, and the thing is an event. As examples for "things" or "events" Wang adopts in sequence "serving one's parents", "serving one's ruler", and "being humane to all people and feeling love toward things" (Chan 1963: 14) . The structural aspect of dynamicity that belongs to *zhi* in its interaction with the world coincides ultimately with the effort to extend and broaden its efficacy in concentric circle from the family to the cosmos. Relational empathy and social responsibility are for Wang the instances and the original disclosures of *zhi*. The actualization and realization of *liangzhi* in which *zhi* culminates is a universal graduated participation and sympathy. The inseparable unity of *zhi* and action reaffirms itself in its original meaning: just as I cannot know the pain if I do not experience it in myself, so *zhi* is a perceptive appropriation of the other, the endless becoming-I of the universe. If the goal of Wang's exercise is cosmic responsiveness, transparent resonance without any kind of inertia and passivity, this responsiveness is nevertheless, in its highest grade, responsibility, and the reality in which I am embedded is a social network of mutual attentiveness and ethical obligation to the other. Taking into consideration this crucial difference of accent, that leads Wang Yangming to give prominence to the duty towards a socially constituted reality, and Sloterdijk to privilege, coherently with the dominant Western approach, the self-realization of the individual, I believe that the suggestion to consider exercise and practicing life as root and original framework of theory and praxis, can provide us with an interesting, cross-cultural contribution to the correct understanding of Wang's claim of *zhi-xing-he-yi*.

References

Angle, Stephen C. 2009. *Sagehood*: *The Contemporary Significance of Neo-Confucian Philosophy*. New York: Oxford University Press.

Chan, Wing-tsit. translated, 1963. *Instructions for Practical Living, and Other Neo-Confucian Writing*. New York: Columbia University Press.

Chan, Wing-tsit (eds) 1998, *Wang-Yang-Ming-Chuan-Xi-Lu-Xiang-Zhu-Ji-Ping* 《王阳明传习录详注集评》(Taipei: Xue-Sheng-Shu-Ju) .

Cheng, Chung-ying. 1991. *New Dimensions of Confucian and Neo-Confucian Philosophy*. Albany: State University of New York Press.

Ching, Julia. 1976. *To Acquire Wisdom: the way of Wang Yang-Ming*. New York: Columbia University Press.

Cua, Antonio. 1982. *The Unity of Knowledge and Action: A Study in Wang Yangming's Moral Psychology*. Honolulu: Hawaii University Press.

Eske Møllgaard. 2004. "Doctrine and discourse in Wang Yangming's essay 'Pulling up the root and stopping up the source'", *Journal of Chinese philosophy* 31:3.

Frisina, Warren. 2002. *The Unity of Knowledge and Action: Toward a Nonrepresentational Theory of Knowledge*. Albany: State University of New York Press.

Iso Kern. 2010. *Das Wichtigste im Leben. Wang Yangming und seine Nachfolger über die "Verwirklichung des ursprüinglichen Wissens"*, Basel.

Liu, Shu-hsien. 1998. *Understanding Confucian Philosophy: Classical and Sung-Ming*. Westport, CT: Greenwood Press.

Nivison, David S. 1973. "Moral decision in Wang Yang-Ming. The problem of Chinese 'existentialism'", *Philosophy East and West*, 23:1-2.

Nivison, David S. 1996. *The Ways of Confucianism: Investigations in Chinese Philosophy*. Chicago and La Salle, Ill.: Open Court.

Pierre Hadot. 1995. *Exercises spirituels et philosophie antique*, Paris 1987; English trans. *Philosophy as a Way of Life: Spiritual Exercises from Socrates to Foucault*, ed. by Arnold Davidson, Oxford.

Peter Sloterdijk. 2013. *Du mußt dein Leben ändern. Über Anthropotechnik*, Frankfurt 2009; English trans.*You Must Change Your Life: On Anthropotechnics*, tr. by Wieland Hoban, Cambridge.

Peter Sloterdijk. 2012. *Scheintod im Denken*, Berlin 2010; English tr. *The Art of Philosophy: Wisdom as a Practice*, tr. by Karen Margolis, New York.

Yang, Xiaomei. 2009. "How to Make Sense of the Claim 'True Knowledge Is What Constitutes Action': A New Interpretation of Wang Yangming's Doctrine of Unity of Knowledge and Action." *Dao: A Journal of Comparative Philosophy* (8)2: 173-88.

岸本美绪教授访谈录

戴海斌采访整理

采访时间：2014 年 8 月 29 日上午 10:00—12:30

受访地点：东京御茶之水女子大学教育研究栋 817 史学演习室

受采访者：岸本美绪（1952—　），东京都人，中国史学者。1975 年东京大学文学部卒业，1979 年东京大学大学院人文科学研究科博士课程中退，历任东京大学东洋文化研究所助手、御茶之水女子大学文教育学部专任讲师、助教授、东京大学文学部助教授、教授等，现为御茶之水女子大学大学院人间文化创成科学研究科教授。主要著作有《清代中国の物価と経済変動》（1997）、《東アジアの"近世"》（1998）、《明清交替と江南社会：17 世纪中国の秩序問題》（1999）、《中国社会の歴史的展開》（2007）、《風俗と時代観》（1912）、《地域社会論再考》（2012），编有《岩波講座"帝国"日本の学知第 3 卷・東洋学の磁場》（2006）、《中国歷史研究入門》（2006）等。

采访者：戴海斌（1978—　），浙江绍兴人，上海社会科学院历史研究所副研究员

戴海斌（以下简称"戴"）：岸本老师您好！谢谢您接受这次访谈。主要想请您谈一谈个人治学方面的一些经历和经验，我想国内的读者应该很有兴趣，尤其是与您的领域相关的研究者。

岸本美绪（以下简称"岸本"）：谢谢！除了我以外，还访谈了谁呢？

戴：我今年有机会到东大访学，因为待的时间比较长，所以主要计划访谈一些东大的老师，比如村田（雄二郎）教授、吉泽（诚一郎）教授、川岛（真）教授等，另外还有一些活跃在研究第一线的更为年轻的学者，也想多多

交流。您是我访谈对象中辈分最高的，所以我也很紧张。

岸本：村田老师也访谈过日本老一辈的学者。

戴：我知道，好像是跟台湾大学合作的一个项目，那个书也出来了，我在访谈之前还专门学习过那本书。[1] 那是一个比较大的口述史项目，访谈对象都是一些日本的老一辈中国学研究学者，比如沟口（雄三）先生、野村（浩一）先生，等等。

岸本：是的。

戴：这次访谈（梁）敏玲也参加，她在中国和日本都有学习的经验，对两方面学界都比较熟悉，我想她可能也会有一些问题向您请教。那么，还是从您最早接触中文和中国历史的经历开始谈吧。您小的时候成长在一个怎样的环境中，怎样接触到了中国历史？

岸本：我最早接触到中国文学，是我小时候家里有一本书，叫《新唐诗选》，是京都大学非常有名的学者吉川幸次郎写的。[2] 我在小学的时候看那本书，觉得中国文学非常有意思，后来还读了一些，比方说李后主（煜）的词啊，司马迁的《史记》啊，都觉得很有意思。

戴：您小时候应该学过汉文吧？

岸本：对，是汉文。到中学时代，我们学一些古典汉文，那个时候我觉得我对这方面比较拿手，所以我比较喜欢中国文学。另外，我对中国历史也感兴趣。初中的时候，作为暑假家庭作业，我写了一些有关中国历史的文章，所以我上初中时，已经对中国历史感兴趣了。

戴：您上大学之后，东大学生好像是先在教养学部两年，然后再分专业的吧？您什么时候决定学习东洋史？

岸本：大概是第二年的时候，决定要专门学东洋史。大学时，我的第二外

1　此访谈计划由台湾大学政治学系中国大陆暨两岸关系教学与研究中心发起，台北、东京与北京三地学者合作实施，第一期的访谈内容已经以日文、中文繁体和简体形式公开出版，参看石之瑜、何培忠、平野健一郎、土田哲夫、村田雄二郎等：《战后日本的中国研究——口述知识史》，"国立"台湾大学政治学系中国大陆暨两岸关系教学与研究中心，2011 年；《インタビュー戦後日本の中国研究》，平凡社，2011 年；《当代日本中国学家治学历程——中国学家采访录（一）》，北京：中国社会科学出版社，2011 年。
2　吉川幸次郎、三好達治著：《新唐诗選》，东京：岩波书店，1952 年。

语学的是中文，那个时候学中文的人很少，不像现在，学中文的比较多，那时候我是"少数派"。当时选择学中文的学生有中国文学、中国哲学、东洋史这三个领域的选择，我觉得中国文学和中国哲学都很有意思，但是呢，我觉得（学）中国文学、中国哲学，需要特别的才能，历史的话，如果认真工作的话，大概没问题的。而且，那时候中国文学和中国哲学的学科的风气，我觉得是比较政治性的，大家都喜欢中国。（笑）所以呢，我的感觉，风气不太开放。我觉得东洋史，包括中国学、印度史等，跟西洋史、日本史的研究接近，比较开放。

戴：您一开始是在驹场吧？[1]当时东大与中国史研究相关的老师有哪些？

岸本：是的，当时在驹场，我选择了一些有关中国史的课，但是跟老师没有密切的关系。那时候我上的课，有一位学者叫做上原淳道（1921—1999），他是研究上古史的学者，是一位非常有特色的学者。[2]他的父亲是上原专禄（1899—1975），也是一位很有名的西洋史学者。[3]上原老师是研究上古史的，但同时对南非的种族歧视问题很感兴趣，有一些学生跟上原老师一起研究过，但是我没有参加。

戴：是不是当时的这些老师（研究中国史的时候）有一种世界史的眼光？

岸本：他的课不一定与世界史有关，讲课的内容比较随便。（笑）但是，上原老师的课是比较有个性的。

戴：二年级您选定了东洋史专业，进入专业之后，接触到了哪些科目和老师呢？

岸本：本乡[4]东洋史学科的老师是田中正俊（1922—2002）[5]先生，我还上了

---

1 东京大学驹场校区，凡东大学生，第一、二年级均属于教养学部，只分大类为文 I II III、理 I II III，至三年级始按专业分班，教养学部即在驹场校区。

2 上原淳道，京都府人，上原专禄长子，中国史学者。东京帝国大学文学部东洋史学科卒业。历任东大教养学部专任讲师、助教授、教授。著有《政治の変動期における学者の生き方》、《夜郎自大について》、《上原淳道中国史論集》、《上原淳道読書雑記》等。

3 上原专禄，历史学者，专攻中世纪欧洲史，一桥大学社会学部教授。著有《上原专禄著作集》（全28卷）等。

4 东京大学本乡校区，东大文学部所在地。

5 田中正俊，生于台湾台南市，东京帝国大学文学部东洋史学科卒业。1943—1946年以学徒兵从军，参加太平洋战争。历任横滨市立大学文理学部专任讲师、助教授，东京大学文学部东洋史学科助教授、教授，东洋文库理事，东大名誉教授等。著有《中国近代经济史研究序说》、《東アジア近代史の方法　歴史に学ぶ》、《田中正俊歴史論集》、《戦中戦後》，共编有《歴史像再構成の課題　歴史学の方法とアジア》、《近代中国研究入門》等。

西嶋定生（1919—1988）[1] 先生的课，中国史主要是这两位老师。我们还需要上别的课，比如中亚史、日本史、西洋史的课。东大的讨论课是非常重要的，我上了西嶋先生和田中先生的讨论课。

戴：当时在这些课上，大家都比较关心，或者比较热门的话题是什么？我看您的一篇文章，提到您跟西嶋先生有关于对"东亚世界体系"观点的讨论，您说最早在大学时代受到中国史分期论争的影响，当时田中先生和西嶋先生的讨论给您留下深刻印象。[2]

岸本：我进入大学是1971年，开始学习东洋史是1973年。那个时候大家感兴趣的问题是什么呢？以前有世界历史普遍规律的理论，而到了六七十年代，大家讨论的是怎样超越那个刻板的理论，怎样到达一个有中国特色的发展规律。西嶋先生那时候特别研究的是唐代以前皇帝权力的问题，所以他考虑的也是如何探讨有中国特色的发展规律。

戴：所以您入学的时候，日本史学界已经在对"战后历史学"进行反思了吗？

岸本："战后历史学"，定义是什么呢？

戴：就是您刚才说的，强调规律性、强调阶段性的那种……

岸本：那时候马克思主义的影响力还没有消失，但是所谓"规律"并不是世界上所有地方都相同的，中国有中国的特色，还受到了国际关系的影响。

戴：谈到国际关系的影响，您上学的时候，西方世界和共产主义世界的整体对立仍然存在。

岸本：对对，是这样。

戴：在70年代前后，您在日本国内，对当时的世界政治格局有一种什么样的感受？

1　西嶋定生，冈山县人，东京帝国大学卒业，历任东京大学东洋史学科助教授、教授、名誉教授。专攻明清社会经济史，后转向古代史研究，提出著名的中华帝国册封体制论，与京都大学宫崎市定、东京大学堀敏一、一桥大学增渊龙夫等并为战后中国古代史研究的领袖学者。著有《中国古代帝国の形成と構造　二十等爵制の研究》《中国経済史研究》《中国古代の社会と経済》《中国古代国家と東アジア世界》《西嶋定生東アジア史論集》（全5卷）等，编有《中国史の時代区分》《東洋史入門》等。

2　岸本美绪：《时代区分論·補記》，载氏著《風俗と時代観》，东京：研文出版，2012年，第33—34页。

岸本：比方说，田中先生感兴趣的问题，简单来说，就是发展规律和帝国主义之间的关系。如果太强调帝国主义的话，怎么说，中国的发展到哪里去了？（笑）但是如果太强调发展规律，我们无法解释为什么中国在 19 世纪受到外国的侵略和冲击。田中先生当时的论文就是讨论明清以来中国的农业经济发展和帝国主义的关系。[1] 在日本，有一些学生很强调帝国主义的问题，类似沃勒斯坦的世界体系理论，那时候在日本也有。但是也有一些学者喜欢强调中国的发展规律问题，就是说明清以后中国已经有了发展方向……

戴：当时的研究与政治环境的关系是怎么样的，研究是不是很受政治因素的影响？包括受日美关系的影响？

岸本：当然有。比方说，六七十年代，日本也有非常大的政治……

梁敏玲（以下简称"梁"）：学生运动。

岸本：在大学里面也有所谓的大学斗争。怎么说呢，前面谈到的发展规律论，与政治的关系比较少。无论政治是怎样的，经济总要一步一步发展，持这样看法的人比较多。但总的来说，六七十年代，历史学者与政治的关系比较大，在国内是国家权力的问题，在国外是帝国主义的问题。这样的政治方面的关心比较多。

戴：那学生呢？作为像您这样的 70 年代入学的学生，在当时的政治环境下，对帝国主义论和社会发展论的讨论，是怎么样的看法？

岸本：在日本，六八至六九年，是学生运动最高峰的时段，所以我进大学的时候，那样非常活泼的学生运动的时期已经过去了，但是政治性的分歧还存在，学生里面也有这样的讨论。我们参加讨论，问你站在人民的立场？还是站在支配阶级的立场？那样的讨论非常活泼。（笑）那时候的日本学者很重视自己的立场，我觉得这是很好的。现在很多学者讨论"立场性"，而在日本七八十年代已经有关于立场性的讨论。我觉得这样对现实问题的关心和对立场性的反省，是非常重要的。当时的（日本）学者，即使研究的是比较小的问题，也会对比较大的问题感兴趣。我觉得这是很好的。但是，当时的我，是实证主义者。所以有些同学对我说：你读史料读得比较好，但是你忽视了人民大众。（笑）我觉

1　参看田中正俊：《中国近代经济史研究序说》，东京：东京大学出版会，1973 年。

得，立场是立场，但是，我感兴趣的问题呢，与其说是政治上的立场，不如说是怎么样了解明清时代人们的想法和生活。所以，我对政治性的风气，有点，不能那个……

戴：是的。其实现在学校里面也有左中右，学生立场各不相同。您当时可能就受到了当时的左派学生的批评。（众笑）所以您当时主要精力还是在学习方面，在史料的研读和研究上。那么，请您谈谈研究方面的情况。

岸本：我本科毕业论文的题目，是关于明末的赋役改革。那时候我专门看的，是日本和中国的社会经济学方面的书。当时日本有关赋税制度的研究，是明清社会经济史的热门领域，很多人写书，写文章。在中国方面呢，比方说傅衣凌先生、梁方仲先生。进研究院之后，我开始研究物价问题。

戴：我插问一句，您选择这个研究题目，从社会经济史的角度切入，跟当时赋税问题研究主要强调农民革命、阶级关系的角度，是否有所区别？

岸本：对对。（笑）我在本科选择了研究赋税制度。那时我要写毕业论文，有两个题目想要研究，一个是20世纪的红枪会，即农民团体，我对这方面很感兴趣，另一个是明清时代的农村社会。我本来对红枪会很感兴趣，但是在田中先生的讨论课上读了清代前期的家训，觉得非常有意思。我觉得明清农村社会是一个比较好的题目，我跟田中先生商量，什么问题比较有意思，他推荐赋税制度，所以我选了这个题目。但是我开始做之后，觉得这方面学者太多，没有新的发现，加上当时学者研究赋税制度的方法都很细，比如什么县的什么时候赋役改革，我毕业论文写的那个题目，《明末嘉兴府的赋役改革》，题目很小。所以到读研究院的时候，我想选择从前学者不太注意的新鲜的问题作为题目。田中先生的讨论课上，我看的研究资料是清初的官僚张英写的《恒产琐言》，那个书里面，张英对他的孩子们说他们应该如何经营田地，涉及田地经营和物价变动的关系，我觉得非常有意思。张英的家训，包括其他的史料也表示，当时人对于物价变动很敏感，相当灵活地对付围绕他们的经济情况，我得到的这些印象和当时一般的"封建"经济观有所不同，所以我想研究这个问题。[1]进了研究院之后，我选择物价作为硕

1　关于这一问题的研究成果，有兴趣的读者可参看岸本美绪著，刘迪瑞译：《关于〈恒产琐言〉》，《清代中国的物价与经济变动》第十章，北京：社会科学文献出版社，2010年。

士论文的题目，当时日本很少人研究这个，大部分人感兴趣的是阶级关系，结构性的问题，而像物价变动那样的变动分析，关注的人很少。田中先生鼓励我，说这个题目很有意思。但是朋友们问我，为什么研究这样的题目。还有七九年，中国社科院近代史所的刘大年老师来日本的时候，也对我说物价问题跟历史的发展没有关系，你应该学阶级斗争。（笑）但我自己觉得物价变动很有意思，通过研究物价变动，能够接近当时人的经济思考。

戴：您从一开始的制度史研究，转到物价研究，相当于转移到对当时人生活状态的关心。

岸本：当时我对制度史的了解不太完整，所以我的感觉是制度史比较固定，怎么说呢，就是不那么活跃的。但是后来我发现制度史也是活跃的，不过当时的感觉不是这样。

戴：您在那个阶段，选择这些课题、做这些思考的时候，有没有受到西方的影响？或者说，除了东大的田中先生等学者的影响，有没有受到海外学术的影响？

岸本：那个时候法国的年鉴学派也对物价感兴趣，我读了法国年鉴派的论文，觉得非常有意思。中国的物价变动和西方的物价变动的确有点关系，因为白银流动的原因，通过白银流动，两者发生了联系，另外，因为我想研究清代中国人对市场经济的思考方式，所以我对于西方经济学史也很感兴趣。我的硕士论文，不仅仅是经济方面，与经济思想方面也有关系。比方说研究西方经济学史的小林昇（1916—2010）[1]，他是在日本很有名的欧洲经济学史学者。我对他的论文很感兴趣，受到他比较大的影响。

戴：一开始您做物价这一方面的题目，就有世界经济史的视野。

岸本：我是在研究过程中渐渐发现的。除了西方（欧洲）史以外，我受到的影响还有经济人类学方面的著作。一般的经济学，把文化和经济分开研究，但是经济人类学是在文化里面研究经济，认为各个地区的经济是该地区文化的一部分。我也受到经济学里面农民经济学、小农经济学的影响，比如 James C.

1　小林昇，京都府人，东京帝国大学卒业，专攻经济学史，立教大学、福岛大学名誉教授。德国经济学史研究的开拓者，尤其以李斯特（Friedrich List）的研究享有盛誉。著有《小林昇经济学史著作集》（全 11 卷）等。

Scott（1936—　），还有更早的苏联学者 Alexander Chayanov（1888—1937），他是非常有名的小农经济学家。

戴：黄宗智跟他们好像有过讨论。

岸本：对，他们是有过讨论。这样的经济学跟一般的资本主义经济学不一样，它讨论的是小农的经济意识，跟资本主义经济学的模式完全不一样，所以我对这方面的研究很感兴趣。当然我对经济学方面完全是外行，但是……

戴：您这些方面完全是自学？

岸本：完全是自学，我没有上过经济学方面的课。

戴：那您当时有没有参加过相关的学会和研究会？

岸本：我在东京大学的东洋文化研究所当了助教之后，参加了有关契约文书的研究会。更早的时候，也参加了各式各样的研究会。还有，我听了法学部的滋贺秀三（1921—2008）[1]先生的课，非常有意思，他的讨论课是读清代的审判记录，这是在我读研究院的时候。

戴：这是否是您后来特别注意秩序法的最早渊源？

岸本：是的。文学部的老师受马克思主义的影响比较大，法制史（研究）方面受影响不太大。法学部比较重视马克思主义的是仁井田陞（1904—1966）[2]先生，他和滋贺先生有过论战。仁井田先生重视发展规律，滋贺先生对西方式的发展规律没有兴趣，他感兴趣的是中国式的法律思考是什么。进研究院之后，我才接触到滋贺先生的研究，觉得非常有意思。发展规律总是从外部看中国历史，把外来理论套用于中国历史，但是滋贺先生的研究进入到中国人的想法内部，去理解中国历史的发展，我觉得他的研究非常吸引我。

戴：是不是可以这样理解，当时东大的法学领域对于外在的、套在中国历史上的框架性东西的反思，比文学部更彻底或者更早一些？

1　滋贺秀三，山口县人，东京帝国大学卒业，专攻中国法制史，东京大学法学部教授，日本学士院会员。著有《中国家族法论》、《中国家族法の原理》、《清代中国の法と裁判》、《中国法制史论集　法典と刑罚》，编有《中国法制史　基本资料の研究》等。

2　仁井田陞，宫城县仙台市人，东京帝国大学法学部卒业，历任东方文化学院东京研究所研究员、东京大学东洋文化研究所教授、所长。日本的中国法制史研究的奠基人物，著有《唐令拾遗》、《唐宋法律文书の研究》、《支那身分法史》、《中国法制史》、《中国法制史研究》等。在战后日本的中国法制史研究中，引入法社会学的视角，代表性成果有《中国の社会とギルド》、《中国の农村家族》等。

岸本：东大法学部研究中国法律史的老师只有一位，仁井田先生是滋贺先生的前辈，已经故去了。当时法学部的（中国）法律史教授只有滋贺先生一位。你讲的框架性的（东西）是什么意思？滋贺先生也对理论感兴趣，但这个不是外来的理论，而是怎样从中国的史料出发，怎样去了解中国式的体系。所以滋贺先生书的题名是《中国家族法原理》，不是一个个细的问题，而是整个结构或原理。[1] 他对这个感兴趣，但是对西方式的理论不感兴趣。对于把西方理论套用于中国的方法，他是反对的。

戴：这方面，您是受滋贺先生影响比较大的。

岸本：是的。

戴：您是哪一年从东大毕业，开始工作的？

岸本：1979 年我离开研究院，当了东洋文化研究所的助教，是东大内部的机构。

戴：当时助教需要上课吗？

岸本：当时不需要，研究所条件比较理想，规定上没有特别的工作，但实际上那时候我很忙。当时东洋文化研究所我的上司是佐伯有一（1918—1996）先生，他是很忙的人，国际交流什么，我需要帮助他，所以我在研究所，感觉是非常忙碌。

戴：当时您有没有去过中国？

岸本：我第一次去中国是 1978 年，做博士生的时候。那时你出生了吗？

戴：我刚刚出生。（笑）那一次到中国是属于什么性质的，是留学吗？

岸本：不是，是旅游。那时候日本人不可以自由去中国旅游，中国研究所组织了中国参观团，我们去参观了人民公社。怎么说呢，旅游归旅游，观光的同时也是学习。

戴：去过哪些地方？

岸本：去了北京、安阳，还有开封、无锡、上海，从上海回到日本。

戴：70 年代末，中日关系已经发生了变化，是否对研究有影响？

岸本：那个时候是改革开放政策刚刚开始的时候，到 1980 年左右，中国农

1　参看滋贺秀三著，张建国、李力译：《中国家族法原理》，北京：法律出版社，2003 年。

村的样子，我觉得，变化还不太大。

戴：对于在日本研究中国史的人有没有影响？那时候日本人开始到中国去。

岸本：有很大的影响，很多日本人直接去中国做研究。改革开放以前，日本人对中国的印象是比较理念性的，一些人把中国理想化，一些人完全反对中国，但是很少人知道实际上的中国是什么样的，但是改革开放之后，很多人去了中国，中国对日本人来说成为普通的国家而非理想国家，这是一个变化。所以，中国史研究的方法也有很大的变化，比方说发展规律那样的外来理论渐渐失掉影响力。

戴：就是说对实际的中国有了更直接的感受之后，以前那种理念化的东西受到了冲击。当时您个人还是在继续物价的研究？

岸本：是的。

戴：您开始从事教学是到了御茶之水女子大学，好像是做了助教几年之后？

岸本：是的。开始教学是在 1981 年，到 1989 年调至东京大学。

戴：这个阶段，您的研究主要是哪方面？

岸本：我的研究从经济史渐渐变成社会史方面。86 到 87 年，我做的是以上海松江府为中心的研究。

戴：当时您的著作还未出版？

岸本：第一本书是有关物价的，1997 年出版的。[1]

戴：那就是在您一开始做物价之后的二十年才出版的？

岸本：怎么说呢，我对于书的出版没有兴趣，我认为发表论文就够了。我调到东大以后，我的学生吉泽（诚一郎）说，您应该出一本书，因为现在您的论文在各式各样的杂志上发表，复印时候不方便，如果您出版一本书，复印的时候比较方便。（笑）所以为学生考虑，也应该出版一本书。

戴：您在御茶之水大学开过什么样的课程？

岸本：一般地说，日本的国立大学一个星期四堂课，本科的讨论课、研究院的讨论课，第三个是一般的讲义课，就是老师在课堂上面讲的那种，还有一个就是为一年级二年级学生开设的比较一般的课。

1　岸本美绪：《清代中国の物価と経済変動》，东京：研文出版，1997 年。

戴：讨论课的时候主要是读史料？

岸本：有时候读汉文史料，有时候读英文资料。英文方面，比如，我们读过马士（H. B.Morse，1855—1934）的 *The Chronicles of the East India CompanyTrading to China, 1635-1834*（《东印度公司对华贸易编年史 1635—1834》）。还有 R.H.Tawney（1880—1962），英国史的非常有名的学者，他在 1930 年代写过有关中国社会的书 *Land and Labour in China*（1932），是社会经济史方面的，非常有意思。

梁：《中国的土地和劳工》，是不是？

岸本：他在中国史方面虽然是外行，但是以自己对英国的了解为基础，与中国进行比较。你知道 James C.Scott，他还引用过 Tawney 的书。中文方面，读过顾炎武的《日知录》、赵翼的《廿二史札记》，当时学生的汉文水平比现在学生要好一些。

戴：您是说以前学生的中文水平还要高一些？

岸本：对，现在的不如以前那么好。

戴：原因是什么？

岸本：大概因为现在学生接触汉文的机会比较少，只是高中之后学一点点。以前在生活里面也有大量汉文式的说法。现在学生汉文能力比较差。

梁：跟日文本身的变化也有关系吧，日文以前也会用很多中国古代汉语遣词造句什么的，但是他们现在不是用很多外来词吗？就是可能同一个意思，他们会用外来词来表达，而不是用汉语式的表达。

岸本：以前基于中国古典的成语非常多，大家都知道的，对古典汉文有点亲近感。

戴：那您在指导学生的时候，对于学生会有什么要求？或者说，指导学生时最注意的方面是什么？

岸本：你指的是史料阅读还是思考方面？

戴：一个是您招收学生的时候，会注意他哪方面的特长？另一个就是您要求学生的标准主要体现在什么方面，是对于中国史料的阅读量，还是强调思维训练或理论思考，因为这个东西对于学生来说很重要，当然两方面都达到比较好的水准是最好的，但是学生阶段可能也不能要求那么高。

岸本：学生也是各式各样的，但是我觉得阅读史料非常重要。实际上东大也好，御茶之水也好，大部分学生不是中文专家，但是直接接触史料是非常好的经验，不是通过看别人的研究，而是用自己的眼睛来看资料，这是非常重要非常好的技能，他们开始工作以后，可能就没有这样的机会了。大部分学生的目标可能不是专家。我对学生的要求是直接看资料，表达自己的想法。不是依靠别人的看法，而是表达他们自己的想法和感觉，这是我觉得非常好的一个经验。你了解我的意思吗？聪明的学生看别人写的东西，模仿别人的写法，看起来写得非常好，但是大学的训练要求学生直接看资料，直接感觉。

戴：您说的这个学生是指什么阶段的学生？

岸本：是本科生，研究院也是这样，但那是专家的要求，对一般的学生来讲，也要求他们直接看资料，直接感觉，直接表现。

戴：还有一个相关的问题，就是中国学者对于日本学者一般的印象，认为日本学者在史料方面有自己的特长，到现在，可能也是这样的。但是我接触一些（日本）学者，他们也觉得在理论上，在对中国的宏观把握上需要有所提高，因为他们总觉得日本学者跟西方学者相比的话，这个方面可能相对……

梁：欠缺。

戴：这个方面的话，当然会有一种迫切感，但保持史料的特长跟加强理论如何……

岸本：那你觉得理论是什么呢？

戴：这个问题中国史学界也有很多讨论，也没有共识，大家有这种焦虑感，对于什么是理论，也有很多争议。您在指导学生的时候，如何处理这个问题？

岸本：我觉得，各个研究者有自己的方法，有些人重视史料，有的人重视理论，这个没问题。理论是什么呢？一个是外来的理论，那么中国的传统学者有没有理论呢？明清时代的学者也有理论，有宏观的看法，即使是跟近代科学的方法不一样，但是传统学者也有他们的想法。所以，在日本学者来讲，重要的与其说是外来理论，还不如说是了解中国人的想法是什么，在这方面来说，理论非常重要。我所谓的"理论"跟一般的用法不一样。在史料方面，也有各式各样的。现在的年轻人要看档案，档案当然是非常重要的原始资料，不过，正史、实录、笔记，这样的资料也是非常重要的。为什么呢？这样的史料给我们某种宏观的看法，直接去档案馆看档案当然可以写论文，但是没有宏观的看法，直接看非常细的资料，是不太……

戴：还是需要对历史有一个立体的视角，就像您在研究中经常强调"感觉"，没有这种感觉的话，有时候就会盲目，或走偏。

岸本：以前日本的伟大学者，比如内藤湖南、宫崎市定，他们都能够通过比较宏观的资料获得对于中国历史的一种宏观的感觉，即使也可能做一些比较细的问题，但是他们有对中国历史的常识，common sense。我觉得这种 common sense 非常重要，比档案、比外来理论更加重要。

戴：其实回到现实的研究状况，会有一种困境，对于历史研究来说，当然需要整体的感觉，但一方面史料的量本来就很大，另一方面现在学生培养的话，比较早的就进入了专题性研究，在中国会有这种情况。像您说的，一开始应该提倡接触各种史料，先建立一个感觉，先对历史有一个大的把握，然后选择一个专门化的研究领域，现在的情况可能反过来了，一开始的研究阶段，就会圈定一个固定的领域。

岸本：如果是非常优秀的学生，即使研究很细的题目，自己也可以通过广泛的阅读来扩大眼界，但就一般的学生来讲，我觉得比方说，在讨论课可以讨论比较宏观的问题，但是写论文的时候不得不研究比较细的题目，结合两者感到有点困难。专门性的题目和比较宏观的视野两者要尽可能兼顾。

戴：您在研究方面重视对历史的宏观把握，在专门研究之外还参与了日本放送大学的中国通史课程的讲授。这种经历对于您对宏观把握历史是否有影响？

岸本：放送大学的工作不是我愿意的。（笑）

戴：您还写了教材，是从宋代开始写的。用一般断代史研究的立场理解的话，其实是很不可思议的，一本书（跨度这么大）……[1]

岸本：是。写中国通史对我来说是非常困难的，现在我却想这样的机会很难得。比方说在研究院的时候，我在高中教过世界史，那也是非常辛苦的，但是现在来讲，那样的经验是非常难得的。因为通过这样的机会，我不得不学习其他时代和地区的情况，这样对我研究明清时代也是非常有用的，可以在比较

1　岸本美绪：《東アジアの中の中国史》，东京：放送大学教育振兴会，2003 年（与浜口允子合著）；《中国社会の歴史的展開》，东京：放送大学教育振兴会，2007 年。

大的视野中了解明清时代。这样理解的话，放送大学的工作虽然不是我自己选择的工作，但是就结果来讲，还是有用的。

戴：反过来说，放送大学想找到能够胜任这种工作的人其实也很困难，就是能够提供对于中国历史的长时段的把握，又具有世界史眼光的学者，其实也不多。

岸本：（笑）

戴：我还注意到您写了很多书评，其实这也是日本学界的特色，一本新书出版之后的公开评议和讨论是很重要的。在中国可能书出版之后，后续讨论比较少。您怎么看待这类工作，因为写书评毕竟会占用很多时间。

岸本：我喜欢写书评。一个是在我自己来说，可以学到很多东西，对那本书的了解会比较深，对我自己的学识（提高）来说很重要。还有，在整个学界来讲，书评是非常重要的，因为没有讨论的学问不会进步。现在比方说，（学术）评价是非常重要的，就是各个大学对于各位学者的评价，我们需要评价，但是日本的评价……怎么说呢，不是专家的、非常认真的评价，而是表面上的评价。通过书评，学者们通过非常认真的讨论来评价对方，同时也被评价，写书评不仅仅是我评价别人，而且大家通过书评来评价我。这种非常认真的评论是很重要的，因为现在学者越来越忙，认真的评价越来越少，但是如果没有这样的评论的学问，是很难发展的。

戴：其实学者之间的相互评议，不同于学术机关的内部评价，两者有所区别。有很多是用非学术的标准来评价，中国也有这个问题。

岸本：日本学界的一个问题，是实证性的研究非常多，但是方法上的讨论我觉得比较少，所谓新的理论都是从西方来的，我想日本学者一定也有理论的萌芽，日本学者如有人在别人的研究里发现这样的萌芽，发表自己的意见，互相发问，那么这样的萌芽会发展成一棵大树。但是日本这样的情况比较少，所以不得不从西方进口现成的理论，我们需要在日本学者里面培养这种新的方法和理论，书评我想是一个尝试的途径。

戴：日本学者之间相互交流，这种公开的评议是很好的，还有一个方面就是有学会或研究会这种载体，这样可以交流得比较充分。您工作之后参与学会或研究会的情况是怎么样的？

岸本：研究会比较小规模，灵活，我喜欢研究会的活动。学会呢，我参加了几个学会，但是那样的学会活动比较行政性一些。

戴：您参与了哪些学会？

岸本：很多，比方说历史学研究会、社会经济史学会、东方学会、中国社会文化学会，还有东洋史研究会，名字虽然是研究会，但也是比较大的学会，等等。

戴：在这些学会，您分配的精力都差不多，还是对哪个学会投入的精力会比较多？

岸本：比方说我在历史学研究会当过编集长，就是主编，那时候我非常投入，花了很多时间。

戴：您当时是做了这个学会的刊物的主编？

岸本：对，《历史学研究》。

戴：日本的这种学会刊物和中国不太一样，您在学会里面还承担了它的编务工作。

梁：编辑很多都是学生，就是具体的编辑工作，是由学生来做。

岸本：日本的学会和中国不一样，是会员制，会员付会员费，作为经费。

戴：我比较感兴趣的是东大的中国社会文化学会，7月份我还旁听了今年的年会，有您的主题报告[1]，另外还有关于中国法制和当代文学研究的报告。这个学会比较有意思，它不只是一个专一学科的学会，除了文学部，东大的其他学部也都参与，它是一个广义的以中国为对象的研究学会。

岸本：对，甚至不只是中国，还包括朝鲜、日本，都有。

戴：您对这种跨学科的中国研究的看法是怎样的？

岸本：我当然觉得跨学科的研究非常重要，非常有意思。比方说，所谓"历史学"是什么，历史学和文学之间的关系，还有历史和政治、经济是分不开的，这些都需要跨学科的研究。

戴：从史学研究现状来讲，越来越专门化，在中国，史学跟其他学科相比，

1　岸本美绪：《徳治の構造—寛容の在り処を中心に—》，中国社会文化学会 2014 年度大会，东京大学东洋文化研究所，2014 年 7 月 6 日。

大家印象中好像是最偏保守的学科,对于社会科学理论的接受也好,或者对其他学科方法的借鉴也好,都比较少,日本情况如何?

岸本:日本现在有"地域研究",是以现代为中心,但是包括所有的学科,是比较综合性的研究。历史学研究的是过去的时代,但实际上历史学的对象是所有人类活动的领域,加上方法论方面,我想,史无定法,历史学可以包括各式各样的方法。历史学本来是跨学科的,所谓四部的经史子集,史部包括很广泛的领域,所以我觉得历史学的范围本来应该包括跨学科的范围。

戴:专业研究以外,您会关心一些政治或社会问题吗?因为您是日本很重要的中国史研究学者,当日本国内对于中日关系等问题进行讨论的时候,出现各种声音的时候,您个人会对这类社会议题发言吗,如果有这种场合需要发言的话,您持什么样的态度?

梁:就是现实或政治方面的议题……

岸本:我跟别的日本学者比较的话呢,不一定是对社会问题积极发言的人……我自己没有参加这样的社会问题,但是……我可以讲吗?比方说东大有一个从新疆来的学生,他在中国被抓了,被判处了十一年的有期徒刑,面对这样的事件,东大的老师们为呼吁释放他做了运动,我为了这个运动数次去了乌鲁木齐。那个学生上过我的课,对这样跟我有密切关系的问题,我觉得我需要……

戴:责无旁贷。

岸本:发言呢,比方说报纸上发表意见,是这个意思吗?

梁:就是比较公开的,公共性的。

戴:不是针对专门的学术话题,可能从知识分子的角度来讲,这也是学者身份的一个表现。这方面的情况,在日本也是比较多,就是学者在公共问题上发表意见。

岸本:学会方面会比较积极参加这样的活动,很多人是通过学会活动来发表意见的。还有较多机会在网上进行署名活动,来发表意见。

戴:历史学研究会以前有所谓"历研派",是不是就是这一派?

岸本:对对,是的。

戴:现在还保持对社会问题关心的传统?

岸本： 是的。历史学研究会在 70 年代以前是很有代表性的马克思主义传统的学会，现在不一定是马克思主义的，但是对于政治问题、社会问题还是很积极地活动。

戴： 有一个问题没有列在提纲里面，可能有点冒昧，我还是想问一下，就是您作为一位女性学者，在中国史研究上取得很大的成就，在日本的研究环境下，您的性别对于您的研究有没有什么影响，好的或者不好的方面？

岸本：（笑）很难说。现在呢，日本大学女教授的比例非常低，比方东大文学部来说，第一位女教授是 1988 年的一位调到东大的教授，这方面日本的大学非常落后。我个人来说呢，没有特别不利的情况，什么地方有问题呢？大概生孩子的时候。（笑）在日本，男人不太做家庭工作，所以女人的负担非常大，但是我的母亲帮助我，所以我个人来讲没有很大的问题，但是一般来说，在日本女学者的工作条件不好。

戴： 现在还是这样？

岸本： 现在还是这样。

戴： 所以您是比较罕见的，在这种环境下，能取得这样的成就，是很不容易的。

岸本： 我的母亲帮助我的，所以这方面非常幸运。

戴： 像敏玲这种，以后大概也会成为女学者，也会面临这样的情况，您对她们有什么样的建议？

岸本： 是吗？中国也有这样的问题？

梁： 也挺严重的。

岸本： 是吗？我对女学生说，如果你要成为专家，你年轻时候好好用功，写非常好的论文，如果年轻时候已经有很好的论文，现在日本学界也没有像以前那样严重的、对于女性的歧视，现在国家的政策也在推进女性的社会地位，与以前相比条件越来越好，在日本来说呢，女学者的工作机会越来越多，中国的情况我不太清楚，我以为中国的情况会比日本好很多。

梁： 没有好很多。

戴： 可能相对而言好一些，但也会有类似的问题。还想请教一下，您目前的研究计划，您现在最关心的问题是什么？

岸本：现在的问题是不能集中，别人吩咐我写什么，我就写一些。写各式各样的问题，不能集中一个问题。大概说来，现在研究的题目有几个：一个是社会身份的问题，这个身份呢，不一定是法律上的身份，而是社会等级上的身份问题，比方说性别问题，我觉得也是身份问题的一部分，我十多年来研究这个题目，但是没有时间写一部著作。还有民事法律的问题，也是一个研究的焦点。

戴：就是法和情理的问题？

岸本：对。现在我想研究的问题，"情理"是什么？"情理"是一个非常模糊的概念，"情理"这句话呢，（关系到）中国人实际上怎样思考、怎样决定。现在大部分学者研究的是法和情理的关系，但是我觉得包括法和情理在内，中国人解决问题的时候思路是什么（更值得关心），我想更具体地研究这些问题。

戴：您还是想从中国的内部，或者说从中国社会本身的发展情况来理解中国所谓"法"？是否先要把西方的"法"的概念放到一边去，直接从"情理"来探讨？

岸本：我的意思是，近代西洋的包括大部分国家的"法"的概念有其特殊性，法律史的学者探讨西洋的司法制度和中国的司法制度有什么不同，这样的问题很多人感兴趣。但是我感兴趣的是西方司法以外的、比较常识的思考方法，不是那种法律内行的人的思考方式，跟法律界关心的不一样……

戴：这好像也是您一直以来坚持的一个研究角度，就是从日常性出发，重视日常感觉的角度，人与人之间的这种……

岸本：对，西方人的日常性的思考和中国人的日常性的思考有什么不同，我现在很感兴趣的是这个。不一定是单纯法律的问题，而是解决日常纠纷中的……日本人也有比较常识的思考方法，现在日本人的思考方法和明清时候中国人的思考方法有什么不同，也可以用来提问。不一定是法律的问题，而是日常思考的问题。所以，"民事法"这个说法，与其说是法，还不如说是日常思考。再一个目前关心的问题，是明末清初中国在世界史上的位置。

戴：就是十七八世纪的中国。

岸本：这样的题目太大，但是现在很多人感兴趣，所以我想研究。

戴：您讨论明末清初的中国，很强调"中间团体"这个概念，这个研究跟以前日本学界强调国家社会结构和权力的角度不一样，跟中国国内的关注点其实也不太一样，这个思考是受中国明清时代当时学者论说的影响，还是来自您读史料的感觉？

岸本：日本学者原来有关于"共同体"的看法，受西方理论的影响很大，但是中国的团体，比方说宗族啊，行会啊，与西方的模式不一样，日本学者里面也有各式各样的看法，对这样的日本人的各种看法我很感兴趣，因为通过这样的讨论，日本学者渐渐发现中国的社会团体的特色跟西方的不同。我讨论"中间团体"的时候，主要是对学术史的方向感兴趣。另外还有中国的费孝通那样的社会学者的理论，我也感兴趣。

戴：最后一个问题，这方面我不太熟悉，是关于现在中国的明清史研究。在日本，有所谓的"近世"概念，您的研究处理的明清史问题，其实也是一个比较广义的概念，从明末清初，到清朝中期，一直到近代。在中国国内，可能跟您的研究对应的有明清史研究，也有近代史研究，对这些研究您是否有注意，感觉如何？

岸本：（笑）中国的明清史研究，怎么说呢，很多人研究，很难说。

戴：比如国内的社会经济史研究，可能比较注意乡村……您以前好像写过文章，谈到农村、农民问题跟城市社会流动的关系。

岸本：现在中国国内也有关于城市的研究，很多的。现在日本的明清史研究和中国的不同，主要在哪里呢？

梁：国内的明清史研究，重点还是偏社会经济史那一块吧，但是日本已经有社会经济史之外的，比如更倾向社会史的，做得比较好的研究里面会更多，我感觉。

戴：我的外行的感觉呢，中国的社会经济史里面对人的因素好像不是太注意。您的研究里面，人的身份也好，感觉也好，社会关系也好，都是对"人"的关心。相对而言，中国学界好像更注意结构性的东西，人被隐去了，或者是因为侧重于社会结构、经济计量的关心，这当然只是我一个粗略的感觉。

梁：你这要看是哪里的，什么人做的研究。刘志伟老师跟孙歌老师有一个对话，就是说要做人的历史，最近有一个圆桌讨论。[1]

戴：但社会经济史是不是还给人一种比较"硬"的感觉？

梁：还好吧，我觉得华南那边还是不错，像厦门大学和中山大学，总体来说。

岸本：我觉得，中山大学和厦门大学做的田野工作很有价值。这方面日本人毕竟是外国人，所以对于中国社会的了解不得不是比较观念性的，我对于中国国内的学者的了解即使是比较表面的，但是也有了解，我觉得就立足于中国社会的感觉的研究来说，中国学者一定有自己的优势。

戴：或者我换个方式问，您认为外国人研究中国史的话，区别于中国人研究中国史的方面是什么？

岸本：外国人研究的时候当然把自己的社会作为比较对象，来看待其他国家的社会，所以通过外国人的眼睛来看，可以发现问题。

戴：我看过您写的一篇关于日本明清史研究的学术史文章，您提到，中国学者看日本学者的中国史研究，一方面要看他们研究的问题，一方面更要看他们为什么会提出这些问题。[2] 所以我也关心您提问的背景。

岸本：对。比方说我尊敬的学者之一，增渊龙夫（1916—1983）[3]先生特别注意这个问题。

戴：他专门写过一本书，讨论了内藤湖南、津田左右吉等人的研究。[4]

岸本：是的。增渊龙夫先生不是从外部来看，而是从中国社会的内面来看，这是非常重要的。这方面来说，日本学者希望和中国学者一样来看中国社会。但是，为什么从内面来看呢？为了把自己的社会相对化。从自己社会的内面来看世界，就是以自己为中心的世界观。通过对外国的研究，通过历史的研究，我们在更广的视野中了解自己的社会。为了实现这个目标，我们应该到别的社会里来看待别的社会，因为从自己的立场来看待别的社会，还是自己社会里面的看法，应该尽量离开自己社会的看法，从别人、别的社会的眼睛来看待自己

1　《精英 vs 民众：历史的主体与普遍性的再思考》（孙歌与刘志伟对谈），2014 年 8 月，http://site.douban.com/127630/widget/notes/5570726/note/394480349/。

2　岸本美绪：《日本清史研究述评》，《明清论丛》第 5 辑，北京：紫禁城出版社，2004 年。

3　增渊龙夫，栃木县人，东京商科大学（现一桥大学）卒业，师从于上原专禄，学习西洋经济史，后专攻东洋经济史。历任一桥大学经济学部助教授、教授、社会学部教授等。

4　参看增渊龙夫：《歴史家の同時代史の考察について》，东京：岩波书店，1983 年。

的社会的话，我们才发现自己社会的特殊性，跟别的社会不一样的地方，别的社会也有别的社会的看法。所以，这样渐渐扩大自己的视野，这就是历史学的效果和作用吧。对不起，我不能充分回答您的问题。（笑）

梁：还想补充一下明清史和近代史关系的问题。基本上（中国）国内明清史和近代史的交流很少，日本这边本来就有长时段（研究）的传统，岸本老师也有不少研究近代史的学生。

岸本：以前不是这样的。在日本学界，以前近代史和古代史，就是鸦片战争以前的历史，也是分开的。

戴：日本的近代史研究有点特别，形成近代史这个学科，也是比较晚近的时期了，一开始的话，研究的其实就是同时代的中国，方法上也有区别。研究近代史的方法跟研究传统中国的方法，在日本是否也不一样？

岸本：1970年代以前，近代史学者主要感兴趣的是帝国主义问题，但是古代史的学者多研究发展规律这样的问题，所以方法上也是分开的。之后呢，古代史的学者也离开发展规律的框架来看待中国社会的特色，近代史的学者也对中国社会的特色感兴趣，那么两个的分野渐渐消弭了。近代史的学者也对鸦片战争以前的情况越来越感兴趣。

戴：我个人的感觉，现在日本的近代史研究非常强调连续性的问题。比如研究中国鸦片战争以后的历史，比较强调的是要从更早的时间来看。以前研究鸦片战争，强调外部因素改变中国，但现在觉得中国社会的变化要更早，从清代以来就开始了，有这样一种长时段的观点……

岸本：那么1949年前后是否也有这个问题……

戴：是的。包括辛亥革命前后，现在也认为重要的可能不是辛亥革命，而是革命之前晚清的政治变化，更强调清末和民国早期的连续性。

岸本：日本过去的研究，认为1949年是很大的一个分水岭，以前的中国是旧中国，以后的是新中国，这样的看法比较普遍。但是现在很多日本学者，在当代中国里面发现了传统因素。（笑）在中国是怎样认为的呢？

戴：中国学界一般的看法，还是比较强调这种断裂性，认为共产主义革命跟以前的革命还是不一样的，1949年以后中国社会的改造和清末以来中国社会的变化是完全两个性质。不过目前开始兴盛的中国当代史研究，也在提出新的看法。

岸本：现在的社会主义，自由性质（的内容）非常活泼，当代中国人的人际关系也好，还是做买卖的方法也好，跟以前中国人的方法可能有连续性。社会主义时代在中国历史上的位置……

　　戴：我临时想到一个问题，这或许也是中国学者和外国学者看问题不一样的地方，外国学者看到中国改革开放之后经济的活泼、社会的发展、区别于以前僵化体制的因素，但是中国人自己感觉到的可能更多是相对没太变化的部分，探究它的想法会更强烈，这里面也有一种连续性，不过跟您说的连续性所指不同。80年代之后中国发生了很多变化，也有很多一脉相承的部分，是不是外国人看到更多的是变化的部分，而中国人对不变的部分印象更深刻，这只是我个人的感觉。

　　梁：因为你自己身在这个环境中，可能对变化的感觉没有那么明显，当你回首看的时候，可能发现的确发生了很多变化。比方说现在回顾80年代以后的城市化进程，会有很强烈的感觉，但是小时候成长的时候，可能跟着它一起变，就……

　　戴：这关系到怎样去解释这个变化，到底这个变化变到了什么程度？社会主义中国本身也有变化。我理解岸本老师的意思，是强调当代中国变化与传统社会的一种连续性。

　　岸本：就是传统社会的中国和现在的中国不是那么两分的。

　　戴：是。占用您很多时间，敏玲还有什么问题？

　　梁：老师也很忙，就没有别的问题了。

　　戴：谢谢您。我们学到了很多。

　　【附识】2014年4—8月，笔者在御茶之水女子大学参加由岸本美绪教授主持的"近世史研究会"，亲承謦欬，获教良多，并蒙俯允，有幸进行了这次访谈。又，御茶之水女子大学大学院人间文化创成科学研究科博士研究生梁敏玲为访谈提供了建议和帮助，在此一并致以谢忱！

稿　约

一、《问学——思勉青年学术集刊》是学术青年的园地，发表文、史、哲领域高水准的原创性学术论文，由华东师范大学思勉人文高等研究院青年研究员团体共同编辑，由生活·读书·新知三联书店出版。目前是年刊，连续出版，常年征稿。

二、本刊旨在为学术起步期的研究生及青年学者提供发表学术论作的平台，作者年龄以 45 岁为限。

三、来稿请遵循本刊"撰稿格式"，并请附 300—500 字的中文摘要及论文的关键词。

四、来稿请另页注明作者姓名、单位、出生年、学历或职称、研究方向、联系地址（含邮编）、电子邮箱、电话。

五、本刊以学术质量作为来稿的取舍标准，不强制限定字数，篇幅以五万字为上限（含注释）。

六、来稿以未刊载于网络及他处出版品者为限，请勿一稿多投。他处出版品包括已出版之论文集、专书、期刊等。

七、来稿将聘请相关学科的学者进行匿名评审，评审结果将于一月之内通知作者。

八、本刊不负责来稿内容之版权，如文中涉及版权问题（图、文、表格等），请作者首先取得版权持有者同意。

九、来稿一经采用，赠送作者当期集刊两册，暂不另致稿酬。

十、来稿请以 MS-word 中文编辑，电子版请发至：simianwenxue@163.com、simianwenxue@gmail.com（择一即可）。纸本请寄至：上海市东川路 500 号华东师范大学思勉人文高等研究院刘彦文收，邮编 200241。欢迎使用电子版投稿。

撰稿格式

一、请以简体中文书写并用新式标点，书名、文章名使用《》。

二、请用脚注全文连续编号的方式，注释不使用"同上"、"同前引文"等，不合并注释。

三、引用专书或专文，依序注明作者/编者、文献名、出版社、出版时间、页码。再引用时，可省略出版社、出版时间。

四、引用期刊论文，依序注明作者、文章名、期刊名、卷数、页码；引用论文集论文，依次标注作者、文章名、论文集编者、论文集名、卷数、出版社、出版时间、页码。

五、引用西文论著，依西文惯例。

专书如：Philip A. Kuhn, *Soulstealers：The Chinese Sorcery Scare of 1768*, Cambridge, Mass.：Harvard University Press, 1990, pp. 212–214.

论文如：PrasenjitDuara, "The Discourse of Civilization and Pan-Asianism," *Journal of World History*, Vol.12, No. 1（2001）, pp. 102–110.

六、引用档案文献，依序注明档案题名、形成时间、卷宗号、藏所。

七、引用报刊文章，依序注明作者、文章名、报刊名、出刊时间、版次。

八、引用古籍，请注明版本与卷数、页码；点校本、整理本、影印本古籍，则须注明新编册数、出版社、出版时间、页码。